Knaur.

Knaur.

Über die Autoren:
Susanne Juhnke, geboren 1944 als Tochter eines Chinesen und einer Ostpreußin, hat ihr Leben der Karriere und der Krankheit ihres Mannes gewidmet. 1972 wurde ihr Sohn Oliver geboren. Sie lebt in Berlin.

Beate Wedekind, geboren 1951, war Chefredakteurin u. a. von *Elle* und *Bunte*. 1998 erschien ihr Roman *Um jeden Preis*. Heute produziert sie erfolgreich Events, Galas und Fernsehsendungen, vertritt Künstler und schreibt Kolumnen und Reportagen. Sie lebt in Berlin.

Susanne Juhnke
mit Beate Wedekind

In guten und in schlechten Tagen

Mein Leben

Knaur Taschenbuch Verlag

Besuchen Sie uns im Internet:
www.knaur.de

Vollständige Taschenbuchausgabe Oktober 2004
Knaur Taschenbuch.
Ein Unternehmen der Droemerschen Verlagsanstalt
Th. Knaur Nachf. GmbH & Co. KG, München
Copyright © 2003 by Droemer Verlag.
Ein Unternehmen der Droemerschen Verlagsanstalt
Th. Knaur Nachf. GmbH & Co. KG, München
Alle Rechte vorbehalten. Das Werk darf – auch teilweise –
nur mit Genehmigung des Verlages wiedergegeben werden.
Umschlaggestaltung: ZERO Werbeagentur, München
Umschlagabbildung: Paul Schirnhofer/Peterhofen
Druck und Bindung: Clausen & Bosse, Leck
Printed in Germany
ISBN 3-426-77778-9

Für Harald und Oliver

Liebe
erträgt alles,
glaubt alles,
hofft alles,
erduldet alles.

Die Liebe hört nie auf.

1. Korinther, 13:7

Inhalt

Vorwort 11
Prolog 13

Teil I: Die Welt steht mir offen 17
   Kapitel 1: Eine glückliche Kindheit und Jugend 19
   Kapitel 2: Erste Jobs, erste Liebe
   und ein Hauch von Dolce Vita 47

Teil II: Der Mann meines Lebens 73
   Kapitel 3: Meine große Liebe 75
   Kapitel 4: Unsere schöne, gar nicht heile Welt 99
   Kapitel 5: Teufel Alkohol, der Dritte im Bunde 131
   Kapitel 6: Endstation Hoffnung –
   eine trügerische Illusion 185

Teil III: Ich habe meinen Mann verloren 257
   Kapitel 7: Unser Schicksalstag –
   Absturz mit fatalen Folgen 259
   Kapitel 8: Mein Tagebuch –
   Der bittere Weg zur Erkenntnis 269

Teil IV: Getrennte Wege 373
   Kapitel 9: In guten und in schlechten Tagen –
   Haralds Krankheit bestimmt mein Leben 375

Nachwort 405
Was seither geschah –
   Nachwort zur Taschenbuchausgabe 407
Dank 423
Abbildungsnachweis 425

Vorwort

Als Susanne Juhnke mich im Sommer 2002 in meiner Firma anrief, dachte ich zunächst, es ginge um eine der Galaveranstaltungen, die ich damals gerade vorbereitete. Eine Frau wie sie – bekannt, charmant, gut aussehend, unterhaltsam – ist immer ein gerngesehener Gast.

Ihre Frage »Wollen Sie mein Leben aufschreiben?« war das letzte, was ich erwartet hatte.

Persönlich war ich Susanne Juhnke in den vergangenen fünfzehn oder zwanzig Jahren vielleicht drei-, viermal am Rande von Preisverleihungen oder Galas begegnet. Ihren Mann Harald Juhnke kannte ich besser. Als Reporterin von *Bunte* und als Talkshow-Moderatorin hatte ich ihn mehrmals interviewt. Als Organisatorin der Bambi-Verleihung und später der Goldenen Kamera hatte ich ihn als Preisträger und Laudator mit all seinen Stärken und Schwächen erlebt.

Einmal Journalist, immer Journalist: Zweifellos war es eine Herausforderung, sich auf die Spur eines solch wechselvollen Lebens und einer solch schicksalhaften Beziehung machen zu können. Und Susanne Juhnke, nur wenig älter als ich, hatte mich in all ihrer Distanziertheit schon immer interessiert, vor allem, seit sie ihren Mann an seine Alkoholkrankheit verloren zu haben schien.

Wir verabredeten uns zu ersten Gesprächen, die unser beider Orientierung dienen sollten. Susanne Juhnke wollte ein Gefühl dafür bekommen, ob sie sich mir bedingungslos anvertrauen konnte. Und ich wollte wissen, ob ich mich mit ihr so weit zu identifizieren vermochte, dass ich in enger Zusammenarbeit mit ihr ein Buch schreiben konnte – ein Buch in ihrem Namen.

Rasch spürte ich, dass ich einer Frau gegenübersaß, die am Chaos ihrer Gefühle zu ersticken drohte. Dass es um viel mehr ging als um das Schreiben einer Biographie.

Susanne Juhnke war entschlossen, durch diese Arbeit in der

positiven Bewältigung ihrer überaus schwierigen Situation einen Schritt weiterzukommen. Sie war sich sicher, dass sie es ihrem Mann schuldig war, der nicht mehr an ihrem Leben teilnehmen kann.

Meine Zweifel habe ich über Bord geworfen, als ich spürte, wie stark diese Frau trotz all ihrer Nervosität und all ihrer Selbstzweifel ist.

Wir haben einige schwierige Zeiten miteinander erlebt. Besonders in den letzten Wochen habe ich es als eine große persönliche Belastung empfunden, permanent Einblick in die Düsterheit einer Krankheit zu nehmen, die eine ganze Familie erfasst hat. So wünsche ich vor allem ihrem Sohn Oliver, dass er bald seinen eigenen Weg gehen kann.

Auch von Susanne Juhnke habe ich ein völlig anderes Bild als vorher, ich habe sie respektieren gelernt. Für Harald Juhnke und seine Krankheit habe ich ein tiefes Verständnis entwickelt.

Dem gemeinsamen Leben der beiden haftet ein Mysterium an, für das es nur ein Wort gibt: Liebe.

Aufgeschrieben habe ich, was Susanne Juhnke mir erzählt hat. Nicht mehr und nicht weniger. Wenn ich es jetzt, mit Abstand, lese, ist dieses Buch für mich ein Beleg, wieviel wir verdrängen müssen, um zu erinnern. Und wieviel wir erinnern, obwohl wir verdrängen.

Ich habe bei dieser Arbeit viel gelernt, auch über mich selbst. Und ich hoffe, dass ich Susanne Juhnke nur ganz selten missverstanden habe.

Beate Wedekind
Berlin, im Juli 2003

Prolog

Eine alte Weisheit besagt: Man muss sich etwas von der Seele reden. In den schwierigen Zeiten meines Lebens mit Harald Juhnke hieß mein oberstes Gebot Schweigen. Schweigen gegenüber meinen besten Freunden, Schweigen gegenüber den Medien, Schweigen gegenüber meinem Mann und meiner Familie. Am Ende war mir selbst nicht bewusst, wie es eigentlich um mich stand. Ich war eine Meisterin des Verdrängens geworden. Aus Selbstschutz, aus Rücksicht, aus Unsicherheit und Verzweiflung. Und auch, um die guten Zeiten unserer Ehe einigermaßen unbelastet genießen zu können.

Spätestens aber, als ich in ärztlichen Gutachten lesen musste, dass Haralds Krankheit in ein Stadium eingetreten war, das mir auch die letzte Hoffnung auf Genesung nahm, da musste ich reden. Der Druck in meinem tiefsten Inneren war so gewaltig, dass ich ihm Luft verschaffen musste. Das Schweigen über meine verwundete Seele zu brechen war ein Gebot des Überlebens.

Aber mit wem sollte ich reden?

So beschloss ich am 11. Juli 2000, dem Tag nach Haralds letztem Absturz, dem Tag, der unser Schicksalstag geworden ist, mir meinen Kummer von der Seele zu schreiben. Ich begann, mich meinem Tagebuch anzuvertrauen. Als ich die ersten Einträge niederschrieb, konnte ich natürlich überhaupt noch nicht ermessen, zu welchem Zeugnis meiner Ängste und meiner Verzweiflung dieses Tagebuch einmal werden würde.

Im März 2002 fragte mich Peter Wolf, der langjährige Manager meines Mannes, ob ich mir vorstellen könnte, meine eigene Biographie zu schreiben. Spontan sagte ich nein.

Aber dann ließ mich der Gedanke nicht mehr los. Je länger ich darüber nachdachte, um so mehr geriet ich in einen Gewissenskonflikt. Einerseits erkannte ich die Chance, dass eine solche Arbeit auch eine Art Selbsttherapie sein könnte. Dass es mir helfen würde, die Probleme zu erkennen, die ich mit meinem Leben hatte, und vielleicht sogar eine Lösung für sie zu finden. Andererseits war ich geradezu geschockt bei dem Gedanken, mich mit den schmerzvollen Ereignissen meines Lebens konfrontieren zu müssen.

Verlockend an dem Gedanken war allein, dass ich noch einmal meine sorglose Kindheit und Jugend, meine schönsten Erinnerungen lebendig werden lassen konnte. Noch einmal jung sein und träumen, noch einmal den Liebestaumel spüren, in den ich verfiel, als ich dem Mann meines Lebens begegnete. Die glücklichen Zeiten meiner Ehe würde ich noch einmal Revue passieren lassen …

Ich habe viele Tage hin und her überlegt und mich in Gedanken mit Harald besprochen. Meine Neugier auf diesen Prozess der Selbstbesinnung, zu dem ich so viele Jahre nicht gekommen bin, hat schließlich gesiegt. Ich sagte ja und ließ mich auf ein Abenteuer ein, das ich jetzt, da ich es durchlebt habe, nicht mehr missen möchte.

All die Erfahrungen, all die Gefühle, die ich in diesem Buch mitteile, gehören zu meinem Leben. Es sind wunderschöne Erfahrungen darunter und sehr schmerzhafte, und beide sind ein Teil meines Lebens, das in seiner Ganzheit nur zu verstehen ist, wenn man neben den Höhen auch die Tiefen erfährt.

Ich nahm also die Herausforderung an, mein Inneres zu öffnen und meine Gefühle preiszugeben – zunächst mir selbst gegenüber, denn das ist nach meinem Verständnis die Voraussetzung dafür, um zur Wahrheit vorzudringen. Die Wahrheit unseres Lebens zu begreifen ist das eine. Sie zu verarbeiten ist ein langer Prozess.

Jenseits meiner persönlichen Motivation gibt es aber noch einen weiteren Grund, dieses Buch zu schreiben: Ich möchte all den Menschen Mut zusprechen, die ein ähnliches Schicksal tragen.

»Demenz« – darunter können sich viele Menschen wenig vorstellen. Offensichtlich ist diese Krankheit immer noch ein Tabuthema, über das man in unserer Gesellschaft ungern spricht. Je ausführlicher wir jedoch über diese Krankheit und ihren Verlauf informiert sind, um so besser kann man mit ihr umgehen, die Betroffenen und deren Angehörige unterstützen und ihnen Hilfe zuteil werden lassen.

Erst wenn allgemein akzeptiert wird, dass Demenz kein Makel ist, behält der Betroffene seine Würde. Die Erkrankten mögen verwirrt erscheinen, aber sie besitzen sehr wohl Gefühle, die verletzt werden können. Wie sie die Welt erleben, hängt von ihrer individuellen Biographie ab. Es kommt darauf an, diese Menschen in ihrer Welt verstehen zu lernen. »Normal« umzugehen mit der Krankheit, das ist die Aufgabe des Betreuenden. Den Menschen, die dieser Aufgabe gerecht werden, gebührt alle Achtung und Ehre.

Ich habe schweren Herzens den Mut gefasst, realistisch zu schildern, wie der schleichende Verlauf dieser Krankheit sich äußert, und ich bin überzeugt, dass ich mit diesem Buch meinem Mann Harald Juhnke einen wichtigen Dienst erwiesen habe. Viele Ereignisse, über die jahrzehntelang öffentlich nur gemutmaßt wurde, erscheinen jetzt sicher in einem anderen Licht.

Ich persönlich habe Trost gefunden in der alten Weisheit von Friedrich Christoph Oetinger, die ich zu befolgen versuche, auch wenn es schwerfällt:

Gott gebe mir die Gelassenheit,
Dinge hinzunehmen, die ich nicht ändern kann,
den Mut, Dinge zu ändern, die ich ändern kann.
Und die Weisheit, das eine von dem anderen zu unterscheiden.

Susanne Juhnke
Berlin, im Juli 2003

TEIL I
Die Welt steht mir offen

Kapitel 1
Eine glückliche Kindheit und Jugend

Mein Name ist Tien-Lo. Das heißt »Himmlische Freude«. Ich bin das älteste von vier Kindern – ein Mädchen und seine drei Brüder.

Als ich geboren wurde, war Krieg. Berlin lag in Trümmern. Ich kam am 26. Dezember 1944, dem sechsten und letzten Weihnachten des Zweiten Weltkrieges, in der Charlottenburger Frauenklinik an der Pulsstraße zur Welt. Wegen der ständigen Bombenangriffe war der Kreißsaal schon seit Monaten provisorisch in den Luftschutzkeller verlegt worden.

Es war eine ganz normale Geburt. Ich hatte die zarten Glieder meiner Mutter und einen blonden Haarflaum. Meine Mutter Brigitte Metzdorff war zweiundzwanzig, mein Vater, Yunlay Hsiao, neun Jahre älter.

Mami war mit zwanzig Jahren aus dem ostpreußischen Königsberg, ihrer Heimat, in die Reichshauptstadt gekommen, um an der Handelsschule Rackow am Tauentzien Russisch und Englisch zu lernen. In Königsberg hatte sie als Sekretärin am Finanzamt gearbeitet. Praktisch veranlagt, wie sie war, dachte sie sich, dass sowohl die eine als auch die andere Sprache eines Tages irgendwie nützlich sein könnte. Mein Vater war acht Jahre zuvor, 1936, mit dreiundzwanzig aus China zum Studium nach Berlin gekommen. Bei Rackow nahm er an einem Deutschkursus für Ausländer teil, um seine ohnehin schon guten Deutschkenntnisse weiter zu vervollständigen.

1942 begegneten sich meine Eltern. Er war ein Freund des Freundes einer Freundin meiner Mutter, wie das so üblich ist in Cliquen, auch während des Krieges.

Brigitte und Yunlay verliebten sich auf den ersten Blick ineinander und haben sich nie mehr getrennt – bis sein Tod im Jahr 1985 sie auseinanderriss.

Meine Mutter und mein Vater teilten ein gemeinsames Schicksal: Sie haben beide sehr früh ein Elternteil verloren. Yunlays Mutter starb, als er erst drei Jahre alt war. Seine Schwester und er wurden von einer kinderlosen, wohlhabenden Tante aufgezogen. Meine Mutter war ebenfalls drei, als sie ihren Vater verlor. Sie war die Jüngste von vier Geschwistern, und ihr zehn Jahre älterer Bruder Walter übernahm die Vaterrolle. Meine Mutter wie mein Vater sehnten sich nach einer großen glücklichen Familie. Und ich sollte den Anfang machen.

Sommer 1945 in Berlin:
Brigitte Hsiao mit ihrem ersten Kind,
der kleinen Tien-Lo

Die kleine Familie Hsiao lebte zur Miete in einer Eineinhalbzimmerwohnung in Berlin-Charlottenburg. Das Haus in der Schillerstraße hatte einer jüdischen Familie namens Isaak gehört. Kurz vor Kriegsende wurde es ausgebombt, und meine Eltern mussten sich eine neue Bleibe suchen. So kam es, dass ich meine ersten Kindheitsjahre zuerst in einer kleinen, später dann in einer herrschaftlichen Wohnung im vierten Stock eines Hauses am Friedrich-Karl-Platz 3 – dem heutigen Klausener Platz – verbrachte, ganz in der Nähe des Charlottenburger Schlosses.

Als ich geboren wurde, waren meine Eltern noch nicht verheiratet. Im Dritten Reich war die Verbindung einer Deutschen mit einem Ausländer alles andere als erwünscht.

Aber sofort nach Kriegsende, nur drei Wochen nach der Kapitulation, besiegelten meine Eltern – wie viele andere Paare aus ihrem deutsch-chinesischen Freundeskreis in diesen Tagen auch – am 30. Mai 1945 ihre Liebe mit dem Gang zum Standesamt Charlottenburg. Daraufhin bekam ich den Namen meines Vaters – aus Susanne Metzdorff wurde Susanne Hsiao, aber mein Rufname in der Kindheit war Tien-Lo.

Kurz darauf beschlossen meine Eltern, mit mir, ihrem ersten Kind, in Vaters Heimat nach China zurückzukehren. Mein Vater hatte jeden Dollar, den er damals – es war ja noch die Zeit vor der Währungsreform, und die Reichsmark war nicht einen Pfennig wert – verdienen konnte, für unsere große Heimreise auf die Seite gelegt. Alles war vorbereitet, die Wohnung gekündigt, die ersten Abschiedsbesuche gemacht. Ein Landsmann meines Vaters hatte von ihm den Auftrag – und ein Bündel Dollar zur Anzahlung – bekommen, die Schiffspassagen nach Shanghai zu besorgen. Der Mann – und die Dollars – sind nie wiederaufgetaucht.

Heute sage ich, es war ein Wink des Schicksals. Durch den Betrug waren wir gezwungen, vorerst in Deutschland zu bleiben. Wer weiß, wie es uns in China ergangen wäre. Seit Anfang der dreißiger Jahre befand sich das Land in permanenten Kriegswirren, bis Mao Tsetung 1949 schließlich die Herrschaft auf dem chinesischen Festland übernahm.

Auch die Schwester meines Vaters, die Kinderärztin geworden war, hatte das Land verlassen und lebte während des Krieges zeitweise in Paris, wo meine Eltern sie nach 1945 besuchten. Später zog sie mit ihrem Mann nach Singapur.

Es verging Jahr für Jahr, und das Leben meines Vaters in Deutschland war erfüllt von der immer größer werdenden Familie, von Freunden, von Aufgaben, Arbeit und Verbindungen. Nie mehr reiste er in seine Heimat zurück. Nicht einmal nach Taiwan, obwohl das durchaus zu machen gewesen wäre, nachdem er vom Bundesministerium des Inneren einen deutschen Fremdenpass mit dem Eintrag »Staatsangehörigkeit: China« bekommen hatte, der »für alle Länder, ausgenommen China« gültig war. So haben weder meine Mutter noch wir Kinder die Heimat unseres Vaters je kennengelernt.

Trotzdem hielt sich mein Vater immer über sein Land auf dem laufenden und pflegte intensiven Umgang und enge Freundschaften mit seinen Landsleuten, die als Studenten, Kaufleute und Diplomaten in Berlin lebten. Innerhalb dieser kleinen chinesischen Gemeinde kannte jeder jeden, und Papa war rasch ein tonangebendes Mitglied. Man traf sich in der Botschaft am Kurfürstendamm und in der Militärmission an der Podbielskiallee, sprach über die Situation in der Heimat, diskutierte im Kreis von Politikern und Intellektuellen. Auch bei uns zu Hause kam der Zirkel zusammen. Ich erinnere mich gut an die stundenlangen Gespräche in einer Sprache, die ich zwar nicht verstand, deren Klang mir aber nie fremd war. Regelmäßig erhielt mein Vater, wenn auch oft mit vielen Wochen Verspätung, seine Streifbandzeitungen und Zeitschriften aus der Heimat.

Mit seiner Tante, die ihn an Mutterstelle aufgezogen hatte, korrespondierte mein Vater in Briefen, die manchmal eine kleine Ewigkeit unterwegs waren. Eines Tages kam wieder Post aus China. Es war die traurige Nachricht, dass die Tante verstorben war. Ihr Tod muss ihn sehr getroffen haben, denn er weinte bitterlich.

Yunlay Hsiao war der Sohn einer angesehenen Familie aus Hankau. Hankau oder Wuhan, wie die Stadt heute heißt, ist ein bedeutender Freihafen und Hauptstadt der mittelchinesischen Provinz Hubai am Jangtsekiang, der in China König der Flüsse genannt wird.

Die Hsiaos waren wohlhabende Kaufleute. Auf Fotos, die meinen Vater vor seiner großen Reise nach Deutschland zeigen, ist ein junger eleganter Mann in feudalem Ambiente zu sehen. Familien wie die Hsiaos konnten es sich leisten, ihre Söhne in die Ferne zu schicken. Es waren weltmännisch denkende Leute. Einige Jahre

Studium in Europa waren eine Investition in die Zukunft, die man seinen Söhnen schon deshalb angedeihen ließ, weil das quasi zum guten Ton gehörte.

Yunlay Hsiao *(re.)*,
Tien-Los Vater,
als junger Student in China

Yunlay Hsiao kam mit einer Gruppe von befreundeten Studenten 1936 während der Olympischen Sommerspiele nach Berlin. Zuerst auf einem Schiff von Shanghai nach Hamburg, dann weiter mit dem Zug in die Reichshauptstadt.

Er war mittelgroß und schlank, seine Gesten waren geschmeidig, sein pechschwarzes, glattes, festes Haar pflegte er mit Brillantine, wie Mami gern erzählte. Er kleidete sich in feinstes Tuch und ging nie ohne Hut aus dem Haus. Mein Vater war ein Bild von einem Mann – selbstbewusst, gebildet und kommunikationsfreudig. Schon während seines Studiums machte er gelegentlich Übersetzungen. Später, in den fünfziger Jahren, arbeitete er als vereidigter

Dolmetscher und Übersetzer für seine Muttersprache Mandarin. Für Landsleute, die er kannte, erledigte er seine Übersetzerdienste ohne Berechnung – als Freundschaftsdienst.

Seine guten Kontakte zur Botschaft waren später auch der Grund dafür, dass wir in den kargen Nachkriegsjahren nicht Hunger leiden mussten wie so viele Familien in Berlin. Gelegentlich wurden meine Eltern in die Botschaft eingeladen, und ich erinnere mich an ihre Erzählungen, wie sie dort an einer langen Tafel speisten und fernöstliche Köstlichkeiten aufgetragen wurden. Selten waren es weniger als zwölf Gänge.

Als meine Mutter meinen Vater traf, studierte er Philosophie sowie Rechts- und Staatswissenschaften an den Universitäten von Jena und Berlin. 1943 promovierte er an der Philosophischen Fakultät der Friedrich-Wilhelm-Universität Berlin (die heutige Humboldt-Universität) zum Dr. phil. Seine Dissertation schrieb er über *Die Bedeutung der Formationserziehung für die Vorbereitung der Landesverteidigung in den Jugendorganisationen Deutschlands und Chinas.*

Dr. phil. et rer. pol. Yunlay Hsiao im Nachkriegsberlin (1946)

Ein halbes Jahr nach meiner Geburt machte er seinen zweiten Doktor: Drei Wochen vor Kriegsende, am 15. April 1945, promovierte er an der Rechts- und Staatswissenschaftlichen Fakultät zum Dr. rer. pol. mit einer Abhandlung über *Die Bedeutung der wohlfahrtspflegerischen Tätigkeit im Leben des deutschen Volkes in sozialpolitischer und wirtschaftspolitischer Hinsicht*.

Meine Eltern waren ein wunderschönes Paar, elegante, gewandte, gesellige junge Leute, die wie füreinander geschaffen waren und die beide die herausragende Gabe besaßen, Liebe zu geben. Sie waren verzweifelt über die tägliche Überlebensangst und sehnten nichts mehr herbei als das Ende des Krieges.

Im Bombenhagel Berlins verloren sie sich mehrmals für ein paar Tage, fanden sich aber zu ihrem großen Glück immer wieder. Diese Zeiten von ungewisser Zukunft, von Verlust- und Verlassensängsten haben meine Eltern eng aneinandergeschmiedet. In guten und in schlechten Zeiten gab es nichts, was sie hätte trennen können.

Ich selbst kenne die schrecklichen Stunden in den Charlottenburger Bunkern nur vom Hörensagen. Ich weiß aber, dass meine Mutter, weil sie ein wenig Russisch sprach, einige junge Frauen und sich selbst in einem Luftschutzbunker vor der Vergewaltigung durch eine Horde russischer Soldaten bewahren konnte, indem sie ihnen ihren Schmuck anbot, den sie in meinem Babykorb versteckt hatte. Auch ist sie wohl mehr als einmal um unser beider Leben gerannt. Um schneller laufen zu können, stopfte sie mich in ihre Einkaufstasche. In letzter Sekunde erreichten wir den U-Bahn-Schacht am Kaiserdamm, wo wir vor den Bomben Schutz fanden. Erinnern kann ich mich nicht, ich war Gott sei Dank noch zu klein.

Meine Eltern meinten es ernst mit der Gründung einer großen Familie. Mein erster Bruder wurde 1946, nur anderthalb Jahre nach mir, der zweite am 30. Januar 1949 und der dritte nur weitere zehn

Monate später, am Heiligabend 1949, geboren. Sie bekamen auch so schöne chinesische Namen wie ich: Tien-Wen »Himmlischer Klang«, Tien-Chung »Himmlisches Glöckchen« und Tien-En »Himmlischer Dank«.

Der Jüngste wurde zu Hause geboren, der Hausarzt kam als Geburtshelfer. Nach mir war Tien-En, den wir Enni nannten, das zweite Christkind der Familie.

Die erste Erinnerung meines Lebens überhaupt ist das Bild von zwischen unserer Küche und dem Zimmer, in dem meine Mutter in den Wehen lag, eilig hin und her huschenden Frauen, die Schüsseln voll mit heiß dampfenden, feuchten weißen Tüchern trugen. Und mein Vater, der mit mir und meinen beiden Brüderchen im Wohnzimmer saß, mich ständig zur Ruhe ermahnte und sehr nervös war. Als »Himmlischer Dank« geboren war, durfte ich an der Hand meines Vaters das neue Geschwisterchen begutachten. Was haben wir uns gefreut! Ich war erst vier und fühlte mich sofort verantwortlich für das kleine Wesen.

Nun war die Familie komplett: Mit siebenundzwanzig Jahren hatte meine Mutter vier kleine Kinder, und mein Vater versuchte gemeinsam mit ihrem Bruder Walter im Nachkriegsdeutschland eine neue Existenz auf die Beine zu stellen.

Und endlich konnte er auch politisch Stellung beziehen. Die beiden Männer gründeten 1947 in einem Zimmer unserer großen Wohnung den ambitionierten Ost-West-Verlag, der sich dem Weltfrieden widmete.

Dr. phil. et rer. pol. Yunlay Hsiao fungierte als Herausgeber und Chefredakteur des politischen Monatsmagazins *Die Weltkugel,* die er im Untertitel *Zeitschrift für den Weltfrieden* nannte. Er selbst verfasste die Leitartikel und gewann schon für die erste Ausgabe im November 1947 so wichtige Kommentatoren wie Paul Löbe, Vorstandsmitglied der SPD und 1948/1949 Mitglied des Parlamentarischen Rates, Jakob Kaiser, den 1. Vorsitzenden der CDU, und Otto Grotewohl, den Vorsitzenden der SED.

Im hinteren Teil der Zeitschrift gab es eine Kolumne »Für die

Archivmappe«, die minutiös die internationalen Friedensbemühungen aufzeichnete. Allein die Titelzeilen der sechsten Ausgabe im April 1948 zeigen, wie engagiert mein Vater war: »Zwischen Einheit und Freiheit – Im Labyrinth der Gefühle« heißt es da, und »Aufbruch der Herzen: CARE – das Zauberwort«.

In der neunten Ausgabe im Juli 1948 meldete sich erstmals Willy Brandt in der *Weltkugel* zu Wort. Er war damals Leiter des Berliner Sekretariats des SPD-Hauptvorstands und schrieb eine Abhandlung mit dem Titel »Gegen Nationalismus – für nationale Einheit«.

Potentielle Autoren wurden im Impressum aufgefordert, bei der Zusendung ihrer Manuskripte Geburtsort und -datum sowie eine politische Unbedenklichkeitserklärung beizulegen. Mit Nazis wollte mein Vater nichts zu tun haben.

Ab der zehnten Ausgabe ergänzte er den Untertitel der *Weltkugel* zu *Zeitschrift für Völkerverständigung und Weltfrieden*. Das Heft erschien jetzt vierzehntägig, kostete sechzig Pfennig und konnte auch im Abonnement bezogen werden.

Seine Zukunft sah mein Vater als Mittler zwischen Ost und West, zwischen den Kulturen. Dann kam im Juni 1948 die Berliner Blokkade, und bald hatte niemand mehr Geld für eine ambitionierte politische Zeitschrift. Der Ost-West-Verlag musste schließen, und *Die Weltkugel* wurde eingestellt.

Es folgte eine besonders für meine Mutter nicht leichte Entscheidung: Mein Vater beschloss, eine Zeitlang nach München zu gehen, wo sein Freund und Landsmann Dr. Martin Liu in Schwabing – Amalien-, Ecke Theresienstraße – ein Chinarestaurant besaß, das Tai-Tung. Mein Vater wurde dort Geschäftsführer, und mit seinem Charme, seiner außerordentlichen Kommunikationsfähigkeit und seinem diplomatischen Geschick war das Restaurant bald eine erste Adresse. Künstler verkehrten von Anfang an dort, Gertrud Kückelmann und Werner Vogel zum Beispiel, die mit dem Stück *Das kleine Teehaus* auf der Bühne standen, ein Theaterstück, bei dem mein Vater beratend zur Seite stand.

Einmal im Monat kam er zu uns nach Hause, das war dann jedesmal eine große Freude, und wir Kinder und unsere Mutter sehnten die wenigen Tage mit Papa nur so herbei.

Ich habe meinen Vater immer sehr dafür bewundert, wie stimmig er die beiden so unterschiedlichen Kulturen Chinas und Deutschlands miteinander verbinden konnte. Nie hat er seine Wurzeln vergessen. Er las permanent chinesische Literatur und praktizierte zeit seines Lebens täglich seine Muttersprache, indem er mit Landsleuten ausschließlich chinesisch sprach.

Von klein auf vermittelte er uns seinen Leitsatz: »Wissen ist Macht.«

Nach der Lehre des Konfuzius aufgewachsen und erzogen, konvertierte er in den fünfziger Jahren zum evangelischen Glauben, wohl auch meiner Mutter und uns Kindern zuliebe. Wir wurden alle getauft, und Vater zahlte gewissenhaft die Kirchensteuer.

Meine Brüder haben bis heute ihre chinesischen Namen beibehalten, ich war die einzige, die sich nach der Schule nicht mehr

Tien-Lo *(re.)* mit ihren Brüdern *(v. l. n. r.)* Tien-En (»Enni«), Tien-Chung (»Teini«) und Tien-Wen (»Guti«) (1952)

Tien-Lo nannte, sondern anfing, ihren zweiten – deutschen – Vornamen zu benutzen, Susanne. Tien-Wens zweiter Name ist Walter – wir nennen ihn aber Guti. Tien-Chung heißt Michael – bei uns nur Teini. Und Tien-En, unser Enni, hieß Christian.

Auch ich hatte von früher Kindheit an einen Kosenamen: die »Katze«. So nennen mich meine Brüder, meine Mutter und meine Schulfreundinnen auch heute noch.

Auf meinem Schreibsekretär steht in Gold gerahmt mein liebstes Foto, das uns Kinder hübsch nebeneinander aufgereiht zeigt; alle vier gleich angezogen, in unseren Nickipullis, die Jungs in ihren kurzen beigefarbenen Latzhosen, ich in Shorts, Ringelsöckchen und polierten Ledersandalen. Wie die Orgelpfeifen, ein Bild voller Liebe und Harmonie. Ich kann mir dieses Bild vor Augen holen, egal wo ich bin, und immer bin ich stolz, die Große auf dem Foto zu sein.

Meine Mutter Brigitte hatte einen Bruder und drei Schwestern, sie war die Jüngste der fünf Geschwister. Ihre Eltern Arthur und Hedwig Metzdorff hatten sich im Kirchenchor kennengelernt.

Arthur Metzdorff war in der Direktion der Deutschen Reichsbahn in Königsberg tätig. Im Ersten Weltkrieg diente er bei den Ulanen, er soll der beste Reiter in seinem Regiment gewesen sein. Das große Unglück der Familie geschah 1926, als er – an Rheuma erkrankt und erst zweiundvierzig Jahre alt – in einem Sanatorium in Bad Wildungen starb. Meine Großmutter Hedwig Metzdorff war zweiunddreißig, als sie mit vier Kindern zwischen drei und dreizehn Jahren allein dastand und die Familie von einer kleinen Witwenpension ernähren musste. Walter, ihr ältester Sohn, schlüpfte in die Vaterrolle.

Meine Mutter, die liebevoll »Hundchen« genannt wurde, war erst drei, als ihr Vater starb. Sie kannte ihn also nur vom Hörensagen und von den Fotos, die ihn in seiner schmucken Kavallerieuniform zeigten.

Wenn man im neunzehnten oder Anfang des zwanzigsten Jahrhunderts in Königsberg geboren ist, zieht sich der Krieg in vielen Facetten durch das Leben. Aber irgendwie hat unsere Familie einen Schutzengel gehabt, niemand kam im Krieg um, selbst Horst, der Mann meiner Tante Christel, der in Russland kämpfte, hatte das Glück, in amerikanische Kriegsgefangenschaft zu geraten.

Während meine Mutter mit meinem Vater in Berlin lebte, heirateten zwei ihrer Schwestern in Königsberg und bekamen dort während des Krieges ihre Kinder. Wie Tausende andere auch sollten die jungen Frauen mit ihren Kindern auf der »Wilhelm Gustloff« Ostpreußen verlassen. Sie gehörten zu den wenigen, die wegen der hoffnungslosen Überfüllung des Schiffes nicht mehr an Bord gelassen wurden. Sie waren verzweifelt und wussten nicht ein noch aus – bis ihnen ein Matrose den Hinweis auf ein am nächsten Tag ablegendes Schiff, die »Cap Arcona«, gab.

Heute ist Geschichte, dass damals Tausende von Menschen mit der »Wilhelm Gustloff« untergingen und eines grauenvollen Todes starben, als das Schiff von den Torpedos eines russischen U-Boots versenkt wurde. Das Schicksal hatte es so gewollt: Meine Tanten gelangten mit ihren Kindern vollkommen erschöpft, aber unversehrt auf der »Cap Arcona« in den Westen. Nur meine Großmutter Hedwig blieb in Königsberg. Sie starb 1945 kurz vor Kriegsende an den Folgen von Hungertyphus.

Ein kleiner Trost für meine Mutter war, dass ihre Mutter den Brief mit der Nachricht von meiner Geburt und einem Foto noch erhalten hat. Bis heute werde ich bei dem Gedanken ganz traurig, dass wir Hsiao-Kinder weder mütterlicher- noch väterlicherseits das Glück hatten, Großmutter und Großvater zu haben.

Schon als Mädchen hatte meine Mutter ihre Vorliebe für Fernöstliches entdeckt: Sie besaß einen Fächer, einen Porzellanbuddha, einen Kimono, eine Stabpuppe, Stäbchen und andere Utensilien und hütete diese Schätze wie ihren Augapfel. Als wir Kinder sie fragten, woher diese Sehnsucht kam, sagte sie, dass es wohl bei *Madame Butterfly* um sie geschehen sein musste. Als junges Mädchen sah sie in Königsberg die Oper, und das Schicksal der Cho-Cho-San hatte es ihr angetan.

Jedenfalls war es für sie das Natürlichste auf der Welt, dass sie sich in einer Zeit, als die anderen jungen Frauen auf einen blonden deutschen Märchenprinzen hofften, in einen Mann aus dem Fernen Osten verliebte und in ihm die Erfüllung ihrer Sehnsucht und die Liebe ihres Lebens fand.

Pflichtbewusst und diszipliniert und auf Menschen, die sie nicht kennen, durchaus ein bisschen kühl wirkend, ist meine Mutter im Herzen eine hoffnungslos gefühlvolle Romantikerin, im Alltag aber praktisch und zupackend. Wie anders hätte sie unsere Kindheit in diesen schwierigen Nachkriegszeiten meistern können. Nie hatten wir das Gefühl, dass uns irgend etwas fehlte. Ihre unumstößlichen Stärken waren ihr ausgeprägter Familiensinn und ihre Lebenslust, die auch bei all den kleinen und großen Sorgen, die wir hatten, nie verlorenging.

Sie konnte aus wenig ein Paradies zaubern, war eine Meisterin der Phantasie, stöberte überall herum, um schöne Kleinigkeiten oder Stoffe für uns aufzutun, aus denen sie uns und sich bei einer Schneiderin in der Fasanenstraße schon vor der Währungsreform schöne Kleider anfertigen ließ. Die Kriegsjahre waren zu trist gewesen, als dass sie das neue Leben nicht mit Schönheit erfüllen wollte.

Ihre andere Leidenschaft, die sie auf mich übertragen hat, ist Einrichten und Dekorieren. Manchmal, wenn mein Vater abends von der Arbeit nach Hause kam, erkannte er sein eigenes Heim kaum wieder. Dann war Mami auf »Beutefang« gewesen und fündig geworden. Wir Kinder konnten es kaum erwarten, wenn sie von einem ihrer Streifzüge zurückkam. Dann wurde so lange herumgerückt, umgestellt und umgehängt, bis das neue Tischchen, die neue Kommode, das neue Bild, der neue Spiegel, die Lampen oder eine Bronze ihren Platz gefunden hatten.

So wurde ungefähr alle drei Monate alles vollkommen neu arrangiert, Sessel wurden neu bezogen, Stühle und Tische neu zueinandergestellt. Modernes war nicht ihr Geschmack, Trödel auch nicht. Mit schlafwandlerischer Sicherheit pickte sie sich stets die Rosinen heraus. Manchmal durfte ich als Älteste sie bei ihren Einkäufen begleiten. Für mich gab es nichts Aufregenderes, als mit ihr bummeln zu gehen.

Meine Mutter hat einen exquisiten Geschmack. Alles, was sie tut, hat Klasse und Stil. Sie war und ist für mich in vielen Dingen ein Vorbild.

Früh entwickelte ich an ihrer Seite ein Gefühl für Luxus in dem Sinne, dass wir immer das Besondere wollten, ein bisschen anders sein als die anderen, ein bisschen wählerischer. So wie meine Mutter eine kapriziöse und lebenslustige junge Frau war, war ich ein selbstbewusstes, durchaus kokettes junges Mädchen.

Das erste Auto, einen Opel Kapitän, besaßen meine Eltern, lange bevor mein Vater seinen Führerschein machte. Ein Bekannter, der froh war, ein so schönes Auto fahren zu können, fungierte auch als Chauffeur. Zu dritt fuhren sie dann zum Beispiel durch die Schweiz nach Paris und brachten jedesmal etwas mit, was wir noch nie in unserem jungen Leben gesehen, geschweige denn angefasst oder getragen hatten.

Einmal – meine Mutter war gerade hochschwanger mit meinem dritten Bruder – fuhren sie wieder in die Schweiz. Bei der Grenzkontrolle zupfte meine schöne schwangere Mutter genüsslich Weintrauben aus einer Tüte, die auf ihrem Bauch lag. Der strenge Zöllner kam gar nicht erst auf die Idee, dass sie darunter ein Bündel Dollarnoten verbarg.

Von ihren Reisen ins nahe Ausland kamen Mami und Papa mit so wundervollen Sachen zurück wie Schuhen aus echtem Leder und Decken aus reiner Wolle. Ich erinnere mich genau an eine solche Decke, sie war lindgrün und kuschelweich, und ich mummelte mich sofort in sie ein.

So unbeschwert meine Kindheit war, so ernst nahm ich meine kleinen Aufgaben. Meiner Mutter zuliebe fühlte ich mich früh für ihre Entlastung verantwortlich. So vergaß ich nie, vor dem Zubettgehen den Hauptgashahn zuzudrehen, wenn meine Eltern abends eingeladen waren.

Wir Kinder hatten immer neue Späße auf Lager. Oft sausten wir vier, sehr zum Verdruss unserer Nachbarn, auf Holztabletts die Treppen hinunter – vom vierten Stock bis hinab ins Erdgeschoss! Auch liebten wir es, Wasserbomben in den Hof platschen zu lassen.

Unser Spielplatz war auf einem Trümmerberg gleich vor dem Haus, der als Grünfläche angelegt worden war. Zweimal in der Woche gingen wir zum Markt auf den Klausener Platz. Wir Kinder liebten besonders die Zeit, wenn die Marktstände abgebaut wurden. Dann sammelten wir liegengebliebenes Obst und Blumen vom Boden auf, die wir unserer Mutter schenkten.

Ein Bild aus der Nachkriegszeit ist mir noch heute lebhaft in Erinnerung: die Trümmerfrauen mit ihren Kopftüchern, denen ich zuschaute, wie sie Ziegelstein für Ziegelstein säuberlich abklopften und zu großen Stapeln aufschichteten.

Im sogenannten Stülerbau in der Nähe des Klausener Platzes, gegenüber vom Charlottenburger Schloss, befand sich der Kindergarten (heute ist die Sammlung Berggruen in dem Gebäude untergebracht), in den meine Mutter und ich die Jungs brachten. Ich durfte bei ihr bleiben, mit ihr einkaufen gehen oder unsere Wohnung aufräumen. So lernte ich spielerisch, den Haushalt zu machen und meine eigene Kleidung zu pflegen. Zugegebenermaßen schaute ich selten in ihren Kochtopf, nur Spaghetti konnte ich kochen, schon damals ein Lieblingsgericht von uns Kindern.

Allein die Lebensmittel für eine sechsköpfige Familie in den vierten Stock zu schleppen war recht mühselig. So klein wir Kinder auch waren, immer trugen wir irgend etwas hinauf, ich kenne mich gar nicht anders als mit einer Tüte, einer Tasche, einem Beutel in der Hand oder über dem Arm. Einmal im Monat kam eine Waschfrau und half meiner Mutter bei der großen Wäsche. Auch zum Stopfen und Flicken kam eine Hilfe ins Haus. Meine Mutter machte lieber kreative Handarbeiten, sie bestrickte uns alle mit den schönsten Pullovern, ihre Nadeln klapperten flink, am liebsten im Patentstrickmuster, das ging am schnellsten.

Schon mit zehn habe ich meine Pullover selbst gewaschen und

meine Blusen selbst gebügelt. Niemand konnte es mir gut genug machen.

Die schönste Erinnerung an meine Kindheit habe ich an die Kuschelstunde mit meiner Mutter, wenn sie uns selbstausgedachte Geschichten erzählte.

Wenn meine Eltern mal abends ausgingen, hütete uns Tante Schmidtchen, eine Pfarrerstochter. Sie redete wie ein Wasserfall und war überaus dankbar für den Familienanschluss inklusive Verpflegung. Sie war eine sehr skurrile Persönlichkeit und sah sehr eigenwillig aus. Sie trug ihre langen Haare zu Zöpfen geflochten, die sie zum Dutt hochsteckte, und war stets mit langen Perlenketten behangen.

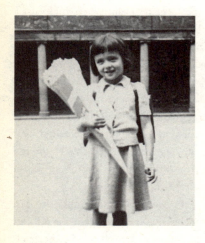

April 1951: Der erste Schultag

Tante Schmidtchen las uns, bis wir alle eingeschlafen waren, ein Märchen nach dem anderen vor. Die Märchen der Brüder Grimm und von Wilhelm Hauff, von Hans Christian Andersen und aus Tausendundeiner Nacht. Am liebsten hatten wir die ganz gruseligen wie das Märchen von einem, der auszog, das Fürchten zu lernen.

Dann kam der erste wichtige Tag meines Lebens: Ich wurde eingeschult, und zwar in die 16. Grundschule in Charlottenburg. Es war im April 1951 – damals begann das Schuljahr noch nach den Osterferien. Ich bekam ein neues hellblaues Strickkleidchen, einen hellbraunen Lederranzen und eine große Schultüte, die mit Obst und Süßigkeiten gefüllt war. Unsere ersten Schreibübungen machten wir noch mit dem Griffel auf einer Schiefertafel.

Mein Vater arbeitete damals ja in München, und so begleitete mich meine Mutter auf dem ersten Schulweg. Sie trug ein eng tailliertes Kostüm aus cremefarbenem Bouclé, dazu cognacfarbene hochhackige Pumps mit passender Handtasche. Sie war die eleganteste aller Mütter, nein, sie war die einzige elegante Frau unter all den Müttern. Ich war sehr stolz auf sie.

In meiner Klasse waren wir einundvierzig Jungen und Mädchen. Jeder bekam von der Lehrerin einen Platz angewiesen und musste aufstehen und seinen Namen nennen. Bei mir stutzte sie, denn sie wusste nicht, wie sie meinen Namen aussprechen sollte. Ich sagte ihr, wie man Hsiao richtig ausspricht, nämlich »Schau« – und nicht »Tschiau«, »Hasio« oder »Hisiau«.

Seit der Schulzeit unzertrennlich: Tien-Lo *(Mi.)* mit ihrer besten Freundin Doris *(li.)* (1955)

Neben mir saß eine Doris, Doris Posch aus der Nehringstraße, mit der ich mein Leben lang eng befreundet geblieben bin.

Bis zur Einschulung hatte ich bereits alle Kinderkrankheiten durch, Masern, Röteln, Keuchhusten ... Meistens erwischte es uns alle vier. Einer steckte den anderen an, so dass meine Mutter gleich eine ganze Kinderkrankenstation zu versorgen hatte. Sie verteilte ihre Liebe und ihre Zuwendung sehr gerecht. Nie fühlte sich einer von uns bevorzugt oder zurückgesetzt.

In der ersten Klasse bekam ich eine Lungenentzündung und musste für sechs Wochen ins Krankenhaus. Ich kam in die Kinderklinik Charlottenburg. Weil meine Lungenentzündung hochansteckend war, musste ich auf der Isolierstation liegen, einem kleinen Abteil, das mit Glasscheiben von den anderen Räumen abgetrennt war.

Doris und meine Brüder durften mich nicht besuchen, und auch mit meinen Eltern konnte ich mich nur über eine Gegensprechanlage verständigen. Ich sehnte den Tag herbei, an dem ich wieder nach Hause und in die Schule gehen durfte.

Vorher aber wurde ich noch für sechs Wochen zur Kur in ein Kinderheim auf Sylt verschickt. Wie klein die Welt doch ist: Später wurde Sylt mein liebster Urlaubsort, aber bis dahin sollten noch viele Jahre vergehen.

Wieder nach Hause entlassen, durfte ich immer noch nicht zurück zur Schule. Ich hatte so viel nachzuholen, dass meine Eltern erst einmal einen Nachhilfelehrer engagierten. Doris brachte mir jeden Tag das Unterrichtspensum vorbei, und wir machten gemeinsam die Hausaufgaben. Geschadet hat mir meine lange Fehlzeit von der Schule nicht. Jedenfalls war ich eine passable Schülerin, auch wenn ich nie den Ehrgeiz hatte, Klassenbeste zu sein. Meine Lieblingsfächer waren Biologie, Chemie, Erdkunde, Musik und Sprachen. Und natürlich Sport, am liebsten Geräteturnen.

Wenn ich an die Ausländerdiskussion von heute denke, kann ich nur sagen, dass das damals überhaupt kein Problem war. Obwohl ich durchaus nicht deutsch aussah und mein Name schwierig auszusprechen war, wurde ich von meinen Mitschülerinnen und

Mitschülern immer so akzeptiert, wie ich war. Das Exotische an mir, mein Vater, der aus einem fremden Land kam – all das war eher interessant als fremd.

Meine Mutter legte großen Wert darauf, dass die Familie vollzählig am Tisch versammelt war. Ich erinnere mich gut an die abwaschbare Wachstuchdecke mit den blauen Pünktchen, die auf dem großen Küchentisch lag, und an das laute Stühlerücken auf dem steinernen Küchenboden, ein Geräusch, das mich bis heute nervt.

Mein Vater liebte die gute deutsche Hausmannskost, die meine Mutter kochte. Königsberger Klopse natürlich, Senfeier, es gab immer viel Kartoffeln und Sauce, damit wir satt wurden. Wenn wir unsere Teller leer gegessen hatten, gab es einen Nachtisch, meist Pudding, am liebsten mochten wir grüne Götterspeise mit Vanillesauce. Samstags kam Eintopf auf den Tisch, und sonntags gab es Fleisch: Gulasch, Rindsrouladen oder Falscher Hase – Hackbraten, wie es bei uns heißt.

Zum Frühstück holte einer von uns beim Bäcker um die Ecke frische Schrippen, die wir mit Butter und Marmelade oder Honig schmierten, später am liebsten mit Nutella.

Abends gab es »kalte Platte«: Schnittchen mit Teewurst oder Leberwurst, dazu Radieschen, Rettich und Gürkchen. Käse mochten wir Kinder überhaupt nicht, der stank zu sehr. Nur Schmelzkäseecken, die mochten wir gern. Fischiges lehnten wir generell ab, wir mussten (neben Kalziumtabletten) nämlich täglich unseren Löffel Lebertran nehmen. Das reichte uns allemal für einen fischigen Geschmack.

Doris und ich waren ein eingeschworenes Team. Nie aber bildeten wir Mädchen eine Front gegen meine Brüder. Sie klebten geradezu an uns, wollten immer dabeisein, wenn wir spielten, vor allem auch, weil sie neugierig waren und alles wissen wollten, was wir Mädchen uns so erzählten.

Eines unser gemeinsamen Lieblingsspiele war »Königshaus«. Wir bauten einen Thron, indem wir einen Sessel auf den Küchentisch hievten, davor stellten wir Hocker als Stufen auf und bedeckten alles mit einer der schweren, golden und purpur schimmernden Brokatdecken meiner Mutter. Ich gab keine Ruhe, bis die Decke akkurat drapiert war und so aussah, wie ich mir einen prachtvollen Thron vorstellte. Einer von uns, mal einer meiner Brüder, mal Doris, mal ich, durfte als König auf den Thron, die anderen spielten die Bediensteten. Der König durfte dann Befehle erteilen, die die anderen ergeben ausführten. Nie waren die Rollen im voraus verteilt, wir achteten auf Gerechtigkeit.

Im Sommer machten wir zu fünft unsere Ausflüge zum Freibad Westend. In unseren kleinen Rucksäcken steckte der Proviant, zumeist Stullen, Buletten, Kartoffelsalat und eine Thermoskanne mit Saft. Meine Mutter kochte immer Saft aus frischem Obst, je nach Jahreszeit aus Kirschen, Blaubeeren oder Rhabarber.

Jeder bekam genau abgezähltes Geld: für den Straßenbahnfahrschein, für den Eintritt ins Schwimmbad, für eine Sinalco oder ein Erdbeereis.

Raffiniert wie wir waren, sparten wir uns die Straßenbahn, liefen lieber eine halbe Stunde hin und eine halbe Stunde zurück und gaben die Groschen für Süßes aus. Manchmal liehen wir uns auch bei einem Fahrradverleih einen Roller mit Ballonreifen aus, eine Stunde für drei Groschen; später auch Fahrräder, die halbe Stunde für fünfzig Pfennig. Mit zwölf Jahren bekam ich dann endlich mein erstes eigenes Fahrrad, ein gebrauchtes natürlich, aber es war gut in Schuss, und ich polierte es auf Hochglanz. Manchmal lieh ich es auch meinen Brüdern aus.

Mein ältester Bruder Guti zeigte schon damals seine kaufmännische Begabung – manchmal lieh ich mir, wenn mein Taschengeld mal wieder zu schnell zur Neige gegangen war, ein paar Groschen von ihm. Er nahm wahre Wucherzinsen, was uns wütend machte, uns aber auch ansportnte, ihm das Geld so schnell wie möglich zurückzuzahlen.

Mein Vater war geradezu besessen davon, uns eine gute Haltung beizubringen. Einer meiner Brüder musste sogar für viele Wochen in einem Gipsbett schlafen, weil er, so meinte Vater jedenfalls, einen krummen Rücken hatte. Häufiger als zum Hausarzt gingen wir zum orthopädischen Turnen. Klar, dass Doris und ich in einem Turnverein waren. Ihre Schwester Karin war Vorturnerin.

Bei mir ging es nur um die Zähne. Mit zehn musste ich eine Zahnspange tragen, was ich damals hasste. Später war ich meinen Eltern aber dankbar dafür.

Kostümfest im Zeltlager:
Tien-Lo als kleine Ballettratte (1955)

Mit Mami, die Klavier und Akkordeon spielen konnte, und unserer Tante Senta, die eine Gesangsausbildung hatte, erlebten wir viele schöne Hausmusikabende. Berliner Gassenhauer wie *Bolle reiste jüngst zu Pfingsten* oder Volkslieder wie *Wir lagen vor Madagaskar* und *Die Gedanken sind frei* höre ich heute noch gern. Weil es damals kein Fernsehen gab, spielte das Radio eine zentrale Rolle. Oft lagen wir Kinder in unserem Wohnzimmer bäuchlings auf dem Teppich vor der großen Radiotruhe und lauschten, das Kinn in die Hände gestützt, den Hörspielen, die von Woche zu Woche fortgesetzt wurden. *Es geschah in Berlin* war so ein Kriminalhörspiel, von dem wir nur wenige Folgen verpassten. Als ich ein wenig älter war, hörte ich auch gern Sendungen des Kabaretts »Die Insulaner«, und Doris und ich machten eifrig bei Hans Rosenthals Quiz *Wer fragt, gewinnt* mit.

In der Musiktruhe befand sich auch ein Zehnplattenwechsler. Meine Mutter schenkte uns Märchenplatten wie *Der gestiefelte Kater* oder *Aschenputtel,* die wir uns nicht oft genug anhören konnten. Mit meinen Eltern hörten wir aber auch klassische Musik. Mami liebte die Rhapsodien von Liszt, die *Ungarischen Tänze* von Brahms, die *Mondscheinsonate.* Mein Vater verehrte Mario Lanza, der später einmal Gast in unserem Restaurant war, und liebte die Operette *Land des Lächelns.* Jedenfalls sind wir Kinder mit klassischer Musik aufgewachsen, was ich heute noch als sehr wertvoll empfinde.

Tien-Lo *(li.)* und Doris bei ihrer Konfirmation

Eine Rarität und immer etwas Besonderes war es, wenn Papa eine seiner Platten mit der Peking-Oper auflegte. Wir amüsierten uns, weil uns die fremdartigen Instrumente und die Sprache wie Katzengejammer vorkamen. Mein Vater brachte uns aber auch einige chinesische Kinderlieder bei, und meine Mutter begleitete uns dazu auf dem Klavier.

Ende der fünfziger Jahre, vielleicht ab der achten Klasse, ich war vierzehn, kamen Kellerpartys in Mode, die bei uns mangels Keller im Wohnzimmer stattfanden. Wir durften unsere Freundinnen einladen, und jede hatte die neuesten Platten dabei, die wir neugierig auflegten. Vor dem Plattenspieler brachten wir uns selbst Rock 'n' Roll bei, Madison und Twist kamen später dazu. Eine Tanzschule habe ich nie besucht.

Sonntags gingen wir alle zusammen in den Kindergottesdienst, und anschließend besuchten Doris und ich die Sonntagsschule der Heilsarmee, wo wir aus vollem Herzen im Chor mitsangen und bei den verschiedenen Theateraufführungen mitspielen durften.

An mein erstes Lampenfieber kann ich mich noch genau erinnern: Ich trat bei einer Weihnachtsfeier als »weißes Lichtlein« auf. »Ich möcht' so gern ein Lichtlein sein, ein Licht für Dich, o Jesu...«, sang ich mit meiner hellen Stimme, schaute hinunter von der großen Freitreppe in der Mensa der Technischen Universität und sah vor mir diese riesige Menge von Leuten – an diesem Abend waren es wohl tausend Senioren, die uns andächtig lauschten.

Eines Tages brachte meine Mutter ein graugetigertes Kätzchen nach Hause, das wir »Mulle« nannten. Es stammte aus einem Wurf, den die Portiersfrau unseres Hauses zu verschenken hatte.

Fortan hatten wir immer eine Katze. Kaum war eine gestorben – unsere Katzen wurden aber immer alle sehr alt –, besorgte Mutter eine neue, sehr zum Verdruss meines Vaters, der meinte, durchaus ohne Kätzchen leben zu können. Sie waren ihm zu ungezogen, besonders weil sie es unter der Bettdecke mit Vorliebe auf seine Füße abgesehen hatten und ihre Krallen gern an den Polstermöbeln wetzten.

Wir zogen unserem Kätzchen Puppenkleider an und fuhren es im Kinderwagen spazieren, und Mulle machte geduldig alles mit. Einmal flog ein Kätzchen auf dem Sprung nach einer Fliege in hohem Bogen aus dem Fenster im vierten Stock heraus. Gott sei Dank landete es einigermaßen glücklich auf dem Bürgersteig und hatte wundersamerweise keine ernsthaften Verletzungen davongetragen. Nach ein paar Tagen war alles vergessen.

In den Schulferien reisten wir mit Mami zu den Verwandten. Reisen ins Ausland konnten wir uns noch nicht leisten. Tante Christel lebte in Schleswig-Holstein in einem idyllischen Dorf, mein Onkel Walter mit seiner Frau Hilla, meiner Patentante, im Baden-Württembergischen. Für uns Berliner Stadtkinder war das Leben auf dem Land nie langweilig. Onkel Walter war Bahnhofsvorsteher in Bruchsal und Heidelberg und bewohnte eine Dienstwohnung auf dem Bahnhofsgelände. Das fanden wir hochinteressant und abenteuerlich.

Der einzige Wermutstropfen meiner glücklichen Kindheit war, dass mein Vater in München arbeiten musste. Aber 1957 war es endlich soweit, und er zog wieder ganz zu uns zurück nach Berlin. Martin Liu, für den er das Tai-Tung in München so erfolgreich leitete, hatte beschlossen, auch in Berlin ein Chinarestaurant zu eröffnen. Vater wurde nunmehr sein Kompagnon und Geschäftsführer des Berliner Tai-Tung, das sich auf Gerichte aus den verschiedenen chinesischen Provinzen spezialisierte. An der Einrichtung hat sich bis heute wenig geändert, jedes Detail hatten mein Vater und sein Partner wohlüberlegt. Seit seiner Eröffnung befindet sich das Tai-Tung im ersten Stock des damals nagelneuen, ultramodernen Gebäudes Budapester Straße 50, direkt gegenüber der Ruine der zerbombten Kaiser-Wilhelm-Gedächtniskirche. Erst einige Jahre später wurde die Ruine mit den Eiermannschen Neubauten ergänzt – frei nach Berliner Schnauze »Puderdose und Lippenstift« genannt.

Martin Liu kam aus der Provinz Shangdong, in der um 540 vor

Christi Geburt Konfuzius lebte, der große chinesische Philosoph. »Tai« heißt einer der fünf heiligen Berge, die in der Lehre des Konfuzius eine bedeutende Rolle spielen, und »Tung« – »Dung« ausgesprochen – bedeutet Osten. »Tai-Tung« bedeutet also »östlich des Heiligen Berges«.

Das Berliner Tai-Tung war und ist eine Institution. Und mein Vater hat daran maßgeblichen Anteil, wie ich gerne und stolz sage. Er war ein perfekter und großzügiger Gastgeber, der sich persönlich um das Wohl seiner Gäste kümmerte. Nicht von ungefähr wurden viele berühmte und anspruchsvolle Persönlichkeiten aus Wirtschaft, Politik und Kultur zu treuen und dankbaren Stammgästen.

Willy Brandt, Paul Löbe, Egon Bahr, Luis Trenker, Leni Riefenstahl, Curt Goetz, Günter Grass, Mario Lanza, Prinz Ali Khan, Lilo Pulver – unser Gästebuch ist ein *Who is Who* der Wirtschaftswunderjahre.

Wir waren 1959 umgezogen, in eine wunderschöne Altbauwohnung in der Rankestraße auf der anderen Seite der Gedächtniskirche. Jedes der vier Kinder hatte nun sein eigenes Zimmer. Zum Berliner Zoo und zum Aquarium waren es nur wenige Minuten zu Fuß. Vor allem aber gefiel mir als Teenager natürlich, dass das KaDeWe und der Kurfürstendamm mit seinen eleganten Geschäften und den vielen Uraufführungskinos sozusagen um die Ecke lagen.

Jedenfalls blieb es bei mir nie beim Schaufensterbummel, ich investierte mein ganzes Taschengeld in kleinere Einkäufe.

Zur Schule fuhr ich nun jeden Tag vom Bahnhof Zoo mit der wiedereröffneten U-Bahn. Zweimal in der Woche ging ich mit Doris zum Konfirmandenunterricht. Für uns beide war die feierliche Konfirmation am 24. April 1960 in der Charlottenburger Epiphanienkirche ein einschneidendes Erlebnis. Wir hatten das erhebende Gefühl, nunmehr in den Erwachsenenstand berufen worden zu sein.

Unsere Schneiderin passte mir ein mitternachtsblaues Jackenkleid aus Leinen an. Und ich durfte meine ersten Schuhe mit kleinem Absatz tragen. Ich war unglaublich stolz an diesem Tag. Zu

Hause richteten mir meine Eltern eine große Feier aus, zu der alle Verwandten angereist kamen. Noch nie im Leben war ich so reich beschenkt worden. Von Mami und Papa bekam ich eine Armbanduhr und einen Ring mit einer weißen Perle, von meiner Patentante Besteck von WMF für die Aussteuer. Und, wie es damals üblich war, einen beachtlichen Geldbetrag.

Nach der neunten Klasse musste ich sehr zum Verdruss meines Vaters eine Ehrenrunde drehen, Mathematik und Geschichte mangelhaft. Selbstverständlich versuchte ich ihm mit dem Brustton der Überzeugung klarzumachen, dass es ausschließlich am Lehrer gelegen hatte, der mich einfach nicht mochte. Nun saß ich also nicht mehr neben meiner geliebten Doris, was unserer Freundschaft aber nicht den geringsten Abbruch tat.

Wir beide gewannen eine neue Freundin hinzu, Ute, die einen älteren Bruder hatte. Die beiden durften fast jedes Wochenende eine Party geben – wer von den Jungs am besten Rock 'n' Roll tanzen konnte, der hatte bei uns die größten Chancen – aber gut aussehen musste er auch.

Der Bau der Mauer im August 1961 war für uns wie für alle Berliner ein einschneidendes Ereignis, auch wenn wir keine Verwandten oder Freunde im Ostteil der Stadt hatten.

Ich war damals mit »Möwes Jugendreisen« in Italien, es war meine erste Reise ins Ausland. Wir – zehn Jungen und zwölf Mädchen – fuhren mit der Bahn an die Adria. Ich kannte niemanden von den anderen, aber wie das so ist, schloss man schnell Freundschaft. Ich war total begeistert. Unser Ziel war der Badeort Rimini, wo wir in einer netten Hotelpension untergebracht wurden.

Wir lagen faul am Strand, alle Antennen auf Spaß und Flirt ausgerichtet. Wir waren eine ausgelassene Bande, und selbstverständlich hatte ich auch einen Urlaubsschwarm: Er hieß Roberto, hatte pechschwarzes gelocktes Haar und eisblaue Augen. Er war ein bisschen klein, hatte aber einen phantastisch durchtrainierten Körper und verdrehte mir mit seinem Charme den Kopf.

In der Gruppe machten wir Tagesausflüge nach San Remo und nach Florenz, schauten uns die Museen an, saßen in den Straßencafés und nippten an unserem Campari-Soda. Es war mein erster Ausflug in eine mondänere Welt. Ich habe es sehr genossen und fühlte mich sehr erwachsen. Immerhin war es meine erste Reise ohne Familie.

Am Abend des 12. August 1961 traten wir fröhlich und auch ein bisschen traurig, dass die Ferien zu Ende waren, die Rückreise nach Berlin an. Roberto brachte mich zum Bahnhof.

Am anderen Morgen sprach sich die Nachricht wie ein Lauffeuer im Zug herum: Über Nacht war in Berlin eine Mauer errichtet worden, die die Stadt in zwei Teile trennte. Keiner von uns konnte die Neuigkeit richtig einschätzen, aber jeder wusste, dass sie nichts Gutes bedeuten konnte. Meine Eltern holten mich am Bahnhof Zoo ab und erzählten, was sie aus der Zeitung und aus dem Radio wussten.

Erst nach ein paar Tagen und als sich in den Medien die Nachrichten fast überschlugen, ahnten wir, dass der Mauerbau Berlin, ja ganz Deutschland, am Lebensnerv getroffen hatte. Zu Hause lief den ganzen Tag das Radio, und meine Eltern sagten uns immer wieder, wie froh wir sein könnten, dass wir im Westteil der Stadt lebten. Zwar war die Stadt, solange ich mich erinnern konnte, immer eine Insel in Feindesland gewesen, jetzt aber erinnerte die Mauer als unübersehbares Symbol der Teilung unablässig an die exponierte Lage Berlins.

Doch auch als Insulaner ging unser Leben irgendwie doch weiter wie gehabt. Nicht dass wir uns keine Sorgen machten wegen der Mauer und der vielen Schicksale, die sie so schmerzhaft beeinflusste. Aber die Existenz meiner Familie war hier in Westberlin fest verankert. Wir haben nie ernsthaft daran gedacht, die Stadt zu verlassen.

1962 machte ich meinen Realschulabschluss. Weil ich noch nicht genau wusste, was ich beruflich werden wollte, ging ich just auf die

Schule, an der sich meine Eltern vor zwanzig Jahren mitten im Krieg kennengelernt hatten. Die Rackow-Schule war jetzt im neuen Hochhaus am Bahnhof Zoo untergebracht. Ich machte einen Handelsschullehrgang und lernte Steno und Schreibmaschine, Buchführung, kaufmännisches Rechnen und »Commercial English«. Mit Beendigung dieser Grundausbildung fühlte ich mich endgültig erwachsen.

Susanne Hsiao beschloss, die Welt für sich zu erobern.

Kapitel 2
Erste Jobs, erste Liebe und ein Hauch von Dolce Vita

Nun hatte ich also eine Ausbildung und wollte auch anfangen zu arbeiten. Ich las in den sonntäglichen Stellenanzeigen, dass bei der Berliner Zeitung *Der Tagesspiegel* eine Stenotypistin gesucht wurde. Ich tippte einen kurzen Bewerbungsbrief, fügte meinen Lebenslauf und meine Schulzeugnisse bei und wartete ab. Kurz darauf wurde ich zu einem Vorstellungsgespräch in die Verwaltung des *Tagesspiegel*-Verlags an der Potsdamer Straße eingeladen.

Zum Vorstellungstermin borgte ich mir aus dem Kleiderschrank meiner Mutter ein Jersey-Kostüm aus, das mich sehr damenhaft erscheinen ließ. Ich wurde vom Vertriebschef des Verlags empfangen, der ein sehr netter Herr war und sich mit mir über alles mögliche unterhielt. Ich musste Fragen nach dem Leitartikel des Tages beantworten und auch mein Allgemeinwissen prüfen lassen. An eine Frage erinnere ich mich noch genau: »Wer ist Sepp Herberger?« Auch wenn ich kein Fußballfan war, wusste ich, dass Herberger der Trainer der deutschen Fußballnationalmannschaft war. Zum Abschluss diktierte der Vertriebschef mir einen Brief in den Stenoblock, den ich in die Schreibmaschine übertrug – irgendwie kam mir alles ganz einfach vor. Und tatsächlich: Ich wurde prompt angenommen.

Am 1. April 1963, ich war achtzehn Jahre alt, fing ich in der Vertriebsabteilung des *Tagesspiegels* mit einem Anfangsgehalt von dreihundert Mark monatlich an. Nach der Probezeit, also drei Monate später, erhöhte es sich auf stattliche vierhundertvierzig Mark. Das war für mich viel Geld, zumal ich zu Hause nichts abgeben musste und meine Eltern sogar alle laufenden Kosten übernahmen, zum Beispiel auch die Monatsfahrkarte. Bisher hatte ich fünfzig Mark Taschengeld pro Monat bekommen. Nicht dass meine Eltern mich kurz gehalten hätten, aber es war schon ein tolles Gefühl, eigenes Geld zu verdienen.

Von meinem ersten Gehalt kaufte ich mir bei Modelinchen, einer Boutique am Kurfürstendamm, ein schickes rosa Tweedkostüm.

In der Zwischenzeit waren wir wieder einmal umgezogen, diesmal in eine sehr große Altbauwohnung im vierten Stock am Kurfürstendamm 230 zwischen Joachimsthaler Straße und Gedächtniskirche. Vater brauchte nur ein paar Schritte hinüber in unser Restaurant. Und von unserem Balkon aus hatten wir einen fulminanten Blick auf das Treiben auf dem Ku'damm, der sich nach der Teilung der Stadt

Susanne Hsiao als Stenotypistin beim Berliner *Tagesspiegel* (1963)

zu einem Prachtboulevard mit noblen Geschäften entwickelt hatte und eine richtige Flaniermeile geworden war.

Bei Staatsbesuchen diente unser Balkon als Loge für die ganze Familie, oft auch für Freunde und Bekannte. Wir genossen die Aussicht – zum Beispiel, als Königin Elizabeth II. von England im Mai 1965 den Kurfürstendamm in einem offenen Rolls-Royce an

Abertausenden deutsche und britische Fähnchen schwenkenden Berlinern entlangfuhr.

Später mussten wir aus der Wohnung leider wieder ausziehen. Das Haus gehörte dem Wertheim-Konzern, der an dieser Stelle ein neues Kaufhaus errichtete. Die Grundstücksverwaltung besorgte uns als Ersatz eine Wohnung in der Uhlandstraße 175, wo ich bis zu meiner Heirat zusammen mit meinen Eltern wohnte. Übrigens sind auch all meine Brüder erst spät ausgezogen. Wir fühlten uns einfach sehr wohl zu Hause.

Der Schritt ins Berufsleben war eine große Umstellung für mich. Nicht nur, weil ich plötzlich viel weniger Freizeit hatte. Auch der Jahresurlaub von damals zwanzig Tagen war natürlich nichts im Vergleich zu den wochenlangen Schulferien, die ich immer sehr genossen hatte. Ich musste mir – wie das eben so ist, wenn quasi der Ernst des Lebens beginnt – meine Zeit vollkommen neu einteilen. Auch meine Freundin Doris, die nach der Schule kaufmännische Angestellte bei der AOK geworden war, konnte ich nicht mehr so

Auf der Titelseite der Illustrierten-Beilage des *Tagesspiegels*

häufig sehen. Dafür telefonierten wir regelmäßig und trafen uns, so oft es ging.

Die Arbeit machte mir Spaß. Ich ging gern in das Büro an der Potsdamer Straße, auch weil die Kolleginnen und Kollegen ausgesprochen nett waren. Eines Tages, ich war gerade mal ein halbes Jahr beim *Tagesspiegel,* kam der Chef der Werbeabteilung, Herr Suchland, zu mir ins Büro und fragte, ob ich nicht Lust hätte, ein paar Fotos zu machen. Klar hatte ich Lust. Ich wurde in ein Fotostudio bestellt, dort wurde ich geschminkt und zurechtgemacht. Das Posieren machte mir viel Spaß, und so kam es, dass mit meinem Foto für den Abdruck einer neuen Romanserie des *Tagesspiegels* geworben wurde.

Ich fand das selbstverständlich toll und freute mich sehr, als peu à peu immer mehr Angebote kamen. Der berühmte Werbeagenturchef Hello Weber, der unter anderem den legendären Volkswagen-Werbeslogan »Er läuft und läuft und läuft...« erfand, ließ meine Hände für eine Melitta-Kaffee-Werbung fotografieren. Am Wannsee wurde ich in der neuesten Bikinimode abgelichtet und stellte fest, dass Fotomodell zu sein ein schönes und einträgliches Hobby war. Trotzdem ging ich jeden Tag fleißig weiter ins Büro beim *Tagesspiegel.*

Eines Tages flatterte dann Post von der Schauspielagentur Toni Mackeben in unseren Briefkasten. Man war durch die Werbefotos auf mich aufmerksam geworden, und ich sollte zum Vorsprechen kommen, um in ihre Kartei aufgenommen zu werden.

Ich besprach mich noch am selben Tag mit meinen Eltern. Beide hatten nichts dagegen. Der deutsche Film boomte damals, und sie sahen durchaus eine Chance für mich. Durch die Gäste in unserem Restaurant war uns die Welt des Films nicht fremd, Stars gingen dort ein und aus, und mein Vater kannte viele Filmproduzenten, Regisseure und Filmschauspieler persönlich.

Mich hatte der Film schon als Mädchen gefesselt, ich war eine leidenschaftliche Kinogängerin. Damals wurden in den sogenannten Uraufführungskinos – im Marmorhaus, in der Filmbühne Wien, im MGM Ecke Bleibtreustraße, im Astor und im Zoo-Palast – mit Glanz und Gloria deutsche und internationale Filmpremieren gefeiert. Die Karten konnte man ganz normal an der Kinokasse kaufen, wenn man nur früh genug hinging.

Zu Filmpremieren zog man sich damals noch richtig schick an, es war jedesmal ein großes gesellschaftliches Ereignis. Aber ich bin immer gern ins Kino gegangen, nicht nur zu den Premieren. Manchmal ging ich allein, manchmal mit Freundinnen, manchmal sogar mit der ganzen Familie.

Ich schwärmte für Audrey Hepburn, Brigitte Bardot und Romy Schneider. Und natürlich für Cary Grant. Besonders faszinierend fand ich *Cleopatra* mit Richard Burton und Liz Taylor. Aber auch für deutsche Filmstars konnte ich mich begeistern: So liebte ich Lilo Pulver, aber auch Hilde Krahl fand ich ausgezeichnet. Ich sah die Verfilmung des *Faust* mit Gustaf Gründgens und Elisabeth Flickenschildt. Ich himmelte Curd Jürgens in *Der Kurier des Zaren* an und Paul Hubschmid in *Der Tiger von Eschnapur*. Ich glaube, ich habe damals alle neuen Filme gesehen, die für Mädchen meines Alters erlaubt waren.

Als dann tatsächlich von Artur »Atze« Brauners CCC-Film und Horst Wendlandts Rialto-Film die ersten Anfragen für kleine Rollen kamen, war ich überzeugt, dass ich Karriere machen konnte.

Meine erste Rolle spielte ich in der CCC-Produktion *Fanny Hill*, die von April bis Juni 1964 in Berlin gedreht wurde. Regisseur war der für seine frivolen Filme berühmt-berüchtigte amerikanische Regisseur Russ Meyer. Der drehte seine Filme – so auch diesen – immer gleich in zwei Versionen, nämlich einer freizügigeren und einer weniger freizügigen, um sie überall auf der Welt verkaufen zu können. *Fanny Hill* war ein für Russ Meyers Verhältnisse harmloser Film, der in einem internationalen Bordell spielte. Ich war ein asiatisches Lebemädchen namens Lotosblume. Meine Filmpartner waren unter anderem die Hollywoodlegende Miriam Hopkins sowie Walter Giller und Chris Howland.

Gleichzeitig mit den ersten kleinen Engagements nahm ich privaten Unterricht bei Erna Oelmann, einer renommierten Schauspiellehrerin in der Damaschkestraße. Bei ihr lernte ich Sprechtechnik und wie man Rollen am sinnvollsten einstudiert.

Es wurde langsam Zeit, mich zu entscheiden, ob ich Stenotypistin bleiben oder zum Film wechseln wollte. Die Wahl fiel mir nicht schwer: Ich kündigte meinen Job beim *Tagesspiegel* zum Juli 1964. Mein Ausflug ins Büro hatte ein Jahr und drei Monate gedauert.

Kurz darauf bekam ich ein neues Angebot von der CCC-Filmproduktion. Peter Hahne, der Produktionsleiter, ließ mich zu einem Casting kommen. So schlank, so zierlich, so hübsch war ich wohl die ideale Besetzung. Jedenfalls sagte der englische Koproduzent Euan Lloyd sehr schnell: »She is it.«

Produzent Artur »Atze« Brauner engagierte mich also für *Dschingis Khan,* einen bombastischen internationalen Kostümfilm, eine deutsch-englisch-jugoslawische Koproduktion. Omar Sharif spielte den Dschingis Khan. Andere Hauptrollen waren mit Weltstars wie Telly Savalas, James Mason, Catherine Deneuves damals berühm-

Bei den Dreharbeiten zu *Dschingis Khan:* Mit Omar Sharif im Hotel in Belgrad

terer Schwester Françoise Dorléac, Robert Morley und Stephen Boyd besetzt. Gedreht wurde auf englisch, und ich spielte eine größere Nebenrolle, ein Mädchen namens Chin Yu, die jüngste Tochter des Kaisers von China, die einem siegreichen Krieger versprochen war.

Ich war gerade mal zwanzig Jahre alt und bekam zehntausend Mark Gage, ein kleines Vermögen. Ich war sehr stolz, dass ich diese Rolle bekommen hatte, und freute mich wahnsinnig auf die Dreharbeiten. Die Innenaufnahmen wurden in den CCC-Studios in Berlin gedreht, die Außenaufnahmen von Juli bis November 1964 an verschiedenen Drehorten in Jugoslawien: in Split, in Zadar, Zagreb und Belgrad.

Das Team flog von Berlin aus nach Belgrad. Ich hatte zwei große Koffer und einen riesigen Schminkkoffer dabei. In Belgrad hat man mich dann nicht einreisen lassen. Niemand hatte daran gedacht, dass ich wegen meines Fremdenpasses, den ich als Tochter eines Chinesen und einer Deutschen immer noch besaß, ein spezielles Visum brauchte. Ich musste also wieder zurück nach Deutschland, nach München, wo sich Erich Müller, der damalige Chef der Columbia-Filmverleih, um mein Visum kümmerte. Es dauerte zwei Tage, während denen ich ungeduldig im Hotel Bayerischer Hof wartete. Endlich waren alle Papiere in Ordnung, und ich konnte von München wieder nach Belgrad fliegen. Von dort ging es weiter zu den Dreharbeiten nach Zagreb.

Auf dem Sekretär in meinem Hotelzimmer fand ich einen Brief vor: Es war eine Einladung von Omar Sharif, auf englisch bat er zum Dinner im Kreis der Darsteller. Er hatte wahrlich einen guten Grund zu feiern, denn er war gerade für die Hauptrolle in *Doktor Schiwago* verpflichtet worden.

Bei dem Essen saß ich zwischen Omar Sharif und Telly Savalas und fühlte mich großartig. Beide waren ausgesprochen sympathisch. Wir lachten viel, und alle waren in Hochstimmung. Vor uns lag eine wochenlange gemeinsame Arbeit, und schon am ersten Abend fühlte ich mich in diesem Team sehr wohl. Das war sehr wichtig, denn zwischen den einzelnen Szenen mussten wir oft viele

Stunden warten, in denen wir Karten spielten oder über Gott und die Welt redeten. Hier und da kam es auch zu einem netten Flirt.

Wir mussten immer früh aufstehen, was mir nicht leichtfiel. Zwei Stunden hin und zwei Stunden wieder zurück dauerte die Fahrt zum Drehort in den Bergen. Wir wurden zwar in amerikanischen Luxuslimousinen gefahren, aber es blieb eine staubige Fahrt auf holprigen Bergstraßen. Dort oben gab es ein riesiges Camp mit Zelten, Wohnwagen, Hunderten von Pferden und Hunderten von Komparsen, jeder einzelne rollengetreu geschminkt und kostümiert. Es dauerte mindestens zwei Stunden, ehe ich fertig geschminkt war, meine Haare mit verschiedenen Haarteilen zu kunstvollen Frisuren gesteckt. Ich trug die prachtvollsten Gewänder, und es war faszinierend zu beobachten, wie ich mich Tag für Tag in dieses fremdartige Wesen verwandelte.

Zu sprechen hatte ich in meiner Rolle nicht viel, aber keiner meiner Auftritte ist später dem Schnitt zum Opfer gefallen. Mein Name stand sogar auf den Kinoplakaten. Eigens für *Dschingis Khan* wurden für mich persönliche Autogrammkarten gedruckt, auf denen mein Name leider falsch geschrieben war.

Suzanne Hsaio in "Dschingis Khan"
Foto: Columbia-Bavaria

Die erste eigene Autogrammkarte: Der Name ist leider falsch geschrieben

Die glanzvolle Deutschlandpremiere in Hamburg war ein gigantisches gesellschaftliches Ereignis. Hollywood in Hamburg: Der Riesenauflauf von Fotografen und Reportern, die Menschenmenge, die uns zujubelte, als wir im Blitzlichtgewitter über den roten Teppich ins Kino im Grindelhof Einzug hielten – ich war schwer beeindruckt. Alle internationalen Stars waren gekommen. Es war ein aufregender, wunderschöner Abend der großen Roben. Ich trug ein bodenlanges weißes Kleid, um die Schultern ein weißes Nerzcape, und gemeinsam mit Françoise Dorléac wurde ich für die *Aktuelle Schaubude* interviewt, damals eine der populärsten Fernsehsendungen.

Nach *Dschingis Khan* war ich gut beschäftigt, meistens fürs Fernsehen. Ich spielte in *Präriesaloon* mit, in *Ein Hundert-Dollar-Missverständnis* und in *Der Flaschenteufel* nach Robert Louis Stevenson.

Ab 1965 nahm mich Elly Silman unter Vertrag, die damals eine bedeutende, vor allem auch international arbeitende Schauspieleragentin war. Sie wirkte zwischen Hollywood und Berlin, zwischen London und München und residierte in den besten Hotels: im Londoner Connaught, in Berlin im Parkhotel Zellermayer in der Meinekestraße, in München im Bayerischen Hof und in Hollywood, wo sie mit dem berühmten Staragenten Paul Kohner zusammenarbeitete, im Beverly Hills Hotel.

Elly Silman war von meinem Typ sehr angetan, aber sie sagte mir dasselbe wie schon *Dschingis Khan*-Produzent Euan Lloyd: »Wenn du weiterkommen willst, musst du Englisch lernen.« Sicher ein guter Rat, nur fehlte mir damals die Zeit, ihn zu befolgen.

Gelegentlich wurde ich übrigens auch für Synchronarbeiten verpflichtet, und so kam es, dass ich für eine Dokumentation über den Film *Die Hölle von Macao,* der in Hongkong aufgenommen worden war, eine chinesische Kommentatorin synchronisierte und meinen ersten Satz über Harald Juhnke sprach, nämlich: »Nicht nur Harald Juhnke wird hier der Kopf gewaschen …«

Im Sommer 1965 rief Lothar Winkler, ein bekannter Starfotograf, bei uns zu Hause an und erzählte mir von einem Wettbewerb »Berlinale der Schönheit«, den die *Neue Illustrierte* veranstaltete. Die Leser dieser Zeitschrift, eine Mischung aus *Life* und *Stern,* sollten die »zehn kessesten Berlinerinnen« küren. Ich kannte Lothar, er hatte mich schon mehrmals fotografiert, und ich hatte nichts dagegen, dass er ein paar Fotos von mir bei dem Wettbewerb einreichte. Schaden konnte es schließlich nicht. Eigentlich hatte ich den Wettbewerb schon wieder vergessen, als am 24. August 1965 der Telegrammbote bei uns in der Uhlandstraße klingelte und ein Telegramm für mich brachte.

Im Wettbewerb
»Die schöne Berlinerin« (1965)

Aufgeregt öffnete ich den Umschlag, faltete das Blatt auseinander und las: »Gratuliere. Stop. Sie gehören zu den zehn kessesten Berlinerinnen. Stop. Näheres teilen wir Ihnen brieflich mit. Stop. Gruß Ihre Neue Illustrierte.« Ich hatte es also tatsächlich geschafft.

Als nächstes stand die Teilnahme an einem aufwendigen Festival auf dem Programm, der Berlinale der Schönheit, die vom 9. bis 13. September 1965 veranstaltet wurde. Außerdem hatten wir eine Reise nach Rom und Neapel gewonnen, und von dort aus eine zehntägige Kreuzfahrt mit dem Luxusliner »Hanseatic« über Lissabon bis Cuxhaven. Die nächsten Wochen gehörten also den zehn Siegerinnen.

Die Berlinale der Schönheit war perfekt organisiert. Zunächst zogen wir zehn Gewinnerinnen ins feine Schlosshotel Gehrhus im Grunewald an der Brahmsstraße (hier sollte ich übrigens fast dreißig Jahre später meinen fünfzigsten Geburtstag feiern; heute ist es das Regent Schlosshotel, Interior-Design von Karl Lagerfeld). Am Donnerstag um elf Uhr ging das Programm mit einem Empfang los. Nachmittags kam der Friseur ins Hotel.

Am nächsten Morgen stellten wir uns der versammelten Berliner Presse und fieberten dem ersten Höhepunkt der Berlinale der Schönheit entgegen, der großen Gala im Palais am Funkturm. Die Conférence hatte Hans-Joachim Kulenkampff übernommen, der uns zehn junge Damen mit Charme und Witz dem Publikum vorstellte. Ich trug ein hautenges bodenlanges Goldlamé-Kleid, schulterfrei mit Neckholder und einem Rückenausschnitt bis zur Taille.

Im Showprogramm traten Vico Torriani, Françoise Hardy, Wencke Myhre und Udo Jürgens auf, neben dem ich an der langen Dinnertafel Platz nehmen durfte.

Eine der zehn Mitsiegerinnen, Barbara, wurde schon während des Wettbewerbs eine meiner besten Freundinnen. Wir verstanden uns auf Anhieb. Später sollten wir im selben Jahr heiraten und beinahe zur selben Zeit schwanger werden. Ihr Sohn Gregor und mein Sohn Oliver sind nur vierzehn Tage auseinander und zeit ihres Lebens miteinander befreundet geblieben – ganz wie ihre Mütter. Oliver war Trauzeuge bei Gregors Hochzeit.

Am nächsten Morgen erlebten wir einen weiteren Höhepunkt, der mich noch mehr beeindruckte als die Gala am Vorabend und der mir mein Leben lang unvergesslich bleiben wird: der Blumen-Korso über den Kurfürstendamm. In zehn eleganten offenen Limousinen fuhren wir an Tausenden von jubelnden Berlinern vorbei, die die Straße säumten. Sogar die Ampeln waren ausgeschaltet – es war ein einziger Triumphzug.

Dagegen war die Riverboat-Shuffle auf dem Wannsee am Sonntag beinahe schon ein alltägliches Ereignis. Den krönenden Abschluss der Berlinale der Schönheit bildete ein festliches Abendessen im Schlosshotel Gehrhus. Das ganze Wochenende war ein einziger Traum, stilvoll, elegant, lustig und aufregend.

Der zweite Teil des Preises, eine zehntägige Reise, war nicht minder traumhaft. Zuerst hieß es, es sollte nach New York gehen. Dann platzte aber wohl ein Deal mit der amerikanischen Fluggesellschaft PAN AM, und die Alitalia sprang ein. So ging die Reise nicht über den großen Teich, sondern »nur« nach Rom.

Dort wurden wir direkt vom Flughafen zu einem Empfang beim Bürgermeister chauffiert. Wir zehn fühlten uns da schon so richtig wie Damen von Welt. Wir waren im schicken Hotel Excelsior auf der Via Veneto untergebracht und aßen im Da meo Pataca, damals eines der elegantesten Restaurants von Rom. Wir machten eine Stadtrundfahrt, warfen natürlich ein paar Münzen über die Schulter in die Fontana di Trevi und posierten auf der Spanischen Treppe. Immer dabei die Fotografen der *Neuen Illustrierten*. Wir hatten einen Heidenspaß.

Am dritten Tag flogen wir weiter nach Neapel. Nach einer Stadtrundfahrt schifften wir abends auf dem Luxusliner »Hanseatic« ein. Das war ein erhebender Moment, als wir die Gangway hinaufstiegen – Schritt für Schritt ging es in eine andere Welt.

Das Leben an Bord war ein großes Fest. Jeweils zu zweit belegten wir eine Kabine. Tagsüber lagen wir am Swimmingpool, nachmittags wurden wir zum Tanztee ausgeführt. Die Abende begannen mit einem Cocktail an einer der Bars, danach gab es einen Ball, ein Captain's Dinner oder einfach nur eine Party. Keine Minute hatten wir Zeit, wir zogen uns mehrmals am Tag um und waren immer perfekt geschminkt. Unser Leben an Bord war eine einzige große Sause – und eine einzige große Fotoreportage für die *Neue Illustrierte*.

Von Genua aus erreichten wir durch die Straße von Gibraltar schließlich Lissabon, wo ein Landgang auf dem Plan stand. Weiter ging es durch den Golf von Biscaya, wo uns prompt ein schwerer Sturm erwischte. Acht von uns lagen flach, seekrank und grün um die Nase blieben sie in der Koje. Nur Barbara und ich hielten uns tapfer aufrecht. Irgendwoher kannte ich die alte Seemannsweisheit, dass man sich einen festen Punkt am Horizont suchen sollte. Jedenfalls ging es uns beiden nicht ganz so schlecht wie den anderen.

Als wir schließlich in Bremerhaven von Bord gehen mussten, war ein schöner Traum zu Ende.

Kaum war die Berlinale der Schönheit abgeschlossen, nutzte ich die Zeit, wie Elly Silman mir geraten hatte, und nahm an einem Sprachkurs in London teil. Ich wohnte in Fulham bei der Freundin einer Schwester meiner Mutter, die mit einem Iren verheiratet war. Hier hatte ich ein eigenes kleines Zimmer und frühstückte jeden Morgen ganz englisch *Ham and Eggs,* dazu *Scones* und Tee mit Milch. Danach fuhr ich mit dem Bus ins Zentrum, wo ich vier Stunden in der Sprachschule des Linguist Club büffelte.

Und ich entdeckte das Nightlife von Swinging London. Jeden Abend bin ich ausgegangen. Euan Lloyd, der *Dschingis Khan*-Produzent, zeigte mir die Clubs, führte mich in den White Elephant, wir aßen im Trader Vic's und gingen ins Theater. Ich sah die Stücke von Harold Pinter und Aufführungen der Royal Shakespeare Company. Am Wochenende besuchte ich das Wachsfigurenkabinett von Madame Tussaud und die großen Kunstmuseen. Ich wollte einfach alles kennenlernen. Natürlich ging ich auch ausgiebig shoppen. Damals war gerade der Minirock aufgekommen, und ich hatte die Idealfigur wie Twiggy, das Starmodell.

Ich kaufte die neuesten Platten von den Beatles, von Frank Sinatra und Dionne Warwick, die es in Berlin noch nicht gab. Bei Starfriseur Vidal Sassoon ließ ich mir die Haare schneiden und kaufte diese neumodischen dicken Bürsten-Lockenwickler, um sie meinem Berliner Friseur Udo Walz mitzubringen.

Zu Udo, der seinen ersten Salon in der Fasanenstraße hatte, ging ich bereits seit 1964. Ich gehörte mit zu seinen allerersten Kundinnen und habe Udo später sozusagen mit in die Ehe gebracht: mein

Szenenfoto aus dem Edgar-Wallace-Film *Der unheimliche Mönch*

Mann, mein Sohn Oliver, ich – unsere ganze Familie lässt sich bei ihm die Haare schneiden.

Allzugern wäre ich länger in London geblieben, aber Elly Silman besorgte mir eine Rolle nach der anderen. Im Oktober/November 1965 spielte ich in meinem ersten Edgar-Wallace-Film. Er hieß *Der unheimliche Mönch,* und ich durfte mit so großartigen Kollegen wie Harald Leipnitz, Karin Dor, Eddi Arent, Uschi Glas, Dunja Rajter,

Siegfried Lowitz und Hartmut Reck arbeiten. Die Edgar-Wallace-Filme waren eine Produktion der Rialto-Film von Horst Wendlandt, der mich im Juni/Juli 1966 auch für *Der Bucklige von Soho* unter der Regie von Alfred Vohrer engagierte. Meine dritte Rolle in einer Edgar-Wallace-Verfilmung spielte ich im Mai/Juni 1967 in *Der Mönch mit der Peitsche*.

Buba Seitz, der große Münchner Filmproduzent, engagierte mich im Sommer 1966 für eine Rolle in Rolf Thieles *Grieche sucht Griechin*. Wir drehten in München, in Offenburg am neuen Hochhaus des Burda-Verlags und in Montreux, ich durfte mit so berühmten Kollegen wie Heinz Rühmann, Hannes Messemer, Hanne Wieder und Charles Regnier arbeiten.

Bei Außenaufnahmen zu *Grieche sucht Griechin* in Montreux

Mir ging es in jeder Beziehung prächtig. Und eigentlich hatte ich auch immer einen Flirt, wenn nicht gar einen festen Freund.

Als ich noch beim *Tagesspiegel* war, hatte ich mich mit einem Studenten angefreundet, der als Hausbote arbeitete und der mich eines schönen Abends in Wannsee in seinem Volkswagen ans Steuer ließ, obwohl ich noch keinen Führerschein hatte. Es kam, wie es kommen musste: Wir wurden von einer Polizeistreife gestoppt, mussten mit zur Wache, und später wurden wir beide in einer Gerichtsverhandlung zu einer Geldstrafe verurteilt, die an ein SOS-Kinderdorf ging.

Dann kam Klaus, seines Zeichens Statiker, acht Jahre älter als ich. Er war ein jungenhafter Typ, und ich half ihm im Büro beim Kopieren und Plänefalten. Mit seinem Auto unternahmen wir Wochenendreisen nach Hamburg und an die Ostsee. Eines Tages brachte er mir ein Geschenk mit: einen Hund, einen Cockerspaniel, den ich Kolja nannte, das ist russisch und bedeutet »kleiner Klaus«.

Der große Klaus wurde mir schnell zu langweilig. Er war immer todmüde von der Arbeit, hatte nur seine Zahlen im Kopf und wollte selten ausgehen, sondern nur mit mir und unserem Hündchen auf dem Sofa sitzen. Ich habe Klaus dann verlassen, wie ich auch später immer diejenige war, die gegangen ist. Nie bin ich verlassen worden.

Klaus forderte jedenfalls Kolja zurück, als ich mich von ihm trennte. Da wusste ich, dass meine Entscheidung auf jeden Fall richtig gewesen war.

Meine Freunde, oder besser gesagt, meine Bekannten, denn so richtig ernst war es mir mit keinem, waren eigentlich immer etwas älter als ich. Als ich zur Schule ging, habe ich mit Gleichaltrigen geschmust, aber als es dann zum Flirten kam, da waren die Männer älter, und ich nahm an den harmlosen Freizeitvergnügungen meines Jahrgangs wie Eisessen oder Ins-Schwimmbad-Gehen nicht mehr teil. Ich ließ mich lieber zum Essen ausführen. Mal war es ein Schwede, der eigentlich nur auf der Durchreise in Berlin war und dann wegen mir immer wieder aus Stockholm kam. Dann wurde er an der Business-School Insead in Paris aufgenommen, und da war ihm der Umweg über Berlin dann doch zuviel des Guten.

Ein anderer war ein Meisterschüler des großen Dirigenten Herbert von Karajan. Später hat er eine vielbeachtete Biographie über den Maestro veröffentlicht. Damals schrieb er mir ellenlange Briefe. Manchmal waren es acht oder gar zehn Seiten. Seine Schrift war schwer zu lesen, und so musste mir meine Mutter helfen, die Briefe meines glühenden Verehrers zu entziffern. Es blieb eine platonische Beziehung.

Wenn ich nichts Besseres vorhatte, ging ich in dieser Zeit gern mit Ute zur Bowlingbahn am Ku'damm direkt am Lehniner Platz. Das war damals der In-Treffpunkt. Wir warfen die schwere schwarze Kugel mit großem Ehrgeiz und vergnügten uns an der Bar.

Sehr oft aber bin ich abends einfach auch zu Hause bei meiner Familie geblieben. Zu meiner Mutter hatte ich ein inniges Verhältnis. Vater pendelte in diesen Jahren zwischen seinen Restaurants in Köln und Düsseldorf, die mittlerweile zu dem Berliner Restaurant dazugekommen waren. Mein Bruder Teini absolvierte eine Hotellehre im Ambassador und ging dann als Geschäftsführer ins Tai-Tung nach Köln, Guti hatte ein Stipendium für Taiwan bekommen, und Enni studierte Betriebswirtschaftslehre. Ohne mich wäre meine Mutter viel allein gewesen.

Als die »Stachelschweine«, das 1949 gegründete politische Kabarett, 1967 Verstärkung suchten, wurden Gustav Adolf Artz und ich für das 34. Programm mit dem Titel *Deutschland, Deutschland unter anderem...* engagiert. Die Stachelschweine, das waren damals Wolfgang Gruner, Achim Strietzel, Jochen Schröder, Joachim Röcker, Reinhold Brandes, Inge Wolffberg, Sonja Wilken – und nun auch ich, Susanne Hsiao. Ich hatte den Vertrag in der Tasche, die ersten Probentermine waren festgelegt. Ein Jahr lang würde ich Abend für Abend – außer montags – mit den Stachelschweinen in Berlin auf

Premiere mit den »Stachelschweinen«:
Susanne Hsiao *(re.)* als Lorelei in dem Programm *Deutschland, Deutschland unter anderem ...* mit *(v. l. n. r.):* Wolfgang Gruner, Sonja Wilken, Achim Strietzel, Inge Wolffberg

der Bühne stehen. Es wurde ein wunderschöner und auch lehrreicher Abschnitt meines Lebens.

Bevor es losgehen sollte, fuhr ich im August mit einer Freundin für ein Wochenende nach Sylt. An unserem letzten Tag waren wir bei Bekannten zum Kaffee eingeladen. Einer der Gäste war Gerd, ein blendend aussehender Kaufmann aus Hamburg. Wir kamen ins Gespräch, und ich erzählte ihm, dass wir schon am nächsten Tag mit dem Zug nach Hamburg müssten, um unser Flugzeug zurück nach Berlin zu erreichen. Wie es so geht: Wir beschlossen, zu dritt im Zug nach Hamburg zu fahren. Kurz vor Hamburg-Dammtor fragte unser Begleiter, ob wir nicht noch in Hamburg bleiben könnten. Er wollte uns gern zum Essen einladen.

Mit Verlaub: Gerd gefiel mir, er gefiel mir sogar sehr. Nicht nur, weil er so gut aussah, er war auch charmant, unterhaltsam, weltmännisch. Und er war wesentlich älter als ich, zweiundzwanzig Jahre. Meine Freundin und ich nahmen seine Einladung jedenfalls an und stiegen mit ihm am Hauptbahnhof aus. Von Anfang an hatte ich gespürt, dass ich es war, auf die er ein Auge geworfen hatte.

Wir speisten zu dritt im Mühlenkamper Fährhaus. Er verwöhnte uns mit Champagner und einem edlen Menü. Der Abend endete damit, dass meine Freundin und ich im Gästezimmer seiner luxuriösen Penthouse-Wohnung an der Außenalster übernachteten, einer der besten Adressen Hamburgs. Am anderen Morgen brachte Gerd uns mit seinem Mercedes zum Flughafen, und meine Freundin und ich flogen zurück nach Berlin. Am nächsten Tag begannen die Proben bei den Stachelschweinen.

Gerd und ich hatten unsere Adressen ausgetauscht. Er sagte, dass er häufig geschäftlich in Berlin zu tun hätte. Ich hatte damals keinen festen Freund und war einer neuen Bekanntschaft nicht abgeneigt. Auch er war ohne feste Bindung, wenn man von seinem zwölf Jahre alten Sohn aus erster Ehe einmal absah.

Die Proben mit den Stachelschweinen waren sehr aufregend, ich wurde wie in eine Familie aufgenommen und fühlte mich in dem Ensemble pudelwohl. Gerd rief fast jeden Tag an.

Und dann kam ein Telegramm. Ein wohliger Schauer lief mir den Rücken herunter, als ich seine schönen Worte las: »Engelchen«, telegrafierte er. »Jeder Tag ohne dich ist verloren! Bitte komm ganz schnell.« Das Telegramm kam nicht aus Hamburg, es kam aus Cannes an der Côte d'Azur.

Am Abend rief er an und lud mich ein, für eine Woche zu ihm nach Südfrankreich zu kommen. Er hatte eine Wohnung oberhalb von Cannes. Ich freute mich auf unser Wiedersehen. Aber da gab es ein Hindernis: Ich konnte nicht einfach ins Flugzeug steigen und nach Nizza fliegen. Ich musste mir wieder erst ein Visum besorgen, diesmal für Frankreich.

Es traf sich aber gut: Es waren noch drei Tage Proben mit den Stachelschweinen angesetzt, und genau drei Tage dauerte es auch, bis das Französische Konsulat im Maison de France an der Uhlandstraße mir ein Visum ausstellte.

Den Flug nach Nizza trat ich mit Herzklopfen an. Auf die Distanz hatte es nun richtig zwischen uns gefunkt. Am Flughafen stand er direkt hinter der Absperrung, strahlend, braungebrannt, blondes, volles Haar, weiße Leinenhose und Polohemd. Bisher hatte ich ihn nur in Anzug und Krawatte gesehen, aber auch leger sah er einfach umwerfend aus. Wir umarmten uns und stiegen in sein Cabriolet.

Gerd strahlte nur so vor Glück, und ich fühlte mich wie eine Prinzessin auf Wolke sieben. Er ließ meine Hand nicht einen Augenblick los, fuhr einhändig die Küste entlang. Ich war hingerissen, als wir auf die berühmte Croisette einbogen, die ich bisher nur von den Illustriertenfotos der Filmfestspiele kannte. Die Palmen, der azurblaue Himmel, die breite Promenade, der Strand direkt auf der anderen Straßenseite – ein Paradies!

Von seinem schicken Penthouse war ich überwältigt, dieser Blick über die Bucht von Cannes, der Sonnenuntergang zum Greifen nah, die Perlenkette der Lichter der Croisette unter uns. Auch sein Sohn war da, mit dem ich mich sofort gut verstand. *Comme il faut* dinierten wir an unserem ersten Abend im Restaurant Festival direkt am Boulevard Croisette. Wir flirteten auf Teufel komm raus, ich war in Hochstimmung.

Gerd legte mir seine Welt zu Füßen: Wir lagen auf den breiten Sonnenliegen am Carlton Beach, aalten uns unter den blau-weißgestreiften Sonnenschirmen auf Badetüchern von Hermès und erzählten uns alles voneinander.

Jeden Tag suchte er ein anderes faszinierendes Ziel für uns aus. Er wollte mir unbedingt und gleich jetzt bei meinem ersten Besuch seine ganze Côte d'Azur zeigen.

Gerd hatte eines dieser mondänen schnellen Riva-Boote aus Mahagoni, mit dem wir nach St. Tropez düsten. Im Teesalon Senequier am Hafen trafen wir Freunde, gingen an die Prominentenstrände *Plage 55* und *Tahiti Plage,* tanzten in der Diskothek des Hotels Byblos und genossen das süße Leben in vollen Zügen. Im Meereswind von Cannes nach St. Tropez holte ich mir auf dem Sonnendeck meine Bräune. Blasse Haut war damals nicht *en vogue,* ein bronzefarbener Teint hingegen war schick.

Ich lernte Wasserski und fiel wohl neunundneunzigmal ins Wasser, bis ich den Dreh raushatte und schließlich mit dem Mono-Ski elegant übers Wasser glitt. Gerd stellte mich überall vor, sichtlich stolz auf seine neue Eroberung. Ich genoss ebenfalls jeden Augenblick mit ihm. Abends fuhren wir auf der Yacht von Freunden zum Essen ins Eden Roc nach Antibes.

Die Tage vergingen wie im Traum. Morgens ausschlafen und aufwachen mit dem Blick aufs Meer, Lunch am Strand, Shopping in den exklusiven Boutiquen der Stadt. Gerd hat mich von Anfang an sehr verwöhnt.

Am Ende unserer ersten gemeinsamen Tage hatten wir das Gefühl, als würden wir uns schon ewig kennen, und versprachen uns, einander so oft wie möglich zu sehen. Seitdem waren wir ein Paar – für drei wunderschöne Jahre. Gerd hat mich bis zum Ende unserer Liebe auf Händen getragen.

Zurück in Berlin probte ich während der Woche bei den Stachelschweinen. Aber von jedem Freitag bis Montag trafen wir uns bei Gerd in Hamburg. Er brachte mich mit seinem ganzen Freundeskreis zusammen, auch sein Sohn akzeptierte mich mittlerweile. Wir gingen ins Café Condi im Hotel Vier Jahreszeiten an der Alster zum Mittagessen und verbrachten intime Abende in seiner schönen Wohnung. Am Montagvormittag ging er in sein Büro, und ich flog nach Hause zu meinen Eltern.

Ab 11. November 1967 war dieses Wochenendleben vorbei. Ich hatte Premiere mit den Stachelschweinen. Es folgte ein ganzes Jahr, in dem ich nur am spielfreien Montag nach Hamburg konnte und am Dienstagmittag wieder zurückmusste. Dafür besuchte Gerd mich in Berlin, sooft es seine Arbeit zuließ.

Einmal im Jahr unternahm Gerd eine ausgiebige Geschäftsreise, die ihn um die ganze Welt führte. Sechs Wochen lang besuchte er seine Kunden rund um den Globus. Er flog zuerst nach Asien: Bangkok, Hongkong, Manila, Singapur, dann rüber nach Australien: Perth, Adelaide, Melbourne, Sydney, von dort nach Papeete auf Tahiti, weiter nach Mittel- und Südamerika: Acapulco, Mexico City,

Caracas, Lima, La Paz, Buenos Aires, Rio de Janeiro, zum Schluss in die Vereinigten Staaten: Miami, Nassau, New York. Nirgendwo blieb er länger als ein bis drei Tage.

Vor der Abreise bekam ich von seinem Büro eine generalstabsmäßig ausgearbeitete Liste seiner Aufenthalte: Ich wusste, wann er wo landete und in welchem Hotel er logierte. Dazu eine Liste der Postgebühren und der Daten, wann ich einen Brief in Deutschland abschicken musste, damit er ihn pünktlich bekam. Briefe nach Singapur brauchten drei Tage, nach Buenos Aires acht. Ich schrieb ihm fast täglich im voraus, und das immer so zeitversetzt, dass er meinen Brief schon vorfand, wenn er irgendwo am anderen Ende der Welt ankam. Nicht einmal hat er auf seinen Brief warten müssen. Und er hat mir oft gesagt, wie schön meine Briefe wären.

Von seinen Reisen brachte er mir wahre Schätze mit. Nicht immer waren es wertvolle Dinge. Manchmal war es ein Stück Seide, manchmal waren es aber auch kostbare Armbänder und Ringe oder eine kleine Schatulle.

Meine Eltern mochten Gerd sehr und hätten ihn wohl auch gern als Schwiegersohn gesehen. Aber eine Ehe war nie ein Thema zwischen uns. Ich war einfach zu jung, um den ersten Mann, dem ich mich wirklich verbunden fühlte, gleich heiraten zu wollen. Ich war lebenslustig, wollte die Welt kennenlernen und das Leben in vollen Zügen genießen. Wohl jede Frau träumt von einem Leben, wie er es mir bot.

So vergingen drei zauberhafte Jahre. Ab und zu nahm ich eine Rolle als Schauspielerin an, aber mein Leben mit Gerd ging vor. Sein Sohn war ein lieber, guterzogener kleiner Kerl, der ins Internat ging und bei seiner Mutter wohnte. Wenn er aber in den Ferien bei seinem Vater war, dann waren wir drei so etwas wie eine richtige kleine Familie. Im Sommer gingen wir nach Cannes, im Winter verbrachten wir sechs Wochen im Engadin. In St. Moritz besaß Gerd eine Wohnung mitten im Ort, urig eingerichtet im Engadiner Stil.

Heiligabend verbrachte ich immer noch mit meiner Familie in Berlin, meinen Geburtstag am 26. Dezember feierte ich aber schon in St. Moritz, wo wir bis Mitte Februar blieben. Tagsüber war Skilaufen angesagt, und abends haben wir bis tief in die Nacht gefeiert. Nachmittags trafen sich alle in der Halle von Badrutt's Palace Hotel, am Abend gingen wir in den King's Club und in die Chesa Veglia, ein Restaurant mit Bar.

Skiurlaub in St. Moritz (1968)

Wenn Gerd während der Woche seinen Geschäften in Hamburg nachging, nahm ich eifrig Skiunterricht. Ich war ehrgeizig und wollte möglichst schnell möglichst gut Skilaufen lernen.

Gerd beschenkte mich mit den schönsten Kleidern. Ich erinnere mich besonders gut an ein Silvester-Abendkleid von Chloé, ein Traum von lachsfarbenem Chiffon, über und über mit Perlen bestickt. Ich trug seidene Pucci-Anzüge, dazu farblich passende Pumps mit hohen Absätzen. Pucci-Tücher hatte ich um die Stirn geschlungen, wobei meine langen Haare offen über die Schultern bis zum Busen fielen.

Als ich im Mai 1968 meinen Führerschein machte, schenkte Gerd mir einen gebrauchten hellblauen Käfer zum Üben, an der Côte durfte ich seinen roten Fiat Spider fahren. Sein »Engelchen«,

Mit Victor de Kowa in *Gastspiele und Liebe* – die Widmung: »Ach, mein Kind, Du mußt sehr vorsichtig sein – Sajonara: Victor«

wie er mich vom ersten Tag an nannte, durfte alles. Nichts war ihm gut genug für mich. Er überhäufte mich mit Komplimenten und sagte mir wieder und wieder, wie stolz er auf mich sei.

In Südfrankreich entdeckte ich auch meine Liebe zum Kochen. Auf den Märkten kaufte ich die frischen einheimischen Produkte und versuchte mich in der mediterranen Küche. Gerd schenkte mir eine Staffelei und Farben, und ich malte in Öl auf Leinwand. Ich ließ mich von der Natur inspirieren und malte vor allem die Landschaft, Blumen und Schmetterlinge. In diesen Sommern an der Côte d'Azur entdeckte ich meine große Liebe zu Frankreich, zur französischen Sprache, zur Landschaft, zu den Menschen und der Küche.

Insgeheim träumte ich davon, wieder Theater spielen zu dürfen. Und so jubelte ich, als eines Tages ein Anruf von meiner Agentin Toni Mackeben kam: Ich sollte bei Victor de Kowa, dem großen Schauspieler und Regisseur, vorsprechen. Er bat mich, eine Szene mit ihm durchzuspielen, und sagte am Ende spontan: »Das ist deine Rolle, mein Kind!«

Am 26. Mai 1970 feierte ich am Renaissance-Theater Premiere in *Gastspiele und Liebe,* einem Lustspiel in vier Akten von Robert Horney und Walter Firner. Victor de Kowa führte Regie und spielte die Hauptrolle des Steven Gilford, eines gefeierten Dirigenten, der in den Metropolen der Welt auf seinen Gastspielen etliche Kinder zeugt, die sich untereinander nicht kennen und die er bei einem Familientreffen zusammenführt. Meine Rolle war die der Mizuko, seiner Tochter aus Tokio. Edith Schollwer spielte seine Haushälterin Frau Stewart, Inge Wolffberg eine Verflossene.

Nun stand ich also wieder auf der Bühne. Gerd richtete sich darauf ein, mich sooft es ging in Berlin zu besuchen, und ich versprach ihm, jeden freien Tag mit ihm zu verbringen. In den folgenden Wochen waren die Aufführungen im Renaissance-Theater immer gut besucht – Victor de Kowa war schließlich ein großer Star –, und für den Herbst wurde eine Tournee mit *Gastspiele und Liebe* durch fünfundsiebzig Orte in Deutschland und der Schweiz geplant.

TEIL II
Der Mann meines Lebens

Kapitel 3
Meine große Liebe

Am Abend des 23. August 1970 besuchte ein Kollege unsere Vorstellung im Renaissance-Theater: Harald Juhnke, ein Star der Berliner Boulevardbühnen. In der Pause kam er hinter die Bühne, um Victor de Kowa und die anderen Kollegen, vor allem aber Inge Wolffberg zu begrüßen, die er von den Stachelschweinen kannte und mit der in wenigen Tagen gemeinsame Proben für Franz Molnárs Stück *Liliom* am Hansa-Theater beginnen sollten.

Nach der Vorstellung wollte er mit uns ins Künstlerlokal Franz Diener. Das Ende der Pause wurde eingeläutet, und im Vorbeigehen fragte mich Harald Juhnke, ob ich auch mitkäme. Ich antwortete kokett: »Wenn Sie Wert darauf legen«, worauf er mit einem breiten Lächeln entgegnete: »Aber ja!«

Weil es durchaus nicht jeden Abend vorkam, dass ein so geschätzter Kollege in der Vorstellung saß, freute sich das ganze Ensemble auf das nette Beisammensein bei Diener. Ich hatte bisher nicht das Vergnügen gehabt, Harald Juhnke persönlich kennenzulernen, hatte ihn aber in einigen Boulevardstücken auf der Bühne gesehen. Nie wäre mir in den Sinn gekommen, dass er mich auch als Mann faszinieren könnte. Ich war mit Gerd glücklich und mit meiner Aufgabe als Schauspielerin ausgefüllt. Über Harald Juhnkes Persönlichkeit hatte ich mir keine Gedanken gemacht und war wirklich überrascht, als er sich bei Diener als überaus charmanter Mann voller Esprit und Elan entpuppte.

Er gab eine Anekdote nach der anderen aus dem Berliner Theaterleben zum besten, was bei mir und meinen Kollegen regelrechte Lachsalven auslöste. Alle hingen amüsiert an seinen Lippen. Er war der absolute Mittelpunkt des Abends, und als ich bemerkte, dass er mich immer wieder von der Seite ansah, ahnte ich, dass seine perfekte Selbstinszenierung mir gelten könnte. Tatsächlich imponierte er mir auf Anhieb, wenn auch nur als glänzender Unterhalter.

Es wurde ein langer, lustiger Abend. Lilo Wirthwein, die Wirtin, verwöhnte uns mit ihren köstlichen Bratkartoffeln und dem besten Wurstsalat von Berlin. Ihr Schäferhund lag vor unserem Tisch und bewachte das lustige Theatervölkchen, das kein Ende finden wollte.

Als ich am nächsten Abend zur Vorstellung ins Renaissance-Theater kam, stand ein wunderschöner Strauß langstieliger roter Baccara-Rosen in meiner Garderobe. Zwischen den Blüten steckte ein kleiner weißer Umschlag, den ich gleich öffnete: »Darf ich Sie wiedersehen? Harald Juhnke«, stand da, geschrieben in einer etwas krakeligen Handschrift. Spontan wollte ich ihn sofort anrufen und mich für die herrlichen Blumen bedanken, aber er hatte weder eine Telefonnummer noch eine Adresse angegeben. »Ein Taktiker«, dachte ich, »Männer!« Harald Juhnke hatte genau den richtigen Nerv getroffen. Es knisterte, nicht nur wegen der roten Rosen.

Same procedure every evening – dasselbe am nächsten und am darauffolgenden Abend. Wieder schickte Harald Juhnke Rosen, begleitet von entzückenden kleinen Botschaften.

Meine Kollegen, denen ich die Rosen natürlich nicht vorenthalten konnte, feixten: »Der Harald weiß genau, wie man eine Frau erobert«, oder: »Das macht der immer so, wenn ihm eine gefällt.«

»Macht euch nur lustig«, dachte ich.

Am dritten Tag teilte mir mein Rosenkavalier endlich seine Telefonnummer mit und bat um meinen Anruf. Mich hatte es voll erwischt. Ich führte mich auf wie ein Teenager. Noch nie hatte ich es nach der Vorstellung so eilig gehabt, nach Hause zu kommen.

Nervös schenkte ich mir, kaum in der Uhlandstraße angekommen, ein Glas Weißwein ein und überlegte, ob ich ihn nicht doch noch einen Tag zappeln lassen sollte. Aber meine innere Stimme flüsterte: »Er wartet auf dich.« Ich gehorchte ihr. Kurz entschlossen wählte ich seine Nummer. Es war allerdings nicht sein Privatanschluss, sondern die Nummer von Hecker's Deele, einem Hotel. »Einen Moment bitte«, sagte das Fräulein von der Rezeption. »Ich verbinde mit Herrn Juhnke.«

Sein »Hallo« klang sehr sicher. Selbstverständlich hatte er damit gerechnet, dass ich ihn gleich anrufen würde. Seine Stimme, dieses berühmte Timbre von Harald Juhnkes Stimme, verfehlte ihre Wirkung nicht. Ich spürte, wie eine Welle des Entzückens meine Wangen zum Glühen brachte.

Harald Juhnke ließ mir keine Sekunde Zeit für Verlegenheit und fragte unumwunden, wann wir uns wiedersehen könnten. Ich musste mich schwer zusammenreißen, um nicht zu sagen: »Warum nicht gleich?« Zum Hecker's, wo Harald Juhnke sich in einem Apartment eingemietet hatte, waren es nur ein paar Minuten zu Fuß von unserer Wohnung. Das Hotel lag quasi auf der anderen Seite des Kurfürstendamms. Statt dessen fragte ich ihn, ob er nicht am nächsten Abend mit meinen Schauspielkollegen und mir nach der Vorstellung ins Restaurant von Heini Holl essen gehen wollte. Natürlich wollte er. Wieder schickte er rote Rosen in meine Garderobe. Auf dem Kärtchen stand diesmal nur kurz: »Bis gleich.«

Als wir bei Heini Holl eintrudelten, saß er schon an dem für uns reservierten Tisch, und er hatte vorgesorgt: »Rein zufällig« sollte ich an seiner Seite Platz nehmen. Ich spüre es heute noch so intensiv wie damals: Dieser Mann zog mich magisch an. Er gestand mir später, dass es ihm mit mir nicht anders ergangen war.

Dass wir zwei nur Augen füreinander hatten, bekamen die Kollegen rasch spitz, und alle machten ihre neckischen Kommentare. Ich ließ mich nicht beirren, und als Harald Juhnke mich am Ende des Abends um meine Telefonnummer bat, sagte er, dass er mich gern am nächsten Abend zum Essen einladen würde.

Am Tag darauf probte er zunächst am Hansa-Theater den *Liliom,* um mich dann abends mit dem Taxi am Renaissance-Theater abzuholen. Wir fuhren hinüber ins Hotel Ambassador, dessen Grillroom damals eines der besten Restaurants Berlins war. Mein Bruder Teini, der hier seine Hotellehre machte, hatte an diesem Abend Dienst. Er war ein wenig verlegen, weil er zum ersten Mal seine Schwester bedienen musste.

Harald Juhnke schien Stammgast im Ambassador zu sein, wir wurden vorzüglich bedient und haben hervorragend gespeist. Was genau wir bei diesem ersten Rendezvous gegessen haben, daran kann ich mich allerdings beim besten Willen nicht mehr erinnern. Alle meine Sinne waren nur mit ihm beschäftigt. Mein Blick versuchte ihn ganz und gar zu erfassen, seine Augen, seinen Mund, seine Hände. Der Schein der Kerzen, die leise Musik vom Piano, der Champagner, sein charmantes Liebesgeflüster, all das versetzte mich in den siebten Himmel: Schon während der ersten Momente unseres romantischen Tête-à-tête war es vollends um mich geschehen. Ich hatte mich in diesen Mann verliebt.

So sehr waren wir aufeinander fixiert, dass wir alles um uns herum vergaßen und erst am Räuspern des Kellners bemerkten, dass wir die letzten Gäste waren. Harald begleitete mich zu Fuß nach Hause, und im Hauseingang plauderten wir noch ein wenig. Dann gaben wir uns einen eher flüchtigen Gutenachtkuss. Wir waren beide ein wenig verlegen und fühlten uns wie ertappt, als das Licht im Treppenhaus versehentlich anging. Und dies, obwohl es für einen Mann seines Alters durchaus nicht normal war, seine Freundin nur bis zum Hauseingang zu begleiten.

Seit diesem Abend wuchs unser Bedürfnis, einander nahe zu sein, von Tag zu Tag. Wir trafen uns wieder im Ambassador oder im Kempinski-Grill, im Kopenhagen oder im Slata Praha. Aber schon bald wollten wir ganz allein sein und uns nicht mehr in einem Restaurant oder in einer Bar treffen, wo jeder Harald Juhnke erkannte und zusehen konnte, wie verliebt wir waren. Wir verabredeten uns also in Hecker's Deele.

Er war gerade im Begriff, sich nach einer sehr intensiven Beziehung von seiner temperamentvollen Kollegin Chariklia Baxevanos zu trennen. Mit ihr war er privat und auf der Bühne zusammen gewesen, und das neun Jahre lang. Jetzt aber war er ins Hotel gezogen.

Ich hatte ihm auch gleich reinen Wein eingeschenkt und ihm von Gerd erzählt, mit dem ich seit nunmehr drei Jahren fest liiert war, den ich jedes Wochenende traf und mit dem ich auch auf Reisen ging. Stillschweigend wussten Harald und ich sofort, dass unsere Partner kein Grund sein würden, unsere zarte Zuneigung füreinander nicht weiter wachsen zu lassen.

Sein Apartment war nicht luxuriös, aber sehr freundlich eingerichtet. Er bat mich, auf dem Sofa Platz zu nehmen, und setzte sich selbst auf den Sessel gegenüber. Ohne dass wir uns berührten, war die Luft elektrisiert. Harald schlenderte – und wie er schlenderte! – zum Telefon und bestellte beim Zimmerservice eine Flasche Weißwein und Mineralwasser. Wir redeten über Gott und die Welt, jeder behutsam darauf bedacht, dass nur ja kein Leerlauf aufkam. Wir hatten uns so viel zu sagen.

Er erzählte von seinen Eltern, die noch in der gleichen Wohnung im Wedding lebten, in der er groß geworden war. Ich erfuhr, dass er ein Einzelkind war und eigentlich Harry Heinz Herbert hieß. Er erzählte mir auch von seiner ersten Ehe mit der Berliner Primaballerina Sybil Werden, die eine sehr attraktive Frau gewesen sein musste, und er erzählte von ihrem ersten gemeinsamen Kind, einem Töchterchen, das mit eineinhalb Jahren starb, und von dem gemeinsamen Sohn Peer, der seit der Scheidung 1961 bei seiner Mutter in München wohnte. Ich berichtete ihm von meiner großen Familie, meinen drei Brüdern und dass mein Vater aus China kam.

Zu mehr als innigen Umarmungen und einem Kuss, der aber schon entschieden leidenschaftlicher war als der erste Kuss vor wenigen Tagen im Hauseingang meiner Familie, ist es aber nicht gekommen. Jedenfalls hat Harald an diesem Abend noch nicht das Schrankbett in seinem Apartment ausgeklappt, sondern er erzählte mir nur die Geschichte, dass vor Jahren eine Frau von einem solchen Schrankbett fast erschlagen worden war.

An den folgenden Tagen trafen wieder Rosen bei mir ein, und Haralds begleitende Worte wurden flehentlicher: »Mein Spatz!«

schrieb er. »Rufe mich auf jeden Fall schon kurz nach 24.00 an, da das Restaurant schon um 24.00 schließt und ich nicht weiß, wie lange die Leutchen dann noch da sind. Habe Sehnsucht nach Dir und muss Dich unbedingt, wenn auch nur kurz, sehen. Nimm diesen Gruß von mir, bis wir uns wiedersehen. Ich hab Dich lieb – Harald. Die Telefonnummer: 883 ...«

Ich las seine Zeilen immer und immer wieder. Der Zauber des Verliebtseins hatte uns endgültig in seinem Bann. Ich konnte unser Wiedersehen kaum erwarten. Harald holte mich am Theater ab und führte mich auf einen Absacker ins Coupé 77 aus. Das Coupé 77, am Ku'damm zwischen Wilmersdorfer Straße und Lehniner Platz gelegen, war seinerzeit die exklusivste In-Diskothek der Stadt. Hier tanzten die Prominenten jede Nacht bis zum Kehraus. Man kannte uns hier schon, wenn auch jeden in anderer Begleitung. Auch mit Gerd war ich schon im Coupé gewesen. An einem Abend hatten wir hier Harald Juhnke mit Hildegard Knef gesehen.

Unseren ersten Tanz werde ich nie vergessen. Die Musik habe ich für immer im Ohr. Engumschlungen tanzten wir zu Dean Martins *Red Roses For a Blue Lady*. Wange an Wange vergaßen wir Zeit und Raum und spürten uns mit jeder Faser unserer Körper. Wir tanzten bis zum Morgengrauen und waren so beschwingt und aufgekratzt, dass wir zu Fuß Arm in Arm nach Hause schlenderten und dabei sangen: *Oh Champs Elysée ...*, das herrliche Chanson von Joe Dassin.

An diesem Abend hatte das Zimmermädchen das Schrankbett heruntergeklappt und aufgedeckt ...

Von diesem Tag an trennten Harald und ich uns nur noch stundenweise, und auch das nur, wenn es unbedingt sein musste.

Der Grillroom im Bristol Kempinski, das strategisch günstig zwischen dem Hecker's und der Uhlandstraße lag, wurde zu unserem Speisezimmer. Wir hatten immer denselben Tisch gleich vorne links, und der Pianist spielte jedesmal unsere Lieblingsmelodie *Moon*

River – für mich die romantischste Melodie für Verliebte – und Haralds liebste Sinatra-Songs.

Das unbeschreibliche Gefühl, einen Menschen bedingungslos um seiner selbst willen zu lieben, ist ein Geschenk, das man wohl nur einmal im Leben bekommt. Mir wurde dieses Geschenk mit Harald Juhnke zuteil. In diesem Mann hatte ich die Liebe meines Lebens gefunden. Es war eine so berauschende Erkenntnis, dass ich sie nicht näher beschreiben kann. Ich wusste aber tief in meinem Herzen, dass ich diesen Mann niemals im Leben wieder verlassen würde.

Die erste Prüfung unserer Liebe stand kurz bevor, denn der Tag, an dem ich mit *Gastspiele und Liebe* zur Tournee aufbrechen musste, rückte unaufhaltsam näher. Einerseits freute ich mich sehr auf die Zeit mit den Kollegen, vor allem auch mit dem wunderbaren Victor de Kowa. Andererseits war mir bang ums Herz, denn Harald und ich hatten uns geschworen, dass nichts auf dieser Welt uns mehr trennen sollte. Und nun stand die erste Trennung vor der Tür.

Vom 15. September bis 13. Dezember 1970 sollten uns vierundachtzig Vorstellungen in fünfundsiebzig Städte und Orte quer durch die Bundesrepublik und die Schweiz führen. Hielt unsere Liebe dieser Herausforderung stand? Und wie ein Damoklesschwert hing die Frage in der Luft: Wie sag ich's meinem Kinde? Wie sagen wir es Baxi und Gerd?

Die Spatzen pfiffen es bereits von den Dächern, und Baxi kannte ihren »Hasi«. Harald Juhnke war einundvierzig, er hatte die wilden Jahre mit Chariklia Baxevanos hinter sich und suchte nun einen ruhenden Pol. Das war sein Herzenswunsch, den ich ihm nur zu gern erfüllen wollte.

Betrübt nahmen wir Abschied voneinander, als meine Theatertournee begann. Aber was sind schon drei Monate Tournee gegen die vielen gemeinsamen Jahre, die wir vor uns hatten? Außerdem würden wir uns an jedem Tag sehen, an dem entweder ich auf meiner Tournee oder er mit *Liliom* spielfrei hatte. Und wir hatten das

Telefon. Auch wenn es damals noch keine Handys gab, schafften wir es trotzdem, mindestens dreimal am Tag miteinander zu telefonieren und mindestens weitere dreimal eine Nachricht füreinander zu hinterlassen, wenn der andere gerade mal nicht neben dem Telefon saß.

Fünf Tage lang konnten wir nur miteinander telefonieren. Schließlich hielten wir es nicht mehr ohne den anderen aus, und so beschloss Harald, zu mir nach Lüneburg zu kommen, wo meine Schauspielkollegen und ich im Hotel Astoria untergebracht waren. Wir spielten im Festsaal der Realschule in Bevensen und fuhren mit dem Bus zurück nach Lüneburg, wo Harald in der Hotelhalle auf mich wartete. Als ich ihn endlich in die Arme schließen konnte, war er schon nicht mehr ganz Herr seiner Sinne. Er hatte vor lauter Vorfreude einige Whiskys mehr getrunken, als er vertragen konnte. Im nachhinein weiß ich, welch »historischer« Moment das war, dieser Augenblick, als ich meinen Harald zum ersten Mal betrunken erlebte. Noch ehe ich ihm gute Nacht sagen konnte, war er schlagartig in Tiefschlaf verfallen. Sehr romantisch! Verliebt wie ich war, legte ich mich still und leise neben ihn, damit er nur ja nicht aufgeweckt wurde.

Am nächsten Morgen fuhr der Tourneebus schon früh um neun weiter. Harald schlief da noch selig in meinem Hotelbett, er flog erst später zurück nach Berlin zu den Proben für *Liliom*.

Ich fand dieses Malheur nicht gravierend, schließlich sollten wir uns schon drei Tage später in Hannover wiedersehen. Bei der Ankunft in unserem Tourhotel erwartete mich wieder sein Rosenstrauß, sozusagen als Vorhut.

Vor zwölfhundert Zuschauern hatten wir im Theater am Aegi eine großartige Vorstellung erlebt. Beseelt vom Applaus, hatte ich dennoch nur das eine im Sinn: meinen geliebten Mann in die Arme schließen zu können. Er wartete schon im Hotel auf mich, und ich glaubte meinen Augen nicht zu trauen, als er in der Hotelhalle auf mich zugehumpelt kam. Der Schreck fuhr mir in sämtliche Glieder. Was war nun schon wieder passiert?

Es war harmloser, als es aussah: Harald war bei den *Liliom*-Proben unglücklich auf eine Kiste getreten und hatte sich den Fuß verstaucht. Das hatte ihn allerdings nicht davon abhalten können, sich mit einem dicken Verband von essigsaurer Tonerde von einem Chauffeur nach Hannover fahren zu lassen. Wir speisten vorzüglich in der Bonne Auberge, einem französischen Restaurant, und machten die Nacht zum Tag.

Auch auf das nächste Wochenende konnten wir uns freuen. Der Sonntag war für mich spielfrei, so dass wir in Köln etwas gemeinsam unternehmen konnten. Das Wetter war herrlich. Wir genossen den Altweibersommer bei einem langen Spaziergang am Rheinufer. Mein Bruder Teini leitete mittlerweile in Köln unser Restaurant Tai-Tung, und Harald zeigte sich ihm gegenüber von seiner sympathischsten Seite. So skeptisch Teini sonst gegenüber jedem Mann war, der sich mir näherte, diesmal hatte er vollstes Verständnis dafür, dass ich mich verliebt hatte. Auf Anhieb hatten mein Bruder und Harald ein besonders herzliches, geradezu freundschaftliches Verhältnis.

Am 2. Oktober 1970 stand Harald Juhnkes Premiere mit *Liliom* ins Haus. Schon Tage vorher merkte ich am Telefon, wie sich seine Nervosität steigerte, und ich spürte, dass sie sich auf mich übertrug. Dieses Gefühl der höchsten Anspannung konnte ich nur zu gut nachempfinden. Ich litt mit ihm, als wäre es meine eigene Premiere. Kurz vor Beginn seiner Vorstellung rief Harald noch einmal bei mir an, um sich mein Toi, toi, toi! abzuholen. Ich versprach ihm, in Gedanken in der ersten Reihe zu sitzen und ihm die Daumen zu drücken. Als ich ihm all meine guten Gedanken und meine ganze Liebe schickte, fühlte ich mich ihm so nah wie nie zuvor.

Während ich im Elmshorner Stadttheater auf der Bühne stand, war er der Liliom in Berlin. Unser Stück war kürzer, unsere Vorstellung also vor der seinen beendet. Ich hastete ins Hotelzimmer und fieberte seinem Anruf entgegen. Endlich klingelte das Telefon. Am euphorischen Klang seiner Stimme erkannte ich sofort, dass seine Premiere ein voller Erfolg gewesen sein musste. Stets sagte sich

Lokalprominenz zu Harald Juhnkes Premieren an, aber diesmal war sogar Klaus Schütz, der Regierende Bürgermeister von Berlin, gekommen.

Ich war so stolz auf meinen Harald, wie ich noch nie im Leben stolz auf mich selbst gewesen war. Und ich war tieftraurig, dass ich

Begegnung mit dem neugewählten Bundeskanzler: Harald Juhnke und seine Verlobte Susanne Hsiao mit Willy Brandt (1970)

diesen wichtigen Moment nicht mit ihm hatte teilen können. Nach diesem Telefonat schwor ich mir, dass dies die erste und einzige Premiere von Harald Juhnke sein sollte, bei der ich nicht bei ihm war. Fünfundzwanzig Jahre lang habe ich diesen Schwur gehalten ...

Die Premiere von *Liliom* war am Freitag. Am liebsten wäre Harald gleich nach der Vorstellung zu mir gekommen, aber spielfrei war im Hansa-Theater erst montags. Gleich nach der Sonntagsvorstellung machte er sich auf den Weg. Ich tat kein Auge zu, bis Harald nach einer langen Fahrt am Montagmorgen gegen vier Uhr dreißig endlich an meine Zimmertür im Hotel Ratskeller in Lüchow klopfte, erschöpft, aber überglücklich, bei mir zu sein. Gleich musste er mir ganz genau erzählen, wie es gewesen war. Jedes Detail wollte ich wissen, wollte die Premiere noch einmal mit ihm erleben. Schließlich gestand er mir, dass seine Liebe zu mir ihn zu Höchstleistungen beflügelt hatte. Seine schönen Worte machten mich überglücklich. Ich fühlte mich gut, weil er sich gut fühlte.

Am 7. Oktober 1970 führte die *Gastspiele und Liebe*-Tournee uns nach Hamburg, die Vorstellung war im nur wenige Kilometer entfernten Ahrensburg. Dieses Datum hatte ich einerseits herbeigesehnt, andererseits auch gefürchtet, denn Gerd und ich waren schon lange für diesen Tag in Hamburg fest verabredet. Ich wusste, was ich ihm sagen wollte, er aber ahnte nichts. Mir ging es überhaupt nicht gut, und ich musste all meinen Mut zusammennehmen.

Kein anderer Weg als eine ehrliche, offene Aussprache kam für mich in Frage. Ich wollte Gerd nichts mehr vormachen. Ich hatte drei überaus glückliche Jahre mit ihm erlebt, und er hatte ein Recht darauf, von mir die Wahrheit zu erfahren. Und die Wahrheit war, dass ich einen anderen Mann liebte und heiraten wollte. Auch wenn ich ihn erst seit wenigen Wochen kannte.

Gerd holte mich vom Hotel Bellevue an der Alster zum Mittagessen ab. Anschließend fuhren wir zu ihm nach Hause. Erst hier in der vertrauten Umgebung fand ich den Mut, mit ihm zu sprechen. Zu meiner Überraschung verlief unsere Unterredung vernünftig, beinahe sachlich. Vielleicht hatte ich die richtigen Worte gefunden.

Ganz sicher unterdrückten wir beide in diesem Moment unsere innersten Gefühle, waren nicht fähig, sie auszusprechen. Nicht nur für ihn, auch für mich war es doch sehr schmerzlich, zu spüren, dass unsere schöne Beziehung nun zu Ende war. Ich war weit davon entfernt, die Entscheidung, die ich Gerd da gerade mitgeteilt hatte, schon verinnerlicht zu haben, irgendwie begriff ich gar nicht, welche Konsequenzen für mein Leben daraus folgten. Gerd brachte mich zurück zum Hotel, wo ich zu den Kollegen in den Tourneebus stieg.

Nachdenklich fuhr ich nach Ahrensburg und war froh, als die Vorbereitungen für die Vorstellung begannen. Ich versuchte, die Trennung von Gerd zu verdrängen und mich ganz auf meine Rolle zu konzentrieren. Als ich dann auf der Bühne stand und ins Publikum schaute, glaubte ich meinen Augen nicht zu trauen, denn da saß Gerd und applaudierte mir zu. Er hatte es sich nicht nehmen lassen, mich noch einmal auf der Bühne zu erleben.

Nach der Vorstellung kam er in meine Garderobe und bat mich, mit ihm nach Hamburg zurückzufahren. Im Auto schwiegen wir. Beim Essen in einem chinesischen Restaurant und einem anschließenden Drink in der Chesa-Bar aber waren wir vertraut wie immer und verlebten einen letzten schönen Abend. Dennoch wussten wir beide, dass es unwiderruflich keine gemeinsame Zukunft für uns geben würde. Als Gerd mich am frühen Morgen zurück ins Hotel fuhr, hatte es zu regnen begonnen. Das einzige Geräusch, das unser trauriges Schweigen monoton begleitete, war das Summen des Scheibenwischers. Ich sah, wie Gerd die Tränen über die Wangen liefen.

Mein Abschied an diesem Morgen ließ keinen Zweifel zu. Gerd hatte verstanden. Ich war frei für Harald.

Der Nachtportier im Hotel überreichte mir gleich mehrere Nachrichten von Harald. Stündlich hatte er die ganze Nacht über versucht, mich zu erreichen. Er wusste, dass ich mit Gerd zusammen war, und nun hatte er mich nicht ans Telefon bekommen können. So früh am Morgen wollte ich Harald aber nicht zurückrufen. Auch ging es mir überhaupt nicht gut. Ich war durcheinander, meine Gefühle fuhren Achterbahn, und der Alkohol hatte das seinige dazu getan, dass mir so verdammt elend zumute war.

Mein Kopf drohte zu bersten, und der Magen drehte sich mir um, als ich endlich erschöpft ins Bett fiel und Gott sei Dank sofort einschlief.

Als das Telefon klingelte, schaute ich auf den Wecker, es war neun Uhr. Harald hatte es nicht länger ausgehalten, obwohl er wusste, dass ich ein Langschläfer war und nur ungern vor zehn geweckt werden wollte. Kleinlaut entschuldigte er sich für die frühe Störung und beichtete, dass er die ganze Nacht nicht hatte schlafen können, weil unterschwellig Zweifel an ihm genagt hatten. Hatte ich meinen Entschluss vielleicht rückgängig gemacht? Hatte mich Gerd wieder in seinen Bann gezogen? So schlecht es mir ging, ich musste doch lachen. »Geliebter Dummkopf!« dachte ich bei mir. Ich hatte mich ihm doch versprochen.

Zwei Wochen vorher, am Sonnabend, den 26. September 1970, hatte mich aus Hecker's Deele per Luftpost-Eilzustellung ein Brief von Harald im Hotel Coenen in Rheydt erreicht. Harald schrieb mir fast täglich. Dieser Brief aber bedeutete mir alles:

»Mein Liebling!
Es ist kurz vor 22 Uhr. Gleich rufe ich Dich an. Dein Bild steht vor mir, und ich kann mein Gefühl zu Dir kaum unterdrücken. Es ist wie ein Rausch, wie eine heiße Welle, die immer emporsteigt und mich so glücklich macht. Vielleicht habe ich überhaupt noch niemand richtig geliebt! Ich liebe Dich und sehne mich nach Dir mit all meinen körperlichen und seelischen Details! Was ist bloß mit uns los! Es ist so unaussprechlich, und es kann nur damit enden, dass Du meine Frau wirst! Ich werde alles für Dich tun und mein ganzes Talent für unser Glück einsetzen. Bis Sonnabend, ich kann es kaum erwarten, Dich wiederzusehen.
Dein Mann«

Mein Herz jubelte. Es war das erste Mal, dass Harald sich als »mein Mann« bezeichnet hatte.

Gut vierzehn Tage später besuchte er mich an seinem spielfreien Tag in Köln. Abends überreichte er mir einen Brief. Das war sein

»offizieller« Heiratsantrag, den er schwungvoll niedergeschrieben hatte:

»Mein geliebtes Munel!
Hiermit werde ich offiziell und bitte Dich, meine Frau zu werden. Ich glaube, dass wir sehr glücklich werden, und verspreche Dir noch einmal, alles für Dich zu tun.
Dein Liliom
P.S.: Kann ich bitte schön eine Antwort haben!?«

Ich setzte mich an den Schreibsekretär des Hotelzimmers und antwortete ihm ebenfalls schriftlich:

»Ja, ich will Deine Frau werden.«

»Munel«, das war sein spontan erfundener Kosename für mich. Munel, so meinte Harald, sei ein kleines zartes Kuscheltier, das man immer streicheln möchte.

Nicht einen Moment habe ich gezweifelt, dass Harald der ideale Mann für mich war. Er war spontan und natürlich, hatte ein fröhliches Naturell, konnte ein richtiger Lausbub sein, er hatte Charme und Esprit und war immer guter Laune. Ich erlebte geradezu einen Rausch der Gefühle und hatte nur eine einzige Vision: Halte dieses Glück ganz fest und hüte es in deinem Herzen!

Harald fand es an der Zeit, dass auch meine Eltern in unsere Pläne eingeweiht werden sollten. Zwar hatte ich mit meiner Mutter längst über die Ernsthaftigkeit unserer Verbindung gesprochen, aber sie hatten Harald bisher noch nicht kennengelernt. Harald wollte höchst offiziell um meine Hand anhalten, und ich wusste, dass mein Vater auch damit rechnete. Ich avisierte Harald also in der Uhlandstraße 175.

Sie erwarteten ihn zum Tee, Vater, Mutter und Enni, mein jüngster Bruder. Ich selbst konnte nicht dabeisein, weil ich auf Tournee war. Gleich nach dem Besuch rief Harald mich aus dem Hecker's an und erzählte mir, wie das Ganze abgelaufen war. Das Wichtigste: Er war von meiner Familie begeistert, und sie waren ebenfalls sehr von ihm angetan. Er hatte sich von seiner besten Seite gezeigt, wie meine Mutter mir kurz danach ebenfalls am Telefon berichtete.

Comme il faut hatte Harald mit einem großen Strauß gelber Rosen vor der Wohnungstür gestanden und sie meiner Mutter feierlich überreicht, nachdem er sie formvollendet mit einem Handkuss begrüßt hatte. Sie bat ihn ins Wohnzimmer, wo mein Vater und mein Bruder bereits warteten. Es gab chinesischen Tee, Marmorkuchen und Weintrauben. Zu viert nahmen sie in der Sitzecke am Couchtisch Platz. Harald erinnerte sich später immer daran, wie groß er unser Wohnzimmer – ein Altberliner Durchgangszimmer von sicher sechzig Quadratmetern – im Gegensatz zu dem kleinen seiner Eltern im Wedding fand.

Im Gespräch näherte man sich langsam an. Mein Vater fragte, was er denn gerade spiele, und Harald erkundigte sich nach seinem Restaurant. Eine Zeitlang redeten sie regelrecht um den heißen Brei herum. Endlich machte Harald einen vorsichtigen Vorstoß und sagte: »Susanne und ich wollen zusammenbleiben.«

»Ja wie? Zusammenbleiben?« fragte meine Mutter.

»Na ja, Susanne und ich, wir wollen heiraten.«

Nun war es heraus. Meine Mutter muss sehr aufgeregt gewesen sein, denn das einzige, was sie in ihrer Verlegenheit sagte, war: »Ja, was braucht man denn da für Gläser?«

Alle haben erleichtert gelacht und einander gratuliert. Meine Eltern waren sehr berührt, dass ihre einzige Tochter nun aus dem Haus gehen würde. Fortan gab es für sie nichts Aufregenderes als die Planung meiner Hochzeit. Auch wenn wir noch von keinem festen Datum sprechen konnten, wussten wir, dass es lediglich eine Frage der Zeit und der Koordination der Theatertermine war, bis wir einen Hochzeitstag ins Auge fassen konnten. Ich war noch bis

Mitte Dezember 1970 auf Tournee, und Harald spielte täglich außer montags und hatte anschließend einige Gastspielverträge zu erfüllen.

Die nächsten Vorstellungen führten mich in die Schweiz, weit weg von meinem Zukünftigen. Ich war verzweifelt, denn uns standen zwei furchtbare Wochen bevor, in denen wir den Weg nicht zueinanderfinden konnten. Eines Morgens erfuhr ich, dass die abendliche Vorstellung ausfallen sollte. Der Tag danach war ohnehin spielfrei. Spontan buchte ich einen Flug nach Berlin und packte blitzschnell, den Telefonhörer noch zwischen Schulter und Kinn geklemmt, meine sieben Sachen: Ich wollte meinen geliebten Mann überraschen.

Kaum in Berlin gelandet, rief ich ihn an und ließ ihn raten, von wo aus ich mit ihm sprach. Meine Überraschung war gelungen, er war überglücklich über meinen unerwarteten Besuch, und wir lebten unsere Liebe in vollen Zügen aus.

Für den nächsten Abend reservierte mir Harald einen Platz im Hansa-Theater. Ich hatte meinen zukünftigen Mann noch nie bewusst auf der Bühne erlebt. Ihn dort oben auf den Brettern stehen zu sehen, die die Welt bedeuten, war für mich ein tiefes Erlebnis. Mein Mann – zwischen Traum und Wirklichkeit. An diesem Abend wurde mir auch bewusst, dass ich künftig mit zwei Männern leben würde: Der eine war mein Ehemann, der andere der Schauspieler. Ich war stolz auf den Mann da oben, meinen umjubelten Liliom.

Auch wenn wir uns erst zu Weihnachten, an meinem sechsundzwanzigsten Geburtstag, offiziell verloben wollten, galten wir für die Öffentlichkeit bereits als ein Paar. Spätestens seit der damalige Klatschkolumnist der Münchner *Abendzeitung*, Michael Graeter, Mitte Oktober 1970 in seiner Kolumne »Leute von heute« geschrieben hatte:

»Als sie sich das erste Mal sahen, hat es sofort ›gefunkt‹. Harald Juhnke heiratet eine Eurasierin. Bisher kenne ich die Dame nur vom Foto her. So gesehen, kann ich Theater-Star Harald Juhnke gut verstehen, er ist fast zu beneiden: Harald heiratet Anfang November die Eurasierin Susanne Hsiao. In Berlin wird darüber seit Tagen getuschelt. Juhnke hat es mir gestern bestätigt: ›Sie ist so entzückend. Ich kann gar nicht beschreiben, wie glücklich ich bin. Es hat zwischen uns beiden sofort gefunkt, als wir uns das erste Mal sahen‹, verriet mir Harald, der zur Zeit Riesenerfolge mit seinem Theaterstück *Liliom*, Regie: Paul Esser, feiert ... Er lernte Susanne durch Victor de Kowa kennen, mit dem die bildschöne Schauspielerin gerade mit *Gastspiele* auf Theatertournee ist. Harald: ›Wir trafen uns im August bei Diener in Berlin. Seit der Zeit sind wir zusammen – es gab keine andere Möglichkeit. Wenn es terminlich klappt, wird am 2. November in Berlin geheiratet.‹«

Tatsächlich war das ein Datum, das Harald und ich für unsere Hochzeit anfangs in Erwägung gezogen hatten. Aber so schnell schießen die Preußen leider nicht. Kein Aufgebot ohne Papierkrieg. Wir mussten beide erst alle nötigen Urkunden zusammentragen.

Also verlobten wir uns zu Weihnachten 1970. Harald hatte bei Adi Herz von Herz & Zeder, einem befreundeten Juwelier, für mich einen lupenreinen Einkaräter als Verlobungsring ausgesucht. Er steckte ihn mir unterm elterlichen Weihnachtsbaum an den Finger, bevor wir mit Champagner auf unsere Zukunft anstießen. Und nach eingehendem Studium der Spielpläne legten wir den Hochzeitstermin schließlich für Gründonnerstag, den 8. April 1971, fest.

Chariklia Baxevanos, Haralds Verflossene, die anfangs nur Kopfschütteln und im Freundeskreis auch bissige Bemerkungen für Haralds Neue übrighatte – »das Chineserl« nannte sie mich –, blieb vorerst seine Kollegin auf der Bühne. Es gab Verträge, und die wurden selbstverständlich eingehalten.

Eines Tages war es dann soweit: Nun würde ich die beiden zusammen erleben. Und zwar im Düsseldorfer Boulevardtheater Komödie, wo sie bei einem Gastspiel von *Alfie,* einem Zweipersonenstück von Bill Naughton mit Liedern von Charles Kalman, gemeinsam auf der Bühne standen. Ich fand, dass die beiden in dem Stück wunderbar agierten, mehr empfand ich nicht. Baxi war für Harald passé, Gefühle von Eifersucht kamen bei mir nicht auf. Nur Harald misstraute dem Ganzen wohl doch. Jedenfalls vermied er es, dass wir beiden Frauen außerhalb des Theaters aufeinandertrafen.

Später heiratete Chariklia Baxevanos den Berliner Theaterprinzipal Christian Wölffer. Es gab dann auch keine neuen Verträge mehr für ein gemeinsames Theaterspiel von Baxi und Harald. Erst Jahre später sollte es eine Wiederauflage des Künstlerpaares Chariklia Baxevanos und Harald Juhnke geben, als sie in *California Hotel* gemeinsam auf der Bühne standen und *Ein klarer Fall* fürs Fernsehen drehten. Im Lauf der Jahre entstand zwischen uns beiden Ehepaaren ein durchaus freundschaftliches Verhältnis.

Nachdem das Datum unserer Hochzeit feststand, stürzten meine Mutter und ich uns in die Vorbereitungen. Wir wollten alles bis ins kleinste Detail perfekt arrangieren.

Entgegen der Tradition, dass ein Bräutigam das Hochzeitskleid der Braut nicht vor der Eheschließung sehen sollte, hatten Harald und ich es in Köln gemeinsam ausgesucht. Bei La Donna hatte ich ein elfenbeinfarbenes Complet aus federleichtem Flanell entdeckt, bestehend aus einem knöchellangen, ärmellosen, taillierten Etuikleid und einem eleganten, leicht ausgestellten Mantel mit angeschnittenen Ärmeln und einer kunstvollen Applizierung als Verschluss. Harald machte es eine große Freude, mir bei der Anprobe zuzusehen. Und ich hatte ausnahmsweise nichts dagegen.

Das war aber auch das einzige, um das Harald sich bei der Vorbereitung unserer Hochzeit kümmerte. Denn selbstverständlich ließen es sich meine Eltern nicht nehmen, für alles großzügig aufzukommen.

Unsere Trauringe waren aus Weißgold, meiner mit feinen Brillanten besetzt, seiner ganz schlicht. Harald hat seinen Ehering übrigens wenige Wochen nach unserer Hochzeit während einer Zugfahrt beim Händewaschen liegengelassen. Weg war das gute Stück. Wir haben nie einen neuen gekauft. Ich glaube, er hätte ihn sowieso nicht getragen.

Dann war es endlich soweit. Gründonnerstag, der 8. April 1971 – unser Hochzeitstag. Unser Termin im Standesamt an der Berkaer Straße in Berlin-Wilmersdorf war für zwölf Uhr dreißig anberaumt. Harald hatte hier übrigens schon einmal geheiratet, seine Partnerin Chariklia Baxevanos nämlich, allerdings nicht im wirklichen Leben, sondern nur fürs Fernsehen.

Die Nacht zuvor hatte ich zu Hause bei meinen Eltern in meinem »Mädchenzimmer« geschlafen, Harald sollte erst am Morgen aus Düsseldorf, wo er mit Baxi Theater spielte, nach Berlin kommen. Udo Walz kam vormittags in Hecker's Deele, um mir die Hochzeitsfrisur zu zaubern. Mein Brautstrauß – ein kleines Gebinde aus rosa Heckenröschen und Traubenhyazinthen – wurde ebenfalls dorthin geliefert.

Nur einer kam nicht, und das war der Bräutigam.

Es wurde elf, es wurde halb zwölf. Langsam wurde ich nervös. Als er endlich eintraf – sein Flugzeug hatte Verspätung gehabt –, blieb gerade noch ein Viertelstündchen, damit Udo auch ihm den Scheitel richten und Harald in seinen schwarzen Standesamtsanzug steigen konnte. Unten wartete unsere Hochzeitslimousine, die von ihrem Besitzer, Haralds Freund und Trauzeuge Paul Esser, dem Direktor des Hansa-Theaters, chauffiert wurde. Wie durch ein Wunder fuhren wir tatsächlich noch pünktlich vor dem Standesamt vor.

Hier wartete schon Inge Wolffberg von den Stachelschweinen auf uns, mit der ich seit *Deutschland, Deutschland unter anderem ...* herzlich befreundet war. Ich hatte Inge gebeten, meine Trauzeugin zu sein.

Der Standesbeamte sprach den Eheschwur: »... in guten und in schlechten Tagen.«

Ich antwortete laut und deutlich: »Ja, ich will.«

Und Harald antwortete ebenso deutlich: »Ja, ich will.«

Dabei sahen wir uns tief in die Augen und steckten uns die Ringe an.

Die Bedeutung dieses Schwurs war mir bei unserer Trauung nicht in seiner ganzen Ernsthaftigkeit bewusst. Ich wollte mit diesem Mann zusammensein, meine Liebe unter Beweis stellen, alles gemeinsam mit ihm tun, was das Leben für uns bereithielt, mit ihm Kinder haben und alt werden.

Wir gaben uns einen innigen Kuss, unterschrieben die Eheurkunde – zum ersten Mal unterzeichnete ich mit dem neuen Namen. Das »Juhnke« floss mir gut aus der Feder –, unsere Trauzeugen und der Standesbeamte gratulierten. Ich kann nicht sagen, dass es romantisch war oder mich zutiefst beeindruckte. Dazu war alles zeitlich zu knapp, und zudem ging die Zeremonie auch zu schmucklos und sachlich vonstatten.

Das war's! Nun war unsere Liebe legalisiert und unser Schicksal besiegelt. Acht Monate nachdem wir uns kennengelernt hatten, war aus Susanne Hsiao Frau Juhnke geworden.

Vor der Tür des Standesamts überreichte mir mein Patenkind Henrik, der Sohn meiner Schulfreundin Doris, ein kleines Blumensträußchen, und die wartenden Fotografen der Lokalpresse kamen endlich zu ihrem Recht. Unser Hochzeitsfoto – ein vor Glück strahlendes Paar – wurde am nächsten Tag in allen Zeitungen und in der Woche darauf auch in allen bunten Blättern abgedruckt.

Kurz nach eins fuhren wir gemeinsam mit den Trauzeugen zum Hochzeitsempfang ins Tai-Shan in der Meinekestraße. Als geschlossene Gesellschaft feierten wir in Vaters zweitem Berliner Restaurant, und zwar mit einem opulenten chinesischen Buffet, das unsere Köche tagelang vorbereitet hatten.

Das war ein Hallo, als Harald und Susanne Juhnke frisch vermählt in den Speisesaal kamen! Umarmungen, Küsse, Händedruck, jeder wünschte uns von ganzem Herzen Glück und Gesundheit. Nun war ich doch gerührt und fühlte mich »richtig« verheiratet.

Unsere Gäste waren Familie und enge Freunde, darunter natürlich Herbert und Margarete Juhnke, Haralds Eltern. Auch meine Familie war vollzählig da: meine Eltern und meine drei Brüder. Und meine beste Freundin Doris. Der Kabarettist Wolfgang Gruner und seine Frau. Haralds alter Jugendfreund Joe Herbst. Walter und

8. April 1971:
Frisch verheiratet

Inge Gross, Bühnenautor Curth Flatow, Haralds Schauspielkollegin Gudrun Genest, mit der er schon so oft auf der Bühne gestanden hatte, unser geliebter Victor de Kowa und seine wunderbare Frau Michi Tanaka. Und dann Hans Wölffer, der Gründer der Berliner Theaterdynastie, Vater von Christian und Jürgen Wölffer, mit seiner Ingeborg. Insgesamt waren es wohl sechzig Hochzeitsgäste. Auf dem Gruppenfoto von damals sehe ich zahlreiche liebe Freunde, von denen viele leider nicht mehr unter uns sind.

Mein Vater und Opa Herbert, wie wir Haralds Vater nannten, hielten jeder auf seine Art sehr rührende Ansprachen. Auch wenn die beiden Herren unterschiedlicher kaum sein konnten, verstanden sie sich blendend. Wolfgang Gruner hielt eine witzige Rede, bei der uns vor Lachen die Tränen kamen. Zum Schluss sagte auch Harald

Hochzeitsempfang im Tai-Shan:
Eine herzliche Umarmung von Wolfgang Gruner

noch ein paar Worte und sprach sehr liebevoll über mich und unsere gemeinsame Zukunft.

Unsere Hochzeitsgesellschaft löste sich am frühen Abend auf. Als Ehepaar fuhren wir zurück in Hecker's Deele, ruhten uns erst einmal ordentlich aus und ließen uns später ein schönes Abendessen aufs Zimmer bringen. Unsere Hochzeitsnacht haben wir in Haralds Apartment verbracht. Am nächsten Morgen schliefen wir herrlich lange aus, denn Harald hatte spielfrei. Erst am Ostersonnabend stand er wieder mit *Alfie* auf der Tourneebühne, an der Seite seiner Verflossenen Baxi.

Ich bin nicht mit ihm gefahren, sondern nach Hause in die Uhlandstraße zurückgekehrt, wo ich mit meiner Mutter all unsere schönen Geschenke auspackte.

Von diesem Tag an wollte ich mit Leib und Seele alles daransetzen, um unseren Traum von einer glücklichen Familie zu verwirklichen.

Kapitel 4
Unsere schöne,
gar nicht heile Welt

Von Anbeginn unserer Ehe sah ich es als meine Aufgabe an, immer an der Seite meines Mannes zu sein. Ich habe Harald Juhnke geheiratet, weil ich diesem wundervollen Mann, diesem großen Künstler, ein glückliches, harmonisches Leben gestalten wollte. Und weil ich ihn mit all meinen Sinnen liebte. Mit ihm wollte ich eine Familie gründen, immer für ihn und unsere Kinder dasein. Mit ihm wollte ich alt werden.

Bis zu unserer Hochzeit hatte ich einige interessante Jahre erlebt und eine eigene kleine Karriere als Schauspielerin gemacht. Mein Ehrgeiz hatte sich allerdings immer in Grenzen gehalten, und so freute ich mich, als Harald mir eines Tages sagte: »Theater spiele ich ab sofort für uns beide.«

Als ich mich für ein Leben mit Harald Juhnke entschied, wusste ich nicht wirklich, was es bedeutete, wenn jemand »trank«. In Gesellschaft zu trinken gehörte für mich einfach dazu, machte lustig und locker und, last, not least, ein Gläschen Champagner & Co. in Ehren konnte niemand verwehren. In Theaterkreisen war es üblich, sich nach der Vorstellung zwei, drei Gläschen zur Entspannung zu genehmigen. Ich sah darin nichts Außergewöhnliches. Dass mein Mann ein ernsthaftes Alkoholproblem hatte, wusste ich nicht.

Vor unserer Hochzeit hatte ich Harald vielleicht ein-, zweimal betrunken erlebt, nichts, worüber ich mir groß Gedanken machte. Meinem Unmut hatte ich damals eher scherzhaft Luft gemacht, als ich Harald klarmachte: »Du, ich mag keine Betrunkenen.«

Er hatte sich das wohl hinter die Ohren geschrieben, jedenfalls kam es so bald nicht wieder vor.

Wenn wir gemeinsam ausgingen – und das taten wir ja gern und oft –, bestellten wir uns zum Essen eine gute Flasche Wein und genehmigten uns noch einen Absacker in einer Bar. Ein, zwei Longdrinks, davon wurden weder er noch ich betrunken. Guter Stimmung und verliebt gingen wir nach Hause und zu Bett.

Er hatte begriffen, dass ich nicht seine Trinkgefährtin war, und passte sich mehr oder weniger meinen Trinkgewohnheiten an – mäßig, aber regelmäßig, und vor allen Dingen keine harten Drinks. Alkohol war kein Thema zwischen uns.

Ich schwebte im siebten Himmel und freute mich so sehr darauf, für Harald und mich endlich ein eigenes Nest bauen zu können. Bislang hatte ich immer noch bei meinen Eltern gewohnt und Harald im Hotel. Als sechsundzwanzig Jahre junge Ehefrau zog ich nun endgültig aus dem Elternhaus aus. Harald und ich hatten eine Wohnung gefunden, die uns beiden gleichermaßen ideal erschien und uns sehr gefiel: ein großzügiges, sonnendurchflutetes Penthouse in der Taubertstraße im Grunewald, eine Dreizimmerwohnung mit großer, beinahe quadratischer Terrasse, die im Sommer unser zweites Wohnzimmer war.

Während Harald mit Baxi weiter in Düsseldorf Theater spielte, widmete ich mich der schönen Aufgabe, unsere Wohnung einzurichten. Mein Mann vertraute meinem Geschmack voll und ganz und überließ mir alle Entscheidungen.

Wir hatten damals nicht viel Geld. Harald verdiente zwar gut, im Prinzip auch genug für uns zwei. Aber er hatte auch die monatlichen Unterhaltszahlungen an seine Exfrau Sybil Werden zu leisten, die mit Peer, ihrem gemeinsamen Sohn, in München lebte und nicht mehr in ihrem Beruf als Primaballerina arbeitete.

Unsere Hochzeitsgeschenke waren deshalb mehr als willkommen. Teilweise hatten sich Freunde und Familie an einer Hochzeitsliste orientiert, die ich mit Bedacht zusammengestellt hatte. Viel Nützliches und Geschmackvolles war dabei. Wir mochten damals beide den englischen Stil, und so wurde das Hochzeitsgeschenk meiner Eltern, ein Sheraton-Schrank, das Schmuckstück unserer ersten Einrichtung.

Wenn wir es uns leisten konnten, kaufte ich hin und wieder ein schönes Antiquitätenstück dazu. Das Dekorieren unserer Wohnung ist seitdem zu meiner Leidenschaft geworden, und ich darf wohl mit einigem Stolz sagen, dass ich meinen Stil, Antikes geschickt und extravagant mit Neuem zu kombinieren, im Lauf der Zeit immer weiter ausgebildet habe.

Unseren Einzug zelebrierten Harald und ich mit einem Candle-light-Dinner, nur wir beide allein. Es wurde ein sehr romantischer Abend. Und wir waren glücklich mit uns und dem Rest der Welt.

Am Anfang unserer Ehe nahm ich noch Schauspielunterricht bei Marliese Ludwig, der Granddame der Berliner Schauspielzunft. In ihrem Dachstudio in der Wilmersdorfer Wilhelmsaue hatte auch Harald sein Handwerk gelernt, als er 1948 bei »der Ludwig«, wie sie respektvoll genannt wurde, gemeinsam mit Wolfgang Gruner, Brigitte Grothum, Horst Buchholz und Klaus Kinski studierte. Gelegentlich nahm ich auch noch ein paar kleine Fernsehrollen an, was ich als amüsanten Nebenjob betrachtete.

Harald und ich fanden schnell unseren Rhythmus, ein harmonisches Miteinander, was die täglichen Dinge des Lebens betraf. Es gab nichts Schöneres für uns, als den Tag langsam angehen zu lassen. Wir frühstückten ausgiebig mit allem Drum und Dran und lasen die Zeitungen – am liebsten im Bademantel.

Wenn Harald am Theater probte, kam er schon zum Mittagessen wieder nach Hause. Er konnte sich nichts Angenehmeres vorstellen, als sich an einen liebevoll gedeckten Tisch zu setzen.

Wir waren fast rund um die Uhr zusammen und spürten, dass es nicht nur die Liebe war, die uns verband. Auch in unseren grundsätzlichen Ansichten stimmten wir vollkommen überein. Wir hatten ineinander die idealen Weggefährten gefunden.

Von Anfang an ließen wir uns genügend Freiraum. Jeder konnte tun und lassen, wozu er Lust hatte, oder sich seinen Aufgaben widmen. Dass ich mich dabei mehr ihm anpasste als er sich mir, lag in der Natur unserer Beziehung.

Unsere Zweisamkeit genossen wir sehr, und deshalb ließen wir uns auch mit der Familienplanung Zeit. Harald war immerhin schon einundvierzig, und Peer, sein Sohn aus erster Ehe, bereits fünfzehn.

Mir war bewusst, dass es für den jungen Mann, mit dem ich mich auf Anhieb gut verstand, eine einschneidende Veränderung bedeutet haben musste, als sein Vater wieder heiratete. Selbst wenn seit der Scheidung der Eltern schon fast zehn Jahre vergangen waren: Kein Kind teilt seinen Vater gern – und schon gar nicht mit einer neuen Frau. Ich jedenfalls hatte Peer von Anfang an in mein Herz geschlossen. Er war ein Teil seines Vaters und würde es immer bleiben. Solange Peer nicht flügge war, stand bei uns für ihn immer ein Bett bereit. Ich betrachtete ihn selbstverständlich als Mitglied unserer Familie.

Eines Tages, es muss Ende Januar, Anfang Februar 1972 gewesen sein – wir waren noch nicht ein Jahr verheiratet –, fühlte ich mich nachmittags regelmäßig so schlapp und müde, dass ich mich tatsächlich hinlegen musste. Erst nach ein paar Tagen kam mir der Gedanke, dass ich schwanger sein könnte.

Sicherheitshalber meldete ich mich bei meinem Gynäkologen an, der mir allerdings erst für einige Tage später einen Untersuchungstermin geben konnte. So lange wollten wir unsere Neugier nicht zähmen. Also kaufte ich in der Apotheke einen Schwangerschaftstest, ich glaube, er hieß sinnigerweise Predictor, der »Vorhersager«.

Ich befolgte die Gebrauchsanweisung penibel, und dann fing das Warten an. Zwei, drei Stunden sollte es dauern, bis das Resultat einigermaßen verlässlich war. Harald war noch aufgeregter als ich und schaute alle zehn Minuten durch das kleine Mikroskop, ob sich der braune Ring schon gebildet hatte, der Beweis für ein positives Testergebnis.

Schließlich war es deutlich zu sehen: Ja, ich erwartete ein Kind. Aber um ganz sicher zu sein, wollten wir doch noch den medizinischen Befund abwarten. Erst als einige Tage später auch dieses Ergebnis positiv war, ließen wir unserer Freude freien Lauf.

Ich gab den Schauspielunterricht auf und widmete mich begeistert meinem neuen Zustand und unserem zukünftigen Kind. Ich kaufte alle Zeitschriften und Bücher, in denen ich etwas über den Verlauf einer Schwangerschaft erfahren konnte. Mein Wissensdurst war schier unstillbar, ich wollte unbedingt alles richtig machen. Meine Bibel war die Zeitschrift *Eltern,* die ich regelrecht studierte.

Harald verwöhnte mich sehr, war ausgesprochen lieb zu mir und sprach fortan nur noch von »ihr«. Er war nämlich felsenfest davon überzeugt, dass unser Kind ein Mädchen wird. Wir gaben ihr im Scherz den Phantasienamen »Bibiane«.

Sehr verliebt: die werdenden Eltern (1972)

Zu Beginn der Schwangerschaft spielte Harald wieder mit Baxi in *Alfie,* und ich begleitete ihn nach Düsseldorf. Dort gab es auch damals schon eine große japanische Kolonie. Besonders gern gingen wir im Hofgarten spazieren, wo die jungen Japanerinnen mit ihren Kindern spielten. Harald und ich schauten jedem kleinen Kind nach und malten uns aus, ob unser Baby wohl auch einen asiatischen Einschlag haben würde.

Während der Schwangerschaft fühlte ich mich rundum wohl. Ich hatte besonders schöne Haare, schöne Haut, schöne Nägel, nahm aber dramatisch zu. Zwanzig Kilo!

Harald war überaus fürsorglich. Aber ganz geheuer war ihm das Wunder des werdenden Lebens wohl doch nicht. Jedenfalls war es ihm geradezu unheimlich, wenn er seine Hand auf meinen Bauch legte, wo sich gerade ein Ärmchen oder Beinchen regte.

Ich empfand meine Schwangerschaft als ein himmlisches Wunder, das Schönste, was eine Frau in ihrem Leben erleben darf. Die Vorfreude auf das kleine Wesen festigte das Band unserer Liebe. Die Erfüllung unseres größten Wunsches war in greifbare Nähe gerückt: der Traum von einer kleinen Familie.

Wir hatten beschlossen, so selten wie möglich getrennt zu sein. Also begleitete ich Harald auch nach München zu den Dreharbeiten von *Mit der Liebe spielt man nicht* und kaufte dort voller Enthusiasmus in der Kinderboutique Petit Faune an der Maximilianstraße eine erste entzückende Babyausstattung. Ich wählte unverfängliche Farben wie sonnengelb, weiß und lindgrün. Sosehr wir uns auf ein Mädchen kapriziert hatten, ich wollte nun doch nicht riskieren, einen kleinen Jungen in rosa Strampelanzüge stecken zu müssen.

Als es ernst wurde, arbeitete Harald Gott sei Dank in Berlin. Er drehte die erste Episode der ZDF-Serie *Preußenkorso Nr. 17*. Mein Bruder Teini war aus Köln zu Besuch, und wir hatten ihn und meine Mutter zum Abendessen zu uns in die Taubertstraße eingeladen. Filetsteaks und Pfifferlinge sollte es geben. Ich war in die Stadt gefahren, um die Besorgungen zu machen, und mit meinen schweren Einkaufstüten gerade ganz in der Nähe meiner elterlichen Wohnung, als ich spürte, dass es losging. Instinktiv wusste ich: Nun war Eile geboten. Rasch schloss ich die Wohnungstür auf und rief auf der Entbindungsstation an. Die Schwester erkannte den Ernst der Situation sofort und bestellte mich umgehend in die Klinik.

Ich ging also wieder nach unten, schnappte mir auf dem Kurfürstendamm ein Taxi – die Einkaufstüten immer dabei – und ließ mich ins Martin-Luther-Krankenhaus fahren.

Irgendwann konnte ich auch Harald erreichen. Er war völlig durcheinander und fragte nur immerzu, was er denn nun machen sollte. Das einzige, was er im Moment für mich tun konnte, war, mir meine Reisetasche zu bringen, die ich für den Fall der Fälle schon vor Tagen gepackt und im Flur bereitgestellt hatte.

Als Harald zu mir ins Zimmer kam, merkte ich ihm sofort die Aufregung an. Ich versuchte ihn zu beruhigen, so gut ich es in meiner Situation vermochte. Und ich glaube, er war heilfroh, als ich gegen acht Uhr abends endlich in den Kreißsaal kam und ihn nach Hause schickte. Weder er noch ich hatten das Bedürfnis, die Geburt gemeinsam durchzustehen. Und ich fand es besser, wenn er mit Mutter und Bruder zu Hause wartete als auf dem Flur der Entbindungsstation. Harald griff dankbar meine Einkaufstüten und fuhr mit dem Taxi nach Hause, wo Teini und meine Mutter schon ungeduldig auf ihn warteten. Während ich in den Wehen lag, rief mich mein Mann jede Stunde an: »Ist sie schon da?« – »Wie lange dauert es denn noch?«

Ich bat den ungeduldigen werdenden Vater, mich doch erst einmal die Geburt in Ruhe hinter mich bringen zu lassen.

Um Mitternacht verabschiedeten sich meine Mutter und mein Bruder von Harald. Wenig später, am 20. September 1972 um null Uhr elf, wurde unser Sohn geboren. Als Mutter und Kind versorgt waren, rief der Arzt meinen Mann an und gratulierte ihm zu seinem Sohn. Harald, der sich doch monatelang so sehr auf ein Mädchen gefreut hatte, kommentierte die Nachricht mit dem ihm eigenen Humor: »Auch gut. Hauptsache gesund!«

Überschwenglich vor Freude lief er zu unserer Nachbarin Ilonka hinüber, mit der wir befreundet waren, und begoss sein Glück mit reichlich Champagner. Am nächsten Morgen konnte er es kaum erwarten, sein Kind zu bestaunen. Schon um sieben kam Harald zu mir in die Klinik und küsste mich voller Dankbarkeit. Eine Schwester legte dem stolzen Vater seinen Sohn zum ersten Mal in den Arm.

Zur Geburt unseres ersten Kindes schenkte Harald mir ein

wunderschönes Weißgoldarmband, besetzt mit kleinen baguette-geschliffenen Brillanten. Sein herrlicher Strauß Baccara-Rosen wurde erst später am Morgen geliefert; der Blumenladen hatte so früh morgens noch geschlossen.

Einen Namen zu finden war nicht einfach. Wir hatten uns bisher vorwiegend mit Mädchennamen beschäftigt und uns schließlich für »Sandra« entschieden. Harald dachte nun an Alexander, ich eher an Oliver. Auf jeden Fall sollte der Name unseres Filius international aussprechbar sein. Wir einigten uns auf Oliver Marlon Han Yue.

»Oliver« sollte sein Rufname sein. »Marlon« nannten wir ihn nach Marlon Brando, den Harald sehr verehrte und dem er 1954 in der berühmten Rolle des Terry Malloy in *Die Faust im Nacken* seine deutsche Stimme lieh. »Han Yue« war Olivers chinesischer Namen – so heißt ein berühmter Gelehrter.

Oliver wog dreitausendsiebenhundertfünfzig Gramm, war zweiundfünfzig Zentimeter groß, hatte dicke, fette Schenkelchen und

Mutterglück: Susanne Juhnke mit dem kleinen Oliver

sah aus wie ein kleiner Buddha. Harald war total vernarrt in seinen kleinen Wonneproppen.

War er nicht zu Hause, rief er mehrmals am Tag an und fragte, was sein »Süßer« gerade machte. Wenn wir abends ausgingen, hütete meine Mutter ihren Enkel. Bei der Heimkehr drängelten und schubsten Harald und ich uns schon an der Wohnungstür, wer als erster in den Stubenwagen gucken durfte.

Oliver war gerade drei Monate alt, da trug sich in unserer Familie ein furchtbares Unglück zu.
Harald war ausnahmsweise ohne mich ausgegangen, weil ich eine eitrige Angina hatte und mich elend fühlte. Ich stand in der Küche am Herd, um Olivers Fläschchen aufzuwärmen, als das Telefon klingelte. Es war meine Mutter, die wie von Sinnen ins Telefon schrie: »Der Enni ist tot! Nimm dir ein Taxi und komm schnell!« Mir erstarrte das Blut in den Adern, und ich dachte nur: »Mami, meine arme Mami!« Damals habe ich die erste und letzte Valium meines Lebens genommen.

Harald konnte ich telefonisch nicht erreichen. So brachte ich in Windeseile Oliver samt Fläschchen zur Nachbarin und fuhr sofort in die Uhlandstraße.

Meine Eltern waren fassungslos und völlig verloren in ihrer Verzweiflung. Mein jüngster Bruder war vom Europacenter in den Tod gestürzt! Der Schock fuhr mir in alle Glieder, ich war vor Entsetzen wie gelähmt. Ich hatte Enni, der zwei Wochen zuvor erst dreiundzwanzig geworden war, noch am Vormittag gesehen und absolut nichts Ungewöhnliches bemerkt.

Enni war sehr beliebt, ein Hansdampf in allen Gassen, ein Sonnyboy, ein offener, herzlicher junger Mann, der jede Menge Freunde und Freundinnen hatte. Sein Leben schien auf dem richtigen Weg zu sein. Er studierte Betriebswirtschaft und hatte ein Stipendium für ein Gastsemester an der Universität Taiwan in der Tasche.

Und nun war er tot.

Was war passiert? Was war die Todesursache? War es ein Unfall? War es Selbstmord? War er gar umgebracht worden?

Wir zermarterten uns den Kopf auf der Suche nach einer Antwort auf das Warum. Ich konnte mich nur an eine einzige Bemerkung erinnern, die vielleicht auf Probleme schließen ließ. Einmal hatte er zu mir gesagt: »Es ist so schwer, erwachsen zu werden.«

Weil mein Bruder nicht eines natürlichen Todes gestorben war, wurde er zur Obduktion in die Gerichtsmedizin gebracht. Enni hatte keinen Abschiedsbrief hinterlassen, und mein Vater war von dem Gedanken besessen, dass sein Tod kein Selbstmord war. Allerdings wurden bei der Obduktion nicht die geringsten Anzeichen von Fremdeinwirkung oder etwa Drogen festgestellt, was für uns aber auch kein Trost war.

Die Trauerfeier für Enni fand in der Kapelle des Friedhofs der Kaiser-Wilhelm-Gedächtniskirche statt und wurde von demselben Pfarrer gehalten, der ihn vor Jahren konfirmiert hatte.

Ennis Tod war der erste Schicksalsschlag in meinem Leben, das bisher nur eitel Sonnenschein gewesen war. Wie nah Leben und Tod beieinander liegen: Als mein Bruder gehen musste, war mein Sohn gerade einmal drei Monate alt.

Jahrelang konnte ich nicht am Europacenter vorbeifahren, ich machte stets einen Umweg. Wenn ich nur in die Nähe des Gebäudes kam, sah ich meinen Bruder dort oben stehen …

Meine Mutter habe ich in dieser schweren Zeit sehr bewundert. Sie hat ihre Trauer nach innen getragen. Hilfe von außen nahm sie nicht an. »Nur ich selbst kann meine Seele heilen«, sagte sie. Beinahe jeden Tag kam sie zu mir, um Oliver zu sehen. Ich war sehr froh, dass sie in ihrem Enkel ein wenig Trost finden und so nah miterleben konnte, wie sich ein neues kleines Wesen mit all seiner Persönlichkeit entwickelte.

Nicht lange danach kam es zu einem weiteren gravierenden Einschnitt in meinem Leben: der ersten Begegnung mit Harald und dem Teufel Alkohol. Die ganze Tragweite dieses ersten Absturzes ist mir aber erst viele Jahre später bewusst geworden.

Harald und Baxi waren mit George Feydeaus *Das System des Monsieur Ribadier* auf Tournee. An diesem Abend spielten sie in Osnabrück. Weil Oliver noch zu klein war, um mitreisen zu können, war ich zu Hause geblieben.

Harald musste der Teufel geritten haben. Jedenfalls hatte er sich nach dem fatalen ersten Wodka auf eine exzessive Sauftour begeben, aus der er nicht mehr allein herauskam. Selbst Baxi und die Kollegen hatten keinen Einfluss auf ihn.

Der Veranstalter war außer sich und brach die Tournee ab. Am Telefon riet er mir eindringlich, Harald unverzüglich in eine Klinik zu bringen. Er könne das beurteilen, sagte er, denn in einem so desaströsen Zustand habe er Harald schon lange nicht mehr erlebt.

Nach dem Anruf war ich zum ersten Mal ratlos und wütend zugleich. Ich hatte Harald, seitdem wir zusammenlebten, nur sehr selten betrunken erlebt. Meistens war er am nächsten Morgen wieder fit gewesen, wie jeder andere auch, der einmal ein Glas über den Durst getrunken hatte. Diesmal schien es anders zu sein.

Ich durfte jetzt nicht den Kopf verlieren. Irgend jemand hatte mir in ganz anderem Zusammenhang einmal erzählt, dass der Chefarzt der Psychiatrischen Abteilung des Berliner Urban-Krankenhauses, Dr. Heinz Edelmann, eine Koryphäe auf seinem Gebiet sei. Daran erinnerte ich mich jetzt, und so kontaktierte ich Dr. Edelmann, der mir dringend zu einer stationären Aufnahme riet.

Für mich war es eine traurige Premiere, meinen Mann so zu sehen. Aber Harald kam schnell wieder auf die Beine, und ich glaubte nur allzugern, dass es sich bloß um einen Ausrutscher gehandelt hatte, wie er mir gegenüber beteuerte.

Dr. Edelmann verordnete ihm Antabus, eine Anti-Alkohol-Tablette, die Harald täglich gewissenhaft mit dem Frühstück einnahm. Antabus ist sozusagen eine medizinische Krücke, die nur unter ärztlicher Aufsicht verabreicht werden darf. Das Medikament bewirkt im Suchtzentrum eine Aversion gegen Alkohol. Die Einnahme in Verbindung mit Alkohol hat dermaßen unangenehme Folgen, dass allein der Gedanke daran schon den ersten Schluck verhindert.

Dank Antabus fiel es Harald tatsächlich nicht sonderlich schwer, auf Alkohol zu verzichten. Und ich trug durch mein liebe- und verständnisvolles Verhalten sicher ein übriges dazu bei, damit er sich rundum wohl fühlen und seine Arbeit wieder aufnehmen konnte.

Seit diesem ersten Absturz hatte ich im tiefsten Inneren ein ungutes Gefühl. Sollte der Mann, den ich liebte, eine andere, mir unbekannte Seite haben?

Gesprochen habe ich mit Harald darüber nicht. An seinen Reaktionen spürte ich aber, dass es das beste war, wenn ich ihm keine Vorwürfe, kein Drama machte. Und so war der Vorfall nach ein paar Tagen vergessen.

Wochen und Monate vergingen, in denen Harald keinen Tropfen Alkohol zu sich nahm. Zwischendurch gab es lediglich hin und wieder so etwas wie kleine Ausrutscher, die wir als sein »Kreislaufproblem« verharmlosten.

Ich möchte diese erste Begegnung mit Harald und dem Alkohol nicht bagatellisieren. Aber wenn ich heute an diese Jahre zurückdenke, dann hatte Haralds Alkoholproblem damals in keiner Weise ein so bedrohliches Ausmaß wie später. Ich wusste wirklich nicht, was auf mich zukommen sollte.

Was mir am meisten am Herzen lag, war ein intaktes Familienleben, unsere Quelle des Glücks und der Kraft. Ich setzte alles daran, uns unsere kleine heile Welt zu schaffen und sie wie meinen Augapfel zu behüten.

Harald war von Natur aus der charmanteste, unterhaltsamste, liebenswerteste Ehemann und der innigste Vater für unseren Sohn.

Dafür liebte ich ihn. Seine andere Seite verdrängte ich, indem ich sie nur in der direkten Konfrontation wahrnahm. Sobald die Situation überstanden war, waren wir beide wahre Meister im Verdrängen. Das fiel uns nicht weiter schwer, denn Harald ging voll und ganz in seinem Beruf auf, und ich war mit meinen Aufgaben als Ehefrau und Mutter ausgelastet und sehr zufrieden.

Mein ganzes Streben konzentrierte sich auf Olivers Entwicklung. Nie wieder verändert sich ein Kind so schnell wie in den ersten Jahren. Ich genoss jeden Tag mit meinem kleinen Sohn und noch mehr die Zeit, die wir zu dritt miteinander verbrachten.

Die Wohnung in der Taubertstraße war für uns drei bald zu eng geworden. Harald verdiente mittlerweile immer besser, und wir konnten uns eine größere Wohnung leisten. Wir zogen eine Straße weiter in die Richard-Strauss-Straße. Auch hier hatten wir eine

Zu Besuch bei den Dreharbeiten zu *Preußenkorso* (1973)

große Terrasse, und für alle Bewohner des Hauses gab es einen riesigen Garten mit Swimmingpool zur gemeinsamen Nutzung. Nun hatte Harald für sein Rollenstudium ein eigenes Arbeitszimmer, und auch Oliver bekam sein eigenes Reich.

Zwei Freundinnen, die ebenfalls einen gleichaltrigen Sohn hatten, wohnten in der Nachbarschaft, und so verbrachten wir jungen Mütter viel Zeit miteinander. Meine eigene Karriere hatte ich ohne Bedauern endgültig ad acta gelegt.

Harald und sein »Söhni« waren vollkommen aufeinander fixiert. Bei Kindergeburtstagen machte Harald ihm zuliebe jeden Quatsch mit, spielte Kasperletheater und machte den Clown. Harald brachte Oliver in unserem Pool das Schwimmen bei und trug ihn auf seinen Schultern um den ganzen Grunewaldsee herum. »Papa tratra«, waren Olivers erste Worte, und das sollte heißen: »Papa, trag mich.«

Als Oliver laufen konnte, haben wir ihn überallhin mitgenommen. Wo immer Harald drehte oder Theater spielte, war seine kleine Familie dabei. Haralds Eltern hüteten dann unsere Wohnung.

Margarete Juhnke war eine lebensbejahende, praktisch veranlagte Frau, die gern bei jeder Gelegenheit ihren Stolz auf ihren Harry äußerte. Sie hatte mich von Anfang an ins Herz geschlossen und meinen Vater ebenso. Gern kamen Oma und Opa Juhnke zu uns ins Tai-Tung. Nach anfänglicher Skepsis lernten sie die chinesische Küche richtig schätzen. Oliver liebte die beiden natürlich sehr.

Opa Juhnke machte übrigens auch Haralds Buchhaltung und erledigte sämtlichen »Schriftkram«. Als pensionierter Polizeibeamter im Innendienst war er äußerst korrekt und penibel. Später habe ich diese Aufgaben übernommen.

Anfang der siebziger Jahre arbeitete Harald hauptsächlich in Berlin. Am Hansa-Theater hatte er die Rolle des Hauptmann Bluntschli in George Bernard Shaws *Helden* übernommen, an der Freien Volksbühne trat er gleich in drei aufeinanderfolgenden Stücken auf. Seinen größten Erfolg feierte er aber mit *August, August, August* von Pavel Kohout in der Inszenierung von Helmut Käutner. Auch die siebenteilige ZDF-Serie *Die Buchholzens* wurde in dieser Zeit in Berlin gedreht. Harald absolvierte ein beachtliches Arbeitspensum. Wenn er nicht schon im voraus wusste, was sein nächstes Engagement war, konnte er richtiggehend nervös werden.

Wer in den siebziger Jahren mit Harald Juhnke drehen wollte, der bekam gleich eine ganze Familie mit dazu. Die TV-Produzenten hatten sich bald daran gewöhnt. Besonders schön war es, wenn es sich um so ausgedehnte Dreharbeiten handelte, wie 1974 bei der Allianz-Film-Produktion von *Sergeant Berry,* der zweiten Staffel einer ZDF-Serie, in der Harald die Hauptrolle spielte und die uns für drei Monate nach Marbella an der spanischen Costa del Sol führte – und davor für zwei Wochen nach Hollywood, wo am Originalschauplatz, dem Sunset Boulevard, gedreht wurde. Harald und ich flogen allein nach Los Angeles, während meine Mutter mit Oliver in Marbella dazustieß und gleich für ein paar Tage bei uns blieb. Juhnkes reisten mit Kinderbettchen, Kinderwagen und Riesenbergen von Pampers an, die die Produktion zusammen mit den anderen für die Dreharbeiten benötigten Requisiten von Berlin aus im Lastwagen transportieren ließ.

Wir hatten ein großzügiges Dreizimmerapartment mit traumhaftem Blick auf den neu erbauten Luxushafen Puerto Banus und aufs azurblaue Meer. Tagsüber spielte ich mit Oliver am Strand oder am Pool und ließ es mir gutgehen. Abends kochte ich, und wir aßen auf der Terrasse oder gingen zum Essen in eines der nahe gelegenen Hafenrestaurants.

In den Schulferien kam uns Peer aus München besuchen. Haralds »Großer« war nun ein junger Mann, der hingebungsvoll mit seinem kleinen Bruder spielen konnte. Die beiden dabei zu beobachten war die reine Freude. Oliver nannte ihn zärtlich »Peerli«. Die drei Monate vergingen wie im Flug. Aber schließlich freuten wir uns doch wieder auf Berlin und unser Zuhause.

Im November 1975 war Harald mit dem Tourneetheater der Gebrüder Grabowski unterwegs. Mit Gaby Gasser zog er mit der Boulevardkomödie *Bleib doch zum Frühstück* durch die deutschen Lande. Dabei kam es in Bad Oeynhausen zu einer erneuten Begegnung mit dem Teufel Alkohol.

Ich war entsetzt und besorgt zugleich. Seit dem letzten Absturz waren anderthalb Jahre vergangen, und ich hatte nicht damit gerechnet, dass es eine Wiederholung von diesem Ausmaß geben könnte. Neu und besonders demütigend war für mich, dass die Boulevardzeitungen den Vorfall in dicken Schlagzeilen ausschlachteten: »Betrunken! Harald Juhnke auf der Bühne zusammengebrochen«, titelte *Bild*.

Harald musste sich wieder in Behandlung zu Dr. Edelmann begeben, der mir riet, in Zukunft unbedingt darauf zu achten, dass Harald täglich seine Antabus einnahm.

Schon nach wenigen Tagen war Harald wieder ganz der alte. Es war einfach phänomenal, wie gut und schnell er sich erholte.

Die TV-Produzenten waren gewarnt: Mit Harald Juhnke zu arbeiten, das konnte ein gewisses Risiko sein. Insgeheim war mir klar, dass ich bei den Produzenten auch deshalb mehr als willkommen war: Solange Harald seine »Mulle«, wie er mich mittlerweile nannte, weil Oliver den Kosenamen »Munel« so umbenannt hatte, und seinen »Söhni« dabeihatte, blieb er abstinent.

Auch zu den Dreharbeiten für *Die Buschspringer* 1976 in Kolumbien reiste Familie Juhnke mit – für ganze drei Monate. Harald und Stefan Behrens spielten in der ZDF-Serie zwei Buschpiloten, die zu abenteuerlichen Einsätzen gerufen wurden. Gedreht wurde in der kolumbianischen Hauptstadt Bogotá, auf der Insel San Andrés, in Villa de Leiva und am Amazonas im Dreiländereck von Kolumbien, Brasilien und Peru. Die Dreharbeiten waren ebenso interessant wie anstrengend. Kolumbien fand ich faszinierend, und so ging ich mit dem Produktionsfahrer auf Entdeckungstour, soweit das mit einem kleinen Jungen möglich war.

Für ein paar Tage wohnten wir unter anderem auch in einem

ehemaligen Kloster in Giradot. Dort gab es einen verwunschenen Garten, in dem ich abends Kräuter für einen köstlichen Tee pflückte. Ich kann mich auch noch ganz genau an den Marktplatz des Ortes erinnern, dessen Pflastersteine voller Fossilien waren.

Als Harald und die Crew zu Dreharbeiten an den Amazonas aufbrachen, blieben Oliver und ich im Hotel Bacata in Bogotá. Die hygienischen Verhältnisse im Urwald schienen mir für Oliver doch etwas zu riskant. Harald und ich schrieben uns nun kleine Liebesbriefe, so auch an unserem fünften Hochzeitstag am 8. April 1976. Ich schrieb ihm:

»...Natürlich gab es auch Tage, die für uns nicht nur Sonnenschein waren. Die Hauptsache ist doch aber, dass wir einander vertrauen können. Wenn nicht uns beiden, wem dann auf dieser Welt? Momentan bist Du auf der Erfolgsleiter, und ich wünsche mir, dass ich Dich in den kommenden Jahren noch besser verstehen lerne. Ich hoffe, dass wir in fünf Jahren das gleiche Resümee ziehen können und mit unserem Söhni immer noch eine glückliche Family sind.
In Liebe
Deine Susanne.«

Und er schrieb mir zurück:

»Hallo, süße Mulle!
Fünf Jahre und kein bisschen weiser, könnte man vielleicht denken, aber ein wenig haben wir schon dazugelernt. Auch der Papamoon! ... Man lernt ja nie aus, und so werden wir die schwierigen Passagen unserer Ehe schon zu meistern wissen. Hab vielen Dank für Deine Geduld und sei lieb geküsst von Deinem Dich liebenden und begehrenden Mann.«

Dem Brief hatte er ein Foto beigelegt, in dem er mit großer Geste winkend in einem offenen Geländewagen über Land fuhr. Auf der Rückseite stand geschrieben: »Wählt Harald Juhnke! Presidente de

Alemana.« Und auf der Rückseite eines Fotos von Oliver auf dem Hotelbalkon hatte er notiert: »Presidente junior!«

Manchmal holte uns auch ein Produktionsfahrer ab, wenn es bei den Dreharbeiten für Oliver etwas besonders Interessantes mit Pferden oder mit dem Flugzeug zu erleben gab. Eine kleine Episode ist mir im Gedächtnis geblieben. Oliver durfte einmal im Flugzeug neben Harald sitzen und sagte stolz: »Papa, ich bin dein Kochpilot.«

Zu den Darstellern gehörte auch die attraktive schwedische Schauspielerin Pia Degermark. Sie war eine sehr sympathische Person, mit der ich mich gleich anfreundete. Mit ihr habe ich damals – und danach nie wieder in meinem Leben – Marihuana geraucht, »Columbian Gold«. Abgesehen davon, dass wir wie zwei Teenager über die banalsten Dinge kicherten und uns in tiefschwarze Pupillen schauten, passierte nicht viel. Die Euphorie, die ich erwartet hatte, blieb aus. Anscheinend bin ich für Drogen nicht sonderlich empfänglich. Einen Rausch verbinde ich doch eher mit einem Taumel der Sinne und des Glücks.

Die schönen Zeiten der großen Reisen mit Harald waren leider vorbei, als Oliver eingeschult wurde. Harald versuchte, soviel wie nur möglich in Berlin zu arbeiten, ab und zu ließen sich auswärtige Verpflichtungen aber nicht vermeiden. Und so kam es kaum ein Jahr nach Haralds Absturz in Bad Oeynhausen zum nächsten »Vorfall«: Im November 1976 schmiss er eine Vorstellung von *Hokuspokus* in Rheinbach bei Köln. Er ließ sich von einem Taxi nach Köln chauffieren und trank im Hotel Intercontinental auf seiner Suite weiter. Er trank einen ganzen Tag und eine ganze Nacht. Und bestellte sich dann die Presse aufs Zimmer!

Harald muss völlig durchgedreht gewesen sein, denn er faselte etwas von »Ich spiel nie mehr Theater«, »Ich bin Millionär«. Jedenfalls waren das die Schlagzeilen, die mich am nächsten Morgen in Berlin zur Weißglut brachten.

Ich war empört, ich war sauer und denkbar schlecht auf Harald zu sprechen und musste dennoch gute Miene zum bösen Spiel machen, als ich ihn drei Tage nachdem er die Vorstellung geschmissen hatte, in Köln abholte. In Berlin hatte ich wie gehabt alles perfekt organisiert: Dr. Edelmann erwartete ihn schon im Urban-Krankenhaus.

Als Harald wieder nach Hause kam, schwor er mir, intensiver als je zuvor: »Nie wieder.«

Wie gern ich ihm das glauben wollte! Nur, es fehlte mir zum ersten Mal an Vertrauen.

Ausgerechnet zu diesem kritischen Zeitpunkt kam – wie später noch so oft – wieder ein verlockendes, neues Angebot, das unsere Probleme in den Hintergrund rückte: Trotz der aktuellen Vorfälle wollte Wolfgang Rademann, der spätere *Traumschiff-* und *Schwarzwaldklinik*-Produzent und schon damals einer der Wichtigen in der Branche, Harald für eine neue Form von Fernsehunterhaltung verpflichten. Zusammen mit Grit Boettcher sollte er die Hauptrolle in der ZDF-Sketchreihe *Ein verrücktes Paar* übernehmen. Für beide eine Traumrolle.

Rademann rief Harald noch in der Klinik an. Und der überredete seinen Produzenten mit einem verschwörerischen »Du kennst mich doch« und mit dem Versprechen, er wäre schon bald wieder auf dem Damm. Ich bestätigte Rademann wahrheitsgemäß, dass Haralds Ausfälle immer nur eine Sache von wenigen Tagen waren. Rademann wartete eine Woche ab und wurde dann der erste Produzent, der sich vertraglich gegen Haralds Alkoholproblem absicherte. Er ließ ihn eine Verpflichtung unterschreiben, während der Dreharbeiten keinen Alkohol zu trinken. Harald stimmte dieser ungewöhnlichen Klausel zu und hielt den Vertrag ein: Während der Dreharbeiten von *Ein verrücktes Paar* hat er nicht einen Tropfen Alkohol angerührt.

Er arbeitete so inspiriert und konzentriert wie immer, und ich war froh, dass Harald es wieder einmal geschafft hatte. Unsere Krise hatten wir gemeinsam durchgestanden, und das Ergebnis schien zu bestätigen, dass ich recht damit hatte, aufs Prinzip Hoffnung zu setzen, denn *Ein verrücktes Paar* war aus dem Stand erfolgreich: Durchschnittlich sahen mehr als 54 Prozent der Zuschauer die Serie. Der Quotenrenner war Haralds endgültiger Durchbruch beim Fernsehpublikum. Die Serie lief bis 1980, wurde Jahr für Jahr wiederholt und ist heute noch ein Klassiker im Silvesterprogramm.

Auch mit *Ein Mann will nach oben* nach dem gleichnamigen Roman von Hans Fallada schrieb Harald ein Stück Fernsehgeschichte. *Ein Mann für alle Fälle* und zwanzig Folgen von *Café Wernicke* für den Sender Freies Berlin (SFB) folgten. Harald war beliebt und bekannt wie niemals zuvor. Angebote über Angebote flatterten ins Haus, er konnte sich jetzt endgültig seine Rollen aussuchen und arbeitete quasi am laufenden Band.

Wenn Harald sich entschieden hatte, kniete er sich in seine Arbeit hinein, egal, ob es sich um eine Fernsehrolle oder um ein Theaterstück handelte. Er konnte den Tag, an dem endlich das neue Textbuch ins Haus kam, kaum erwarten. Nur mit seiner geliebten Zigarre ausgerüstet, igelte er sich dann zum Rollenstudium in seinem Arbeitszimmer ein. Er lernte leicht, fast spielend selbst die längsten Textpassagen.

Harald war Schauspieler mit allen Facetten seiner Persönlichkeit. Es ist mir wahrlich nicht immer leichtgefallen, das stets zu akzeptieren, denn manchmal musste ich mich fragen: Spielte er nicht auch mir etwas vor?

Unser Familienleben ordnete sich im Lauf der Jahre nach und nach immer mehr Haralds beruflichem Rhythmus unter. Zu Hause durfte keine Hektik herrschen. Mit alltäglichen Dingen behelligte ich ihn nur, wenn es gar nicht anders ging. »Mach, wie du denkst«, war Haralds Standardantwort, wenn ich doch einmal meinte, ihn bei einer Entscheidung mit einbeziehen zu müssen. Auch Oliver hatte von klein auf gelernt, auf seinen Vater Rücksicht zu nehmen.

Wenn die Proben einmal angefangen hatten, konzentrierte sich

Harald darauf, eine hundertprozentig gute Arbeit abzuliefern. Abends, wenn er nach Hause kam, entspannte er sich, indem er ein schönes heißes Bad nahm, in seine Hausschuhe aus feinstem Leder schlüpfte und sich in einen seiner geliebten Hausmäntel hüllte.

Fotoshooting in Chloé (1976)

Haralds Vorliebe für diese luxuriösen Kleidungsstücke erleichterte mir das Schenken sehr: Mit einem neuen Hausmantel konnte ich ihm stets eine große Freude machen, und sie waren meist vom Feinsten, aus Kaschmir, Samt und Seide. Harald war immer eine elegante Erscheinung, auch im Hausmantel.

Am Ende eines langen Tages berichtete Harald mir immer gern in allen Einzelheiten von seinem Drehtag. Unsere Gespräche drehten sich hauptsächlich um seinen Beruf. Für ihn gab es nur den Beruf und nochmals den Beruf.

Ein Premierentag hatte immer dasselbe Ritual. Harald wachte mit einer Mischung aus Vorfreude und Angespanntheit meist früher auf als sonst. Er hatte das Bedürfnis, seinen ersten Kaffee allein zu trinken und seine Zeitungen zu lesen, wohl wissend, dass ich ein Morgenmuffel bin. Mit Musik von Frank Sinatra verschaffte er sich gute Laune, und so war er bester Dinge und die Ruhe in Person, wenn ich mich dann später zu ihm setzte. Oliver hatten wir schon am Abend vorher zu meiner Mutter gebracht.

Die große Prüfung stand bevor. Ändern konnte Harald jetzt eh nichts mehr. »Was bis jetzt nicht sitzt, kannste vergessen«, pflegte er zu sagen. Meistens gingen wir zum Mittagessen in den Kempinski-Grill oder zu unserem Lieblingsitaliener. Harald brauchte jetzt ein kräftiges Filetsteak oder Fisch vom Grill. Zum Dessert genehmigte er sich noch einen Eisbecher mit Sahne und einen Cappuccino. Anschließend legte er sich zu Hause noch ein Stündchen aufs Ohr. Dann bereitete ich ihm einen schönen Tee mit Honig zu, während er bei schöner Musik seine Davidoff genoss.

Diese Rituale trugen bis zum Nachmittag. Dann wurde Harald langsam, aber sicher immer unruhiger. Er tigerte durch die Räume, bis er irgendwann sagte: »Ich zieh mich schon mal an« und in sein Zimmer ging, nur um wenige Minuten später picobello in seinem Premierenanzug zurückzukommen. *Fishing for compliments* – ich sagte ihm, wie elegant er aussah.

Harald brauchte nun dringend Theaterluft, um die Nervosität bis zum Beginn der Vorstellung zu überbrücken. So blieb ihm genug Zeit, um noch ein bisschen mit den Kollegen zu schwatzen und sich in seiner Garderobe auf den Auftritt einzustimmen.

Es ist ein guter alter Theaterbrauch, seinen Garderobentisch mit persönlichen Dingen zu bestücken. Bei Harald waren das zum Beispiel Zigarre und Zigarrenabschneider und ein Fotorahmen mit einem Bild von Oliver und mir. An seinem Spiegel befestigte er eine Aufnahme seines Idols Frank Sinatra, die im Lauf der Jahre mehr und mehr Abnutzungsspuren davontrug, so oft hat Harald sie in seinen Händen gehalten.

Der Talisman, den ich ihm zu jeder Premiere schenkte, bekam einen gebührenden Ehrenplatz. Zu unserer ersten Premiere, dem *Liliom,* schenkte ich ihm eine goldene Halskette mit einem Medaillon seines Sternzeichens Zwillinge, auf dessen Rückseite ich das Datum unseres Kennenlernens eingravieren ließ. Ein anderes Mal war es ein Schlüsselanhänger in Form eines Kleeblatts mit der Gravur des Premierendatums. Oder ein kleines Glücksschwein aus Zinn, das ich in einem Antiquitätengeschäft gefunden hatte.

Abergläubisch wie Theaterleute nun mal sind – Harald war da keine Ausnahme –, musste bei einer Premiere auch immer etwas Gebrauchtes, Altes dabeisein. Ein Plüschtier von Oliver oder ein Teddy, den ich Harald vor Jahren geschenkt hatte. Harald sammelte Teddys, und ich habe ihm im Lauf der Jahre wohl ein Dutzend geschenkt: kleine Teddys, große Teddys, bekleidete Teddys, einige sogar mit Spieluhr.

Inzwischen machte ich mich auch für die Premiere bereit und zog mich festlich an. Ich fuhr so rechtzeitig von zu Hause los, dass ich Harald in seiner Garderobe noch ein herzliches Toi, toi, toi! wünschen konnte. Er war dann bereits geschminkt und in seinem Bühnenkostüm und steckte schon halb in seiner Rolle. »Mulle, setz dich noch kurz«, sagte Harald. Er hatte es einfach gern, wenn ich noch ein paar Minuten bei ihm blieb.

Dann konnte ihn nichts mehr halten. Neugierig lugte er durch einen Schlitz im Bühnenvorhang und inspizierte die ersten Reihen, um zu sehen, wer an prominenten Kollegen und Bekannten im Publikum saß. Je mehr, desto besser: Jedes vertraute Gesicht war für ihn ein ganz besonderer Ansporn.

Nun war es Zeit, mich auf meinen Platz zu begeben. Ich schaute nicht rechts und nicht links, ich wollte jetzt mit niemandem reden. Ich litt jedesmal mehr unter Lampenfieber als Harald. Jedenfalls saß ich, kurz bevor der Vorhang sich öffnete, zur Salzsäule erstarrt mit gefalteten Händen im Sitz und spürte, wie kalter Schweiß aus meiner Achselhöhle rann. Als das Saallicht schließlich ausging, sah ich

Harald noch einmal vor meinem inneren Auge und dachte: »Jetzt musst du springen und schwimmen.«

Dabei musste ich mir um Harald eigentlich keine Sorgen machen. Er war der Prototyp eines »Premienschauspielers«: Wenn sich der Vorhang hob, die Scheinwerfer auf ihn gerichtet waren und die Zuschauer gespannt auf ihn blickten, war er in seinem Element. Das war der Augenblick, nach dem er süchtig war. Die Probenzeit war für ihn mehr ein notwendiges Übel.

Die Pause verbrachte ich stets in Haralds Garderobe, um eine Zigarette zu rauchen. Harald ließ mir ein Glas Champagner kommen und konnte es kaum erwarten, mich zu fragen: »Na, wie bin ich?« Keine Frage: Er war großartig.

Wenn das Stück zu Ende war und der Schlussapplaus sich überschlug, war ich immer wieder aufs neue stolz auf meinen Mann. Ohne dass die anderen es bemerkten, verbeugte er sich in meine Richtung. Das war sein Zeichen, dass auch er ein gutes Gefühl hatte.

Nach der Vorstellung besuchten Kollegen und Freunde Harald in seiner Garderobe, um ihm zu gratulieren oder ein paar Blumen zu überreichen. Es war ein großes Hallo, und Harald stand strahlend im Mittelpunkt. Er schminkte sich in Ruhe ab, während ich schon mal die Glückwünsche, Geschenke und Blumen zu unserem Wagen bringen ließ.

Zufrieden und erleichtert ging ich dann an Haralds Seite zur Premierenfeier. Von den Kollegen und Freunden bekam er noch einmal einen herzlichen Extraapplaus. Es herrschte eine großartige, ausgelassene Stimmung, der Premierendruck war gewichen.

»Gut gelaufen, Munel«, sagte er. Überglücklich ließen wir den gelungenen Abend zu Hause ausklingen.

Am nächsten Morgen konnte Harald es kaum erwarten, bis er am nahe gelegenen Kiosk alle Zeitungen mit den Vorkritiken kaufen konnte. Und sonntags hörte er Radio und lauschte der *Stimme der Kritik* von Friedrich Luft im RIAS Berlin und Heinz Ritter im SFB.

Wenn ich zum Frühstück kam, hatte Harald bereits alle Artikel auf dem Tisch ausgebreitet und die besten Sätze sogar unterstrichen. Wenn ihm etwas nicht gefiel, wanderte es gleich in den Papierkorb, und ich bekam es erst gar nicht zu lesen.

Bei der Ausstrahlung seiner Fernsehsendungen machten wir es uns zu Hause bequem. Ganz selten haben wir die Erstsendung eines Fernsehspiels oder auch nur eine Folge einer Serie verpasst. Rechtzeitig nahmen wir in unseren Sesseln Platz. Ich stellte für jeden ein Getränk bereit, und Oliver hatte den Videorekorder schon programmiert, weil sich Harald seine Sendung am nächsten Tag immer gern noch einmal ganz allein ansah.

Oliver spürte natürlich, dass unser Familienleben in vielen Aspekten ganz anders war als das seiner Freunde und Schulkameraden. Das fing schon damit an, dass die anderen Väter morgens aus dem Haus gingen und abends zu Hause waren, während es bei uns oft genau umgekehrt war.

»Söhni« bekam von seinem Papa alles, was ein Kind sich nur erträumen konnte. Nur einen ganz normalen Vater, den hat Harald ihm nicht geschenkt. Natürlich blieb es nicht aus, dass Oliver mitbekam, dass sein Vater ein bekannter Mann war. Zum Beispiel, wenn Harald mit ihm auf den Rummel ging und von Autogrammjägern belagert wurde. Oder wenn Harald sich mit ihm für einen Pressebericht fotografieren ließ.

Im Sport war Harald seinem Sohn nicht gerade ein Vorbild. Er hielt es mit Winston Churchill: »No Sports« war seine Devise. Wie der große britische Politiker zog er lieber genüsslich an seiner Zigarre. Für Sport begeisterte Harald sich eher als Zuschauer, besonders im Tennis und beim Fußball war er Experte. Seine einzigen aktiven sportlichen Hobbys waren Schwimmen, Radfahren oder Spaziergänge, bei denen er seinen Gedanken nachgehen konnte. Alle paar Jahre schenkte ich ihm deshalb einen neuen bequemen Drahtesel mit leicht zu handhabender Gangschaltung.

Urlaub machte Harald am liebsten zu Hause. So oft war er auf

Dreharbeiten oder Tourneen unterwegs, dass es nichts Schöneres für ihn gab, als die Ruhe und den Frieden auf der Terrasse zu genießen. Als Oliver zur Schule kam, bestand ich allerdings darauf, dass wir mit unserem Sohn in Ferien fahren wie andere Familien mit ihren Kindern auch.

Vater und Sohn auf dem Rummel – ein Fototermin für die *Bild*-Zeitung (Juli 1977)

So fingen wir an, im Sommer meist vier Wochen auf Sylt zu verbringen und nach Weihnachten zwei Wochen zum Skiurlaub nach Kitzbühel zu fahren. Auf Sylt mieteten wir meist eine Wohnung oder ein Haus in Kampen, zum Beispiel das alte Kapitänshaus Ahrenshoop. Es waren immer dieselben Berliner Familien, die zur gleichen Zeit hier Ferien machten, ein enger Freundeskreis mit Kindern, der mit den Jahren gemeinsam älter wurde. Harald kaufte jeden Morgen frische Brötchen und sämtliche Tageszeitungen und Magazine, die er dann im Garten unterm Sonnenschirm las. Am späten Vormittag brachen wir dann gemeinsam zum Strand auf. Wie die Juhnkes im Gänsemarsch über den Holzsteg durch die Dünen gingen, das ist ein Bild, an das ich mich besonders gern erinnere.

Auf dem Weg zum Strandkorb hielten wir alle paar Meter einen Schwatz mit Freunden und Bekannten. Harald wurde auch oft von Touristen angesprochen, die ihn um ein Autogramm oder ein Erinnerungsfoto baten. Diese Wünsche erfüllte Harald selbstverständlich gern. Er liebte seine Fans, und es war schließlich Urlaub, und alle hatten gute Laune.

In Kitzbühel wohnten wir Jahr für Jahr im Hotel zur Tenne, einem Hotel im typischen Tiroler Stil. Mit der Hoteliersfamilie Volkhardt, die in München auch den Bayerischen Hof besitzt, hatten wir uns angefreundet, und so fühlten wir uns, wann immer wir nach Kitzbühel kamen, stets ein bisschen wie zu Hause.

Susanne Juhnkes Geburtstag in Kitzbühel: Harald trinkt nur Wasser (1982)

Bevor wir in den Winterurlaub aufbrachen, feierten wir Heiligabend mit meiner Familie und Haralds Eltern noch in Berlin. Den zweiten Weihnachtsfeiertag, meinen Geburtstag, verlebten wir dann meist schon in Kitzbühel, wo wir im Freundeskreis mit einem Dinner in den Unterberger Stuben feierten.

Tagsüber verabredete ich mich mit Freunden zum Skilaufen, und Harald brachte Oliver zur Skischule und holte ihn auch wieder ab. Während wir Skilaufen waren, verbrachte er seine Zeit in den Kaffeehäusern des Ortes, wo ihn alle naselang ein guter Bekannter ansprach, so dass er meist gar nicht zum Lesen seiner Zeitungen kam. Wenn wir nachmittags von der Piste zurück ins Hotel kamen, konnte Harald uns immer den neuesten Klatsch berichten.

Die Abende waren meist schon im voraus mit Einladungen verplant. Wir gingen auf Cocktailpartys, waren von Freunden in deren Häusern zum Abendessen eingeladen, oder wir trafen uns in zünftigen Restaurants.

In diesen Jahren stieg Haralds Popularitätskurve kometenhaft an. Hohe Einschaltquoten und die Gunst des Publikums machten ihn euphorisch, mehr noch als der Champagner, den seine Freunde tranken, um auf seinen Erfolg anzustoßen. Harald schien es nicht das geringste auszumachen, beim Wasser zu bleiben. Sein Erfolg ließ uns Flügel wachsen. Alles war gut.

Unterschwellig aber war die Angst, dass Harald wieder rückfällig werden könnte, mein ständiger Begleiter geworden. Ich wusste, dass jeglicher Stress bei ihm wieder einen dieser gefürchteten Abstürze auslösen konnte, und so versuchte ich, unser Leben so harmonisch zu gestalten, wie es in meiner Kraft stand. Ich verdrängte meine Ängste und ersetzte sie durch die Hoffnung, dass bisher doch immer alles gutgegangen war. Warum sollte es nicht auch das nächste Mal klappen?

Nie trank Harald zu Hause. Es gibt tatsächlich viele Freunde, die

Harald in all den Jahren nie betrunken erlebt haben. Selbst heimliche Gläschen trank er nur unterwegs, nie zu Hause.

Die Erfahrung hatte mich zum stillen Beobachter und Seismograph werden lassen. Ich musste nur am Telefon seine Stimme hören und wusste schon Bescheid. Meine wichtigste Aufgabe war es dann, unseren Sohn Oliver zu schützen. Der war sehr sensibel und spürte instinktiv, wenn es seinem Vater »nicht gutging«. Dann zog er sich nach der Schule wie ein kleines Tierchen in sein Zimmer zurück und spielte stundenlang alleine. Oder ich schickte ihn zu seinem kleinen Freund Roman, einem Nachbarsjungen, der wie ein Bruder für ihn war. Manchmal brachte ich Oliver auch zu meiner Mutter, die er zärtlich Nai-Nai nannte, das chinesische Wort für Oma.

1978 starb Haralds Mutter. Ihr ging es schon seit einigen Wochen nicht gut. Eines Tages rief der behandelnde Arzt bei uns an und wollte Harald sprechen. Der war gerade bei Dreharbeiten unterwegs, und so bat der Arzt mich zu einem Gespräch zu sich. Er hatte die traurige Pflicht, mir mitzuteilen, dass Oma Juhnke an Krebs im Endstadium litt und nicht mehr lange zu leben hatte. Mir oblag es nun, Harald über den bedrohlichen Gesundheitszustand seiner Mutter aufzuklären. Er reagierte mit großer Betroffenheit, und wir kümmerten uns in dieser Zeit mehr als sonst um die Oma, die wenige Wochen später starb.

Opa Juhnke nahm den Tod seiner Frau gefasst auf. Praktisch veranlagt wie er war, wollte er alles, was für die Beerdigung nötig war, selbst arrangieren. Fortan kam er jeden Sonntag zum Mittagessen zu uns. Er liebte meinen Sonntagsbraten, besonders die Lammkeule mit grünen Bohnen oder den Entenbraten mit Rotkohl, und wie wir alle genoss er die Spargel- und Pilzsaison. Haralds Vater wuchs mir im Lauf der Jahre immer mehr ans Herz. Und er liebte mich wie seine eigene Tochter.

Und dann kam gleich zu Anfang des Jahres 1979 die ganz große Chance für Harald. Peter Gerlach, der Unterhaltungschef des ZDF, mit dem Harald stets hervorragend zusammengearbeitet hatte und der bis heute einer unserer zuverlässigsten und verständnisvollsten Freunde ist, rief an und fragte: »Harald, sitzt du?«

»Nee, ich stehe«, antwortete Harald.

»Na, dann setz dich mal. Was würdest du zu *Musik ist Trumpf* sagen?«

Peter Frankenfeld hatte mit *Musik ist Trumpf* Maßstäbe gesetzt, es war seine Sendung. Doch am 4. Januar 1979 war der große deutsche Showmaster mit nur fünfundsechzig Jahren überraschend an einer Infektion gestorben.

Musik ist Trumpf, das war damals die ganz große Erfolgsstory, eine Showdimension, an die Harald trotz all seiner Erfolge noch nicht herangekommen war.

Harald war ganz aus dem Häuschen. Trotzdem sah er sich nicht in der Lage, sofort »ja« zu sagen. Aber ein »Nein« kam natürlich schon gar nicht in Frage.

Es war Freitag, und Peter Gerlach brauchte Haralds Entscheidung bis Sonntag, denn am Montag tagte in Wien der Ausschuss, der über die Eurovisionssendungen zu entscheiden hatte. *Musik ist Trumpf* wurde mit dem Österreichischen Rundfunk ORF und der Schweizerischen Radio- und Fernsehgesellschaft SRG koproduziert. Der Unterhaltungschef wollte Nägel mit Köpfen machen und so schnell wie möglich mit der Nachricht an die Öffentlichkeit gehen, dass die Nachfolge für seine erfolgreichste Show geregelt sei.

Da saßen wir nun. Die größte Chance war greifbar nahe – und ich musste meine Bedenken hinunterschlucken, dass Harald dieser Herausforderung nicht gewachsen sein könnte. Statt dessen malten wir uns diese einmalige Chance in den schönsten Farben aus. Harald liebte das große Publikum, große Bühnen, große Hallen, das große Fernsehballett. Im Smoking und mit seinem eleganten Hüftschlenker über die Bühne zu schlendern und zu singen: Nichts Schöneres konnte Harald sich vorstellen. Das Konzept der Show war einfach und perfekt auf Harald zugeschnitten: Ein Showstar als Gastgeber der internationalen Stars zu sein, davon hatte er immer schon geträumt.

Hinzu kam: Im Vergleich zu Theaterproben oder den Dreharbeiten für Fernsehserien bedeutete *Musik ist Trumpf* einen relativ geringen Arbeitsaufwand. Harald musste nicht so viele Texte lernen, und inklusive der Probentage war eine Sendung innerhalb von einer Woche im Kasten. Uns war auch bewusst, dass ein Erfolg mit *Musik ist Trumpf* für Harald *carte blanche* bedeuten konnte: Er würde sich durch ein solches Fernsehformat die Träume von einem eigenen Showprogramm erfüllen können. Schon lange schwebte ihm vor, auf großen Galas zu tanzen, zu singen und zu scherzen.

Wer nicht wagt, der nicht gewinnt. Wir sagten dem ZDF zu. Die Nachricht schlug in der Medienbranche und in der Öffentlichkeit ein wie eine Bombe und wurde sogar in den Hauptnachrichten des deutschen Fernsehens verkündet.

In den zehn Wochen, die Harald bis zur ersten Livesendung blieben, trank er keinen Schluck Alkohol.

Kapitel 5
Teufel Alkohol, der Dritte im Bunde

Die Wochen vor der Sendung waren wahnsinnig spannend. Alles drehte sich um *Musik ist Trumpf*. Zu Hause stand das Telefon nicht mehr still. Eine Besprechung jagte die andere. Mosaikstein für Mosaikstein wurde die Show »gebaut«. Harald diskutierte mit mir über jeden Schritt der Vorbereitungen und las mir die Moderationsentwürfe vor.

Musik ist Trumpf war nicht mehr und nicht weniger als *die* große bunte Unterhaltungsshow am Samstagabend. Mit Peter Frankenfeld war sie zum Musikdampfer des deutschen Fernsehens aufgestiegen, zur erfolgreichsten Show der siebziger Jahre. Und nun wollte Harald ihr ein neues Gesicht verleihen, sein Gesicht. Er sah sich als Entertainer, der das Publikum spielerisch in seinen Bann zieht. Und ich war überzeugt, dass er auch diese Rolle perfekt spielen würde.

Viel stand auf dem Spiel. Nicht genug damit, dass Harald in die Fußstapfen des ebenso hochverehrten wie skandalfreien Peter Frankenfeld stieg, mit der nächsten Sendung von *Musik ist Trumpf* sollte auch das Berliner Internationale Congress Centrum ICC eröffnet werden. Das silbern, glänzende, hypermoderne Gebäude in Form eines riesigen Raumschiffs war das ehrgeizige neue Aushängeschild der Messestadt Berlin, und in der Öffentlichkeit wegen seiner immensen Baukosten von fast einer Milliarde Mark sehr umstritten. So war Haralds neue Show auch ein Politikum. Mit *Musik ist Trumpf* sollte unter Beweis gestellt werden, dass der riesige, fünftausend Zuschauer fassende Veranstaltungssaal I auch für Galas und Fernsehshows dieser Größenordnung geeignet war.

Ende März 1979 war es soweit, der Countdown zur *Musik ist Trumpf*-Show, die am 31. März live ausgestrahlt werden sollte, lief. Gut gelaunt ging Harald in die Proben. Mit dem Team verstand er sich blendend, und in Curth Flatow hatte er einen Autor an seiner

Seite, der ihm die Moderationstexte und Sketche auf den Leib schreiben konnte. Die Aufgabe war neu und eine willkommene Herausforderung an alle Facetten seines Könnens.

Am Morgen des großen Tages schenkte ich Harald einen kleinen Bleikristallanhänger in Form eines vierblättrigen Kleeblatts – mein Talisman für seine Premiere von *Musik ist Trumpf*. Mittags holte ihn ein Produktionsfahrer zu den letzten Proben ab, die für vierzehn Uhr angesetzt waren. Ich würde ihn erst im ICC zur Sendung sehen. Harald war in einem Zustand von angespannter Vorfreude, nervös wie ein Rennpferd vor dem Start. Die Show konnte beginnen.

Ganz Berlin war da: der Regierende Bürgermeister, der Polizeipräsident, Dutzende von Kollegen, die Großkopfeten der deutschen Fernseh- und Medienbranche, eine Hundertschaft von Fotografen. Und fünftausend erwartungsvolle Zuschauer. Der große Saal war bis auf den letzten Platz besetzt. Ich saß mit Freunden in der dritten Reihe.

Punkt zwanzig Uhr fünfzehn ertönte die Auftaktmusik zu *Musik ist Trumpf,* und die Sendung nahm ihren Lauf. Harald sah fabelhaft aus, als er in seinem maßgeschneiderten Smoking, von zwei leichtgekleideten Revuetänzerinnen eingehakt, strahlend auf die Bühne schwebte. In seiner gesungenen Begrüßung, die Curth Flatow für ihn geschrieben hatte, erinnerte er noch einmal an Peter Frankenfeld:

»Meine Damen und Herren, vor Ihnen steht Harald,
  mit Nachnamen Juhnke, gebor'n in Berlin,
  verheiratet, Vater und fast fünfzig Jahr alt,
ein ganz harter Bursche mit ziemlich weichen Knien.
…
Es stand ein Meister
an dieser Stelle –
ich bin nur Lehrling,
nicht mal Geselle …
Bin nur ein Mann für alle Fälle!«

Das Publikum applaudierte begeistert, und mit Haralds erstem Auftritt war der Damm gebrochen. Charmant stellte er Barbara Schöne als seine Assistentin vor. Dann folgte ein zweistündiges Show-Feuerwerk, an dessen Ende Harald Frau Dr. Mildred Scheel, der Präsidentin der Deutschen Krebshilfe, einen Spendenscheck in Höhe von über hundertzwanzigtausend Mark überreichen konnte.

Mich hatte Harald mit einem charmanten Gag überrascht: Die Scheinwerfer und Kameras richteten sich plötzlich auf mich, und er erzählte dem Publikum, dass wir uns bei Joe Dassins *Oh Champs Elysées* nähergekommen wären, was völlig aus der Luft gegriffen war. Das Ganze war mir ein wenig peinlich.

Der Schlussapplaus war frenetisch: minutenlange Standing ovations. Bei dieser *Musik ist Trumpf*-Show hatten alle einen neuen Harald Juhnke erlebt, den singenden, tanzenden, spielenden Entertainer. Und er war fabelhaft, Juhnke *at his best!* Harald und seine Stargäste verbeugten sich glücklich vor ihrem Publikum.

Der Aufnahmeleiter führte mich hinter die Bühne zu Haralds Garderobe. Erschöpft, aber überglücklich umarmte er mich und sagte strahlend: »Mulle, wir haben es geschafft!«

Nachdem er noch eine kurze Stippvisite im *ZDF-Sportstudio* machte, das ebenfalls live aus dem ICC übertragen wurde, feierten wir bis in die frühen Morgenstunden auf der Party, die das ZDF für seinen neuen Showmaster und das gesamte Team ausgerichtet hatte. Harald stieß mit Mineralwasser an.

Glückselig fielen wir zu Hause in dem Bewusstsein ins Bett, dass Harald sich an diesem Abend eine neue Dimension seiner Karriere erobert hatte.

Am nächsten Tag waren die Zeitungen voll des Lobes, und es sollte tagelang so weitergehen. Welche Erleichterung! Was für ein Triumph! Der Briefträger brachte Dutzende von Glückwunschtelegrammen und Fanpost ins Haus.

Die beste Nachricht überbrachte Peter Gerlach, der stellvertretende Programmdirektor des ZDF, per Telefon: Harald hatte mit *Musik ist Trumpf* eine sensationelle Einschaltquote für das ZDF erreicht, 59 Prozent der Fernsehzuschauer hatten sich für seine Show entschieden, über dreißig Millionen Zuschauer. Harald, der Magier, hatte sein Publikum verzaubert.

Zufällig lief im ersten Programm zeitgleich *Dschingis Khan,* der Film, mit dem ich vor Jahren meine Karriere als Schauspielerin begonnen hatte – und offensichtlich hatte er das Nachsehen.

Zwei Abende nach der Sendung waren wir bei der offiziellen Eröffnungsgala des ICC als Ehrengäste eingeladen. Ich weiß noch, wie stolz Harald war, als Ephraim Kishon, der eine wundervolle Ansprache hielt, ihn begrüßte. Harald schwebte auf der Wolke seines Erfolgs und musste Dutzende von Interviews geben.

Ein positiver Nebeneffekt von *Musik ist Trumpf* war, dass Firmen, Privatleute und Agenten Harald seitdem gern für Galaauftritte gebucht haben, für die er sich schon bald eine eigene Band zusammenstellte. Aber die Sendung legte ihn auch auf das Image des locker-flockigen Entertainers fest. Es sollte Jahre dauern, bis Harald wieder anspruchsvolle Rollen in Film und Fernsehen und am Theater angeboten bekam.

Wenige Tage später – ich war mit Oliver schon nach Sylt vorgereist – rief mich Harald fassungslos an. Er hatte gerade erfahren, dass sich sein Freund und Kollege, der Theaterregisseur Harry Meyen, erhängt hatte. Wir waren erschüttert und geschockt zugleich und wollten die Nachricht nicht glauben. Harry erhängt? Er war zwar labil und introvertiert und schien irgendwie aus der Bahn geworfen zu sein, besonders seit Romy Schneider sich 1975 von ihm hatte scheiden lassen. Aber das konnte nur eine Kurzschlusshandlung gewesen sein. Immer wenn Harald nach Hamburg kam und Harry Meyen in der Stadt war, haben die beiden sich getroffen – das letzte Mal kurz vor seinem Selbstmord. Ein begnadeter Künstler war von uns gegangen.

Harald war sehr nachdenklich, und mir wurde bewusst, welch ungeheuerliche Verantwortung ich trug. »Mütterchen Sorge« nannte mich Harald liebevoll, manchmal auch mit ironischem Unterton. Ich neigte dazu, mir um alles und jeden Sorgen zu machen. Nur nicht um mich selbst. Das Seelenheil meiner Lieben hatte immer Priorität, allen voran meine Sorge um Harald, der Mittelpunkt unseres Lebens war.

Ein Überraschungsfest zu Harald Juhnkes 50. Geburtstag

In München probte Harald mit Uschi Glas und Barbara Schöne das von Jürgen Wölffer inszenierte Boulevardstück *Spiel mit dem Feuer* im Theater an der Brienner Straße. Karl Schönböck hatte seine Schwabinger Wohnung an uns vermietet. Solange das Stück lief, wollten Oliver, Harald und ich in München leben. Es war eine der letzten

Gelegenheiten, wo Vater und Sohn uneingeschränkt ihre Zeit miteinander verbringen konnten. Im Herbst würde für Oliver mit seiner Einschulung der Ernst des Lebens beginnen.

Während Barbara Schöne und Harald von München aus nach Basel gingen, wo am 2. Juni die zweite Folge von *Musik ist Trumpf* produziert wurde, steckte ich bis über beide Ohren in den Vorbereitungen zu Haralds fünfzigstem Geburtstag. Der 10. Juni 1979 fiel auf einen Sonntag, und ich wollte Harald mit einem Überraschungsfest im Tai-Tung eine besondere Freude bereiten und in seinen Geburtstag hineinfeiern. Alle Einzelheiten, sogar die Gästeliste, versuchte ich vor ihm geheimzuhalten.

Am Samstagabend entschuldigte ich mich unter einem Vorwand bei Harald und fuhr schon einmal vor, um die ersten Gäste zu empfangen. Harald traf mit Oliver um kurz nach acht in unserem Restaurant ein. Er fiel aus allen Wolken, als ihn seine hundert Überraschungsgäste begrüßten. War das ein Hallo! Harald freute sich wie ein Schneekönig, so viele alte Freunde, Kollegen und Bekannte wiederzusehen: Uschi Glas, die ihm fünfzig bunte Luftballons schenkte, Grit Boettcher, seine Sketchpartnerin aus *Ein verrücktes Paar*, Barbara Schöne, seine *Musik ist Trumpf*-Assistentin, und der ganze Wölffer-Clan. Unsere Familie war vollzählig erschienen, Opa Juhnke, der vor Stolz auf seinen Sohn schier barst, war selbstverständlich ebenfalls dabei und hielt eine launige kleine Ansprache auf seinen berühmten Sohn. Sogar Haralds Schauspiellehrerin Marliese Ludwig, schon weit in den Achtzigern, gab ihm die Ehre.

Mein Vater hatte seine Köche ein köstliches chinesisches Zehn-Gänge-Menü zubereiten lassen. An den festlich gedeckten Tischen herrschte Hochstimmung. Und um Mitternacht zelebrierten wir die Geburtstagsgratulation: Die Champagnergläser waren gefüllt, und ich trug die große Geburtstagstorte herein, auf der fünfzig Kerzchen und ein neues Lebenslicht in der Mitte brannten. Die ganze Geburtstagsgesellschaft sang »Happy birthday, lieber Harald«, und Harald blies alle Kerzen in einem Atemzug aus. Die Gratulationscour dauerte wohl eine Stunde, bis jeder seine guten Wünsche, seine Küsschen und Umarmungen losgeworden war. Mit einer liebenswerten, humorigen Rede dankte Harald mir für das schöne Fest.

Hahn im Korb: Harald Juhnke mit *(v. l. n. r.):* Uschi Glas, seiner Frau Susanne, Barbara Schöne und Grit Boettcher

Ich war sehr zufrieden mit meiner gelungenen Inszenierung, und beide waren wir überglücklich, als mein Bruder uns in seinem offenen BMW um drei Uhr nach Hause fuhr. Uschis fünfzig Luftballons ließ Harald hinter sich herschweben.

Zwei Wochen später fand in München vor fast ausverkauftem Haus die umjubelte Premiere von *Spiel mit dem Feuer* statt. Die Presse hörte mal wieder das Gras wachsen und spekulierte über eine Affäre von Harald mit Uschi Glas. Und er, der »Frauenheld«, der es liebte, von seinen Partnerinnen angehimmelt zu werden, fand das nicht unangenehm.

Ich hatte meine eigene Meinung über Haralds sogenannte Verhältnisse. Harald war, mit Verlaub gesagt, ein »Maulheld«, und ich wusste genau, wie es um ihn stand. Eine Frau, die liebt, spürt, wenn aus einem Flirt mehr wird. In all den Jahren, in denen Harald immer wieder mit anderen Frauen ins Gerede gebracht wurde, habe ich unsere Ehe nie ernsthaft in Gefahr gesehen. Geflirtet haben wir beide gern. Es geht nichts über einen harmlosen schönen Flirt. Eifersucht kannte ich nicht.

Als Harald aber eines Tages nach einer Vorstellung von *Spiel mit dem Feuer* um Mitternacht nicht nach Hause kam, wusste ich, dass der Alkohol wieder von ihm Besitz ergriffen hatte. Mitten in der Nacht packte ich in Windeseile, weckte Oliver und fuhr mit ihm durch die Nacht zurück nach Berlin. Sollte Harald seinen Rausch doch alleine austoben.

Ich kannte meinen Mann gut, es war die richtige Entscheidung: Drei Vorstellungen mussten abgesagt werden, weil er unauffindbar war.

Vor Olivers Einschulung konnten wir noch einen herrlichen Sommer zu dritt an der Côte d'Azur erleben. Sechs Wochen lang sollten Haralds Dreharbeiten von *Der Mann, der zuviel liebte* mit Jutta Speidel dauern. Wir wohnten in Valbonne, und tagsüber, während Harald drehte, vergnügten Oliver und ich uns am Pool. Unser Sohn schien mit Schwimmhäuten zwischen Fingern und Zehen geboren worden zu sein, er lernte tauchen und war aus dem Wasser gar nicht mehr herauszukriegen.

Am Wochenende, wenn Harald drehfrei hatte, machten wir Ausflüge nach Cannes oder Nizza, fuhren Motorboot, gingen zum Dinner ins elegante Eden Roc in Antibes, ins Negresco nach Nizza oder in eines der anderen exzellenten Restaurants der Region.

Harald konnte ausgiebig seiner Passion für Austern frönen. Das war eine Leidenschaft, die ich nicht mit ihm teilte. Fast täglich schlemmte er ein Dutzend *Fines de Claire,* so dass ich schon befürchtete, er würde eines Tages einen Eiweißschock erleiden. Oft gingen wir auch mit Kollegen in kleine einheimische Restaurants. Wir ließen es uns einfach gutgehen, und so wurde der Sommer 1979 zu einem unserer schönsten Familien-»Arbeitsurlaube«.

Ende August waren wir zurück in Berlin. Anlässlich der Internationalen Funkausstellung war Haralds dritte *Musik ist Trumpf*-Show wieder ein Heimspiel und ein weiterer großer Erfolg. Anschließend gingen Harald und Barbara Schöne mit *Spiel mit dem Feuer* auf Tournee.

In all den Wochen, die Harald und ich Tag und Nacht zusammengewesen waren, hatte er nicht ein Glas Alkohol getrunken. Jetzt, bei der ersten Gelegenheit, als ich nicht bei ihm sein konnte, war es wieder soweit: Er ließ in Opladen ein Gastspiel vor ausverkauftem Haus platzen. Am nächsten Abend trank er in Leverkusen weiter, und in Hannover hatte sich die Situation zugespitzt.

Es war eine Katastrophe! Zehn Tage vor dem Beginn der Proben für die nächste *Musik ist Trumpf*-Sendung, die diesmal aus dem österreichischen Graz kommen sollte, war Harald rückfällig geworden. Das Unvermeidliche folgte am nächsten Morgen. Harald hatte einige »Interviews« gegeben, und die Zeitungen überschlugen sich quasi: »Juhnke: Ich kann nicht mehr«, hieß eine Schlagzeile, und eine andere: »Juhnke – noch ein Glas und ich bringe mich um.«

Mir blieb nichts anderes übrig, als wieder Dr. Edelmann um Hilfe zu bitten. Zwar hatte mir Peter Gerlach, der stellvertretende ZDF-Programmdirektor, der mit mir einige besorgte Telefonate führte, zugesichert, dass der Sender auch in dieser neuerlichen Krisensituation zu seinem Showmaster hielt. Bedingung war aber, dass Harald nach der Grazer Sendung unverzüglich eine ernsthafte Entziehungskur machte. Auch Wolfgang Rademann, der Produzent von *Ein verrücktes Paar* rief mich an und versicherte mir: »Wir lassen Harald nicht im Stich.«

War das alles doch zuviel für Harald? War sein Dauererfolg für ihn zum Dauerstress geworden? Ich machte mir große Sorgen um meinen Mann, gleichzeitig aber mussten wir akut ein dringendes Problem lösen: Wenn er seine Show nicht verlieren wollte, musste Harald so schnell wie möglich wieder fit werden. Dr. Edelmann gelang das Wunder: Nach nur einer Woche und gerade rechtzeitig zum Probenbeginn in Graz war Harald wieder da.

Am Morgen holte Wolfgang Rademann Harald aus dem Urban-Krankenhaus ab und verbrachte mit uns einen ruhigen Tag zu Hause. Die Koffer waren gepackt, und Rademann ließ es sich nicht nehmen, uns am Nachmittag zum Flughafen Tegel zu begleiten. Über Frankfurt ging es nach Graz, wo wir gegen achtzehn Uhr landeten.

Am Flughafen wurden wir mit Pomp und Paukenschlag empfangen. Eine fünfzig Mann starke Steirer Trachtenkapelle und wohl ebenso viele Fotografen hatten sich vor der Gangway postiert. Die Musiker spielten »Jetzt geht's los«, einen Marsch von Franz Lehár. Der Empfang glich dem eines Staatsoberhaupts und seiner Frau. Harald wurde ein Steirer Hut überreicht, dann drückte man ihm den Tambourstab in die Hand, und er durfte die Kapelle selbst dirigieren. Von einem Mädchen in Steirer Tracht erhielt ich einen wunderschönen Blumenstrauß.

Dieser grandiose Empfang war ein gutes Omen für das Gelingen der Show. Die Proben sollten in diesem Sinne weitergehen. Das ZDF hatte uns in der Präsidentensuite des Grandhotels Steirer Hof untergebracht. Das Personal lag uns zu Füßen. Wir amüsierten uns köstlich, als der Empfangschef sich mit einer ehrfürchtigen rückwärtigen Verbeugung zurückzog.

Das Hotel war permanent von Autogrammjägern belagert, und wenn wir in der weißen Limousine durch die Stadt chauffiert wurden, die Harald während der Produktion zur Verfügung stand, winkten die Menschen ihm zu. Für einen Fototermin gingen wir auf den Markt, wo ihm die Marktfrauen frisches Obst überreichten und ihm mit herzlichen Worten gute Gesundheit wünschten.

Die *Musik ist Trumpf*-Show in der großen Eissporthalle Liebenau wurde zu einem phänomenalen Erfolg: sechsundzwanzig Millionen Zuschauer! Und Harald hielt sein Versprechen. In der Woche nach der Sendung setzte er seine Behandlung im Urban-Krankenhaus fort.

Harald, das Stehaufmännchen. Am 15. Dezember moderierte er wieder *Musik ist Trumpf.* Ein ereignisreiches, aufreibendes Jahr 1979 ging mit einem wohlverdienten Urlaub in Kitzbühel zu Ende.

1980 und 1981 arbeitete Harald wie ein Berserker. *Musik ist Trumpf* blieb die erfolgreichste Show im deutschen Fernsehen, er brillierte im Theater am Kurfürstendamm neben Gaby Gasser in Neil Simons Zweipersonenstück *Sie spielen unser Lied* und war begehrter Gast in vielen Fernsehshows. *Ein verrücktes Paar* hatte sich zum Dauerbrenner entwickelt. Und daneben fand Harald noch die Zeit, um seine erste Autobiographie *Die Kunst, ein Mensch zu sein* zu veröffentlichen.

Trotz aller Erfolge waren die Jahre getrübt von Haralds immer wiederkehrenden »Kreislaufbeschwerden«. Wenigstens gelang es uns, sie weitgehend aus den Schlagzeilen herauszuhalten.

Harald war überzeugt, dass er sein Alkoholproblem im Griff hatte, und sah sich dadurch bestätigt, dass er in der Lage war, seine vielen Verträge zu erfüllen und seine Rollen meist erfolgreich zu absolvieren. Monatelang lebten wir ein ganz normales Familienleben, und ich war nur allzugern bereit, Haralds Abstürze zu verdrängen. Bis es wieder soweit war.

Manchmal kam es vor, dass er schlicht und einfach mit Kollegen einen über den Durst trank, um den Stress hinunterzuspülen. Am nächsten Morgen wachte er auf und ärgerte sich wie jeder andere auch, der einen zuviel getrunken hatte. Abends stand er dann wieder auf der Bühne. Das war eher die harmlose Form. Wenn er länger als einen Tag trank, war das wesentlich bedrohlicher. Und wenn er sich mehrere Tage hintereinander dem Alkohol hingab, war es eine Katastrophe.

Anders als bei »einfachen« Alkoholikern bestand bei ihm bei jedem Schluck die Gefahr, dass er sich in eine gefährliche Situation hineinlavierte, aus der er alleine und ohne ärztliche Hilfe nicht mehr herausfand. Dann hatte die Sucht gesiegt. Das waren die Situationen, bei denen ich instinktiv wusste, dass es wieder soweit war – und zu einem Exzess ausufern würde. Zum Beispiel wenn Harald nach einer Theatervorstellung nicht Punkt elf nach Hause kam.

Ich hasste dieses Warten. Und ich hasste dieses entwürdigende Hoffen, das sich am Ende zwangsläufig darauf reduzierte, dass er nur ja nach Hause kam, ganz egal in welchem Zustand. In diesen Nächten konnte ich kein Auge zutun, ehe er nicht das Schlüsselloch gefunden hatte – oder klingelte, wenn er seinen Schlüssel oder das Schlüsselloch nicht fand.

Jede Stunde des Wartens wurde für mich zur Ewigkeit. Ich malte mir in Gedanken die schlimmsten Situationen aus. Ich hätte herumtelefonieren oder mich auf die Suche machen können. Bloß wo und bei wem? Wie gefesselt blieb ich zu Hause, aus lauter Sorge, er könnte in der Zwischenzeit doch auftauchen. Würde er nicht gleich wieder losziehen und weitertrinken, wenn ich dann nicht da wäre?

Also wartete ich, hellwach und nervös, bis das Zirkuspferd seinen Stall fand, und sei es bis morgens um fünf. Irgendwann tauchte er auf, und meine Zitterpartie hatte ein Ende.

Oft hatte er dann noch einen tierischen Hunger, und ich musste ihm ein Brot schmieren oder eine Suppe heiß machen. Erst wenn sich die Tür zum Schlafzimmer schloss, konnte ich mich wieder entspannen.

Manchmal machte er sich auch selbst am Kühlschrank zu schaffen, zum Beispiel um eine Büchse Ölsardinen zu öffnen. Das Malheur sah ich dann am nächsten Morgen.

Wenn es so glimpflich vonstatten ging, dann hatte er nur Wein oder Champagner getrunken. Das nannte ich den Champagnerrausch. Dann hielt sich seine Aggressivität in Grenzen. In einem solchen Zustand konnte er sogar bis zu einem gewissen Grad charmant sein.

Wenn er aber Hochprozentiges konsumierte, war er vollkommen unberechenbar. Wie ich mir berichten lassen musste, trank er Wodka aus dem Wasserglas, ein Glas nach dem anderen, manchmal in kürzester Zeit eine ganze Flasche, um sich in einen Zustand zu trinken, der ihn von jeglicher Zurechnungsfähigkeit befreite. Im Wodkarausch war Harald zutiefst verletzend, dann hatte ein Dämon von ihm Besitz ergriffen. Es konnte vorkommen, dass er mir regelrecht Angst einflößte. Wenn er noch mehr zu trinken verlangte und ich mich weigerte, ihm etwas zu geben, rastete er aus. Den scharfen Ton, mit dem er mich dann anschrie und mir die übelsten Beschimpfungen an den Kopf warf, will ich nicht beschreiben. In solchen Augenblicken erkannte ich meinen Mann nicht wieder.

Ich ließ das grausame Spiel über mich ergehen und hörte zwar, was er sagte, lernte aber mit der Zeit, dass ich es nicht für bare Münze nehmen durfte. Seine Persönlichkeit war gespalten, der Alkohol hatte das Böse und das Zerstörerische in ihm geweckt.

Manchmal hatte ich nicht die Kraft, manchmal nicht den Willen, mich diesen Szenen auszusetzen. Dann schlüpfte ich bei meiner Mutter oder einer Freundin unter, bevor Harald nach Hause kam. Meiner Mutter musste ich nichts erklären. Sie hatte selbst schon erlebt, wie rasend sich Harald aufführte, wenn der Alkohol die Regentschaft übernahm. Es genügte ein Anruf: »Mami, kann ich bei dir schlafen? Ich komme.« Für Oliver und mich war immer ein Bett bei ihr frei.

Erst am nächsten Morgen, wenn er seinen ersten Rausch ausgeschlafen hatte, kehrte ich nach Hause zurück. Oft telefonierte Harald mir schon früh am Morgen hinterher, weil er sich Sorgen um mich machte, wie er sagte.

Eine Gelegenheit zu trinken fand Harald immer. Zum Beispiel, wenn er spielfrei hatte. Dann zog es ihn zu den Kollegen ins Theater. Er gab vor, nur einen Schwatz in deren Garderobe halten zu wollen, aber dieser Vorwand war der Auftakt dafür, dass er sich heute ein Schlückchen gönnen wollte.

Natürlich dachten dann die Kollegen, die ihn nur allzugut kannten: »O Gott, jetzt geht der Harald wieder auf Tour!« Manchmal bekam ich einen Anruf, und ein besorgter Kollege warnte mich vor, dass Harald im Begriff war, weiterzuziehen.

Dann musste ich mich notgedrungen auf eine lange Nacht gefasst machen. Nach ihm zu suchen hätte keinen Sinn gemacht: Einerseits, weil Harald sowieso nicht zu stoppen war, andererseits, weil er nie einen festen Plan oder eine absehbare Route hatte, ich also gar nicht ahnen konnte, wo er sich an diesem bestimmten Abend festtrinken würde. Seine Spur zu verfolgen war im Grunde unmöglich.

Harald suchte immer nur Lokale auf, von denen er wusste, dass man ihn dort nicht am Trinken hindern würde. Dabei war er kein schweigender Trinker, der sich still an die Bar setzte. Er suchte das Gespräch und merkte immer rasch, ob ihm die Leute wohlgesinnt waren. Wenn nicht, zog er schnell weiter. Er bezahlte bar, mit Kreditkarte – oder gar nicht. Es kam häufig vor, dass ich die Rechnung für seine Zechtouren Tage später in unserem Briefkasten fand.

Es kam auch vor, dass Harald das dringende Bedürfnis hatte, sich noch etwas von der Seele zu reden. Dann klingelte er bei Freunden, die auf dem Nachhauseweg wohnten – egal wie spät es war. Sie riefen dann vorsorglich bei mir an und fragten um Rat, wie sie sich verhalten sollten. Der Idealfall war, wenn es den Freunden gelang, Harald nach ein, zwei Bierchen dazu zu bewegen, sich nach Hause bringen zu lassen.

Fatal war, dass ich nie im vorhinein wusste, ob ich meinen Mann im Champagner- oder im Wodkarausch zu erwarten hatte. Seinen Zustand und seine Reaktionen konnte ich erst dann einschätzen, wenn er leibhaftig vor mir stand. Meine Nerven lagen blank. Will er noch etwas essen oder will er gleich ins Bett? Will er mit mir reden? Will er weitertrinken?

Unterschwellig hatte Harald mir gegenüber immer ein schlechtes Gewissen. Manchmal kehrte er gleich den Reumütigen heraus, verlangte nur noch ein Wasser und ging sofort schlafen. Dann fiel mir ein Stein vom Herzen. Allerdings lauerte ich wie ein Wachhund, bis ich am Ton seines Schnarchens erkannte, dass er durchschlafen würde. Erst dann wagte ich, ins Bett zu gehen, die Antennen im Halbschlaf weiter ausgefahren.

Bei der harten Tour, der Wodkatour, war die Nacht ein einziger Horrortrip. Nur äußerst widerwillig erinnere ich mich an Zustände dieser Art.

Wenn in der Stille der Nacht die Tür eines Taxis zuschlug, wusste ich, dass es gleich losgehen würde. Die Angst vor dem, was mir bevorstand, ließ meinen Pulsschlag hochschnellen. Dann hörte ich, wie die Haustür einem Donnerschlag gleich ins Schloss fiel. Ich zitterte wie Espenlaub. Ich hatte mich in mein Zimmer zurückgezogen und dachte: »Nur nicht bewegen, abwarten. Vielleicht ruft er nicht nach mir, vielleicht geht er sofort ins Bett.«

Harald wollte jetzt mit seinem Freund Sinatra weitermachen. Er hörte *The Voice* – in Diskolautstärke. *New York, New York* und *Bad, bad Leroy Brown* dröhnte es durch sämtliche Wände. Dass Oliver oder Nachbarn von der lauten Musik wach werden könnten, kam ihm nicht in den Sinn. Zwar schlief Oliver als kleines Kind tief und fest, aber ich machte mir natürlich trotzdem Sorgen: »Hoffentlich wacht das Kind nicht auf!«

Auch in der Küche ging es lautstark zu. Schranktüren knallten, Gläser schepperten, ich hörte Harald fluchen, wenn er den Korkenzieher nicht fand, um eine Flasche Wein zu öffnen. Vorsorglich hatte ich nie harte Getränke im Haus, nur wenn wir Gäste erwarteten. Harald sollte gar nicht erst in Versuchung geführt werden.

Irgendwann in seinem Rausch besann er sich, dass ich zu Hause sein musste. Dann schrie er laut: »Susanne!« Spätestens jetzt wusste ich, dass ich mich ihm stellen musste. Mir blieb nichts anderes übrig, als voller Widerwillen aus dem Bett zu springen, meinen Bademantel überzuziehen und zu ihm zu gehen. Ich sah ihn mit wachen Augen an, blieb aber zunächst stumm. Das betrachtete er schon als Affront.

»Setz dich«, sagte er. »Willst du was trinken?«

Ich antwortete: »Ja.« Ein »Nein« hätte seine Aggressionen nur noch verstärkt. Dann schenkte ich mir ein Glas Wein ein und setzte mich ihm gegenüber aufs Sofa.

»Wenn du mit mir reden willst, muss dein Freund leiser singen«, sagte ich und drehte Sinatra auf halbe Lautstärke.

»Weißt du überhaupt, wer ich bin?« schrie Harald mich an.

»Ja, du bist mein Mann.« Ich sah in seine Augen. Es waren die Augen eines Dämons.

»Dein Mann? Ich bin Deutschlands größter Schauspieler, weißt du das überhaupt? Ich soll den König Lear spielen. Begreifst du, was das heißt? Ich bin Deutschlands größter Schauspieler!«

»Ich weiß, dass ich mit Deutschlands größtem Schauspieler verheiratet bin. Und dein Sohn weiß das auch.«

»Weißt du eigentlich, was in meinem Kopf vorgeht und welche Ängste der Juhnke hat? Das ist dir doch alles scheißegal! Mich versteht überhaupt niemand. Baxi vielleicht, die versteht mich. Vielleicht sollte ich überhaupt nicht mehr Theater spielen.«

»Du kannst doch gar nicht aufhören«, sagte ich. »Das ist doch dein Leben.«

»Dann bring ich mich eben um.« Er goss sein Glas wieder randvoll.

»Ich denke, du willst noch den Lear spielen.«

»Ja. Und danach hör ich auf!«

»Niemand zwingt dich dazu, zu spielen.«

Dann kam der Moment, wo er sentimental wurde und heulte wie ein Schlosshund.

Mitleid konnte ich in diesem Moment nicht für ihn empfinden. Ich konnte nur noch beten, dass er endlich müde würde.

Ganz plötzlich und ohne Übergang stellte er fest: »Ich muss noch mal weg.«

Ich dachte: »Nur das nicht.« Ich musste alles daransetzen, dass Harald zu Hause blieb. Laut sagte ich: »Wo willst du denn hingehen? Die Kneipen haben doch schon geschlossen.«

»Juhnke findet immer noch eine, die offen hat.«

»Wir können doch auch hier noch was trinken.« So weit musste ich mich erniedrigen, ich musste ihm etwas zu trinken anbieten. Mir blieb nichts anderes übrig.

»Nein, will ich nicht«, sagte er und stand auf.

Wenn ich hörte, dass er zur Toilette ging, wusste ich, für heute war er gerettet. Wenn er dann zurückkam, sah ich, dass er seine Augen nur noch mit Mühe offenhalten konnte und die Kraft nicht mehr besaß, noch einmal loszuziehen.

Da stand mein Mann vor mir, ein bedauernswertes Wesen, sein Haar strähnig, sein Blick glasig, selbst die Beine wollten ihm nicht mehr gehorchen. Bereitwillig ließ er sich von mir ins Bett geleiten.

Ein Wodkarausch bedeutete, dass er den Rausch in vierundzwanzig Stunden im Bett auskurieren musste. Manchmal mussten wir aber auch einen Arzt hinzuziehen, und im schlimmsten Fall war ein Klinikaufenthalt notwendig.

Wenn Harald dagegen einen seiner Champagnerräusche ausgeschlafen hatte und am nächsten Morgen zum Frühstück kam, hatte er nicht mal einen Kater. Wie oft habe ich ihm den an den Hals gewünscht! Er lallte auch nicht im Rausch, selbst diese Rolle schien er noch im Griff zu haben.

Im Sommer 1981 waren Harald und ich im Teufelskreis des Alkohols regelrecht gefangen. Ich wusste nicht mehr weiter und reiste mit Oliver, der ja noch nicht mal neun Jahre alt war, allein in die Sommerferien nach Sylt.

Harald spielte in München in Bert Brechts *Happy End* im Residenztheater und ließ prompt eine Vorstellung platzen. In einer Joachim-Fuchsberger-Talkshow mit André Heller sorgte er für einen heiklen Eklat. Zu zwei Gastauftritten in Fernsehsendungen war er erst gar nicht erschienen. Die Boulevard- und Regenbogenpresse von *Bild* bis *Neue Post* nahm es dankbar auf und führte dankbar eine Juhnke-Schlacht im Sommerloch. Die Schlagzeilen triefen vor scheinheiliger Sorge: »Immer neue Skandale. Ist Harald Juhnke am Ende?« – »Harald Juhnke: Es steht nicht gut um seine Ehe.« – »Trennung: Juhnkes Ehe zerstört.« – »Scheidung: Juhnke sperrt seiner Frau das Konto.« – »ZDF: Juhnke ist krank. Wir brechen nicht den Stab über ihn.« Und immer wieder: »Stationen eines Zusammenbruchs« – »Mensch, Harald« – »Die Wahrheit über Juhnke.« Dann schließlich: »Juhnke wieder in ehelicher Obhut.«

Sogar das Feuilleton fing an, sich mit dem Phänomen Harald Juhnke zu beschäftigen. Ende August 1981, auf dem Höhepunkt des Juhnke-Sommertheaters, machte sich der Satiriker Dieter Höss über die Sucht der Deutschen nach Harald Juhnke lustig:

> »Die Königliche Hochzeit? Schon
> zerkaut, verdaut, vergessen.
> Nur ein Problem quält die Nation:
> Trinkt Harald, statt zu essen? ...
> Die Kriegsgefahr im Orient?
> Kein Grund für schweren Schlummer.
> Nur eins uns auf den Nägeln brennt:
> Hat Harald Liebeskummer? ...
> Der atomare Overkill?
> Kein Grund für Kummerfalten!
> Doch alles bangt und betet still:
> Bleib, Harald, uns erhalten!«

Schließlich zitierte das ZDF Harald zu einer Aussprache nach Mainz. Er fuhr hin, und ich dachte: »Das wird ihn auf den Boden der Realität zurückbringen.« Doch er sagte nur trotzig: »Auch von denen lass ich mich nicht kontrollieren« und trank weiter.

Tagelang beriet ich mich mit Peter Gerlach, der Harald sozusagen als Entertainer entdeckte hatte, und mit Wolfgang Penk, Gerlachs Nachfolger als Unterhaltungschef beim ZDF, was wir überhaupt noch tun könnten. Aber welche Lösungen wir auch immer in Erwägung zogen, es kam, wie es kommen musste. Die Tragödie nahm ihren Lauf. Auch wenn ich es nicht wahrhaben wollte: Teufel Alkohol hatte ihn in seinen Klauen und forderte seinen Tribut.

Zweieinhalb Jahre nach seiner ersten triumphalen Live-Sendung von *Musik ist Trumpf* war Harald im Oktober 1981 nicht in der Lage, zu moderieren. Er ließ die Sendung in Böblingen Knall auf Fall platzen! Er war zusammengebrochen und musste ärztlich versorgt werden.

Harald Juhnke hatte eine Live-Sendung platzen lassen! Das war einmalig in der Geschichte des deutschen Fernsehens. Als Wolfgang Penk anrief und mir von Haralds Zusammenbruch berichtete, war meine erste Reaktion: »Das überleb ich nicht!«

Ich war wie gelähmt, und ich war nicht die einzige, die unter Schock stand. Das ganze *Musik ist Trumpf*-Team war ratlos.

Hätte ich den Absturz verhindern können, wenn ich mit nach Böblingen gereist wäre? Wahrscheinlich nicht. Bis heute weiß ich nicht, wie es Harald damals gelungen ist, sich heimlich mit Wodka so zuzuschütten, dass er nicht mehr zurechnungsfähig war. Das ZDF hatte so unauffällig wie möglich stets dafür gesorgt, dass Harald während der Produktion nicht mit Alkohol konfrontiert wurde. Selbst die Minibar im Hotelzimmer wurde leergeräumt und nur mit Fruchtsäften, Coca-Cola und Wasser bestückt. Das ganze Team war darauf bedacht, dass Harald nur ja keinen Schluck trank. Und trotzdem war das Kind in den Brunnen gefallen. Ich war außer mir und konnte meinen Zorn kaum im Zaum halten. Mein Mann ruinierte nicht nur seine Karriere. Er ruinierte seine ganze Existenz. Ganz zu schweigen von seiner Familie.

Als Dr. Djawad Moschiry, unser Freund und Arzt, Harald zusammen mit meinem Bruder und meiner Schwägerin am Flughafen Tegel abholte, war er schon wieder einigermaßen ansprechbar. Zu Hause war er am Boden zerstört und beteuerte, dass er alles daransetzen wollte, den Schaden wiedergutzumachen. Leere Worte eines kranken Mannes, der nicht nur seine Karriere aufs Spiel setzte, sondern in selbstzerstörerischer Manie mit seiner Gesundheit, seinem Glück, seinem ganzen Leben spielte.

»Ich schaff das, Mulle«, versprach er mit beschwörender Stimme. Ich konnte ihm keinen Glauben schenken. Harald Juhnke in seiner schlechtesten Rolle! Um ihn aber nicht weiter zu gefährden, verzichtete ich auch diesmal auf jegliche Szenen, Vorwürfe, gar Moralpredigten.

Beim ZDF jagte eine Krisensitzung die andere. Schließlich moderierte Barbara Schöne *Musik ist Trumpf* ohne Harald. Die Sendung wurde als Aufzeichnung an einem Sonntagnachmittag ausgestrahlt. Wenige Tage später kündigte das ZDF seinem zugkräftigsten Pferd im Stall die Show fristlos.

Die Medien stampften Harald – mit Fug und Recht – in Grund und Boden. Und ich dachte: »Lieber Gott, halt die Welt an, ich will aussteigen.« Wie sollte es nur weitergehen?

Zum ersten Mal hatte ich das Gefühl, der psychischen Belastung nicht gewachsen zu sein. Der entsetzliche Gedanke keimte in mir auf: »Du musst dich trennen, du musst deinen Sohn und dich retten.« Aber schon der nächste Gedanke galt nur Harald: »Und wer hilft ihm? Wer, wenn nicht ich, seine Frau?«

Ich beriet mich mit den wenigen Vertrauten, mit denen ich offen über das Problem sprechen konnte, und jeder gab mir denselben Rat: Harald müsse sich freiwillig einer ernsthaften Therapie unterziehen.

Zuerst aber brauchten wir eine Auszeit, um zur Besinnung zu kommen. Das beste wäre, aus der Schusslinie zu verschwinden und Berlin den Rücken zu kehren.

Es wurde eine Flucht ins Paradies. Unsere guten Hamburger Freunde Renate und Hubertus stellten uns ihr Anwesen auf den Bahamas als »Exil« zur Verfügung. »Ihr könnt so lange bleiben, wie ihr wollt«, sagte Hubertus, und wir waren ihm sehr dankbar dafür.

Obwohl Harald doch überhaupt kein Urlaubsmensch war, war er geradezu erleichtert, als wir zu dritt endlich in Frankfurt das Flugzeug nach Nassau/Bahamas bestiegen. Unsere Vorfreude auf ein paar erholsame Wochen wurde allerdings schon auf dem Weg zu unseren Sitzplätzen empfindlich getrübt. In der Maschine saß nämlich Rainer Schnell, seines Zeichens Sensationsreporter, und sein Fotograf.

Als wir ihn entdeckten, war ich schier außer mir: Wer hatte ihn informiert? Harald und ich überlegten hin und her, aber wir konnten uns auf keine Vermutung einigen. Schlussendlich war das auch nicht relevant. Wir hatten bis zur Landung in Nassau Zeit, uns zu überlegen, wie wir uns die beiden vom Hals schaffen konnten.

Jetzt machte sich bezahlt, dass ich unsere Reise so akribisch vorbereitet hatte. Für den Weiterflug hatten wir eine kleine Privatmaschine gebucht, die uns von Nassau aus auf unsere kleine Urlaubsinsel bringen sollte. Es gelang uns tatsächlich, die beiden abzuhängen. Glücklich landeten wir auf »unserer« Insel und bezogen das wunderschöne Haus unserer Freunde.

Wir sollten uns allerdings zu früh gefreut haben. Nach drei Tagen hatten die Schnüffler uns aufgespürt. Ich kam gerade aus der Dusche und schaute aus dem Badezimmerfenster nach draußen, da sah ich den Fotografen hinter einer Hecke lauern.

Harald und ich hielten Kriegsrat und schlossen einen Kompromiss: Schnell und sein Kompagnon durften ein paar harmlose Fotos von Harald, Oliver und mir am Strand machen, aber nur gegen das Versprechen, uns danach in Frieden zu lassen. Schnell willigte ein, schließlich hatte er damit seine Exklusivgeschichte im Kasten. Er bedankte sich überschwenglich, indem er mit der kleinen Propellermaschine, die ihn auf die Insel gebracht hatte, im Tiefflug über unsere Terrasse brauste, dass die Kaffeetassen vibrierten.

Abgesehen von diesem unerfreulichen Zwischenfall verbrachten wir auf den Bahamas einen unserer glücklichsten und harmonischsten Familienurlaube und genossen das Paradies auf Erden. Harald steckte der Schock von *Musik ist Trumpf* tief in den Knochen. Er nahm wie selbstverständlich seine Pillen und rührte höchst freiwillig nicht einen einzigen Tropfen Alkohol an. Und ich tat mein Bestes, um ihn wieder aufzubauen. Zu Hause würden uns schwierige Zeiten erwarten.

So vorsichtig und einfühlsam wie möglich fing ich an, mit Harald über die Notwendigkeit einer längerfristigen Psychotherapie zu sprechen. Ich kann nicht sagen, dass er auf diesem Ohr taub war, aber zu einer ernsthaften Einsicht schien er auch nicht zu kommen. Nach ein paar Tagen beschloss ich, die gemeinsame schöne Zeit einfach nur zu genießen und unsere Sorgen und Probleme beiseite

Auf den Bahamas (1981)

zu schieben. Harald war wie ausgewechselt, und das trügerische Prinzip Hoffnung schlich sich wieder in mein Herz.

Den schneeweißen feinen Sandstrand direkt vor dem Haus, tummelten sich Harald und Oliver im warmen Meer. Harald schwamm mit Oliver auf seinem Rücken, ein Bild für die Götter. Mein Herz war versöhnt, wenn ich meine beiden Männer sah.

Nur selten fuhren wir mit den Elektrocarts ins nächste Örtchen, so schön hatten wir es hier. Wir lasen viel, und abends spielten Harald und ich oft Backgammon auf der Terrasse. Ich hätte die Zeit anhalten mögen.

Aber nach zweieinhalb Wochen süßen Nichtstuns fing Harald an, sich zu »mopsen«. Er langweilte sich und meinte, er habe sich nun genug erholt. Harald hatte Entzugserscheinungen: von seiner Arbeit! Die Erinnerungen an den Horror der vergangenen Wochen hatten wir im Meer versenkt.

Wir verbrachten noch ein paar Tage gemeinsam mit unseren Freunden Hubertus und Renate, die inzwischen ebenfalls eingetroffen waren, und dann ging es zurück in die Realität.

Die Zeichen standen gar nicht so schlecht. Hinter den Kulissen führte ich Gespräche mit Peter Gerlach, der mir versicherte, dass das ZDF Harald nach dem Eklat in Böblingen doch nicht fallenlassen würde. Auch wenn es keine Live-Sendungen wie *Musik ist Trumpf* mehr geben sollte, wollten sie ihn als Schauspieler gern weiter beschäftigen.

Zu allem Unglück starb im Sommer 1982 Haralds Vater, unser geliebter Opa Juhnke. Nachbarn hatten ihn zusammengebrochen im Treppenhaus gefunden und den Notarzt gerufen. Weil Harald drehte, konnte ich ihn nicht erreichen und fuhr allein ins Krankenhaus. Als ich dort ankam, versuchten die Ärzte gerade, meinen Schwiegervater mit Elektroschocks zu reanimieren. Es gelang ihnen tatsächlich. Für kurze Zeit erreichte Opa das Bewusstsein wieder, und ich konnte leise mit ihm sprechen. Aber dann fiel er ins Koma, aus dem er nicht mehr erwachte. Eine Woche später ist er friedlich eingeschlafen.

Nie wieder habe ich Harald so traurig erlebt und so bitterlich weinen sehen. Er hatte seinen Vater sehr geliebt, und sein Tod hat ihn bis ins Mark getroffen.

1982 erschien Haralds zweites Buch *Alkohol ist keine Lösung*. Die Idee dazu hatte Rolf S. Schulz, der Gründer des R. S. Schulz Verlags, der sich eigentlich mit Fachliteratur einen Namen gemacht hat. Bei einem Abendessen besiegelten Konsul Schulz und Harald zusammen den Buchvertrag auf einer Serviette. Zum Erscheinen gab es einen großen Presserummel, aber ich kann nicht sagen, dass Harald sich jemals ernsthaft mit dem Thema beschäftigt hätte.

Nachdem Harald zu Dreharbeiten nicht angetreten war und weitere Gastauftritte in ZDF-Sendungen hatte platzen lassen, kam es im Herbst 1982 zum endgültigen Bruch mit dem ZDF. Harald hatte einen erklärenden Brief an seinen Freund Peter Gerlach geschrieben. Ich erinnere mich noch genau, wie Harald reagierte, als Peter Gerlachs Antwort uns erreichte. Harald öffnete den Brief und zog sich mit ernster Miene in sein Arbeitszimmer zurück.

Peter Gerlach schrieb:

»Mein lieber Harald,
auch mir tun, wie Du Dir sicher vorstellen kannst, die Ereignisse der letzten Tage sehr leid.
Zwischen uns ist zum Thema Deiner Alkoholkrankheit alles gesagt. Meine Ratschläge, meine Bitten, ja man kann sagen, mein Flehen, dass Du Dich einer wirklichen, einer seriösen und konsequenten ärztlichen Behandlung unterziehen sollst, hast Du stets abgewehrt und dabei gar nicht gemerkt, dass Du immer weiter hineingeraten bist in den schrecklichen Strudel dieser schrecklichen Krankheit. Du hast Dich und andere immer wieder über das tatsächliche Ausmaß Deiner physischen und psychischen Not hinweggetäuscht, und ich gebe heute zu, immer wieder schwach geworden zu sein, weil ich Hoffen mit Glauben und Glauben mit Wissen verwechselt habe.

Jetzt ist ein Punkt erreicht, wo für mich weiterzumachen wie bisher nicht infrage kommen kann, weil ich davon überzeugt bin, dass ich Dir damit unendlich viel schaden würde. Du bist ein großartiger Künstler, dem nicht nur brillantes Können gegeben ist, sondern auch jene seltene Ausstrahlung, die nur ungenau erklärt ist, wenn man von Charme, von Liebenswürdigkeit, von Kraft und Dynamik spricht. Du hast Charisma. Eine solche Gabe ist aber auch eine Verpflichtung, und Du hast Dich infolge Deiner Krankheit dieser Verpflichtung zunehmend entzogen.
Ich habe Dir immer wieder gesagt, dass Deine Prominenz und erst recht die Popularität, die Du genießt, einen hohen Preis verlangen. Diesen Preis zu zahlen bist Du ganz offensichtlich nicht bereit, denn sonst würdest Du spätestens jetzt, nachdem mit Donnergetöse Dein Buch zum Thema Alkohol erschienen ist, weniger mit Selbstmitleid als mit der Feststellung in der Öffentlichkeit präsent sein, dass Du Dich für mehrere Monate in ärztliche Behandlung begeben wirst. Andere Menschen, die ein ähnliches Schicksal haben wie Du, sind vor Dir diesen Weg gegangen, der zugegebenermaßen ein schwerer Weg ist, aber ein unvermeidlicher, wenn man nicht vor die Hunde gehen will und – bevor das geschieht – nicht auch noch einen letzten Rest von Glaubwürdigkeit einbüßen mag.
Du schreibst mir nun, dass Du Tabletten nehmen willst und dass Du das seinerzeit auch bei Rademann bei den Dreharbeiten zu Ein verrücktes Paar *gemacht hast und dass das gutgegangen ist. Lieber Harald, merkst Du nicht, wie fragwürdig die Argumente sind, die Du aufbietest?*
Niemand, auf den es ankommt, hat je behauptet, dass Du böswillig bist, was auch eine Lüge wäre, denn das bist Du nicht. Du bist schwach, und Du brauchst Hilfe. Dass Du diese Hilfe zurückweist und Deine Schwäche für etwas hältst, was man verstecken kann, verschärft die Problematik. Du schreibst, dass Dein Wille ungebrochen ist. Bitte überrasche uns damit, dass Du die Willenskraft aufbringst, Dich einer ordentlichen und gewiss auch langwierigen ärztlichen Behandlung zu unterziehen.
Ich habe Dir dies alles geschrieben, nicht um Deine Frage zu beantworten, wie sich das ZDF Dir gegenüber zukünftig verhalten wird. Diese Frage können nur der Intendant und der Programmdirektor beantworten, nachdem sie sich mit den Kollegen in den Redaktionen besprochen haben. Ich

schreibe Dir dies alles als Dein Freund, der es in der Vergangenheit gut mit Dir gemeint hat und der daran auch in Zukunft nichts ändern will. Und weil das so ist, kann ich Dir nur den Rat geben, den ich Dir gegeben habe: Steige aus aus diesem Teufelskreis, begib Dich in eine Klinik, versuche gesund zu werden, und wenn diese für Dich sicher schwere Zeit vorüber ist, bin ich der erste, der Dich bei der Hand nimmt, und wenn Du magst, mit Dir von vorn anfängt. So wie bisher kann es keinesfalls weitergehen, davon bin ich überzeugt, und ich werbe bei Dir dafür, dass Du Einsicht gewinnst.

Niemand vermag Dir zu helfen, wenn Du nicht bereit bist, Dir helfen zu lassen. Aus welchen Gründen auch immer hast Du es bisher an dieser Bereitschaft fehlen lassen – ändere dies und hilf Dir damit selbst.

In Verbundenheit mit vielen guten Wünschen und sehr herzlichen Grüßen von

Deinem Peter Gerlach«

Harald wirkte sehr nachdenklich, als er mir den Brief später am Tag zu lesen gab. Ich studierte ihn Satz für Satz. Peter Gerlach sprach mir mit jedem seiner Worte aus der Seele, und ich hätte es bis heute nicht besser ausdrücken können, wie er Haralds Problem analysierte. Die Warnung war trotzdem nicht deutlich genug, denn es sollte noch ein gutes halbes Jahr vergehen, bevor Harald endlich in eine ernsthafte Therapie einwilligte und sich im März 1983 tatsächlich zur Behandlung in die Psychiatrische Universitätsklinik Basel begab.

Nach einem abermaligen Wodkarausch willigte Harald schließlich ein, sich nach Basel bringen zu lassen. In Begleitung seines damaligen Managers Jerry Toger flog er am 5. März 1983 von Tegel los, nur um in einem Hotel in Basel zwei Tage lang weiterzusaufen. Offenbar musste er sich erst noch einmal Mut antrinken, um die Therapie auch wirklich anzutreten. So kam es dann in Basel zum folgenschwersten aller Abstürze, zu einem Delirium tremens – das erfuhr ich allerdings erst aus den späteren Gesprächen mit Professor Kielholz. Professor Dr. Paul Kielholz, ein international renommierter Psychiater und Pharmakologe, eine Koryphäe auf dem Gebiet der Alkohol- und Medikamentensucht, leitete die Psychiatrische Universitätsklinik Basel.

Ein tobender Harald Juhnke wurde am 7. März endlich mit dem Notarztwagen in die Psychiatrische Klinik eingeliefert. Sie hatten ihn in einer Isolierzelle unterbringen müssen, wo er erst am nächsten Morgen aus dem Delirium erwachte.

Die Symptome von Delirium tremens werden in *Meyers Enzyklopädischem Lexikon* so beschrieben:

»Säuferwahn. Alkoholpsychose ... Dem D. t. können Krankheitszeichen wie ängstliche Erregung und Schreckträume vorhergehen. Der manifeste Zustand setzt meist plötzlich ein mit tagelang anhaltender Bewegungsunruhe bei zeitlicher und räumlicher Desorientierung, Merk- und Aufmerksamkeitsschwäche, gerötetem Gesicht, verwirrtem Stammeln, optischen Halluzinationen mit Bewegungscharakter (›weiße Mäuse‹) und ist lebensbedrohend (Herz- und Kreislaufversagen, Krampfanfälle); es kann in ein Korsakow-Syndrom übergehen und eine organische Demenz hinterlassen.«

Ein Horrorszenario. Harald hatte keine weißen Mäuse gesehen, sondern, wie mir der Professor erzählte, rote und grüne Vögel.

In langen Gesprächen machte mir Professor Kielholz die Ernsthaftigkeit von Haralds Erkrankung klar. Er erläuterte klar und deutlich, was die Langzeitfolgen von weiteren Rückfällen sein könnten. Erstmals fielen Begriffe wie »Korsakow« und »Demenz«.

Aber auch in Basel geschah das Wunder: Harald regenerierte sich innerhalb von wenigen Tagen und bekam gleich wieder Oberwasser. Jedenfalls meinte er, eine Gesprächstherapie verweigern zu können, die Professor Kielholz neben der medikamentösen Behandlung für unabdingbar hielt. Harald konnte aber den Psychoanalytiker partout nicht ausstehen, der sich nicht auf Haralds Charmeattacken einließ, sondern seine Persönlichkeit auch unter der Oberfläche erfassen wollte. Kielholz blieb dabei, dass die Therapie notwendig war, und schließlich gab Harald seinen Widerstand auf.

Einen Gesprächspartner, mit dem er sich auf Anhieb verstand, hatte Harald dagegen im Park der Klinik getroffen: Prinz Claus von Amsberg. Der Mann von Königin Beatrix der Niederlande sprach später bewundernswert offen über die schwere Depression, zu deren Behandlung er sich nach Basel begeben hatte.

Harald blieb drei Wochen in Basel. In Professor Kielholz hatte er nicht nur einen exzellenten Arzt, sondern auch einen Vertrauten gefunden. Die wichtigste Erkenntnis, die wir mit nach Berlin nahmen, war, dass Harald kein Alkoholiker, sondern ein Alkoholkranker war und darüber hinaus manisch-depressiv. Dieses Krankheitsbild konnte man mit Medikamenten steuern und positiv beeinflussen. Alkohol aber war Gift. Die einzige Lösung war absolute Abstinenz.

Derart ernsthafte und eindringliche Gespräche hatte bisher niemand mit uns geführt. Und so habe ich diesen ersten Aufenthalt in der Baseler Psychiatrischen Universitätsklinik für Harald und für uns als Geschenk des Himmels erlebt. Darüber hinaus hatten wir die Einsicht gewonnen, dass es besser war, alle paar Wochen zur Therapie nach Basel zu fliegen, als zum ersten Glas zu greifen.

Zwischen März 1983 und November 1984 konsultierte Harald Professor Kielholz insgesamt fünfmal. Entweder ließ er sich rein prophylaktisch behandeln, weil er spürte, dass der Teufel Alkohol wieder an seine Tür klopfte, oder aber auch, weil er ihm bereits geöffnet hatte. Harald stand mit Kielholz in permanentem telefonischem Kontakt.

Im Sommer 1983, nachdem Harald gerade zum zweiten Mal in Basel gewesen war, standen wir vor der Erfüllung eines langgehegten Wunsches: Wir hatten endlich unser Traumhaus gefunden.

Sporadisch hatten wir schon seit einiger Zeit in den Immobilienanzeigen nach einem Haus im Grunewald gesucht. So schön und komfortabel unsere Wohnung auch war, im Zuge von Haralds steigender Popularität manifestierte sich bei uns das Bedürfnis nach größerer Abgeschiedenheit als in dem Gemeinschaftsgarten unserer Wohnung in der Richard-Strauss-Straße möglich war. Wir wollten aber unbedingt in der Gegend bleiben. Im Grunewald lebten die meisten unserer Freunde und die Spielgefährten von Oliver. Außer einem Garten sollte es auch wieder einen Pool geben, darauf bestanden meine beiden Männer.

Wir hatten es nicht sonderlich eilig, aber hin und wieder machte ich einen Besichtigungstermin aus. Meist stellte sich schon beim ersten Augenschein heraus, dass irgend etwas nicht passte. Mal war es die Lage, mal der Preis, mal der Zuschnitt des Hauses, mal das Grundstück. Dann fiel mir eines Sonntags im August eine Annonce auf. Die Beschreibung des angebotenen Hauses kam mir irgendwie bekannt vor. Ich sagte zu Harald, der mir am Frühstückstisch gegenübersaß: »Das muss das Haus von Martin Liu sein.«

Und tatsächlich, als ich wenige Tage später das Exposé zugeschickt bekam, stellte sich meine Vermutung als zutreffend heraus: Das Haus kannte ich seit meiner Jugend. Wenn das nicht ein Wink des Schicksals war!

Die weiße Villa hatte in den sechziger Jahren Martin Liu, dem Geschäftspartner meines Vaters, gehört. Der hatte das Haus 1958 nach dem Chruschtschow-Ultimatum günstig erworben, als die große Berlin-Flucht einsetzte und nur wenige noch in der Stadt investieren wollten.

Martin Liu lebte hier mit seiner Lebensgefährtin Elisabeth und deren Tochter, die in meinem Alter war. Unzählige Male hatte ich in dem verwunschenen Garten gespielt, oft auch in der Dachmansarde übernachtet. Als Liu in den siebziger Jahren mit dem Auto tödlich verunglückte, wurde das Haus verkauft. In meinem alten Fotoalbum fand ich prompt ein paar Bilder, die mich als junges Mädchen in meinem ersten Bikini am Pool im Garten zeigten.

Bei der ersten Besichtigung fühlte ich mich mit dem Haus auf Anhieb vertraut, und Harald und Oliver gefiel es auch. Der gut eingewachsene Garten mit dem alten Baumbestand, der Pool, das Gartenhaus mit Garage, die Raumaufteilung über drei Etagen, die Lage – einfach alles war ideal. Trotz der Einrichtung, die so überhaupt nicht unserem Geschmack entsprach – ich erinnere mich noch gut an die orange-silber-metallicfarbenen Tapeten im Wintergarten! –, konnte ich mir sofort gut vorstellen, wie ich das Haus nach unserem Geschmack umgestalten würde. Wir mussten nicht lange überlegen. Noch im August, wenige Tage nach dem Besichtigungstermin, gingen wir zum Notar. Harald und ich setzten unsere Unterschrift unter den Kaufvertrag. Jetzt waren wir stolze Hausbesitzer! Und ich hatte eine Aufgabe, auf die ich mich von ganzem Herzen freuen und konzentrieren konnte.

Mit der Unterschrift beim Notar war Haralds Aufgabe erfüllt. Alle Entscheidungen – und die Arbeit – überließ er getrost mir. Zur Baustelle ist er insgesamt vielleicht drei- oder viermal gekommen, was mir, ehrlich gesagt, durchaus recht war.

Wir kündigten die Wohnung in der Richard-Strauss-Straße zum Jahresende. Unsere Freunde, die meist schon ihre Erfahrungen mit dem Hausbau oder einem Hauskauf gemacht hatten, belächelten mich, als ich erzählte, dass ich mir in den Kopf gesetzt hatte, schon Weihnachten 1983 in den eigenen vier Wänden zu feiern. Mir blieben knapp vier Monate für die Planung und die komplette Durchführung der Arbeiten.

Ich stürzte mich mit großer Begeisterung und Energie auf diese wunderschöne, große Aufgabe. Als die Vorbesitzer ausgezogen waren, richtete ich mir in der Küche mein »Baubüro« ein und begann mit der Planung bis ins kleinste Detail, holte Angebote von Firmen und Handwerkern ein, suchte Materialien aus, verglich akribisch Qualität, Leistung und Preis.

Das Haus musste von Grund auf renoviert werden, neue Rohre,

neue elektrische Leitungen, neue Heizungstechnik. Gott sei Dank war die Raumaufteilung so gut durchdacht, dass größere Umbauten nicht vonnöten waren.

Am 1. Oktober hielten die Handwerker Einzug. Und ich ging jeden Morgen nach dem Frühstück in Cowboystiefeln und Jeans rüber in mein »Baubüro«, das für die nächsten zweieinhalb Monate mein Hauptquartier werden sollte. Ich versorgte die Handwerker mit Kaffee und kalten Getränken, sorgte für gute Stimmung und beaufsichtigte jedes Detail.

Mami ging mittags in die Wohnung, damit jemand zu Hause war, wenn Oliver aus der Schule kam. Sie kochte für uns alle, und wenn ich wieder zurück zur Baustelle gegangen war, machte sie mit Oliver Schulaufgaben. Dank meiner Mutter konnte ich mich voll und ganz auf meine Aufgabe konzentrieren.

Während die bauliche Renovierung rasch Fortschritte machte, plante ich mit der Innenarchitektin Etchika Werner die Einrichtung des Hauses. Unsere Mittel waren begrenzt, und so fügte es sich gut, dass wir etliche Möbel, die wir im Lauf der Jahre angeschafft hatten, auch im neuen Haus unterbringen konnten.

Nur Haralds Herrenzimmer richtete ich komplett neu ein: mit einem ultramodernen Fernsehsessel aus silbergrauem Leder, zwei elefantengrauen Eileen-Grey-Sofas, mit einem rechteckigen großen Acryltisch und der weißen Bibliothek, die den Kamin einrahmte. Für Oliver, der gerade elf geworden war, ließen wir die Mansarde ausbauen. Er bekam ein Schlafzimmer, ein Spielzimmer und sein eigenes Bad.

Für den Garten schafften wir ein wetterfestes weißes Gartenzelt an. Es wurde Haralds erklärter Lieblingsplatz.

Zum Endspurt Anfang Dezember zählte ich an einem Tag dreißig Handwerker, die gleichzeitig im Haus zugange waren. Und alle hatten ordentlich Respekt vor mir!

Den Tag unseres Umzugs hatte ich minutiös geplant. Harald drehte gerade bei Ziegler-Film mit Iris Berben und Brigitte Mira die Kinokomödie *Sigi der Straßenfeger*. Morgens nach dem Frühstück verließ er unsere Wohnung in der Richard-Strauss-Straße, und als er abends von den Dreharbeiten zurückkam, brachte ihn der Produktionsfahrer zum ersten Mal in unser neues Domizil.

Bei gemeinsamen Dreharbeiten: Harald Juhnke, Iris Berben, Susanne Juhnke und Siegfried Rauch

Wir schufteten im Akkord, und tatsächlich gelang es mir, den Wohntrakt und Haralds Zimmer bis zum Abend fertig eingerichtet zu haben. Mit sich und der Welt zufrieden, setzte sich Harald in seinen neuen Fernsehsessel und schaute sich die *Heute*-Nachrichten an. Und als ich ihn dann später durch unser neues Haus führte, lobte er mich aus vollstem Herzen. Leider hat Haralds Vater das Haus nicht mehr kennengelernt. Er wäre so stolz auf seinen Sohn gewesen!

Ich war fix und fertig, der Umzug war ein Riesenkraftakt gewesen. Erschöpft und todmüde, aber überglücklich fiel ich ins Bett.

Unser erstes Weihnachtsfest im neuen Haus feierten wir mit der ganzen Familie: Harald, Oliver und ich, mein Bruder Guti, seine Frau Wendy mit ihren beiden kleinen Kindern Nathalie und Anthony und meine Eltern.

Weihnachten bei Juhnkes: Das war ein Fest, für das ich mich stets regelrecht verausgabt habe. Schon Tage vorher stellte ich den Christbaumschmuck zusammen. Jedes Jahr ließ ich mir ein anderes Dekorationsthema einfallen: mal üppig in Rot und Gold, mal winterlich weiß mit vielen Silberkugeln und lauter Spiegelelementen, mal hingen lauter kleine Teddys in unserem Baum. Hinzu kam das liebevolle Verpacken der Geschenke, eine Zeremonie, für die ich Stunden aufwendete.

Wir beschenkten uns reichlich: Bücher, Bildbände, neue CDs, für Oliver Spielzeug, der erste Computer. Harald bekam eine edle Felldecke, einen Montblancstift oder einen neuen Lederkoffer, und von meinen Eltern bekamen wir traditionell Kristallgläser von Baccara geschenkt. Im Lauf der Jahre entstand eine stattliche Sammlung.

Nachdem alle beschert waren, bemerkte Harald irgendwann: »Ach, ich hab ja auch noch eine Kleinigkeit für dich« und zauberte beiläufig ein kleines Päckchen aus seiner Hosentasche, um es mir zu überreichen. Mit verschmitztem Gesicht beobachtete er mich, wie ich »die Kleinigkeit« auspackte. Weil am zweiten Weihnachtstag ja auch mein Geburtstag ist, war es meist ein Geschenk für beide Anlässe und entsprechend gern etwas »Größeres« wie zum Beispiel ein Brillantring, eine Uhr oder ein Armband.

Wir waren glücklich, wenn ihm die Überraschung gelungen war und mir das Geschenk genausogut gefiel wie ihm, als er es mit viel Liebe ausgewählt hatte.

Harald war ausgesprochen großzügig. Am liebsten suchte er mir etwas bei unserem Freund, dem Juwelier David Goldberg, aus. Wenn Harald sich kurz vor Weihnachten verabschiedete: »Du, ich muss noch in die Stadt«, dann wusste ich, dass er mein Geschenk abholen ging und dass er es bis Heiligabend gut verstecken würde.

Weihnachten war ein Fest für kleine und für große Kinder. Einer der schönsten Momente war für mich immer, wenn »die Kinder« mit glühenden Bäckchen und leuchtenden Augen ihre Gaben unter dem Weihnachtsbaum auspacken durften.

Der verwunschene Garten: Jungbrunnen für Susanne Juhnke

Das größte Geschenk in diesem Jahr aber war für Harald, Oliver und mich, das erste Weihnachtsfest in unserem eigenen Haus erleben zu können.

Wir lebten uns schnell in unserem Haus ein und genossen die neue Geborgenheit. Der Zaun zur Straße war hoch, und eine Reihe von Büschen schirmte uns von der Außenwelt ab. Wenn ich durch das Eisentor die Stufen zu unserem Haus hinaufging, hatte ich von Anbeginn ein beruhigendes Gefühl von Sicherheit und Schutz: Dies war unsere feste Burg, und die Öffentlichkeit blieb außen vor.

In den Garten hatte ich mich gleich Hals über Kopf verliebt. Die Beschäftigung mit Pflanzen und Blumen ist Balsam für meine Seele. Hier konnte ich kreativ sein und neue Energie tanken. Wenn mich etwas wirklich beflügelt, dann sind es die Gedanken an meinen schönen Garten.

Bei der Gestaltung ließ ich mich von zauberhaften Gartenbüchern anregen. Zusammen mit dem Gärtner, der mir behilflich war, konnte ich im Lauf der Zeit meine Gartenträume verwirklichen. Sicher habe ich anfangs Fehler gemacht und auch viel Lehrgeld bezahlt.

Leider konnte ich meine Männer nie so richtig für mein Hobby begeistern. Harald und Oliver stöhnten bereits, wenn ich sie einmal bat, mir beim Verschieben unserer Kübelpflanzen zur Hand zu gehen. Und so habe ich unseren Garten mit von Jahr zu Jahr wachsender Begeisterung alleine gehegt und gepflegt. Bis zum heutigen Tag ist er mein Jungbrunnen.

So stolz ich auf unser gemütliches und liebevoll eingerichtetes Haus auch war und obwohl ich im Grunde genommen sehr gastfreundlich bin, war mir nie danach, hier große Gesellschaften zu geben. Ich liebte es eher, Feste im intimen Kreis zu feiern, und unser engster Freundes- und Familienkeis war natürlich immer herzlich willkommen.

Nur ein einziges Mal haben wir groß gefeiert: Im Juli 1984 luden wir rund sechzig Freunde, Bekannte und Kollegen zur Housewarming-Party ein. Mit wenigen Dekorationselementen hatte ich unserem Garten einen Hauch von Provence verliehen: mit würzig duftenden Gestecken aus Rosmarin und Lavendel, tönernen Windlichtern auf weißgedeckten langen Tischen und einer Gruppe von Holzschafen, die in der Nähe des Pools »weideten«. Das Catering übernahm das KaDeWe. Der Küchenchef hatte ein köstliches provenzalisches Buffet angerichtet; es wurde gegrillt und geschlemmt, französische Weine und Champagner flossen in Strömen. Es war ein rundum gelungenes Fest, das bis in die frühen Morgenstunden andauerte. Leider hat es nachträglich noch einen unguten Beigeschmack bekommen.

An diesem feuchtfröhlichen Abend waren auch Bubi und Helga Scholz, mit denen wir seit vielen Jahren befreundet waren, unter den Gästen. Die Fotos, die auf unserer Party gemacht wurden, waren die letzten, die Bubi und Helga gemeinsam zeigten. Denn wenige Tage später, am 22. Juli 1984, kam es in Bubis Westend-Villa zu jenem tragischen Zwischenfall, der Helga das Leben kostete und Bubi für drei Jahre ins Gefängnis bringen sollte.

Damals habe ich mir geschworen: In Zukunft bleibt unser Haus für Fotografen und Presse tabu. Das ging so weit, dass ich Harald bat, seine Interviews nicht mehr zu Hause, sondern außerhalb zu führen, zum Beispiel in einem Hotel. Für ihn machte das keinen großen Unterschied: Er liebte es ohnehin, in den Fauteuils eleganter Hotelhallen hofzuhalten. So entstanden die meisten Interviews, die er in den kommenden Jahren gab, im Bristol Hotel Kempinski, im Intercontinental oder im Schlosshotel Vier Jahreszeiten, zu dem er sogar zu Fuß hinübergehen konnte.

Das Schönste war für Harald und Oliver unser fünf mal zehn Meter großer, auf dreißig Grad Celsius geheizter Swimmingpool. Harald benutzte ihn von Mai bis September fast täglich, manchmal sogar morgens, mittags und abends. Und wenn Olivers Freunde nach der Schule kamen, ging es oft so hoch her wie in einem Freibad. Meine Aufgabe bestand darin, den Pool zu pflegen, ich war sozusagen Bademeisterin ehrenhalber, kannte mich mit pH-Werten und Chlorgehalt bestens aus.

Sobald es warm genug war, verlagerte Harald sein Arbeitszimmer in unser weißes Gartenzelt am Pool. Manchmal verbrachte er ganze Tage in seinem komfortablen Gartenstuhl mit den dicken weißen Polstern. Von hier erledigte er seine Telefonate, hier las er seine Drehbücher, studierte seine Rollen oder ließ einfach die Seele baumeln, indem er die Natur genoss. Er liebte es, die Beine hochgelegt und die Zigarre zwischen den Fingern, mich bei der Gartenarbeit zu beobachten und sich von mir verwöhnen zu lassen.

Unser Leben im neuen Haus pendelte sich aufs angenehmste ein. Doch dann kam es im Oktober 1984 aus heiterem Himmel zu einer neuen Krise. Und diesmal sollte sie ernsthafte Konsequenzen haben.

Nach einer Zechtour war Harald betrunken am Drehort von Carl Sternheims *Die Hose* erschienen. Diesmal hatte das ZDF den Kanal endgültig voll. Programmdirektor Alois Schardt schickte Harald die fristlose Kündigung.

Als Harald den Brief bekam und den Absender las, wusste er, dass das nichts Gutes bedeuten konnte. Er ging hinaus in den Garten. Ich war gerade oben in meinem Zimmer und konnte vom Fenster aus beobachten, wie er den Brief las. Es blieb ihm nichts anderes übrig, als die Kündigung zu akzeptieren. Schweigend drückte er mir den Brief in die Hand. Der Programmdirektor hatte keinen Zweifel gelassen: Für das ZDF war hiermit das Kapitel Harald Juhnke abgeschlossen. Da halfen keine Freundschaften und keine Erfolge mehr und auch nicht, dass Harald sich umgehend – nun schon zum fünften Mal – zu Professor Kielholz in Behandlung begab, diesmal für vierzehn Tage.

Ironie des Schicksals: Während Harald in Basel war, strahlte das ZDF seine Show *Wie wär's heut mit Revue?* aus, Haralds erste Chance nach dem *Musik ist Trumpf*-Desaster vor drei Jahren. Die Show war wohlweislich aufgezeichnet worden – das Risiko einer Live-Sendung war das ZDF nicht mehr eingegangen.

Doch wieder hatten wir Glück im Unglück: Nur wenige Tage später meldete sich die ARD und nahm Harald unter Vertrag. Das erste neue Projekt wurde geplant, die Sketchreihe *Harald und Eddi,* die mit großem Erfolg von 1986 bis 1990 in vier Staffeln gedreht und ausgestrahlt wurde.

Das war wieder so eine Fügung, von der ich mich betören ließ:

»Was kann uns schon passieren«, dachte ich, »wenn aus jeder Krise eine neue Chance geboren wird ...« Auf Harald Juhnke konnte das deutsche Fernsehen nicht verzichten.

Nach der vielen Fernseharbeit sehnte er sich wieder nach dem Theater. Mit *Plaza Suite* von Neil Simon und mit *Mein Freund Harvey* mit Elisabeth Wiedemann spielte er am Theater am Kurfürstendamm monatelang *en suite* und mit großem Erfolg. Typisch Harald, der Zwilling: Nur der Wechsel ist beständig.

Irgendwie war es wie ein neuer Lebensabschnitt. Auch wenn Harald auf dem Höhepunkt seiner Karriere dem Erfolgsdruck nicht standgehalten hatte, empfand ich diese Zeit trotz allem als eine zufriedene Phase unserer Ehe. *Peu à peu* gewöhnte ich mir an, mehr Dinge für mich zu tun, die meiner Seele und meinem Wohlbefinden guttaten. Ich begann wieder, Tennisstunden zu nehmen, und spielte regelmäßig mit meinen Freundinnen.

Zu unserem großen Unglück starb mein Vater 1986. Er hatte seine Familie über alles geliebt und war sehr stolz gewesen auf seine Kinder. In den Jahren, als er unsere Restaurants in Düsseldorf und Köln führte und zwischen Berlin und dem Rheinland hin- und herpendelte, habe ich ihn oft vermisst. Wann immer Harald und ich in die Gegend kamen, zum Beispiel, wenn Harald in Düsseldorf Theater spielte, speisten wir in Vaters Restaurant. Nicht ohne Stolz fragte mein Vater seine Stammgäste: »Kennen Sie meinen Schwiegersohn, Harald Juhnke?« Und er freute sich sehr, dass Harald sich jedesmal neu im Gästebuch des Tai-Tung verewigte.

Es war mir aber auch nicht entgangen, dass mein Vater sich Sorgen um Haralds Alkoholkrankheit machte. Einige Male bekam ich mit, wie er von Mann zu Mann mit Harald sprach und ihm ans Herz legte: »Du solltest nicht trinken.«

Kurze Zeit nach einem unserer Besuche bei ihm hatte mein Vater einen Schlaganfall erlitten. Besorgt war die Familie nach Düsseldorf geeilt, wo er auf der Intensivstation lag. Zwar konnten die Ärzte keine positive Prognose abgeben, aber sie erklärten ihn für transportfähig, so dass wir ihn nach Berlin holen konnten.

Tatsächlich erholte er sich in der Obhut meiner Mutter wieder gut, und die beiden konnten noch ein gutes Jahr miteinander verbringen. Dann aber ereilte ihn zu Hause ein zweiter Schlaganfall, von dem er sich nicht wieder erholen sollte. Mehrere Wochen lang lag er in der Schlosspark-Klinik. Schließlich fiel er in ein Koma, aus dem er nicht mehr erwachte.

Für uns alle war sein Tod ein großer Verlust. Meine Eltern waren über vierzig Jahre verheiratet gewesen. Jetzt war Mami mit nur dreiundsechzig Jahren Witwe geworden. Nach dem Tod meines Vaters rückten meine Mutter und ich noch näher zusammen. Jeden Sonntag kam sie nun zum Tee, und ihr Besuch wurde für Harald und mich zu einer festen Institution. Auch Oliver liebte seine Nai-Nai sehr, und wann immer es zu Hause Probleme gab, wusste ich, dass Oliver bei meiner Mutter in besten Händen war.

Ich spürte, dass mein Sohn mit seinen bald vierzehn Jahren ungewöhnlich sensibel war, und ich machte mir erhebliche Sorgen, dass unser mit Schwierigkeiten belasteter Alltag seiner positiven Weiterentwicklung nicht gerade förderlich war. Wie sollte ein Kind Situationen verkraften, die schon für einen Erwachsenen kaum zu bewältigen sind, ohne Schaden zu nehmen? Olivers schulische Leistungen hatten nachgelassen, er bekam Nachhilfeunterricht. Und ich setzte mich intensiv mit dem Gedanken auseinander, dass es vielleicht das beste wäre, wenn Oliver in ein Internat käme.

Andy, einer seiner ältesten Freunde, war schon seit einem Jahr auf Schloss Stein. Das Internat bei Traunstein in Bayern hatte einen ausgezeichneten Ruf. Ich unterhielt mich mit Andys Mutter. Sie konnte mir nur Positives berichten, ihr Sohn hatte sich in diesem Jahr prima entwickelt. Als ich mir mein Bild gemacht hatte, besprach ich mich mit Oliver und fragte ihn, ob er nicht auch gern aufs Internat gehen wollte.

Weil er sich nicht so recht vorstellen konnte, was das für ihn bedeuten würde, beschlossen wir, uns Schloss Stein gemeinsam anzusehen. Ich machte mit dem Internatsleiter Olaf Ziegler einen Termin aus, und Oliver und ich flogen nach München. In Stein erwartete uns Andy schon voller Freude. Während er seinem Freund stolz das Internat zeigte, informierte ich mich beim Internatsleiter über das Konzept der Schule. Der erste Eindruck war so gut, dass ich gleich überzeugt war, dass dieses Internat die richtige Umgebung für unseren Sohn war. Auch Oliver hatte einen vielversprechenden Eindruck gewonnen.

Wieder zu Hause hielten wir Familienrat ab. Harald, der anfangs zwar alles andere als begeistert von der Idee war, sich sporadisch von seinem »Söhni« trennen zu müssen, war schließlich auch der Meinung, dass wir es probieren sollten. Die Entscheidung war also gefallen.

Als Olivers letzter Abend zu Hause gekommen war, wurde mir doch sehr sentimental ums Herz, obwohl ich wusste, dass der Entschluss richtig war. Wir taten alle drei so, als läge nichts Besonderes an, und sahen nach dem Abendessen zu dritt noch etwas fern. Um elf ging Oliver hinauf in sein Zimmer. Bevor ich schlafen ging, schlich ich mich noch einmal an sein Bett. Er schlief seelenruhig, und ich dachte nur: Wie sehr werde ich meinen Sohn vermissen!

Ich wünschte mir so sehr, dass dieser Junge ein glücklicher Mensch werden würde! Und als ich seine Zimmertür leise hinter mir geschlossen hatte, konnte ich meine Tränen nicht zurückhalten.

»Von Mann zu Mann« vollzog sich der Abschied zwischen Vater und Sohn am nächsten Morgen: Harald klopfte Oliver ermunternd auf die Schulter. Wir hatten so viel Gepäck, dass wir die Reise in Olivers neue Welt mit dem Auto antraten. Ein Blick zurück zu Harald, der uns hinterherwinkte, und schon waren wir um die Ecke gebogen, Richtung Autobahn gen Süden. Auf der Fahrt spürte ich, dass Oliver sich wirklich freute, und so fiel mir der Gedanke nicht mehr ganz so schwer, ihn wegbringen zu müssen.

Nach einem fröhlichen Empfang durch Andy und den Internatsleiter wurden wir auf Olivers Stube gebracht, die er mit zwei Jungen teilte. Oliver musste sich an einen neuen Tagesablauf und an gewisse Regeln gewöhnen. Es fing schon damit an, dass er sein Bett beziehen und seine Sachen allein in den Spind räumen musste. Ich schmunzelte und dachte: »Na, lass ihn mal machen.«

Wir aßen mit Andy im Dorfgasthof zu Abend. Dann gingen die beiden Freunde allein zurück ins Schloss. Mein Sohn schlief die erste Nacht in seinem neuen Zuhause und ich im Gasthof nebenan.

Am nächsten Tag, kurz nach dem Appell, verabschiedete ich mich noch einmal von Oliver, umarmte ihn und sagte ihm, dass ich ihn sehr liebhabe. Als ich sah, wie Oliver mir hinterherwinkte, fiel es mir doch unendlich schwer, ihn zurückzulassen. Mir wurde bewusst, was für eine gewaltige Umstellung es für Harald und mich bedeuten würde, dass er nun nicht mehr bei uns lebte. Aber ich war felsenfest überzeugt, dass dieser Schritt für Oliver unbedingt notwendig war.

Oliver lebte sich komplikationslos ein und gewann auch schnell zwei neue Freunde. Die drei entpuppten sich – wie der Internatsleiter mir berichtete – als Trio infernal, das immer etwas Außergewöhnliches im Schilde führte. Wie ausgelassene Jungs in dem Alter nun mal sind.

Einmal im Monat konnten die Kinder für ein verlängertes Wochenende nach Hause fahren, die anderen Wochenenden verbrachte Oliver mit seiner Gruppe. Ich schrieb ihm fast täglich einen kleinen Brief und schickte ihm in der ersten Zeit mindestens einmal in der Woche einen dicken Umschlag mit einer kleinen Überraschung.

Wenn Oliver an seinen langen Wochenenden aus dem Internat nach Hause kam, war die Familie wieder komplett, und jedesmal fiel mir der Abschied schwer – schwerer noch als Oliver, auch wenn er manchmal mit kleinen Bemerkungen durchblicken ließ, dass das Leben im Internat doch nicht hundertprozentig seine Sache war. Das Leben ohne unseren Sohn war für mich eine wesentlich tiefgreifendere Veränderung, als ich je vermutet hätte. Nach außen hin war ich die souveräne Mutter, die nur das Beste für ihr Kind wollte, aber innerlich war ich zerrissen. Gewohnt, mir Kummer und Stress nicht anmerken zu lassen, registrierte ich zunächst nicht, dass meine Seele rebellierte.

Die ersten Warnzeichen ließ ich links liegen. Es fing ganz harmlos an. Ich wollte mir die Haare gern wieder etwas länger wachsen lassen. Eines Morgens wunderte ich mich, dass in meiner Bürste ganze Büschel von Haaren hängenblieben. Zuerst dachte ich mir nichts dabei. Aber als die Haare wenige Wochen später nur so rieselten, wo ich ging und stand, war ich doch irritiert. Dann entdeckte ich eines Morgens im Spiegel eine riesengroße kahle Stelle über meinem linken Ohr und geriet in Panik.

Ich musste herausfinden, was es mit dem Haarausfall auf sich hatte. Ich lief von Pontius zu Pilatus, zuerst zum Allgemeinmediziner, danach zum Hautarzt, zur Heilpraktikerin und zur Akupunktur. Keiner wusste Rat. Ein Hautarzt riet mir, ich sollte zur Kontrolle doch einmal die Haare zählen, die mir täglich ausfielen, circa hundertfünfzig lägen im normalen Bereich. Als ich eines Abends bei fünfhundert angekommen war, war das für mich der Beweis, dass mit meinem Körper effektiv etwas nicht stimmte.

Morgens war mein Kopfkissen mit einem schwarzen Netz überzogen. Das ging jetzt schon fast drei Monate so. Bevor für alle sichtbar wurde, dass ich dabei war, meine Haare zu verlieren, legte ich mir eine Perücke zu, die Udo Walz so natürlich wie möglich zurechtschnitt. Mein falsches Haupthaar sah so echt aus, dass niemand etwas merkte. Nur zu Hause ging ich ohne und musste beobachten, wie ich immer kahler wurde.

In meiner Verzweiflung riss ich mir eines Tages die letzten drei Haare selbst aus. Innerhalb von nur drei Monaten hatte ich eine

Totalglatze bekommen. Harald hatte unendliches Mitleid mit mir, aber er konnte mir auch nicht helfen.

Selbst ich brachte meinen Haarausfall damals nicht mit meinen Problemen in Verbindung. Wenn ich in den Spiegel schaute, kam ich mir selbst fremd vor. Wer war diese Person? Ich ignorierte meinen Zustand und schaute einfach nicht mehr in den Spiegel.

Dankbar befolgte ich den Rat einer Freundin, die mir empfahl, doch einmal meine Hormone überprüfen zu lassen. Sie gab mir die Adresse eines Spezialisten, und schon bei der ersten Konsultation hatte ich das Gefühl, dass ich hier an der richtigen Adresse war.

Dr. Lothar Moltz beruhigte mich, indem er sagte, dass wir die Ursache schon herausfinden würden. Die Untersuchung ergab, dass meine Nebennierenrinde schockartig männliche Hormone ausschüttete, ein typisches Symptom für Hyperstress.

Als er mir die Diagnose mitteilte, scherzte er noch: »Ich dachte, Hausfrauen haben keinen Stress.«

Umgehend begann ich mit einer gezielten Hormontherapie. Es sollte allerdings noch drei Monate dauern, bis der erste Flaum wieder nachwuchs. Harald nannte mich in diesen Monaten zärtlich Mecki und war heilfroh, dass die Haare wieder langsam nachwuchsen. Es sollte aber ein halbes Jahr dauern, bis meine Haare so weit wieder nachgewachsen waren, dass man das, was ich auf dem Kopf trug, als Frisur bezeichnen und ich meine Perücke endgültig ablegen konnte.

In diesem Sommer luden uns Christian Wölffer und seine Frau Chariklia Baxevanos auf ein paar Tage in ihr Haus nach Port Grimaud bei St. Tropez ein. Kaum waren wir angekommen, beschloss ich, Perücke Perücke sein zu lassen. Ich war überzeugt davon, dass die frische Meeresluft und die warme mediterrane Sonne hervorragende Nahrung für meinen nachsprießenden Haarflaum waren.

Wir ließen den Tag einen guten Mann sein, machten Ausflüge mit der Yacht von Christian Wölffer, die direkt vor dem Haus ankerte. Unsere Gastgeber zeigten uns ihre Geheimtips und führten uns in die besten Feinschmeckerlokale der Gegend. Abends saßen wir stundenlang bei einem guten Tropfen auf der Terrasse und genossen bis in die frühen Morgenstunden den verlängerten Sonnenuntergang. Der Gesprächsstoff ging uns nie aus. Nur Harald, der beim Mineralwasser blieb und jeden Morgen seine Pille schluckte, ging oft früh zu Bett und stand mit der Sonne auf, während ich es genoss, herrlich ausschlafen zu können. *Chacun à son goût,* jeder nach seinem Geschmack, war die Devise. Die glücklichen Tage vergingen wie im Flug.

Im Herbst 1985 nahm Haralds Karriere eine neue, wunderbare Wende, und er konnte an die Zeiten seiner größten Fernseherfolge anknüpfen: Er sollte eine neue Show bekommen!

Der ORF verpflichtete ihn für die große Samstagabendshow *Willkommen im Club.* Das Showkonzept war mehr noch als *Musik ist Trumpf* für Harald maßgeschneidert. Er sollte sich als Sänger, Komödiant und als Entertainer voll entfalten können. Der ORF hatte aus dem ZDF-Debakel die Konsequenzen gezogen: *Willkommen im Club* war keine Live-Show, sondern wurde mit Publikum aufgezeichnet. Für den Fall der Fälle. In der Regel kamen die Sendungen aus Wien, einige aber auch aus Hamburg oder Köln, dem Sendegebiet von NDR und WDR, die als Koproduzenten fungierten.

Zur Aufzeichnung der ersten Sendung reisten wir Ende November 1985 für eine Woche nach Wien. Mit Herbert Grunsky, dem Regisseur von *Willkommen im Club,* und seiner Frau, der ORF-Redakteurin Dr. Christa Hahn-Grunsky, schlossen wir schnell eine Freundschaft, die alle Höhen und Tiefen der nächsten Jahre überdauern sollte.

Wir wohnten im Hotel Sacher, und es war einfach überwältigend, wie begeistert die Wiener Harald wieder auf der Showbühne willkommen hießen. Die Redaktion hatte ein Top-Programm zusammengestellt, in dem Harald brillieren konnte: Gilbert Bécaud, »Monsieur 100 000 Volt«, war sein Stargast. Und auch Ephraim

Kishon war dabei, wie schon bei der ersten *Musik ist Trumpf*-Show im März 1979 in Berlin. Ich saß während der Proben und während der Aufzeichnung im Regieraum und konnte Auftritt für Auftritt verfolgen, wie Harald zur Höchstform auflief. Das Comeback des Harald Juhnke als Showstar war ein grandioser Erfolg, und die exzellente Einschaltquote der Sendung am 28. Dezember 1985 sollte den Verantwortlichen vom ORF recht geben, die an Harald Juhnke geglaubt hatten.

Die Feier nach der ersten Aufzeichnung fand in der berühmt-berüchtigten Eden-Bar statt, die Harald aus seiner früheren Wiener Zeit nur allzugut kannte. Eden-Chef Heinz Werner Schimanko ließ den Champagner in Strömen fließen und war überrascht, dass Harald tatsächlich bei Mineralwasser blieb. Bis zum frühen Morgen saßen wir in Hochstimmung zusammen, und Harald schmetterte sein *Mackie Messer:* Wir hatten es wieder einmal geschafft.

Das war der Beginn einer jahrelangen, wunderbaren und erfolgreichen Zusammenarbeit mit dem ORF. Sechsundzwanzigmal sollte *Willkommen im Club* zwischen der Erstausstrahlung im Dezember 1985 bis zur letzten Show im Oktober 1991 gesendet werden. Und Harald durfte die interessantesten Gäste in seiner Show begrüßen: Mireille Mathieu, Paul Anka, Milva, David Hasselhoff, Audrey Landers, Paolo Conte, Umberto Tozzi, Ute Lemper, Peter Alexander, Udo Jürgens, Bernhard Minetti, Will Quadflieg und viele andere internationale und nationale Topstars gaben ihm die Ehre.

Von Wien war ich auf Anhieb begeistert. Die Wiener Küche und vor allem der Wiener Schmäh hatten es uns angetan. Wir wohnten in den nobelsten Hotels und bekamen im Imperial, im Sacher oder im Palais Schwarzenberg immer die schönsten Suiten.

Während Harald im Atelier probte, eroberte ich mir die Stadt zu Fuß. Kein Museum, das ich mir nicht anschaute. Ich durchstreifte sämtliche Gassen der Wiener Altstadt und studierte an manchem

Haus mit großem Interesse die Gedenktafeln all jener berühmten Persönlichkeiten, die Wien hervorgebracht hatte. In jede Kirche setzte ich meinen Fuß, egal welcher Konfession sie war. Der prachtvolle Stephansdom war bei jedem Besuch für eine neue Entdeckung gut. Im Sommer liebte ich die Kühle in der Tiefe der Kapuzinergruft, in der zwölf Kaiser, fünfzehn Kaiserinnen und rund hundert Erzherzöge ruhen, die von Kapuzinerpatres sorgsam bewacht werden.

Harald liebte besonders Schloss Schönbrunn. Gemeinsam besuchten wir auch die Spanische Hofreitschule in der Wiener Hofburg und sahen uns die prächtigen Lipizzaner an. Und natürlich besuchten wir viele Theater und Konzerte: In der Wiener Staatsoper erlebten wir eine große Aufführung von *Tristan und Isolde*. Den Tristan sang Haralds alter Freund René Kollo. Im Burgtheater sahen wir Klaus Maria Brandauer als Hamlet, und im Wiener Musikverein erlebten wir Verdis *Requiem* und Bruckners *Neunte,* dirigiert von Maestro Carlo Maria Giulini. So waren unsere Tage in Wien für mich immer auch ein interessanter Kulturtrip.

Abends nach den Proben gingen wir mit Grunskys, manchmal auch mit anderen Kollegen, speisen. Als Lieblingsrestaurant hatten wir uns die Kervanseray in der Mahlerstraße, einer Seitenstraße gleich hinter der Staatsoper, auserkoren. Die gemütliche Atmosphäre war geprägt von der offenen Küche, in der die Speisen vor unseren Augen zubereitet wurden. In der Kervanseray, die für ihre Fischspezialitäten weltberühmt ist, traf sich alles, was in Wiener Künstlerkreisen Rang und Namen hatte.

Herrlich fand ich es auch, wenn wir die Beiseln durchstreiften oder zum Heurigen gingen. Wir genossen die herzliche Atmosphäre und die einfachen köstlichen Speisen, die man sich in der Regel vom Buffet holen musste. Unser Lieblingsheuriger in der Stadt war der Sirbu mit dem atemberaubenden Blick vom Leopoldsberg hinunter auf ganz Wien und die Donau.

Einmal hatte ich das Vergnügen, von Dieter Böttger, dem damaligen Ressortchef Show des ORF, zu einem Ausflug in die Wachau entführt zu werden. Wir fuhren durch eine liebliche hügelige Weinlandschaft, die mich verzauberte. Bei den Marillenhainen packte mich die Lust, die Früchte gleich vom Baum zu pflücken, so verführerisch leuchteten sie herüber.

Wir machten Station im Stift Melk, einem Kloster aus der Barockzeit, das für seine Bibliothek berühmt ist. Nie wieder habe ich so prachtvolle Goldschnitzereien und Verzierungen gesehen.

Böttger kannte sich natürlich bestens aus und führte mich zu den urigsten Heurigen. An langen Holztischen saßen wir im Obstgarten der Weinbauern, verkosteten den neuen Wein, aßen Grammelschmalzbrote, redeten über Gott und die Welt und vergaßen die Zeit. Auf dem Weg zurück nach Wien ließ Harald uns schon suchen und fragte am Autotelefon besorgt, wo wir denn blieben. Beseelt kam ich von einem traumhaften Ausflug zurück nach Wien.

Auch andere neue Freunde bewährten sich als hervorragende Fremdenführer. Mit Mami, die uns in Wien besuchte, unternahmen wir eine Fahrt mit der DDSG, der legendären Donau-Dampfschifffahrts-Gesellschaft. Über Lautsprecher kam plötzlich die Ansage: »Und jetzt kommt *An der schönen blauen Donau.*« Das war das Zeichen, dass man sich gut festhalten sollte. Denn beim Mitsingen und Mitschunkeln schwankte der ganze Dampfer im Dreivierteltakt.

Manchmal kam uns Oliver in Wien besuchen, so auch an seinem fünfzehnten Geburtstag im September 1987. Tagsüber besuchten wir Schloss Schönbrunn und zeigten ihm die berühmte Wiener Fußgängerzone, die Kärntner Straße. Abends aßen wir im Restaurant des Palais Schwarzenberg, von wo aus wir einen wundervollen Blick in den Park hatten. Aus Spaß paffte Oliver seine erste Zigarre. Ich musste schmunzeln: Oliver hielt die Zigarre wie ein Alter zwischen den Fingern und lehnte sich genüsslich im Sessel zurück, ganz der Vater.

Insgesamt blieb Oliver nur anderthalb Jahre im Internat. Zurück in Berlin, besuchte er ein Gymnasium in Dahlem. Harald und ich waren froh, dass wir wieder eine richtige Familie waren. Der Alltag normalisierte sich rasch, so dass ich mir bald schon nicht mehr vorstellen konnte, dass Oliver überhaupt einmal weg gewesen war.

Harald war im Fernsehen nun vollkommen aufs Komödiantische abonniert. Neben Günter Pfitzmann, Brigitte Mira, Brigitte Grothum und Gabriele Schramm stieg er 1988 in die Serie *Drei Damen vom Grill* ein. Gleichzeitig entwickelte sich die Sketchreihe *Harald und Eddi,* in der er gemeinsam mit seinem Partner Eddi Arent spielte, zu einer neuen Kultserie des deutschen Fernsehens.

In dieser Zeit motivierte mich meine Freundin Ute, Klavierunterricht zu nehmen. Jede Woche kam ein Klavierlehrer, Rüdiger Mühleisen, zu ihr ins Haus, um sie und ihre beiden Kinder zu unterrichten. Ich kam öfter dazu und fing dann ebenfalls an, Stunden zu nehmen. Es machte mir so viel Freude, dass ich das Klavierspielen von Grund auf erlernen wollte, wohl wissend, dass ich es nicht mehr zu einer Virtuosin bringen würde. Das hieß aber auch, dass ich jeden Tag üben musste, und das ging am besten auf dem eigenen Instrument.

Zu meiner größten Freude bekam ich zu Weihnachten und zum Geburtstag einen Gutschein für einen weißen Schimmel-Flügel nebst verstellbarer Klavierbank. Dem Tag, an dem der Flügel endlich geliefert wurde, fieberte ich geradezu entgegen.

Ich war selig vor Glück, weil ich jetzt in meinen Mußestunden zu Hause üben konnte. Der »Schimmel« stand in meinem Schlafzimmer, das genügend Platz bot und mein eigenes kleines Reich war. Fortan kam Herr Mühleisen zum Unterricht zu mir nach Hause, später hatte ich eine Japanerin und danach einen Kanadier als Klavierlehrer. Ich liebte Schuberts *Impromptus,* die *Mondscheinsonate* und *Für Elise,* klassische kleine Etüden und Impromptus für den Hausgebrauch. Wenn ich ein Stück einstudiert hatte, lud ich zum Vorspielen. Harald setzte sich zu mir und hörte andächtig zu. Er war glücklich, dass er mir mit dem Flügel die größte Freude bereitet hatte.

Sosehr er die leichte Unterhaltung liebte, sosehr sehnte er sich doch wieder nach dem seriösen Theater zurück. Mit Will Quadflieg, mit dem Harald in einem Fernsehsketch spielte, kam Harald darüber ins Gespräch. Quadflieg meinte, dass *Der Entertainer* von John Osborne doch eine wunderbare Rolle für Harald wäre. Gerhard Klingenberg, der damalige Intendant des Berliner Renaissance-Theaters, gab ihm 1987 die Chance, diese wunderbare Rolle zu spielen. Als Archie Rice hatte Harald berühmte Vorgänger: Laurence Olivier im Film, Gustaf Gründgens und Martin Held auf der Bühne. Aber auch Harald spielte sich mit dieser Rolle in die Feuilletons. Nachdem er in den vergangenen Jahren allzuoft nur durch üble Schlagzeilen oder nette Showkritiken von sich reden gemacht hatte, war das für ihn wie ein Sieg über sich selbst.

Genau dreißig Jahre zuvor war Harald zum ersten Mal im Renaissance-Theater aufgetreten. Damals, 1957, spielte er in *Die Silberschnur* mit der legendären Käthe Dorsch, 1958 stand er mit Oscar Wildes Stück *Bunbury* auf der Bühne, dem Regiedebüt seines Freundes Harry Meyen. Und auch für mich hatte es mit dem Renaissance-Theater seine ganz besondere Bewandtnis. Schließlich hat Harald mich dort 1970 sozusagen »entdeckt«, als ich neben Victor de Kowa in *Gastspiele und Liebe* auf der Bühne stand.

Archie Rice *war* Harald – zumindest gab es entscheidende Parallelen zu seinem Leben. In der bitteren Backstage-Comedy spielte er einen heruntergekommenen Musicalmatador, der sich auf dem Höhepunkt seiner Karriere durch Weiber- und Saufgeschichten selbst ruiniert, am Ende nur noch in trivialen Tingeltangeletablissements auftritt und letztendlich in der Gosse landet.

Harald fühlte sich von gebrochenen, schwierigen Charakteren magisch angezogen und liebte die Herausforderung, ihnen gerecht zu werden. Gerhard Klingenberg bot ihm als nächstes den *Tartuffe* von Molière in der Inszenierung von Peter Lotschak an, und 1989 spielte er unter der Regie von Barbara Basel in *Schon wieder Sonntag*. Rückblickend betrachtet, ist auch dies ein Stück mit erschreckenden Parallelen zu Haralds Leben, allerdings hätten wir uns damals eine vergleichbar tragische Situation niemals vorstellen können. Das

Stück spielt in einem Altenheim und zeigt die rührende Freundschaft zweier Heimbewohner: Der eine, gespielt von Harald, sitzt im Rollstuhl, der andere, gespielt von Sebastian Fischer, hat Alzheimer.

Harald Juhnkes sechzigster Geburtstag: Susanne Juhnke begrüßt Moni und Eberhard Diepgen

Diese Rollen gaben Harald wichtige Impulse für sein Leben – er wünschte sich, am Theater alt zu werden. Einmal sagte er in einem Interview, dass er sich nicht Schöneres vorstellen könnte, als mit neunzig auf der Bühne zu sterben ...

Im Juni 1989 feierten wir wieder einen runden Geburtstag: Harald wurde sechzig. Wochen vorher fing ich mit der Planung an. Nach

dem gelungenen Fünfzigsten im Tai-Tung wollte ich mir etwas Grandioses einfallen lassen. Schließlich entschied ich mich für ein großes Fest auf dem Dachgarten des InterContinental Hotels.

Hundertfünfzig Freunde und Kollegen gaben Harald die Ehre, die Damen kamen in großer Abendrobe, die Herren im Smoking. Ich hatte mit dem Küchenchef ein exquisites Menü ausgesucht: Es gab Scampis und Langostinos, frische Bandnudeln mit Steinpilzen,

Ein rauschendes Fest zu Haralds Sechzigstem:
Harald und Susanne Juhnke mit Gunter Sachs

Rinderfilet in Gänselebersauce mit Gratin Dauphinois und ein köstliches Dessertbuffet. Mit Champagner stießen wir um Mitternacht auf Haralds Wohl an. Kai Rautenberg und seine RIAS-Combo spielten zum Tanz auf. Es ging so temperamentvoll zu, dass einer unserer Gäste auf dem glatten Parkett ausrutschte und sich das Handgelenk brach.

Curth Flatow hielt eine hinreißende Laudatio auf den Jubilar. Er sagte beziehungsreich: »Sie können Menschen zum Weinen und zum

Lachen bringen, das verpflichtet. Das Publikum frisst Ihnen aus der Hand, man liebt Sie. Weil man weiß, wieviel Sie leisten können, nimmt man's Ihnen nicht übel, wenn Sie sich einmal was leisten.«

Auch ich hielt eine kurze Lobrede auf Harald, und Oliver hatte sein Debüt als Geburtstagsredner. So aufgeregt er war, Oliver kam locker und lässig rüber und bekam ordentlich Applaus. Als Geschenk hatten Oliver und ich uns etwas ganz Besonderes für Harald ausgedacht: Bei einem Juwelier fanden wir eine alte Rolex aus dem Jahr 1929, seinem Geburtsjahr.

Natürlich ließ Harald es sich nicht nehmen, als Dankeschön für seine Gäste ein paar Lieder aus seinem Repertoire zum besten zu geben. Kurz vorher war seine CD *Barfuß oder Lackschuh* erschienen, und Harald begeisterte mit diesem Ohrwurm seine Geburtstagsgäste.

Bundespräsident Richard von Weizsäcker, Bundeskanzler Helmut Kohl und der FDP-Vorsitzende Hans-Dietrich Genscher schickten Glückwunschtelegramme. Das sinnigste Geschenk war wohl ein Korb mit Mineralwasserflaschen aus aller Welt, den Gerhard Klingenberg ihm mitbrachte. Der Intendant des Renaissance-Theaters hatte noch viel mit Harald vor.

Als am 9. November 1989 die Berliner Mauer fiel, verfolgte ich mit Herzklopfen die Nachrichten im Fernsehen und sah mir alle Sondersendungen an. Harald, der an diesem Abend Vorstellung hatte, kam danach ganz euphorisch nach Hause. Die ganze Stadt war auf den Beinen und feierte eine einzige große Party. So unvermittelt war der Mauerfall gekommen, dass wir in einer Mischung aus Freudentaumel und Fassungslosigkeit stundenlang vor dem Bildschirm saßen und die Bilder von den aktuellen Ereignissen geradezu gierig in uns aufnahmen. Hinauszugehen und uns unters Volk zu mischen kam für uns allerdings nicht in Frage – in einem so gewaltigen Menschenauflauf würde ich in Panik geraten.

Oliver dagegen war in seinem Element. Er war nicht nur an diesem Abend unterwegs, sondern tanzte auch am nächsten Tag mit seiner Schulklasse auf der Mauer.

Dennoch sollten auch Harald und ich die Hochstimmung dieser Tage noch hautnah miterleben: Als Karl Moik mit seinem *Musikantenstadl* am 17. Dezember 1989 in Cottbus gastierte – zum ersten Mal fand die Sendung in der DDR statt –, war auch Harald als Stargast mit von der Partie, und ich saß im Publikum. Ostdeutsche und Westdeutsche waren an diesem Abend in einer phantastischen Atmosphäre vereint. Und dann stimmte Harald den alten Schlager *Unter'n Linden, unter'n Linden* an, den schon Marlene Dietrich gesungen hat. Mit jeder Strophe, die er sang, schlugen die Emotionen höher, das Publikum klatschte im Takt, und es gab wohl keinen im Saal, der den Refrain nicht mitgesungen hätte. Es war eine einmalige Stimmung, wie ich sie nie wieder erlebt habe und wie sie wohl nur in diesem historischen Moment möglich war.

Erfolgreicher als je zuvor stand Harald 1990 wieder auf der Bühne. In Eugene O'Neill's Schauspiel *Eines langen Tages Reise in die Nacht* spielte er neben Judy Winter den James Tyrone und in Molières *Der Geizige* spielte er die Titelrolle des Harpagon. In der Inszenierung des Molière-Spezialisten Jean-Paul Roussillon von der Comédie Française hatte er sich die höheren Weihen eines klassischen Komödianten erspielt. Vielleicht wäre unser Leben anders verlaufen, wenn Harald schon viel früher diese wunderbaren Rollen hätte spielen können.

Latent war Harald wohl auch jetzt von Zweifeln durchdrungen, ob er der jeweiligen Rolle gewachsen war. Nie aber trank er sich in dieser Zeit »aus dem Rennen«. Schon aus purem Egoismus war ihm klar, dass er eine solche Chance, die nie wiederkommen würde, nicht wegen eines Rausches verspielen sollte.

Ich glaube, dass die Charakterrollen sein Selbstvertrauen stärkten und ihn zu Größerem befähigten, zu einer Leistung, die er sich früher nie zugetraut hätte. Doch der Erfolg barg auch eine Gefahr in sich, und ich hoffte sehr, dass der neue Höhenflug Harald nicht größenwahnsinnig werden ließ.

Die letzte Folge von *Willkommen im Club* wurde im Oktober 1991 ausgestrahlt. Das Konzept der Sendung war nach sechsundzwanzig Folgen ausgereizt. Ich kann nicht sagen, dass Harald darüber unglücklich war, anmerken ließ er es sich jedenfalls nicht.

Wenige Monate später kam es zu einem erneuten Eklat, der Haralds seriöse Theaterkarriere Knall auf Fall beendete. Kurz vor der Premiere von Peters Shaffers *Amadeus*, in dem er die Rolle von Mozarts Gegenspieler Salieri spielen sollte, holte ihn seine Krankheit wieder ein. Gerd Klingenberg, der ihm all die Jahre die Treue gehalten hatte, kündigte ihm den Vertrag fristlos auf.

Ich spürte, wie zutiefst deprimiert Harald darüber war, dass er diesen Sturz vom Olymp nicht selbst hatte verhindern können. Es stand nicht in seiner Macht und schon gar nicht in meiner, ihn aus diesem Teufelskreis zu befreien.

Kapitel 6
Endstation Hoffnung –
eine trügerische Illusion

Es war auch nach diesem schweren Absturz wie immer: Harald kurierte sich in der Schlosspark-Klinik einigermaßen aus und fing wieder an, regelmäßig Antabus zu nehmen, seine »Krücke«, das einzige Mittel, das ihn nachhaltig am Trinken hindern konnte.

Auch ohne sein geliebtes Theater war er nie ohne Arbeit. Er hielt sich eben wieder ans Fernsehen und trat – mangels anspruchsvoller Rollen – in beinahe allen großen Unterhaltungsshows in Deutschland und Österreich als Stargast auf, wurde von einer Talkshow zur nächsten gereicht und hatte nebenher immer noch seine Galas.

Zu Hause führten wir ein ganz normales Familienleben mit einem geregelten Tagesablauf, mit viel Gemeinsamkeit und wenig Angriffsfläche. Ich wollte, dass es normal war, und ich glaubte daran.

Es war eine Nebenrolle, die Harald wieder zurück ins seriöse Geschäft brachte. Der Münchner Regisseur Helmut Dietl engagierte ihn für *Schtonk,* die Verfilmung des Skandals um die gefälschten Hitler-Tagebücher des *Stern*. Als Ressortleiter Pit Kummer war Harald der Chef von Götz George, der eine der Hauptrollen spielte, den schmierigen Illustrierten-Redakteur Hermann Willié. Noch so kleinste Nebenrolle hatte Dietl mit einem Star besetzt.

Der Film wurde ein Riesenerfolg. Helmut Dietl wurde mit dem Deutschen Filmpreis, dem Filmband in Gold, ausgezeichnet, Harald erhielt für seine Rolle den Ernst-Lubitsch-Preis, und dem ganzen Ensemble wurde in Köln der Bambi des Burda-Verlags verliehen. Im März 1993 wurde *Schtonk* sogar für den Oscar nominiert.

Ich erinnere mich noch an die Nacht, als Harald und ich bis vier Uhr früh in Berlin dem großen Moment entgegenfieberten. Helmut

Dietl und Götz George waren in Hollywood dabei. Als das Telefon endlich klingelte, war es leider eine Enttäuschung: Nicht *Schtonk*, sondern *Indochine* mit Catherine Deneuve hatte den Oscar für den besten ausländischen Film bekommen.

Hartnäckig bemühte sich Ralf Huettner, ein junger Drehbuchautor und Filmregisseur, seit einiger Zeit, Harald für die Hauptrolle des Dieter Stricker in seiner Politsatire *Der Papagei* zu gewinnen. Erst hatte Harald den jungen Mann nicht ernst genommen, ihn immer wieder abgewiesen. Aus purer Höflichkeit las er das Drehbuch dann doch – und war begeistert. Er hatte den jungen Autor total unterschätzt. Die Rolle eines arbeitslosen Schauspielers, der vom PR-Manager einer neuen rechtsradikalen Partei vom Fleck weg als Spitzenkandidat für den Wahlkampf engagiert wird und beinahe dem gespenstischen, rechtsradikalen Intrigenspiel von Korruption und Gemeinheit zum Opfer fällt, faszinierte ihn.

Die Dreharbeiten fanden in München statt. Ich hatte mir angewöhnt, wieder so oft es ging dabeizusein. Oliver war erwachsen, um ihn musste ich mich nicht mehr jeden Tag kümmern. Dafür brauchte Harald mich, denn meine Anwesenheit war der einzige Garant, dass er während der Dreharbeiten trocken blieb. Wir wohnten bei unseren Freunden, der Familie Volkhardt, im Hotel Bayerischer Hof.

Bei den Internationalen Hofer Filmtagen lobten die Kritiker den Film, den jungen Regisseur und den Hauptdarsteller in höchsten Tönen. Harald war der Star des Filmfestivals und fühlte sich in der Runde der jungen Filmemacher und Produzenten, die ihn für seine schauspielerische Leistung bewunderten und ihn in Diskussionen verwickelten, sehr wohl. 1993 wurde er für seine Rolle in *Der Papagei* mit dem Bayerischen Filmpreis belohnt.

Wichtig für uns war nur, dass Harald wieder den Anschluss ans Charakterfach gefunden hatte. Und auch das Theater wollte ihn wieder haben. 1993 feierte er in Peter Turrinis *Alpenglühen* am Schlosspark-Theater Berlin einen weiteren bemerkenswerten Erfolg. An der Seite von Hannelore Hoger spielte er die Rolle eines

Blinden. Die Feuilletons überschlugen sich mit ihren guten Kritiken. Harald war nach seinem Rausschmiss am Renaissance-Theater rehabilitiert. Er machte schon wieder große Pläne und träumte davon, als König Lear auf der Bühne zu stehen.

Harald war stets so absorbiert von seinem Beruf, dass es ganz bei mir lag, unsere privaten Freundschaften zu pflegen. Er hatte nur sehr wenige Freunde in seiner Zunft: »Die seh ich doch am Theater«, sagte er und schloss sich im Lauf der Jahre eher unserem gemeinsamen privaten und gesellschaftlichen Freundeskreis an.

Die sich jährlich wiederholenden Einladungen zu glanzvollen Gala-Events, die legendären Sommerfeste bei Renate und Hubertus, die hochklassigen Abende bei Ulla und Heiner im Kreis von Kunstliebhabern und Experten in ihrem »Privatmuseum«, die traumhaft inszenierten Dinners bei Sandra und Gerhard, die Gartenpartys bei Carin und Karl Heinz, die vielen unvergesslichen Geburtstagspartys im Freundeskreis waren über die Jahrzehnte zur schönsten Tradition geworden und waren feste Bestandteile unseres gesellschaftlichen Lebens.

Oftmals konnte Harald erst später dazukommen, weil er Theater spielte oder einen Galaauftritt hatte. Trotzdem war er immer ein besonders gern gesehener Gast. Er genoss die Rolle als Entertainer auch im privaten Kreis, wenn die Freunde an seinen Lippen hingen und sich köstlich über seine Anekdoten amüsierten. Nur selten ist es vorgekommen, dass er sich im privaten Freundeskreis betrank.

Auch zu spontanen Stippvisiten war Harald gern zu haben. Während er eine Gastrolle in der ORF/RTL-Serie *Ein Schloss am Wörther See* spielte, lud uns Produzent Karl Spiehs zur Geburtstagsgala eines Geschäftsfreundes nach Köln ein. Wir flogen in einem Privatjet, und als sich im Gespräch ergab, dass ich noch nie in Venedig gewesen war, machte Karl Spiehs auf dem Rückflug an den Wörther See einen Abstecher in die Lagunenstadt. Ich war hellauf begeistert und sehr gerührt über dieses wunderbare Geschenk aus heiterem Himmel. Wir verlebten einen herrlichen Nachmittag, fuhren mit der Gondel über den Canal Grande und tranken Cappuccino auf dem Markusplatz. Damals erklärte ich Venedig zu einer meiner Traumstädte.

Oliver war mittlerweile ein junger Mann geworden, dem seine Freundesclique besonders wichtig war. Manche Freundschaften, die schon im Krabbelalter entstanden sind, haben bis heute Bestand. So ist Oliver von Kindheitstagen an mit »Coco« befreundet. »Coco« heißt eigentlich Nicolai und ist der Sohn von Mona und Nicolai Siddig, mit denen mich seit über dreißig Jahren eine tiefe und feste Freundschaft verbindet. Deshalb und weil es im Leben nichts Bedeutenderes gibt als gute Freunde, bin ich glücklich, dass auch Oliver und Coco eine Freundschaft fürs Leben gefunden haben.

In gewissen Zeiten waren seine guten Freunde für Oliver auch eine Art Ruhepol, wenn sich unser Leben zu Hause mal wieder ganz und gar auf Harald konzentrierte. Bei den Familien seiner Freunde erlebte Oliver die Beständigkeit, die sein Vater ihm nicht vermitteln konnte. Er bewunderte seinen Vater als Schauspieler über alle Maßen, und Harald liebte seinen Sohn abgöttisch. Alkohol war nie ein Thema zwischen Vater und Sohn, sie scheinen es bewusst vermieden zu haben. Selbst wenn Oliver mehr mitbekam, als mir recht war, wollte er das Bild seines Vaters nicht beschädigt wissen. Natürlich wusste er, dass sein Vater krank war, aber das war nur die eine Seite seines geliebten Papas.

Kurz vor seinem achtzehnten Geburtstag hatte Oliver den Führerschein gemacht, und als er volljährig wurde, überraschte Harald ihn mit einem tollen Geburtstagsgeschenk: einem Wrangler Jeep, den Oliver heute noch fährt.

Endlich konnte Oliver auch die Rolle des Chauffeurs übernehmen. Er fuhr Harald oft zum Theater und holte ihn auch gern wieder ab. Autofahren war für Oliver schon immer das Größte.

Mit seiner Jugendliebe Anna, der Tochter eines Rechtsanwalts, war Oliver vier Jahre zusammen. Sie wohnte ganz in der Nähe, und zeitweise verbrachte Oliver mehr Zeit im Elternhaus seiner Freundin als bei uns. Einige Jahre wohnte er auch in unserem Gartenhäuschen. Aber irgendwie ist Oliver eigentlich bis heute nie richtig von zu Hause ausgezogen.

Das »Hotel Mama« hat Oliver selbstverständlich gern in Anspruch genommen. Nur habe ich eines Tages aufgehört, in seinem Reich, das oft aussah wie ein Computergeschäft, nach dem Rechten zu sehen. Oliver war von Kind an ein Techniknarr und Computerfreak, aber mir waren die ganzen Apparate und Geräte, die Strippen und Leitungen, die wild herumhingen, nie ganz geheuer. Darum blieb mir gar nichts anderes übrig, als ihn seinem Chaos zu überlassen.

Als Oliver alt genug war und für ihn die Diskozeiten anbrachen, blieben Harald und ich manchmal so lange auf, bis unser Sohn nach Hause kam. Wenn wir den Schlüssel in der Tür hörten, waren wir beruhigt. Wir wollten ihn nicht etwa kontrollieren – wir wollten uns nur davon überzeugen, dass es ihm gutging und er nicht etwa angetrunken heimkehrte. Oliver hat leider früh eine andere Sucht entwickelt: Er trinkt für sein Leben gern Coca-Cola.

Meist haben wir dann zu dritt noch etwas zusammengesessen. Oliver erzählte, was er erlebt hatte, und wir konnten beruhigt schlafen gehen.

Als die Freundschaft mit Anna zerbrach, folgte Sarah. Oliver hatte einen vortrefflichen Geschmack, was Mädchen betraf. Harald war stets sehr neugierig auf die jungen Damen an Olivers Seite und wollte sie am liebsten immer gleich kennenlernen. Ich habe mich gefreut, wenn Oliver eine feste Freundin hatte.

Harald war sehr stolz auf seinen Sohn, nie ist ihm in den Sinn gekommen, dass er ihn mit seiner Großzügigkeit vielleicht doch etwas zu sehr verwöhnt hatte und es nicht richtig war, dass sich Oliver nie

Susanne Juhnkes Lieblingsfoto ihrer beiden Paschas:
Oliver mit seinem Vater (1992)

etwas verdienen musste. Harald war immer fest davon überzeugt, dass Oliver seinen Weg schon machen würde.

Von der Schule ist Oliver in der zwölften Klasse abgegangen, um eine kaufmännische Lehre bei Daimler-Benz zu machen. Da er bei der Musterung nur als eingeschränkt tauglich eingestuft wurde, ist er um die Bundeswehr elegant herumgekommen und versuchte sich nach der Lehre mit der Selbständigkeit. Seine erste eigene Firma, die er gemeinsam mit einem Freund gründete, veranstaltete Events für junge Leute.

Zum zwanzigsten Geburtstag schenkten wir Oliver eine Reise mit seiner damaligen Freundin Laura nach London. Wir wohnten im schicken Blake's Hotel und sahen uns gemeinsam die Sehenswürdigkeiten an. Die Stadt hatte sich sehr verändert, seit Harald und ich zuletzt dagewesen waren. London war noch internationaler geworden, eine echte Weltstadt. Am Sloane Square sahen wir uns die eleganten Geschäfte an, und als wir in der Bondstreet bei Versace vorbeikamen, konnten wir nicht widerstehen und kauften Harald einen schicken Smoking.

Das Hotel hatte uns für das Geburtstagsdinner einen Tisch im Ivy reserviert, einem Restaurant, in dem *the rich and the famous,* die Reichen und Berühmten, ein und aus gingen. Ich fand es besonders angenehm, dass wir hier ganz anonym ausgehen konnten und Harald nicht gleich von Autogrammjägern belagert wurde.

Als wir am nächsten Tag zum Lunch ins Restaurant des Savoy Hotels gehen wollten, erlebten wir eine kleine typisch englische Überraschung: Oliver wurde trotz Blazer und Krawatte nicht eingelassen – wegen seiner Jeans. So streng waren hier die Bräuche. Doch wir ließen uns die gute Laune nicht verderben und aßen einfach in der Hotelhalle.

Es kam selten vor, dass ich ohne meine Männer verreiste, aber im November 1992 ergab es sich so. Seit 1980 war ich Mitglied im Verein der Freunde der Nationalgalerie, und ich war schon einige Male mit auf eine der Jahresreisen gegangen, die uns in die Kunstmetropolen Europas führten. Diesmal stand New York auf dem Programm. Anlass war die Matisse-Ausstellung im Museum of Modern Art, die umfassendste, die es je gegeben hatte. Die Reise war total überbucht, und so musste das Los entscheiden. Ich hatte Glück und bekam einen der fünfzig begehrten Plätze. Auch meine Freundinnen Mona und Elisa, die ebenfalls im Verein der Freunde sind, waren mit von der Partie.

Uns erwartete eine perfekt organisierte Kulturreise, gespickt mit den interessantesten Kunst-Events: exklusive Führungen durch die wichtigen Museen und einige bedeutende Privatsammlungen, ein Studiobesuch bei den Verpackungskünstlern Jeanne-Claude und Christo, eine Kunstauktion bei Christie's, Theater und Konzerte ... Kurz: eine Woche Kunstgenuss pur, und alles unter der sachkundigen Führung unseres Vereinsvorsitzenden Professor Peter Raue und von Museumsdirektor Dieter Honisch. Im Kreis meiner Kunstfreunde fühlte ich mich Welten entfernt von meinem Berliner Alltag.

Neben all den faszinierenden Kunsterlebnissen ist mir ein Abend besonders intensiv in Erinnerung geblieben, der einzige Abend, der uns zur freien Verfügung stand. Wir Freundinnen hatten Lust, einmal so richtig in das New Yorker Society-Life einzutauchen. Wir hatten uns eines der feinsten Restaurants Manhattans auserkoren, das Cote Basque. Also stylten Mona, Elisa und ich uns entsprechend fein auf und waren schon in Hochstimmung, als wir das Restaurant betraten. Natürlich hatten wir keine Tischreservierung, obwohl wir genau wussten, dass man im Cote Basque einen Tisch Monate im voraus bestellen musste. Selbstbewusst, strahlend und mit *allure* standen wir drei Grazien, zwei Blondinen und eine Brünette, plötzlich im Mittelpunkt der Aufmerksamkeit. Obwohl das Restaurant voll besetzt war, wurde in Windeseile für uns ein neuer Tisch hergerichtet. Es wurde ein solcher Wirbel um uns gemacht, dass die anderen Gäste interessiert das Geschehen verfolgten. Man reichte uns die Speisekarte, und kurz darauf wurde in einem Eiskübel eine Flasche Dom Perignon serviert. Wir studierten die Karte und gerieten wie Teenager ins Kichern. Das Leben konnte so schön sein!

Dann kam der Chef de cuisine, der gleichzeitig der Besitzer war, wie wir später erfuhren, an unseren Tisch, und nachdem wir uns auf seine Empfehlungen nicht einigen konnten, schlug er uns ein *Menu surprise* vor. Nicht nur, dass wir an diesem Abend persönlich eingeladene Gäste des Cote Basque waren, uns wurde versichert, dass, wann immer wir nach New York kämen, im Cote Basque stets ein Tisch für uns reserviert wäre. So einfach waren aus drei Berlinerinnen New Yorker Society-Ladys geworden!

Während unserer Reise rief mich Harald regelmäßig nach Mitternacht an, bei ihm war es dann ja schon früher Morgen. Er erkundigte sich, wie ich meinen Tag verbracht hatte, und berichtete von seinen Erlebnissen in Berlin. Bei meiner Abreise war er noch ganz positiv gewesen: »Munel, ich freu mich für dich«, hatte er gesagt und: »Ich komm schon klar mit Oliver.« Selbstverständlich hatte ich alles perfekt für meine Abwesenheit vorbereitet. Trotzdem: Eigentlich hätte ich eine Wette abschließen können, dass meine Reise nicht ohne Folgen bleiben würde. Aber ich wollte es nicht wahrhaben, dass Haralds Krankheit mich sogar bis nach New York verfolgen könnte. In der Nacht vor unserem Rückflug rief er mich mehrmals an, und an seiner Stimme erkannte ich sofort, dass er getrunken hatte. Während des Rückflugs steigerte sich die Angst davor, was mich zu Hause wohl wieder erwarten würde, und verwandelte sich in Wut und Verzweiflung über meine Situation.

Harald hatte inzwischen schon selbst Dr. Moschiry vom Martin-Luther-Krankenhaus angerufen und ihn gebeten, zu ihm nach Hause zu kommen. Ich war gerade rechtzeitig aus New York zurückgekommen, und zusammen konnten wir das Schlimmste verhindern. Dennoch betrachtete ich diesen »Ausrutscher« als persönlichen Affront. Hatte Harald mir ein schlechtes Gewissen machen wollen, weil ich ihn ein paar Tage allein gelassen hatte? Hatte er mich für meine New-York-Reise bestrafen wollen? Stand es ihm zu, mich zu bestrafen? Wofür?

Als Harald ganz wiederhergestellt war, spürte ich, dass er sich mir gegenüber schämte. Ich reagierte aber nicht darauf, denn es war an ihm, sich bei mir zu entschuldigen. Das brachte er zwar nicht über die Lippen, aber dafür scharwenzelte er besonders liebenswert und charmant um mich herum.

Eines Tages überraschte er mich mit der Frage: »Wollen wir uns nicht eine Katze anschaffen?« – »Katze«, das war der Kosename, den mir schon meine Brüder gegeben hatten, und als Kind hatte ich unsere Kätzchen zu Hause sehr gern gehabt. Von der Anschaffung einer Katze musste man mich nicht erst überzeugen.

Wir sind also auf eine Rassekatzenausstellung am Alexanderplatz gegangen und verliebten uns auf Anhieb in die Maine Coon, eine grau-gestromte Halblanghaarkatze mit einer löwenartigen Mähne und Haarbüscheln an den Ohren. Bei der Züchterin suchten wir uns eines von vier Katzenbabys aus. Wir konnten es nicht sofort mitnehmen, weil die Jungen noch bei der Mutter bleiben mussten. Zwei Monate mussten wir auf unseren neuen Familienzuwachs warten.

Einen Namen hatten wir schon parat: Wir nannten den kleinen Kater »Pacha«, für mich war er Pacha Nummer drei. Kater Pacha brachte viel Freude in unser Leben, er liebte unseren Garten und streunte gern in der Nachbarschaft herum. Er war bekannt in der

Pacha, der Familienkater

ganzen Gegend und an seinem Halsband mit dem kleinen Glöckchen gut zu erkennen. Leider konnten wir uns nur zwei Jahre an ihm erfreuen. Eines Tages kam er von einem Ausflug nicht wieder zurück.

Sechs Wochen lang haben wir nach ihm geforscht, haben eine Suchaktion in der Nachbarschaft gestartet, Zettel an Bäume geheftet, sogar die Berliner Tageszeitungen beteiligten sich und druckten ein Foto von Pacha. Aber noch nicht einmal eine Suchmeldung in der SFB-*Abendschau* brachte ihn uns zurück.

Wir waren sehr traurig über den Verlust unseres Katers. Pacha war so einmalig, dass wir uns nicht vorstellen konnten, ihn durch eine andere Katze zu »ersetzen«. Lieber haben wir darauf verzichtet, uns ein neues Tier anzuschaffen.

Zu Mamis siebzigstem Geburtstag richtete ich ihr ein Fest aus, zu dem die ganze Familie von nah und fern kam und einige Freunde und Begleiter ihres Lebenswegs dazu. Sie alle lud ich zu uns nach Hause ein und arrangierte meiner Mutter zu Ehren ein Klavierkonzert.

Mein Schlafzimmer, wo mein Flügel stand, wurde zum Konzertsaal. Die Jugendlichen lagen auf dem Bett, für die Erwachsenen hatte Oliver aus dem ganzen Haus Stühle heraufgeschafft. Ich hatte eine japanische Pianistin engagiert, die die schönsten Stücke von Mamis Lieblingskomponisten spielte: Beethoven und Chopin, Liszt, Schumann und Gershwin. Mami war tief gerührt, und als Dankeschön setzte sie sich an den Flügel und improvisierte für uns einige Stücke. Ich fühlte mich in meine Kindheit zurückversetzt, als Mami uns so oft auf dem Klavier vorgespielt hatte.

1994 führten uns Haralds Dreharbeiten für *Zwei alte Hasen* für vier Tage nach Kairo. Während Harald mit Heinz Schubert drehte, schaute ich mir das Ägyptische Museum an. Die Schätze des Altertums waren dort sehr unkonventionell in Hülle und Fülle ausgestellt, ich hätte ganze Tage hier verbringen können.

Als der Film abgedreht war, blieb uns ein Tag, um die Pyramiden zu besichtigen. Harald ließ sich sogar dazu hinreißen, das Innere einer Pyramide zu besichtigen, nur damit ich später nicht sagen konnte, er wäre ein Kulturbanause. Offen gesagt, viel gab es darin nicht zu sehen außer dunklen Nischen und Gängen. Beim Tee im prachtvollen Park des Manor House erschienen uns die Pyramiden

Bei einer Geburtstags-TV-Gala bedankt sich Harald Juhnke bei seiner Frau mit einem Handkuss

wie Fata Morganas. So unwirklich waren sie in ihrer majestätischen Schönheit, dass man gar nicht glauben konnte, dass wir sie eben noch besichtigt hatten.

Zu Haralds fünfundsechzigsten Geburtstag im Juni 1994 ließen die Medien ihn gebührend hochleben, und ORF und ARD feierten ihn mit *Salut für Harald,* einer tollen Fernsehgala in Wien. Nach all dem Trubel beschlossen wir, seinen Ehrentag ganz allein in Venedig zu verbringen. Wir residierten im eleganten Hotel Cipriani auf der dem Markusplatz vorgelagerten Insel Giudecca und machten uns jeden Tag mit dem Vaporetto auf Entdeckungsfahrt durch die Kanäle. Eine ganze Woche blieben wir, ließen uns die besten Restaurants empfehlen und kehrten in Harry's New York Bar ein. Zufällig trafen wir Freunde aus Berlin, mit denen wir uns die Pavillons auf der Biennale und das Guggenheim-Museum ansahen. Selten ist Harald so viel zu Fuß gelaufen – mir zuliebe, und bevor wir mit dem Boot zurück zu unserem Hotel fuhren, haben wir immer im Caffé Florian auf dem Markusplatz einen der besten Cappuccinos der Welt getrunken.

In den vielen Interviews, die Harald anlässlich seines Ehrentages gab, fand er stets große Worte des Dankes für mich. Ich weiß nicht, wie oft ich habe lesen müssen, dass ich ihn gerettet hätte, dass er ohne mich nicht leben könne, dass ich die wichtigste Person in seinem Leben sei. Mir gegenüber konnte er das nie so in Worte fassen.

Der große Bernhard Minetti, den Harald über die Maßen verehrte, machte ihm eines der größten Komplimente, die Harald in seinem Leben bekommen hat:

»Er ist mit Selbstverständlichkeit ins klassische Fach hineingewachsen, in ursprünglicher und natürlicher Art, wobei er auf der anderen Seite mit seinem wunderbaren verführerischen Unterhaltungstalent, abseits oberflächlicher Leichtigkeit, ein wirklich echter Komödiant geblieben ist, von großem Wert für das Theater. Das unterscheidet ihn von vielen Kollegen … Er ist zu loben und zu lieben. Und seine Alkoholprobleme interessieren mich nicht, auch nicht das Geschwätz der Kollegen. Er ist ein Künstler und ein Mensch, als solchen sehe ich ihn. Wenn andere das nicht tun, tun sie mir leid, sie verstehen ihn nicht. Er hat es nicht nötig, Sensationslüsternheit zu stillen. Er soll spielen, das allein zählt.«

Nun war er fünfundsechzig – im Rentenalter, wie er manchmal frotzelte – und wollte kürzertreten. Das war ein Vorsatz, den ich nicht eine Sekunde ernst nahm. Er hingegen schien es ernst zu meinen, denn immerhin kündigte er seine Abschiedstournee an. Den Startschuss gab ein vielumjubeltes Konzert im Berliner ICC, danach sollte es mit dem Programm durch ganz Deutschland gehen.

Als ich im Dezember für ein paar Tage mit meinen Freundinnen in Paris war, brach das nächste Chaos in unser Leben herein. Harald hatte auf der Tournee in Köln ein junges Mädchen kennengelernt und wieder mit dem Trinken angefangen. Ich will mich zu der Affäre gar nicht äußern. Eine achtzehnjährige Schülerin, die Harald anhimmelte, und er, der sich in der Rolle des Angehimmelten gefiel, das war alles. Es wäre auch gar nicht weiter erwähnenswert, wenn Harald nicht die Grenzen des guten Geschmacks überschritten hätte, als er ins Interconti zog und vor der Presse hofhielt. Diese Affäre war nicht mein Niveau, ich ignorierte sie total.

Es war kurz vor Weihnachten, und das ganze Tamtam war überflüssig wie ein Kropf. Ich beriet mich mit Dr. Djawad Moschiry, der versuchte, an Harald heranzukommen, was ihm nach einigen Tagen auch gelang.

Rechtzeitig zu Weihnachten tauchte Harald wieder zu Hause auf – nüchtern. Er hatte sich in letzter Minute doch noch auf seine Familie besonnen. Weihnachten wurde zwar nicht das harmonischste Fest, aber Harald war wieder zu Hause und gab sich alle Mühe, »brav« zu sein.

Ich hatte mir vorgenommen, meinen fünfzigsten Geburtstag im engsten Familien- und Freundeskreis stilvoll zu feiern. Es waren rund fünfzig Freunde und Familienmitglieder, die sich an den festlich gedeckten Tischen im Restaurant Vivaldi des Schlosshotels Vier Jahreszeiten mir zu Ehren versammelten. Mit der Tischordnung hatte ich mir besonders große Mühe gegeben. Bereits beim Champagner-Cocktail verstanden sich alle blendend, das Dinner war *superb,* und der Pianist, den ich engagiert hatte, sorgte mit den schönsten Evergreens für eine tolle Stimmung. Harald bemühte sich sehr um mich, war charmant und ganz Gentleman. Im Grunde seines Herzens wünschte er mir einen ungetrübten und zauberhaften Geburtstag. Dies war mein Ehrentag, den ich im Kreis meiner engsten Freunde einfach nur genießen wollte.

Am meisten habe ich mich über die Geburtstagsreden meiner beiden Schulfreundinnen Doris und Ute gefreut. Doris, mit der ich am 1. April 1959 eingeschult worden war, sagte, nachdem sie an unsere Kindheit und Jugendzeit erinnert hatte:

»Wir waren mit Beruf und Partner beschäftigt, hatten naturgemäß auch unterschiedliche Interessen entwickelt und weit weniger Zeit für uns. Doch über all die Jahre hat sich unsere Freundschaft auch über die Entfernung hinweg gehalten und gestärkt, und noch heute können wir uns aufeinander verlassen. Das ist ein gutes, beruhigendes Gefühl. Dafür stehe ich hier und danke dir von ganzem Herzen für die vielen Jahre beständiger, gleichbleibender Freundschaft, und da es nur von uns beiden abhängt, bin ich ganz sicher, dass wir noch einige runde Geburtstage gemeinsam feiern können.«

Und Ute, mit der ich seit der achten Klasse zur Schule ging, ergänzte:

»Wie eine Katze ist sie immer geblieben von ihrer Art und ihren Bewegungen her. Sie kann schmusen wie eine Katze, wenn sie sich wohl fühlt. Ist behutsam und leise, und sie kann kratzen und fauchen, wenn ihr etwas nicht gefällt. Schon damals sortierte sie genau, wen sie um sich haben wollte und wen nicht. Bei den Leuten, die sie nicht wollte, machte sie sich völlig zu, aber für die Menschen, die sie mochte, war sie immer da.«

Und mit einem Blick auf Harald sagte sie:

»Harald war schon immer ein begnadeter Künstler, aber sehr labil. Er hat nicht zuletzt seine Karriere der Stärke von Susanne zu verdanken.«

So ging ein wenig erfreuliches Jahr mit einem wunderschönen Geburtstag zu Ende. Und ich fühlte mich im Kreise meiner Freunde stark. Was hatte ich nicht alles in den letzten Jahren gemeistert! Was sollte mir in Zukunft noch passieren?

Stillschweigend trank Harald fortan nur Mineralwasser, denn schon in wenigen Wochen sollten die Dreharbeiten beginnen, die er herbeisehnte, eine Arbeit, die ihn mit Haut und Haaren, mit seiner ganzen Existenz fordern sollte.

Der Trinker war für Harald die größte Herausforderung seiner Karriere. Alles in ihm sträubte sich dagegen, die Rolle zu spielen, und alles in ihm sehnte sich danach, mit dieser Rolle sein großes schauspielerisches Können zu beweisen. Er hatte sich sogar mit Professor Kielholz in Basel beraten, und der riet ihm ab.

Dennoch, diese Rolle durfte er nicht ausschlagen, er musste diesen Erwin Sommer spielen, denn Harald konnte sich mit ihm identifizieren wie kein anderer. Mit keiner Rolle hat sich Harald so intensiv auseinandergesetzt wie mit Erwin Sommer – denn Harald war Erwin Sommer. Sein Wunschregisseur Tom Toelle verlangte ihm das Äußerste ab.

Insgeheim hoffte ich, es könnte ein entscheidender Schritt im Kampf gegen seine Krankheit sein, wenn Harald diese Rolle ohne Rückfall durchstehen würde. Ganz sicher wollte er nicht so enden wie Erwin Sommer: Bei einem Besuch seiner Frau Magda teilte sie Erwin Sommer mit, dass sie sich mit seinem ehemaligen Konkurrenten zusammentun würde, geschäftlich und privat. Erwin Sommer war lange abstinent, kuriert vom Alkohol, aber nicht geheilt. Am Tag der Entlassung aus der Entzugsanstalt wurde er von seinem Arzt ins Sprechzimmer gebeten. Als der Arzt kurz den Raum verließ, wanderte Erwin Sommers Blick zum Medikamentenschrank, in dem eine Flasche mit dem Aufdruck »Alcohol 98 %« stand. Er nahm die Flasche aus dem Schrank, schenkte ein Wasserglas voll und kippte es in einem Zug hinunter. Er verließ den Raum und stürzte im Gang zu Boden. Sein letzter Rausch endete tödlich. In einer kurzen Traumsequenz erschien ihm noch einmal Elinor, seine Königin des Korns, *la reine d'alcohol* ...

Mein ganzes Streben während der Zeit der Dreharbeiten ging dahin, es Harald zu Hause so harmonisch und entspannend wie möglich zu gestalten. Insgesamt war die Zeit für mich eine einzige Zitterpartie. Haralds Identifikation mit dieser Rolle war total. Er kämpfte mit sich selbst wie nie zuvor. Wenn er von den Dreharbeiten nach Hause kam, wirkte er nachdenklicher als sonst. Ganz genau berichtete er mir, wie er einzelne Szenen gespielt hatte. So intensiv hatte er mich noch an keiner Rolle teilnehmen lassen.

Auch an drehfreien Abenden blieben wir daheim und richteten es uns so häuslich wie möglich ein, um die Anspannung zu dämpfen.

Harald hielt durch, er schien einen Waffenstillstand mit dem Teufel geschlossen zu haben. Er hätte es sich nie verziehen, wenn er diese Rolle an einen anderen hätte abgeben müssen.

Als die Dreharbeiten beendet waren, war Harald überaus befreit und erschöpft zugleich. Langsam baute er sich wieder auf, auch weil die Medien ihn mit positiven Kritiken überhäuften, schon bevor *Der Trinker* im Fernsehen ausgestrahlt wurde. All die Anstrengung sollte sich also gelohnt haben. Ich war sehr stolz auf ihn, dass er diese immense Leistung vollbracht und der Sucht standhaft widerstanden hatte.

Endlich war der Tag gekommen, und *Der Trinker* wurde in der ARD ausgestrahlt. Wir saßen gespannt vor dem Fernseher, selbst den Programmtrailer wollten wir nicht verpassen. Die Sekunden zwischen dem Ende der Tagesschau und dem Beginn des Films kamen mir vor wie eine Ewigkeit. Als der Vorspann lief, spürte ich, dass mein Puls rasant anstieg.

Erwin Sommer war nicht mein Mann, denn der saß ja neben mir in seinem Fernsehsessel. Aber es gab Szenen, da fühlte ich mich in der Haut von Magda, seiner Frau, denn ich sah die Parallelen zu unserem eigenen Leben. Vergleichbare Situationen, wie wir sie erlebten, zogen wie ein eigener Film an meinem inneren Auge vorbei. Stumm liefen mir die Tränen übers Gesicht.

Wir schwiegen während des ganzen Films. Ich wagte nicht, zu Harald hinüberzusehen. Und ich spürte, dass auch er es vermied, mich anzuschauen. Als der Film nach neunzig beklemmenden Minuten endlich zu Ende war, war ich erleichtert.

Szenenfoto aus *Der Trinker* (ARD, 1996)

Nach einigen Sekunden der Ergriffenheit hatte uns die Wirklichkeit wieder. Ich gratulierte Harald, dem eine wahre Meisterleistung gelungen war. Im Verlauf des Abends stand unser Telefon nicht mehr still: Kollegen und Freunde riefen an, um ihn zu beglückwünschen. Endlich ließ die Anspannung der letzten Wochen nach, und wir durften einfach stolz sein auf Haralds Leistung.

Die Ausstrahlung des Films erlöste Harald von dem immensen Druck, den er in seinen Selbstzweifeln empfunden hatte: Ja, als Schauspieler war er der Rolle gewachsen gewesen, als Mensch war er über sich hinausgewachsen.

Mir kam gar nicht der Gedanke, dass Harald in einem solchen Erfolgsrausch jemals wieder rückfällig werden könnte.

Ich hatte die Krankheit unterschätzt. Harald war wie immer – ein perfekter Schauspieler. Seine Rolle war nun, vor mir und Oliver seinen hochexplosiven Zustand zu verbergen.

Oliver und ich waren nicht zu Hause, als sich Harald wenige Tage nach der Ausstrahlung von *Der Trinker* auf eine fatale Zechtour begab. Wir hatten noch telefoniert, und er hörte sich an wie immer, sagte, dass er sich auf unser Wiedersehen freue und wie lieb er mich habe. Ich hatte keine Veranlassung, mir Sorgen zu machen.

Morgens um sechs kam er von seiner Zechtour nach Hause. Vor der Haustür »begrüßte« ihn ein Team von RTL-*Explosiv*. Er war darüber so empört, dass er der Reporterin eine Ohrfeige gab. Sender und Medien machten daraus einen der üblichen Juhnke-Skandale. Fragt sich eigentlich niemand der Verantwortlichen, was das für ein Gefühl ist, auf Schritt und Tritt beobachtet und verfolgt zu werden? Im permanenten Belagerungszustand zu leben, wie wir das seit Jahren erdulden mussten?

Ein Sturm der Entrüstung tobte durch die Presse – meine Nerven lagen blank. Mit all dem Schmutz wollte ich nicht konfrontiert werden.

Es war dasselbe Muster wie immer. Wieder hatte der Höhenflug des Erfolgs Harald aus der Bahn geworfen. Der Rausch des Alkohols hatte über den Rausch des Erfolgs gesiegt.

Welche Tragik! Bei aller Erfahrung und allem Verständnis für seine Alkoholkrankheit hatte ich mir immer wieder den Kopf darüber zerbrochen, warum ausgerechnet das Hochgefühl des Erfolgs regelmäßig den Zusammenbruch vorprogrammierte. Vielleicht war das Trinken ein Akt der Selbstbefriedigung, mit dem er die aufgestaute Anspannung löste. Wie viele dieser Akte hatte ich äußerlich scheinbar unbeschadet überstanden?

Erwin Sommer hatte im Film gesagt: »Wie schön es ist, sich fallen zu lassen ins Nichts.«

Meine Ampel stand auf Rot. Mein Verstand signalisierte mir: »Überdosis.« Plötzlich war meine Sicherung durchgeknallt, und ich wusste nicht mehr, wie ich mit der Situation umgehen sollte. Harald war mir entglitten, ohne dass ich vorher irgendein Anzeichen dafür entdeckt hätte. Und das, obwohl ich doch aber- und abermals gewarnt worden war. Ich hatte versagt. Warum?

Mir wurde zum ersten Mal bewusst: Du musst etwas in deinem Leben ändern, wenn du nicht den letzten Funken Energie, den letzten Schimmer Selbstachtung verlieren willst. Ich war mit meiner Kraft am Ende.

Konfuzius sagt: »Überlege, wie du über die Brücke kommst, wenn du vor ihr stehst.« Ich stand vor der Brücke, und ich wollte sie überqueren.

Ich war wütend und hilflos zugleich und sagte Harald unmissverständlich, dass ich nicht mehr gewillt war, seine Exzesse weiterhin zu ertragen.

»Wir wissen beide, dass unser Problem der Alkohol ist«, sagte ich. »Lass uns darüber nachdenken, ob unsere Liebe diesem Problem geopfert werden darf. Wir müssen uns, jeder für sich, klar darüber werden, auf welcher Basis wir eine gemeinsame Lösung finden.«

Ich befürchtete schon, dass Harald mich nicht verstanden hätte, aber dann schrieb er mir einen Brief:

»Meine geliebte Susanne!
Lass uns reden in Ruhe und Gelassenheit.
Nur so viel vorab: Ich kann ohne Dich nicht leben. Ich bin selbst entsetzt, was ich manchmal anstelle, aber vergiss nicht, es ist eine Krankheit!
Wir werden einen Weg finden, aber wir sollten und müssen zusammenbleiben.
Denke auch an die schönen Zeiten!
Ich versuche alles, um möglichst nicht auszurutschen!
Dein Harald«

Ich war gerührt, und wieder drohte dieser verführerische Gedanke von mir Besitz zu ergreifen, mit dem ich mich in all den Jahren nur allzugern betäubt hatte: »Im Grunde genommen sind wir doch glücklich.«

Harald war schnell wieder nüchtern, denn die Proben zum *Hauptmann von Köpenick* standen kurz bevor. Er war sehr besorgt um mich und drängte mir geradezu die Idee auf, dass ich mir etwas überlegen sollte, was mir innere Freude schenken würde. »Tu etwas für dich, ohne an mich zu denken«, sagte er eindringlich und stieß damit eine Tür im kleinen Haus meiner Wünsche auf, die bisher fest verschlossen war.

Ich wollte für einige Zeit nach Paris, in die Stadt, die mich seit jeher magisch anzog, in der ich mich frei fühlte, frei, um Abstand zu gewinnen. Bisher war ich immer nur für wenige Tage in meiner Lieblingsstadt gewesen, und immer hatte ich mich danach gesehnt, sie richtig kennenzulernen. Aber nicht einmal jetzt erbat ich mir einfach eine Auszeit in Paris. So durch und durch praktisch war ich, dass ich den Aufenthalt mit einem Sprachkurs verbinden wollte. In meinem Hang zur Perfektion war es mir schon lange ein Dorn im Auge, dass ich die Grammatik nicht beherrschte. Lernen ist immer eine gute Therapie; ich wusste, dass ich eine Beschäftigung brauchte, die mich beflügelte, um auf andere Gedanken kommen zu können. Und Harald willigte ein.

Schon seit vielen Jahren war es für meine Freundinnen Mona, Elisa und mich eine schöne Gewohnheit geworden, ein verlängertes Wochenende an der Seine zu verbringen. Wir drei Grazien liebten es, die elegantesten Geschäftsstraßen und sämtliche Flohmärkte unsicher zu machen, solange uns die Füße trugen. Mona hatte es zur Tradition gemacht, ihren Geburtstag Ende April in Paris zu feiern. Das Geburtstagsdinner fand jedesmal in dem feinen kleinen Restaurant L'Orangerie auf der Île Saint-Louis statt, dessen Besitzer der Schauspieler Jean Claude Brialy ist.

Wenn wir drei ohne unsere Männer einen Ausflug nach Paris machten, wählten wir ein kleines, zentral gelegenes Hotel. Flog ich dagegen mit Harald allein nach Paris, logierten wir stets in Luxusherbergen wie dem Ritz, dem Crillon oder, anlässlich seiner Dreharbeiten, dem Plaza-Athénée. Die Highlights unserer gemeinsamen Paris-Besuche waren mit Sicherheit der Galaauftritt von Frank Sinatra im Olympia und das Theaterstück *Variations Enigmatiques* im Théatre Marigny mit Alain Delon und Francis Huster.

Susanne und Harald Juhnke in Paris (1980)

Von meinen kleinen Paristrips brachte ich Harald immer seine geliebten Hemden, Krawatten und Einstecktücher von Hermès mit. Eine größere Freude konnte ich ihm nicht machen. Im Lauf der Jahre wurde daraus eine echte Hermès-Sammlung. Als Oliver anfing, Anzüge zu tragen, konnte es vorkommen, dass Harald in seinem

Schrank nach einer bestimmten Hermès-Krawatte suchte – und sie nicht fand. »Söhni« hatte sie sich heimlich ausgeliehen, was Harald ihm selbstverständlich gnädig durchgehen ließ.

Von meiner Idee, nach Paris zu gehen, war Harald spontan angetan, auch wenn er vielleicht etwas anderes erwartet hatte, einen Wunsch, der ihn nicht so völlig außen vor ließ. Aber ich blieb stark, machte Nägel mit Köpfen und meldete mich bei der Alliance Française an.

Als ich diesen »offiziellen« Schritt gemacht hatte, musste ich den nächsten in Angriff nehmen und mich auch innerlich von meinem zwanghaften Pflichtbewusstsein befreien, diesem Gedanken, von dem ich durchdrungen war: »Du musst immer für deine Familie zur Stelle sein.« Harald und Oliver waren schließlich erwachsen und konnten durchaus für sich selbst sorgen. Und selbstverständlich würde »Mütterchen Sorge« vorausschauend alles so organisieren, dass alles für das ultimative Wohl Notwendige vorhanden war. Außerdem gab es ja auch noch unsere Hilfe Heidemarie, die meine beiden Paschas vorzüglich zu betüddeln wusste. Ich musste mich zwingen, einmal ausschließlich an mich zu denken.

Die Entscheidung war gefallen, das Sprachinstitut gebucht, jetzt fehlte nur noch eine Unterkunft. Wie der Zufall es wollte, konnte ich eine möblierte Zweizimmerwohnung übernehmen, in der die Tochter einer Freundin während eines Studienaufenthalts gewohnt hatte. Allein der Gedanke, eine kleine Wohnung nur für mich allein zu haben, machte mich ganz euphorisch. Noch nie hatte ich eine eigene Wohnung gehabt, seit ich vor fünfundzwanzig Jahren aus dem Elternhaus direkt mit Harald zusammengezogen war. Ich war aufgeregt wie ein Teenager und fand mich erstaunlich mutig.

Das Timing meiner »Operation Paris« war günstig: Harald war ausgelastet mit seinen Proben für den *Hauptmann von Köpenick*. Intendant Bernd Wilms hatte ihn für die Paraderolle des Wilhelm Voigt engagiert, Katharina Thalbach führte Regie. Zuckmayers Stück sollte Ende Januar 1996 am Maxim-Gorki-Theater Premiere feiern. Wir waren übereingekommen, dass ich trotzdem nach Paris reisen würde. Sozusagen als Probe für die Männerwirtschaft, die auf sie zukam, holte Oliver seinen Vater vom Theater ab, um gemeinsam mit ihm essen zu gehen.

Dann war es endlich soweit: Am 12. Januar 1996 flog ich nach Paris. Meine kleine Wohnung lag im 7. Arrondissement, nur einen Steinwurf vom Invalidendom entfernt. Als ich die Tür zu dem Appartement aufschloss, war ich einerseits sehr angenehm überrascht von dem Gefühl, dass ich mich auf Anhieb heimisch fühlte. Gleichzeitig spürte ich, dass Einsamkeit die Schwester meiner neuen Freiheit war. Das Alleinsein aber war eine absolute Notwendigkeit, wenn ich mein Leben überdenken wollte und den Versuch ernst nahm, zu mir selbst zu finden.

Voller Elan schrieb ich mich für einen Intensivkurs vom 17. Januar bis 17. März ein, täglich dreimal fünfundvierzig Minuten. Jeden Tag lief ich zu Fuß zum Boulevard Raspail, hin und zurück. Drei Stunden mit nur einer kleinen Pause aufnahmefähig zu bleiben und den Stoff im Kopf zu speichern, das war ich nicht gewohnt. Aber der Unterricht machte mir großen Spaß, ich fühlte mich wie neu geboren – Susanne Juhnke, die Schülerin, die nur eine Pflicht kannte: sich selbst etwas Gutes zu tun.

In meinem kleinen »Nest« fühlte ich mich geborgen. Auch an das ungewohnte Gefühl, nur für mich allein sorgen zu müssen, gewöhnte ich mich rasch. Es dauerte wenige Tage, bis ich meinen Rhythmus gefunden hatte.

Das erste, was ich mir kaufte, waren ein Blumenstrauß und einige französische CDs von Edith Piaf, Charles Aznavour und anderen berühmten Chansoninterpreten und meine erste Céline-Dion-CD in französischer Sprache. Seitdem verehre ich die kanadische Künstlerin sehr. Sogar das Wetter meinte es gut mit mir: Der Himmel war azurblau, die Sonnenstrahlen wärmten mich, und als ich die Brücke zur Place d'Alma überquerte, links der Eiffelturm und in weiter Ferne die weißen Türme von Sacré Cœur, musste ich mich kneifen, um zu realisieren, ob ich das alles wirklich erlebte oder träumte. Allein und anonym in der schönsten Stadt der Welt: Ich fühlte mich frei wie ein Vogel. Und ich war tatsächlich in der Lage, meinen Seelenballast abzuwerfen.

Obwohl ich Paris von meinen vielen Reisen recht gut zu kennen meinte, entdeckte ich die Stadt vollkommen neu: Besonders die vielen kleinen Seitengassen hatten es mir angetan, ich liebte dieses ziellose Herumwandern. Ich musste mir keine Gedanken machen für andere, nur für mich, und ich tat einfach, wozu ich Lust verspürte, kehrte in das nächstbeste Bistro ein und bestellte *un plat du jour,* das Tagesgericht.

Auf dem Rückweg trug ich stolz mein Baguette unterm Arm. Zu Hause wartete niemand auf mich, der Fernseher war mein Alleinunterhalter. Ich konnte nur die französischen Sender empfangen, und anfangs verstand ich nicht viel. Bei den Nachrichten lernte ich durch die Sprache der Bilder am schnellsten, auch wenn ich mich sehr an die rasante Sprechtempo des Sprechers gewöhnen musste.

In der Sprachschule waren wir zwölf Schülerinnen und Schüler aus aller Herren Ländern. Das Pensum ging zügig voran, allerdings musste ich mich anfangs sehr durch die Grammatik quälen. Besonders die unregelmäßigen Verben und das Conditionel bereiteten mir Schwierigkeiten. Nach den drei Stunden Unterricht war ich jedesmal rechtschaffen müde. Der Nachhauseweg war dagegen Entspannung pur: Ich kaufte Lebensmittel ein, um mir abends eine warme Mahlzeit zuzubereiten. Oft bestand mein Mahl aber auch nur aus Baguette, Käse und Wein.

Meine einzige Kontaktperson in der Stadt war Nicole, eine waschechte Pariserin, die ich durch Berliner Freunde kennengelernt hatte. Sie nahm sich meiner rührend an und zeigte mir das Paris der Einheimischen. Nicole sprach weder deutsch noch englisch. Es blieb mir also nichts anderes übrig, als mich ausschließlich auf französisch verständlich zu machen. Anfangs kam ich mir sehr unbeholfen vor, aber durch Nicoles liebenswürdige Art verlor ich rasch meine Scheu. Besonders Saint Germain des Prés, das alte Bohemien-Viertel, hatte es mir angetan. Wir gingen zum Diner in die legendäre Brasserie Lipp, ins Café aux deux Magots und ins Café Flore, wo in den fünfziger Jahren die größten Persönlichkeiten der Intellektuellenszene wie Jean Paul Sartre und Simone de Beauvoir ihren Kaffee tranken. Ich war überrascht, wie sehr diese Pariser Institutionen sich ihre Atmosphäre erhalten hatten, auch wenn sie längst von Touristen erobert waren.

Am Wochenende trieb es uns auf die Flohmärkte oder ins Theater. Die einzelnen Bezirke habe ich mir quasi erlaufen. Zu entdecken gab es wahrlich genug. Mit Vorliebe sah ich mir die herrlichen Innenhöfe an, die man oftmals von der Straße aus gar nicht vermutete. Ich ließ mich durchtränken vom Flair der Stadt und genoss es von Herzen.

Peu à peu wurde mir die Melodie der französischen Sprache immer vertrauter, obwohl ich noch längst nicht alles verstand. Das machte mir vor allem dann etwas aus, wenn ich mich partout nicht verständlich machen konnte. Beim Einkaufen half dann meist ein Fingerzeig.

Aber meine Zeit in Paris war keineswegs immer nur eitel Sonnenschein. An manchen Tagen überfiel mich eine große Tristesse. Gedanken über den Sinn meines Lebens quälten mich, vor allem die Erkenntnis, wie ich mich immer wieder um die eigene Achse drehte. Ich war nicht wirklich glücklich, aber wenigstens auch nicht unglücklich.

Ich fühlte, dass ich an einem Wendepunkt angelangt war. Ich versuchte ich zu werden. Welch schwieriger Prozess!

Das Zusammenleben mit meinem alkoholkranken Mann hatte meine psychische Basis angenagt und meine Reserven erschöpft. Ich war aus purem Überlebenstrieb aus meinem bisherigen Leben geflüchtet.

Hier in Paris hatte ich den nötigen Abstand, meine eigentlichen Probleme analytischer anzugehen, weil ich nicht ständig an der Front kämpfen musste. Harald würde so oder so wieder in ein Loch fallen, ob ich da war oder nicht. Das hatte mich die Erfahrung gelehrt. Zum ersten Mal war ich mir meines eigenen Egos und seiner Bedürfnisse bewusst geworden.

Am 27. Januar 1996 war Premiere von *Der Hauptmann von Köpenick*. Es war das erste Mal in den fast fünfundzwanzig Jahren unserer Ehe, dass ich bei einer Premiere von Harald nicht im Parkett saß. Aber ich hatte mich entschieden und wollte meinen Plan unbedingt durchführen.

Natürlich telefonierten wir vor der Premiere. Harald war enorm angespannt, aber zuversichtlich. Ich wünschte Toi, toi, toi! und sagte ihm, dass ich in Gedanken bei ihm sei. Und so war es auch: Ich fieberte mit ihm und konnte mich an diesem Abend auf nichts anderes konzentrieren. Ich war hin- und hergerissen, ob meine konsequente Haltung wirklich richtig war. Schließlich wollte ich Harald ja nicht im Stich lassen, ich wollte aber auch, dass er einmal spürte, wie es ohne meine permanente Fürsorge ist.

Oliver und Peer, der eigens aus München angereist war, saßen sozusagen an meiner Statt in der Vorstellung. Nach der Premiere rief Harald mich aus der Garderobe heraus an, um mir zu berichten, dass sein *Hauptmann* ein Riesenerfolg war. Am Telefon machte er einen normalen, sehr glücklichen Eindruck. Der Premierenstress war von ihm abgefallen, und ich wünschte ihm einen tollen Abend im Kreis des Ensembles und mit Peer und Oliver.

Am nächsten Tag berichteten die Medien, dass er nicht zur Premierenfeier gekommen war. Das war totaler Unsinn. Während die Fotografen ihn suchten, saß er mit Kollegen in der Kantine.

Die Rolle des Wilhelm Voigt war Harald wie auf den Leib geschneidert. Berühmte Vorgänger im Film und im Theater – wie Heinz Rühmann und Werner Kraus – waren für ihn immer eine besondere Herausforderung. Harald wollte nie die Rolle kopieren, sondern ihr stets seine ureigene Interpretation verleihen. Dass es ihm gelungen war, in der Inszenierung von Katharina Thalbach den *Hauptmann* so rührend menschlich zu verkörpern und damit ein großes Stück Theater zu schaffen, bewiesen einhellig die Kritiken, die sich vor Lob geradezu überschlugen. Harald Juhnke hatte einen weiteren Stern am Himmel seiner Erfolge zum Leuchten gebracht. Wir alle waren stolz auf unseren *Hauptmann.*

Aus den Telefonaten mit Harald hörte ich heraus, dass er *not amused* war, dass ich zur Premiere nicht angereist war. Immer wieder kamen mal mehr, mal weniger versteckte Vorwürfe, dass ich ihn allein gelassen hätte.

Als ich am 14. Februar 1996 dann zum ersten Mal während meines Paris-Aufenthalts nach Berlin flog, erwartete Harald mich am Flughafen mit einem großen Blumenstrauß. Heute war ein besonderer Tag, die Verleihung der Goldenen Kamera, des Film- und Fernsehpreises von *Hörzu,* im Schauspielhaus am Gendarmenmarkt. Die Goldene Kamera ist eine der wichtigsten Auszeichnungen, mit der eine herausragende Leistung und Persönlichkeit in Film und Fernsehen gewürdigt werden. Harald war bereits einmal, 1980, für *Musik ist Trumpf,* mit der Goldenen Kamera ausgezeichnet worden, und es gab nicht viele Künstler, denen die Ehre ein zweites Mal zuteil werden sollte. Harald bekam die zweite Goldene Kamera für seinen Erfolg in der Rolle des Erwin Sommer in *Der Trinker,* und das ausgerechnet in den Tagen seines neuerlichen Erfolgs mit dem *Hauptmann.* Sein Stolz und seine Vorfreude auf den schönen Abend kannten keine Grenze.

Wir machten uns einen entspannten Nachmittag und bereiteten uns auf den festlichen Abend vor. Um achtzehn Uhr holte uns ein Fahrer mit einer Mercedeslimousine zum Festakt ab, Harald im Smoking und ich in langer Abendrobe von Chanel, versteht sich. Die Fahrt durch die Stadt, den Kurfürstendamm herunter, über die Straße des 17. Juni, durchs Brandenburger Tor und Unter den Linden zum festlich erleuchteten Gendarmenmarkt steigerte unsere frohe Erwartung auf einen großen Abend.

Die Ankunft der Preisträger und der achthundert geladenen

prominenten Gäste aus der Film- und Fernsehbranche wurde von einer Armada von Fotografen und TV-Teams in einem Blitzlichtgewitter festgehalten. Hunderte von Fans bejubelten die Ankunft ihrer Fernsehlieblinge. Ein breiter roter Teppich führte die Stufen zum prachtvollen Portal des Schauspielhauses hinauf. Stolz zog ich am Arm meines Mannes in den Festsaal ein, durch den Mittelgang schritten wir ganz nach vorn. Die Preisträger nahmen in der ersten Reihe Platz, unter ihnen José Carreras, Anthony Quinn, Jodie Foster, Gérard Depardieu und Ulrich Tukur. Ich saß direkt hinter Harald in der zweiten Reihe.

Nach der Begrüßungsansprache durch den Vorstandsvorsitzenden des Axel Springer Verlags wurde Harald als erstem die Goldene Kamera überreicht. Als mein Harald sich da oben auf der Bühne fast ein bisschen schüchtern verbeugte, wollte der Applaus schier kein Ende nehmen. Dieser ehrenvolle Moment rührte mich zu Freudentränen. Auf der Woge des Applauses sandte ich ihm meine tiefe Verehrung auf die Bühne.

Im Anschluss an die Verleihung folgte ein fulminantes Souper im Foyer des Schauspielhauses, das anschließend in ein rauschendes Fest überging. Harald und die anderen Preisträger waren umringt von Fotografen, und wir wurden wohl hundertmal fotografiert. Susanne Juhnke an der Seite ihres Mannes, das war vierzehn Tage nach der Premiere des *Hauptmanns von Köpenick* zumindest der Boulevardpresse das Foto des Abends wert.

Ich war es ja seit vielen Jahren gewohnt: Events wie diese sind für die Fotografen immer ein willkommener Anlass, neunhundertneunundneunzig Fotos einschlägiger Prominenter sozusagen auf Vorrat zu schießen. Manchmal ist auch ein Überraschungsfoto dabei, das es nie wieder geben wird. Leben und leben lassen ist die Devise, bitte recht freundlich. Und an diesem Abend hatte ich keinen Grund, nicht strahlend an der Seite meines Mannes zu sein.

Leider endete dieses wunderschöne Fest zu Hause in einem fürchterlichen Streit. Die Enttäuschung, dass ich bei der Premiere seines *Hauptmanns* nicht dabeigewesen war, saß wohl zu tief. Obwohl er keinen Tropfen Alkohol getrunken hatte, wurde Harald sehr aggressiv und ließ seinen ganzen Unmut aus sich heraus. Er fühlte sich von mir nicht genug gewürdigt.

Zwischen uns war es im Lauf der Jahre latent immer wieder ein Thema gewesen, dass er das Gefühl hatte, ich würde ihn nach einem Erfolg nicht genug loben. Es gab aber einfach Abende, an denen ich keine Steigerung all der lobenden Worte mehr finden konnte, die er vorher schon mehrfach gehört und begierig in sich aufgesogen hatte. Tausend begeisterte Fans, die ihm zujubelten, machten ihn so euphorisch, dass er meinen Applaus und meine lobenden Worte dagegen als ungenügend empfand.

Harald liebte es, angehimmelt zu werden. Es machte mich traurig, dass ich ihm mit meiner Art und Weise, ihn zu loben, nicht Genüge tun konnte. Auch Peer und Oliver konnten sich nach Haralds Meinung nicht in dem Maße artikulieren, wie er es sich wohl wünschte.

Dabei war es so einfach: Wir waren in erster Linie doch seine Familie und nur indirekt sein Publikum oder seine Kritiker. Wenn ich spürte, wie enttäuscht er über eine meiner so ehrlich gemeinten Wertschätzungen war, musste ich manchmal rätseln. Wie konnte ich nur vergessen, dass Harald durch und durch Schauspieler war, selbst zu Hause konnte er seine Bühnenidentität nicht ganz abstreifen.

Jetzt kreiste Haralds ganzer Zorn einzig und allein um diesen einen Abend, den ich ihm nicht geschenkt hatte. Obwohl ich jetzt an seiner Seite war, fühlte er sich von mir verlassen. Unsere Abmachung, dass ich etwas tun sollte, was nur für mich allein gut war, galt plötzlich nichts mehr. Dass die Abmachung auch für ihn Konsequenzen haben konnte, wollte er sich nicht eingestehen und schon gar nicht mir gegenüber zugeben. Ein Wort ergab das andere. Ich konnte beim besten Willen nicht klein beigeben, wer immer auch im Recht war.

Am nächsten Morgen wachte ich mit dick verweinten Augen auf. Für Harald war unser Streit bereits wieder verflogen. Die vier Tage, die ich in Berlin verbringen wollte, sollten harmonisch sein und nicht mit unseren Problemen belastet. Trotz allem spürte ich doch, dass Harald irgendwie auch dankbar über mein Kommen war. Nur sagen konnte er es mir nicht.

Für den Abend hatte Harald für mich und Mami Karten für den *Hauptmann von Köpenick* besorgt. Für uns war es die Premiere, und entsprechend aufgeregt war Harald. Er würde heute abend nur für uns spielen.

Das Maxim-Gorki-Theater war bis auf den letzten Platz ausverkauft, und das Publikum war ganz aus dem Häuschen. Es wurde an den richtigen Stellen gelacht, und man hätte eine Stecknadel fallen hören können, wenn Harald seine Monologe rezitierte. Wir erlebten ein Theatermärchen. Selten hatte ich Harald so zurückgenommen und menschlich spielen sehen.

Begeistert von der Aufführung und voll des Lobes für den *Hauptmann,* ließen wir den Abend im Fofi's im Nikolai-Viertel ausklingen. Oliver und seine Freundin Laura kamen dazu. Als wir dann wieder zu Hause waren, fühlte ich mich doch wieder richtig daheim.

Selbstverständlich nahm ich auch sofort meine »Pflichten« wieder wahr und erledigte den Riesenberg von Post, der sich in meiner Abwesenheit angesammelt hatte. Mittags traf ich Mona und Elisa zum Lunch, die begierig waren, meinen Report über Paris zu hören. Etwas enttäuscht stellten sie fest, dass ich von keinen großen Abenteuern zu berichten wusste, und meine kleinen Grammatikabenteuer fanden sie mit Recht nicht gerade fesselnd. Wenigstens mussten sie feststellen, dass ich in meinem Pariser Alltag Ruhe und Entspannung gefunden hatte.

Als ich am Sonntagabend zurück nach Paris flog, waren meine Gefühle ambivalent: Einerseits Wehmut, weil ich unser schönes Haus wieder gegen die kleine Wohnung eintauschte, andererseits sehnte ich mich in meinen Kokon zurück, dieses selbstgewählte kleine eigene Leben mit meinen Tagträumen und dem Sprachkurs, dessen Erfolge mich motivierten und mein Selbstwertgefühl steigerten.

Froh, aus Berlin wieder abzureisen, war ich vor allem auch deshalb, weil mich die Presseberichte der letzten Zeit aus der Distanz mehr angewidert hatten, als ich mir eingestehen wollte. Harald hatte nach der *Hauptmann*-Premiere mal wieder freizügig Interviews gegeben. Ob er tatsächlich all diese verletzenden Kommentare über mich gesagt hatte oder nicht: Ich wünschte, ich hätte diese Schlagzeilen nie lesen müssen. Mich hatte niemand dazu befragt, und auch wenn sich jemand für meine Meinung interessiert hätte, hätte ich mich jeglichen Kommentars enthalten. Wen kümmerte schon mein angekratztes Ehrgefühl. Wenn mir in all den Jahren jede Schlagzeile so nahegegangen wäre, hätte ich vor Scham keinen Schritt mehr vor die Tür gewagt.

Natürlich war ich jedesmal wütend und sauer. Aber sag mal einem Volltrunkenen, was für einen Schwachsinn er von sich gegeben hat oder dass er sich voll danebenbenommen hat. Wenn mein Mann wieder zu sich gekommen war, gab es kein Erinnern mehr, dann war es nur eine völlig frei erfundene Story.

Ich hatte für mich schon lange beschlossen, dass ich meiner Strategie treu bleiben wollte, so schwer es mir manchmal auch fiel. Aber mit Vorwürfen würde ich bei Harald nie etwas bewirken. Es war müßig, über den Schnee von gestern zu diskutieren, wenn der nächste Sturm ganz gewiss kam.

In Paris lebte ich mein Leben weiter. Den Französischkurs nahm ich sehr ernst, ich machte meine Hausaufgaben und übte Konversation mit Nicole. Oft besuchte ich sie, und sie kochte für uns – sie war eine großartige Köchin. Die Tage vergingen viel zu schnell, aber ich nutzte jede Stunde. Nach und nach gewöhnte ich mich daran, meine Gedanken nicht immer nur um Harald kreisen zu lassen. Es sollte nicht mehr lange gutgehen.

Ich befand mich gerade irgendwo in Saint Germain, als Harald mich auf meinem Handy erreichte. Am Klang seiner Stimme hörte ich sofort, dass er getrunken hatte. Genervt legte ich einfach auf. Allein der Gedanke, was da wieder auf mich zukommen könnte, raubte mir den Atem. Von einem Augenblick zum nächsten war mein so mühsam aufgerichteter Seelenzustand wieder aus dem Gleichgewicht gebracht.

Warum war es mir nicht vergönnt, einmal sorglos zu leben? Es war eine bittere Erkenntnis: Meine Flucht nach Paris war eben doch nur ein Ausbruchsversuch auf Zeit und keine Lösung. Ich war vor meinen Lebensumständen und vor mir selbst geflohen, und dabei hatte ich so sehr gehofft, dass die Distanz mir genügend Kraft geben würde, um auf positive Gedanken zu kommen. Weit gefehlt! Die alten Probleme hatten mich wieder eingeholt. Ich wehrte mich mit jeder Faser meines Seins. Diesmal würde ich nicht nachgeben: Der Teufel Alkohol hatte mich fortgetrieben. Er würde mich jetzt nicht zurücklocken.

Von Oliver erfuhr ich, dass Harald einen Auftritt in der Hochschule der Künste hatte platzen lassen. Ich war so wütend, aber ich dachte nicht daran, wieder als rettender Engel zur Stelle zu sein. Oliver und meine Freundin Ute erbarmten sich, um Harald vor Schlimmerem zu bewahren. Das Telefon stand nicht still. Ich dirigierte alles vom Handy in Paris aus, der Stress war unbeschreiblich. Harald hatte mich über tausend Kilometer hinweg wieder eingeholt.

Eigentlich hatte Harald für ein paar Tage nach Paris kommen wollen. Mit dem ersten verhängnisvollen Glas hatte er alles wieder zunichte gemacht. Aus einem schönen Traum wurde ein Alptraum. Nur mein Sohn Oliver tat mir unendlich leid, er war der Situation mit seinem Vater nicht gewachsen. Ich konnte ihn mit dieser Misere nicht allein lassen. Also flog ich doch nach Berlin. In mir hatte sich eine unheimliche Aggressivität angestaut, wusste ich doch nur zu genau, was mir zu Hause bevorstand.

Olivers Freund Andy holte mich vom Flugplatz ab, wo ich,

wie nicht anders zu erwarten war, von einigen »netten« Fotografen in Empfang genommen wurde. Die Spatzen pfiffen es von den Dächern: Harald Juhnke war wieder einmal abgestürzt.

Zu Hause bot sich mir ein Bild des Jammers, Harald war sehr schlecht beieinander. Unser Arzt Dr. Moschiry kam, und gemeinsam schafften wir es, Harald zur Besinnung zu bringen, ohne dass er in die Klinik musste.

Die kommenden Tage widmete ich mich ganz Harald und seinem fragilen Zustand. Nur das war jetzt wichtig: Bis zur nächsten Vorstellung des *Hauptmann* musste er wieder auf dem Damm sein.

Nach vier Tagen reiste ich voller Zuversicht wieder ab, alle Anzeichen und all meine Erfahrung sprachen dafür, dass Harald sich wieder gefangen hatte. Trotzdem konnte ich mich in Paris auf nichts konzentrieren, bis der erlösende Anruf kam. Oliver berichtete mir, dass Harald seinen *Hauptmann* wie immer mit Bravour über die Bühne gebracht hatte. Da erst konnte ich aufatmen und mich wieder ein wenig entspannen.

In Paris war endgültig der Frühling eingekehrt. Das Leben spielte sich draußen auf den Trottoirs vor den unzähligen Bistros ab. Im Gewimmel der Touristen fühlte ich mich wie eine echte *Parisienne*. Nur abends, wenn ich allein in meiner kleinen Wohnung saß, rotierten die Gedanken:

Welche neuen Erkenntnisse hatte ich in den letzten Wochen gewonnen, die ich nicht schon vorher hatte? Ich besann mich auf all das, was ich hier vermisste. Meine Familie und meine Freunde. Menschen, die mich zu dem gemacht haben, was ich heute bin. Es sind doch die zwischenmenschlichen Beziehungen, die unser Leben reich und glücklich machen. Nicht die Tatsache, dass man sich ein Chanel-Kostüm kaufen konnte, zählt. Die Nahrung der Seele, die Werte, die einen Menschen ausmachen, nur die zählen, sonst verkümmern wir. Gefühle ausdrücken zu können, das ist die stärkste

Verbindung zwischen Menschen – ich sehnte mich so nach meinen Gefühlen, die so oft hintanstehen mussten.

Mitten in diese Gedanken hinein klingelte es an der Tür, was ganz selten vorgekommen war. Als ich öffnete, überreichte mir ein Bote ein riesiges Blumenbouquet. Ein lieber Gruß von meinen einsamen beiden Männern: »Wir vermissen Dich.« Eine sentimentale Freude kam in mir hoch – wie schön könnte unser Leben sein! Ich versuchte mich auf die guten Zeiten mit Harald zu konzentrieren, mich nur an das Schöne in unserem Leben zu erinnern.

Der dritte und letzte Teil des Kurses hatte inzwischen begonnen. Mich hatte ein böser Infekt erwischt, der – wie ich dann erkennen musste – Ausdruck einer weiteren schlimmen Situation war. Offenbar fehlten mir die Antennen für mein eigenes Befinden, so dass es solcher äußeren Symptome bedurfte, um mich darauf zu stoßen, dass etwas ganz und gar nicht in Ordnung war.

Da rief ein verzweifelter Oliver an. Harald war volltrunken von einer Zechtour nach Hause gekommen, es stand schlecht um ihn! Es brachte mich fast um den Verstand. Ich konnte kein Verständnis mehr für diese Krankheit aufbringen, die mich selbst krank zu machen drohte. Harald schien sich für meinen Ausbruch aus unserem Leben rächen zu wollen, den er doch selber herbeigeführt hatte! Eine andere Erklärung dafür hatte ich nicht.

Meine letzten Tage in Paris standen bevor. Doris war aus Hamburg zu Besuch gekommen, mit ihr wollte ich noch einmal durch die Straßen schlendern. Vor allem aber wollte ich meine Prüfung machen. Und nun das! Wie sollte ich mich freuen, wie mich konzentrieren? Ich beschloss trotzdem, mir die Freude an den letzten Tagen in Paris nicht nehmen zu lassen.

Am nächsten Tag wollten wir einen Ausflug nach Versailles machen und starteten vom Gare d'Orsay aus. Der Zug kam, und wir stiegen ein. Nach drei Stationen merkten wir, dass wir in die falsche Richtung fuhren. Eine Stunde hatten wir durch unseren Irrtum vertan. Wir mussten lachen. Versailles sollte heute nicht sein. Wir nahmen es von der fröhlichen Seite. Statt dessen bummelten wir durch St. Michel und über die Île Saint-Louis.

Bei frühlingshaften Temperaturen von einundzwanzig Grad Celsius zog es uns zur Place Vendôme im Herzen von Paris, einem der elegantesten Plätze aus dem 18. Jahrhundert. Hier hatten sich seit jeher die Crème de la Crème der Nobel-Hotellerie, die Haute Couture von Elsa Schiaparelli und Coco Chanel und die Edeljuweliere Boucheron, Cartier und Van Cleef und Arpels angesiedelt.

Im Café Angelina in der Rue de Rivoli tranken wir die beste Schokolade der Stadt; Doris nahm ihre *chaud* und ich meine *glacé*. Unsere Füße trugen uns noch bis zur Place de la Concorde mit dem berühmten Obelisken. Zum Ausklang dieses wunderschönen Tages schauten wir uns bei Käse und Wein im Fernsehen die Verfilmung von Françoise Sagans Roman *Aimez-vous Brahms?* an.

Die nächsten drei Kurstage schwänzte ich. Meine Konzentrationsfähigkeit war völlig blockiert. So schön es mit Doris war, sosehr schwebten meine Gedanken sorgenvoll nach Berlin. Musste ich mir nicht doch Vorwürfe machen, dass ich nicht sofort nach Hause geeilt war? Was konnte ich andererseits noch bewirken? Überrascht stellte ich fest, dass meine Gefühle sich verändert hatten: Ich empfand weder Angst noch Panik wie früher. War es Resignation, oder hatte ich mir eine gewisse Gelassenheit angeeignet? Musste das alles erst passieren, damit meine Gefühle an diesen Punkt anlangten?

Warum war ich nicht bei ihm? Hätte ich den Rückfall verhindern können? War ich verantwortlich dafür? Warum konnte ich nicht aufhören nachzudenken, warum ließen sich diese furchtbaren Konflikte in meinem Gehirn nicht abschalten? Wenigstens ab und zu, damit ich zur Ruhe kommen konnte? Ich will mich nicht immerfort mit Schuldzuweisungen belasten. Jeder ist für sein Leben verantwortlich. Auch Harald, mein Mann. Ich kann die ganze Last nicht für ihn tragen, auch wenn die Last eine Krankheit ist.

All diese Gedanken gingen mir nicht mehr aus dem Kopf. Und am Telefon ließ ich mir von Oliver über die Situation in Berlin berichten. Mit der Hilfe von Dr. Moschiry war es endlich gelungen, Harald ins Martin-Luther-Krankenhaus einzuliefern. Oliver und ich konnten aufatmen. Mein Sohn hatte die Krise tapfer durchgestanden. Dafür konzentrierten sich meine Selbstvorwürfe nun auf Oliver: Welchen Horrortrip hatte er ohne meinen Beistand erleben müssen! Hatte ich auch meinen Sohn allein gelassen? Durfte ich das?

Der Countdown lief: Unwiderruflich waren meine letzten Tage in Paris angebrochen. Unbedingt wollte ich Doris noch den Montmartre zeigen. Wir erklommen die steilen Stufen zu Sacré Cœur und wurden mit dem traumhaften Blick auf die Stadt belohnt. Schweigend verweilten wir im Inneren der Basilika, ein Ort, den ich so sehr liebe, weil er eine außerordentliche Ruhe ausströmt, mich zur Besinnlichkeit auffordert und mir so Frieden schenkt. Am Muttergottesaltar zündete ich für die Lieben, die in meinem Herzen wohnen, einige Kerzen an und hielt stumme Zwiesprache.

Den letzten Abend verbrachten wir gemeinsam mit Nicole. Zuerst besuchten wir eine interessante Antiquitätenausstellung mit seltenen, besonders kostbaren Exponaten. Dann gingen wir mit ein paar Freunden ins Restaurant L'Avenue in der Avenue Montaigne, ein amüsanter In-Treffpunkt.

Der letzte Kurstag an der Alliance avancierte zum Kurzunterricht. Wir Schüler hatten eine kleine Abschiedsfeier improvisiert, jeder hatte etwas Köstliches beigesteuert. Rasch verwandelten wir das Pult in ein kleines Buffet. Valérie, eine Mitschülerin, die kurz vor ihrer Hochzeit stand, spendierte zwei Flaschen Champagner. Danièle, unserer Instruktorin, überreichten wir einen Blumenstrauß.

Es wurde ein fröhlicher, unbeschwerter Ausklang, beschwingt gingen wir auseinander und sagten adieu.

Am nächsten Tag brach ich meine Zelte ab. Mein Pariser Traum war ausgeträumt. Wie lange würde die positive Energie vorhalten, die ich hatte tanken können?

In Berlin erwartete mich mein altes Leben wie gehabt. Die Vergangenheit hatte mich sofort wieder im Griff. Mein Schicksal war, dass ich ihr nicht entrinnen konnte. Der Aufenthalt in Paris war nur eine kurze Atempause gewesen.

Um Harald stand es schlimmer als befürchtet. Er lag im Martin-Luther-Krankenhaus auf der Intensivstation und war in einen künstlichen Tiefschlaf versetzt worden. Peer hatte ihn am Wochenende besucht und berichtete mir aus seiner Sicht als Mediziner vom Zustand seines Vaters. Er war ebenso ratlos wie ich. Solange Harald nicht aus seinem Heilschlaf erwacht war, konnten wir nur hoffen, dass es noch einmal gutgegangen war.

Jetzt, wo ich wieder zu Hause war, hielt Oliver es in Berlin nicht mehr aus. Die drei Monate meiner Abwesenheit hatten schwer auf ihm gelastet, und mit dem letzten Zusammenbruch seines Vaters war er mehr als überfordert gewesen. Er flog nach Miami zu einem Freund, um sein Trauma zu verdrängen. Ich gönnte es ihm von Herzen.

Wochenlang besuchte ich Harald jeden Tag, zunächst auf der Intensivstation, später in der Inneren Abteilung. Und auch diesmal wiederholte sich das Phänomen des Stehaufmännchens Harald Juhnke. Mit jedem Tag, den wir seiner nächsten Verpflichtung näher kamen, schritt seine Rekonvaleszenz fort. Harald schaffte es auch diesmal, sich aus dem Abgrund hochzuziehen.

Ende Mai 1996 erlebte die Aufführung des *Hauptmann von Köpenick* als Gastspiel des Maxim-Gorki-Theaters bei den Wiener Festwochen einen krönenden Höhepunkt. Das Publikum begrüßte Harald und das Ensemble im Theater an der Wien mit frenetischem Applaus und verabschiedete sich von ihm mit Standing ovations. Alle vier Vorstellungen waren ausverkauft, und das ganze Ensemble wurde Abend für Abend gefeiert.

Wir verbrachten wunderschöne Tage mit unseren Wiener Freunden Christa und Herbert. Mir ging es wieder gut. Der Erfolg ist ein Meister der Verdrängung. Mir schien es, als wären wir noch einmal – zum wievielten Mal? – mit einem blauen Auge davongekommen. Und Harald gelang es tatsächlich, mir ein kleines Stück Glauben an ihn wiederzugeben.

Oliver und Susanne Juhnke vor dem Schloss Schönbrunn in Wien (1985)

Im Sommer fuhren wir *en famille* nach Sylt, Harald gab dort einige Konzerte, und anschließend ging er mit einem zweistündigen Showprogramm auf Bädertournee. Zwanzig Abende ohne Probleme, er kam all seinen Verpflichtungen diszipliniert nach. Ich glaubte, er wäre über den Berg.

Im November 1996 wurde Harald in Köln der Telestar von ARD und ZDF für sein Lebenswerk verliehen. Als ihm Inge Meysel – mit der er vor genau vierzig Jahren zum ersten Mal in Berlin gemeinsam auf der Bühne gestanden hatte – den Preis überreichte, zollte ihm sein Publikum, die gesamte Fernseh- und Showbranche, mit Standing ovations Respekt.

Ich empfand in diesem Moment so etwas wie Stolz auch auf mich selbst – einen Teil seines Erfolgs durfte ich mir durchaus selbst zuschreiben, auch und vor allem, weil ich selbst in diesem schwierigen Jahr hinter meinem Mann gestanden hatte.

Auf seinen Lorbeeren wollte Harald sich nie ausruhen. Rastlos jagte er weiter, von einer Aufgabe zur nächsten. Nichts machte ihn lebenshungriger als sein Beruf, die Kontradroge zur Alkoholsucht.

Weihnachten verbrachten wir mit Oliver in Kitzbühel. Auch zu Silvester trank Harald nur Mineralwasser und versprach mir: »Munel, alles wird gut.« Es fiel mir schwer, ihm zu glauben.

Ende Januar 1997 flogen Harald und Oliver zu Dreharbeiten nach Los Angeles. Für den Filmsender Premiere sollte Harald auf den Spuren von Frank Sinatra wandeln und sein großes Vorbild in Las Vegas endlich auch persönlich kennenlernen.

Der Termin war perfekt gelegt, denn anschließend standen Dreharbeiten für eine Folge von *Klinik unter Palmen* an, die mit Klausjürgen Wussow in der Dominikanischen Republik produziert wurde. Oliver und Harald wollten direkt von Kalifornien aus dorthin fliegen.

Ich war glücklich für Harald, dass er endlich sein großes Idol treffen würde, alles schien optimal vorbereitet. Und wir waren bester Dinge. Jedenfalls so lange, bis Oliver mich aus Los Angeles anrief und mir aufgeregt berichtete, dass Harald sich in der Hotelhalle des

Mondrian hatte vollaufen lassen. Über den Vorfall ist so viel geschrieben, gemutmaßt, geurteilt und vorverurteilt worden, dass es müßig ist, noch etwas dazu zu sagen. Harald soll einen schwarzen Wachmann beleidigt und sich rassistisch geäußert haben. Ich möchte mich dazu eigentlich nicht mehr äußern.

Was ich aber sagen muss: Der betrunkene Harald war nicht Herr seiner Sinne und deshalb auch nicht seiner Worte. Er wusste nicht, was er sagte, er konnte sich ja auch später in keiner Weise daran erinnern.

Ich war schockiert über die Pressekampagne, die daraufhin losbrach. Es gab kaum eine Zeitung und Zeitschrift in Deutschland, in der der Vorfall nicht in allen, auch den vermeintlichen Einzelheiten beschrieben worden wäre. Tagtäglich und in Fortsetzungen breitete sich die Diskussion über Harald Juhnke, den Antisemiten, aus.

Ausgerechnet Harald, der jüdische Freunde und Bekannte hatte und auf jeder Bar-Mizwa getanzt hätte, sollte plötzlich ein Antisemit sein. Der Medienrummel war grotesk. Was ich den Medien wirklich übelnahm, war die Selbstgerechtigkeit, mit der sie die Auswüchse eines Volltrunkenen als angeblich politisch notwendige Diskussion ausschlachteten.

Sogar in den Nachrichten in der ARD und im ZDF wurde der »Fall Juhnke« ausführlich geschildert. Das war selbst in unserer jahrzehntelangen Erfahrung mit den Medien ein einmaliger Vorgang. Als Folge kündigte die ARD auf Grund des öffentlichen Drucks die Zusammenarbeit mit Harald auf. Das war deshalb besonders bestürzend, weil Harald gerade in der Karibik *Klinik unter Palmen* drehte und die Fernsehverfilmung des *Hauptmanns von Köpenick* noch ausstand.

Die Dreharbeiten für Premiere in Los Angeles hatte Harald geschmissen. Nachdem er seinen Rausch einigermaßen ausgeschlafen hatte, war es Oliver gelungen, seinen Vater so weit zu beruhigen, dass sie zu den Dreharbeiten von *Klinik unter Palmen* in die Dominikanische Republik weitergeflogen waren. Von dort aus hatte Harald der Presse über seinen Manager Peter Wolf mitteilen lassen: »Wer mich kennt, weiß, dass ich alles andere als ein Rassist bin. Wenn ich jemanden in seiner Ehre verletzt habe, bitte ich mit tiefem Bedauern um Entschuldigung.«

In diesen schwierigen Tagen hat uns unser Freund und Anwalt Nicolai A. Siddig sehr geholfen. Ihm gelang es, gemeinsam mit dem ARD-Programmdirektor Dr. Günter Struve das Problem zu lösen. Mit der Bedingung, sich gegenüber dem schwarzen Wachmann Bob Ferrell umfassend zu entschuldigen, konnte Harald sich gern einverstanden erklären. Rechtsanwalt Siddig schrieb nach langen Telefonaten mit dem NDR-Fernsehprogrammdirektor Dr. Jürgen Kellermeier und mit Dr. Struve und nach einem weiteren ausführlichen Gespräch mit Harald schließlich am 11. Februar 1997 an die ARD:

»Bitte nehmen Sie zur Kenntnis, dass Herr Juhnke, gleich, was immer er gegenüber Herrn Ferrell gesagt haben sollte, dies mit dem größten Bedauern zurücknimmt und um Vergebung bittet. Es lag nicht in der Absicht von Herrn Juhnke, Herrn Ferrell zu beleidigen. Herr Juhnke hatte – und dies dürfte wohl unstritig sein – zu diesem Zeitpunkt bereits mehr als eine ganze Flasche Wodka in einem Zug geleert mit der Folge, dass er absolut unzurechnungsfähig war. Herr Juhnke kann sich selbst an nichts erinnern. Gleichwohl entschuldigt er sich für alles, was er in diesem Totalrausch gesagt haben könnte.«

Die ARD nahm später ihre »Kündigung« zurück, und Harald konnte den *Hauptmann von Köpenick* fertigdrehen.

Ein Artikel, den der Berliner Verleger und Publizist Wolf Jobst Siedler, ein über jeden Zweifel erhabener Intellektueller, in der *BZ* schrieb, sprach mir aus der Seele. Er trug den Titel »Die öffentliche Scheinheiligkeit«, und ich möchte daraus zitieren:

»Das alles geschieht innerhalb 48 Stunden, nur auf die unbeglaubigte Meldung einiger Agenturen hin. Juhnke soll einen farbigen Wachmann beschimpft haben und sogar davon gesprochen haben, dass der unter dem Nationalsozialismus vergast worden wäre.

Juhnke, am nächsten Tag aus seinem Vollrausch erwacht, kann sich nicht vorstellen, dass dergleichen Worte gefallen wären. Er selber sei schließlich seit 25 Jahren mit einer Halbchinesin verheiratet. Wie soll er da rassistische Vokabeln selbst im Vollrausch von sich gegeben haben?

Der Wachmann, zur Affäre befragt, räumt ein, dass er kein Wort Deutsch spräche. Aber er glaube, aus den Beschimpfungen des schwer bezechten Deutschen die gelallten Worte ›Hitler‹, ›Konzentrationslager‹ und ›schwarz‹ herausgehört zu haben. Juhnke wiederum spricht kein Wort Englisch und ist auch bei den einfachsten Sätzen auf Dolmetscher angewiesen.

Sicherheitshalber entschuldigt er sich aber in alle Richtungen für alles Ungehörige, was in etwa gesagt worden wäre. Daraufhin nimmt der Wachmann die Entschuldigung an. Der Fall ist eigentlich bereinigt, der Kollegen des Schauspielers von vorneherein ungereimt erschienen war. Die ARD wird nach einer Schamfrist zur Tagesordnung übergehen.

Vielleicht ist es doch mehr ein Fall der Medien als ein solcher Juhnkes. Alle Welt wusste seit jeher, dass der Entertainer ein Trinker, und zwar in jenem medizinischen Sinn ist, wo besagtes Großhirn besagtes Kleinhirn zuweilen nicht mehr kontrollieren kann.

Verfolgte man die aufgeregte Medienlandschaft samt Talkshows in den letzten Tagen, musste man zu dem Schluss kommen, dass auch da mit den Großhirnen und Kleinhirnen nicht alles in Ordnung ist.«

Mir ist der ganze Fall ungeheuer auf die Nerven gegangen. Ich wusste nicht, wohin mit meiner Wut. Unentschuldbar war Haralds Absturz, unentschuldbar auch, dass wieder einmal unser Sohn Oliver in die Affäre Juhnke voll mit hineingezogen wurde. Wie sollten wir jemals zur Ruhe kommen?

Ich telefonierte mit Harald und Oliver in der Dominikanischen Republik und ließ mich von meinem Sohn überzeugen, dass Harald wieder ganz der alte sei. Als Harald und Oliver Tage später von den Dreharbeiten aus der Karibik zurück nach Berlin kamen, waren die ersten Wogen geglättet. Einige Engagements hatte Harald verloren, darunter auch den ebenso originellen wie lukrativen »Ich bin doch nicht blöd«-Werbespot vom Media-Markt, der gerade mit Riesenerfolg angelaufen war.

Harald versuchte alles, um seinen Ruf wiederherzustellen. Bei Günther Jauch in *Stern-TV* sagte er zum ersten Mal vor einem Millionenpublikum: »Ich bin kein Alkoholiker. Ich bin alkoholkrank.«

Ich sah mir die Sendung zu Hause an. Wenn doch nur die Weisheit »Erkenntnis ist der erste Schritt zur Besserung« auch auf Harald zutreffen könnte! Die grausame Wahrheit aber lautete: Erkenntnis reichte bei Harald als erster Schritt nicht mehr aus. Ich ahnte, dass wir harte Zeiten vor uns haben würden, wie wir sie noch nicht erlebt hatten, und misstraute Harald und seinen Beteuerungen zutiefst.

Wenige Tage später zog Harald bei einem Konzert in Gera, seinem ersten Auftritt nach den Ereignissen in Los Angeles, alle Register und beschwor sein Publikum, ihm zu glauben und ihm zu verzeihen. Peter Wolf berichtete mir später, dass es im Saal mucksmäuschenstill gewesen sei, als Harald sich für das Vorgefallene entschuldigte.

In dieser Zeit erlebte ich einen zerknirschten Harald, einen geknickten Mann mit schlechtem Gewissen, der mir versprach, sich in eine Klinik zu begeben, sobald es seine Arbeit erlaubte. Der Beginn der Dreharbeiten zu Frank Beyers Verfilmung von *Der Hauptmann von Köpenick* stand kurz bevor. Und ich wollte ihm nur allzugern glauben: Diesen Film würde er sich nicht verderben wollen, um keinen Preis. Harald begab sich in die Obhut von Dr. Moschiry und ließ sich kurieren. Am 20. März begannen die Dreharbeiten.

Alles ging gut. Monatelang trank Harald nur Mineralwasser.

Ich lebte wie auf einem Pulverfass, denn nach Haralds letzten Abstürzen war es mir nicht mehr gelungen, mich damit zu beruhigen, dass wir wieder einmal davongekommen wären.

Wie recht ich hatte! Nach der letzten Vorstellung des *Hauptmanns von Köpenick,* die im Maxim-Gorki-Theater vor der Sommerpause lief, stürzte Harald am 17. August 1997 wieder ab. Nachts um drei Uhr stolperte er an der Bar des Hotel Palace in einen Glastisch und kam – bildlich gesprochen – mit einem blauen Auge davon. Am nächsten Morgen, Oliver und ich waren nicht zu Hause, klingelte ein vermeintlicher Fleurop-Bote an unserer Tür. Harald öffnete und wurde »abgeschossen« – der Fleurop-Bote ließ die Blumen fallen und entpuppte sich als Pressefotograf!

Ich war für ein paar Tage nach Paris gefahren. Am Montagmorgen klingelte mein Handy. Mami war am Apparat. Sie war völlig aufgelöst und schrie mit Panik in der Stimme: »Du musst sofort kommen, Harald hat sich das ganze Gesicht zerschnitten!«

Sie hatte sich wie jeden Morgen die Tageszeitungen gekauft und war mit einem grauenhaften Foto von Harald konfrontiert worden: Harald, wie er unsere Haustür einen Spalt öffnete und ins Leere starrte, sein rechtes Auge blau, Nase und Stirn zerschnitten, Schürfwunden im ganzen Gesicht.

Doch das war noch nicht alles. Harald hatte in seiner Empörung über den Überfall durch den Fotografen das Fernsehteam, das sich vor unserem Haus versammelt hatte, hereingelassen. Im Suff gab er ein Fernsehinterview nach dem anderen. Ich konnte es einfach nicht fassen!

Die Katastrophe war über uns hereingebrochen, entsetzlicher als jemals zuvor: Das Fernsehen war bei uns im Haus, und mein Mann, außerhalb jeglicher Kontrolle, gefiel sich in seiner Rolle offensichtlich auch noch.

Mit der nächsten Maschine flog ich nach Berlin. Jetzt musste ich einen klaren Kopf bewahren. Es kam darauf an, Herr der Lage zu werden.

In unserem Haus befand sich ein Ungeheuer, und so trafen Mami, Peter Wolf und ich uns zuerst in der Wohnung einer Freundin, um zu besprechen, wie wir seiner am besten Herr werden. Peter Wolf und unser Anwalt hatten schon alle Hebel in Bewegung gesetzt, um zu verhindern, dass die unsäglichen Interviews gesendet wurden. Die Sender hatten ihre Teams zurückgezogen, und wir konnten gerichtlich eine einstweilige Verfügung erwirken.

Existenziell wichtig war nun, dass Harald so schnell wie möglich aus dem Verkehr gezogen wurde. Wir mussten ihn vor sich selbst schützen. Er musste in die Klinik.

Aber wie sollten wir das bewerkstelligen? Unser Schlachtplan sah vor, dass wir als erstes zwei Bodyguards engagierten, die sich umgehend auf unser Grundstück begaben, um Harald am Verlassen des Hauses zu hindern. Als die Bodyguards Position bezogen hatten, betraten Dr. Moschiry und ich das Haus.

Haralds Anblick machte mich wütend und traurig zugleich. Er saß mit leerem Blick in seinem Bademantel zusammengekauert auf dem Sofa. Es war nicht schwer zu erkennen, dass er fix und fertig war. Er leistete nicht den geringsten Widerstand, als Dr. Moschiry ihn kurz untersuchte und ihm eine Beruhigungsspritze gab.

Vor dem Haus hatten sich mittlerweile wieder die Paparazzi postiert. Wir mussten alles daransetzen, ein weiteres Foto zu verhindern. Unser Plan ging auf: Während ein Freund mit seinem Wagen unbeobachtet vor dem unbebauten Nachbargrundstück wartete, fuhr Peter Wolf vor unserem Haus vor, um die Fotografen abzulenken. Währenddessen trugen wir Harald durch den Garten und hievten ihn in das wartende Auto. Als wir am Martin-Luther-Krankenhaus angekommen waren, rief ich Peter Wolf an und meldete

Vollzug. Die Mission war erfolgreich beendet. Wolf schickte die verdutzten Fotografen nach Hause.

Im Krankenhaus wurde Harald nach einer eingehenden Untersuchung in einen Heilschlaf versetzt. Ich kehrte abends nach Hause zurück, allein mit meiner Verzweiflung.

Dieser Absturz stellte alles bisher Dagewesene in den Schatten. Nicht nur, dass Harald sich bei seinem Sturz im Palace-Hotel verletzt hatte, nicht nur, dass die Schlagzeilen so gravierend waren wie nie, nein: Diesmal hatte jedermann das Desaster live im Fernsehen ansehen können. Die einstweilige Verfügung missachtend, hatte SAT 1 »sein« Interview tatsächlich gesendet.

Harald hatte unsere Intimsphäre zutiefst verletzt. Unser Haus war unser erklärtes Heiligtum gewesen, und er hatte es nun auf entwürdigende Art und Weise entweiht. Ich hatte das dringende Bedürfnis, diesen Raum zu desinfizieren, wie nach einer Seuche.

Wenigstens äußerlich versuchte ich, unsere Intimität wiederherzustellen. Ich ließ die Fauteuils neu beziehen, der verbogene Lampenschirm wurde erneuert, die Gardinen wurden ausgetauscht und die Möbel umgestellt. Ich schuf mir eine Illusion, um dieses Horrorszenario aus meinem Gedächtnis zu verbannen.

Harald akzeptierte diese Aktion später ohne Widerspruch. Er hat es sich selbst nie verziehen, diesen Eklat jemals provoziert zu haben, in welchem Zustand auch immer.

Fünfundfünfzig Tage wurde Harald im Martin-Luther-Krankenhaus behandelt. Auch in den zwei Wochen, die er im Tiefschlaf vom Alkohol entzog, besuchte ich ihn täglich auf der Intensivstation. Als er wieder erwachte, hatte er sich sehr verändert. Er war abgemagert, und sein Nervenkostüm war labil. Ich brachte ihm täglich etwas Nahrhaftes zu essen mit.

In den ersten Wochen waren sogar die Jalousetten am Fenster zum Hof des Krankenhauses heruntergelassen und ein Wachmann vor seiner Zimmertür postiert. Wir wollten unter allen Umständen verhindern, dass er erneut von Paparazzis abgeschossen wurde.

Harald ging es nicht gut, körperlich nicht. Seine Beine waren ständig geschwollen, und schließlich bekam er zu allem Unglück auch noch eine Lungenentzündung. Sein psychischer Zustand war besorgniserregend: Er hatte Halluzinationen.

Dr. Djawad Moschiry klärte mich so schonend wie möglich über die Ernsthaftigkeit der Diagnose auf und teilte mir mit allem Nachdruck mit, dass es diesmal nicht mit einer internistischen Therapie getan war. Eine psychiatrische Behandlung war unumgänglich. Das Damokles-Schwert »Demenz« und »Korsakow-Syndrom« hing nach all den Jahren, die wir uns der Illusion hingegeben hatten, noch einmal davongekommen zu sein, jetzt um so bedrohlicher über uns.

Professor Kielholz, der damalige Chefarzt der Psychiatrischen Universitätsklinik in Basel, der Harald 1983 und 1984 erfolgreich behandelt hatte, war vor einigen Jahren verstorben. Sein Nachfolger, Professor Dr. Franz Müller-Spahn, hatte den Ruf, ebenfalls eine Koriphäe auf dem Gebiet zu sein. Ein Fachkollege von der Charité, den ich konsultierte, stellte den Kontakt zu Professor Müller-Spahn her, und ich war erleichtert, als er sich sofort bereit erklärte, sich Haralds anzunehmen.

Als das geklärt war, besprachen Dr. Moschiry und ich alles ausführlich mit Harald, der körperlich wieder einigermaßen hergestellt war. Zu meiner Überraschung willigte er ohne zu zögern ein, sich zur weiteren Behandlung nach Basel zu begeben. Die Ernsthaftigkeit seiner Situation war ihm wohl doch bewusst geworden.

Am 15. Oktober 1997 war es soweit. Harald nahm gerade von den Schwestern Abschied, da kam es auf dem Stationsflur zu einer denkwürdigen Begegnung. Hildegard Knef war gerade eingeliefert worden, und die beiden umarmten sich herzlich. Wie gern hätte die Presse dieses Foto gehabt! Seit Tagen schon lauerten die Fotografen vor dem Martin-Luther-Krankenhaus, weil durchgesickert war, dass Haralds Entlassung kurz bevorstand.

Es galt also wieder einmal, eine geheime Kommandosache zu

planen. Aus der Tiefgarage des Martin-Luther-Krankenhauses fuhren wir über die Lieferantenrampe hinaus und direkt zum Flughafen Tempelhof.

Wir hatten eine Privatmaschine gechartert. Um ganz sicherzugehen, dass uns kein Paparazzi erwischen konnte, stiegen wir nicht, wie sonst üblich, auf dem Rollfeld in die Maschine, sondern im Hangar. Erst als sich die Kabinentür schloss, fühlten wir uns in Sicherheit. Und tatsächlich konnten wir unbehelligt nach Basel fliegen.

Harald wurde in der Psychiatrischen Universitätsklinik in Basel als »Herr Hartmann« eingeliefert. Wir hatten uns entschlossen, ein Pseudonym zu wählen, in der Hoffnung, dass er dadurch ein wenig Schutz in der Anonymität finden könnte. »Herr Hartmann« wurde von Professor Müller-Spahn, der uns schon beim ersten Treffen als überaus kompetent und sympathisch erschien, vor die Wahl gestellt, ob er in der offenen oder in der geschlossenen Abteilung untergebracht werden wollte. Harald entschied sich für die geschlossene, weil ihm das schöne, große, helle Zimmer so gut gefiel, dessen Veranda auf den Park blickte.

Schon in den ersten Wochen konnte ich eine erstaunliche Verbesserung von Haralds Zustand beobachten. Er wurde medikamentös und psychotherapeutisch behandelt und akzeptierte seinen Professor nicht nur, er verehrte ihn geradezu. Wichtig war auch, dass Harald weitgehend von Stressfaktoren abgeschirmt wurde. Er durfte nicht einmal ein Telefon auf seinem Zimmer haben, und Besuch war am Anfang auch nicht erlaubt. Nur Peer, Oliver und ich durften ihn besuchen.

Wir waren guter Hoffnung, dass die Therapie bei Harald anschlagen würde. Von Woche zu Woche verbesserte sich sein mentaler Zustand, und endlich gestattete ihm Professor Müller-Spahn auch wieder ein Telefon auf seinem Zimmer. Selbstverständlich missachtete Harald prompt das Gebot des Professors, sich nur anrufen zu lassen und nicht selber zu wählen. Harald machte schon wieder, was er wollte. Das war ein eindeutiges Zeichen von Genesung. Langsam kehrte das Leben zu Harald zurück.

Nach vier Wochen sagte mir der Professor, dass Harald wohl Ende November entlassen werden könnte. Da telefonierte Harald hocherfreut mit seinem Manager Peter Wolf. Nichts konnte ihn schneller genesen lassen als die Perspektive, wieder arbeiten zu können.

In den Gesprächen vor seiner Entlassung führte Professor Müller-Spahn Harald unmissverständlich vor Augen, dass es diesmal mit höchster Wahrscheinlichkeit der letzte Warnschuss gewesen war. Wir hatten noch einmal Glück gehabt. Einen erneuten Exzess würde sein Gehirn nicht mehr verkraften können.

Müller-Spahns warnende Worte waren Beschwörung und Prophezeiung zugleich. Harald zögerte einen Moment – hatte er diese eindringliche Warnung wirklich ernst genommen? Er wirkte wie das Kaninchen vor der Schlange.

Doch dann griff er auf seinen alten Trick zurück, um sich aus der Situation zu befreien: Mit einem Scherz brachte er den Professor zum Lachen, und schon sprach er wieder von seinen Traumrollen, die er noch verwirklichen wollte. Damit war das Thema für ihn erledigt.

Professor Müller-Spahn gab uns einen wichtigen Rat mit auf den Heimweg:

»Lieber Herr Juhnke,
ich kann Sie nur als wiederhergestellt, jedoch nicht als vom Alkohol geheilt entlassen. Verharmlosen Sie Ihre Krankheit nicht länger. Geben Sie sich Mühe, sie ernst zu nehmen – als täglich neue Herausforderung. Selbst wenn Sie zehn Jahre lang keinen Tropfen angerührt haben, müssten Sie sich nach wie vor als Alkoholiker akzeptieren. Denn Ihre ganze Energie wird jeden Tag neu auf den Prüfstein gestellt werden.«

Am 30. November 1997 kam Harald zu uns nach Hause zurück. Natürlich musste er noch ein wenig aufgepäppelt werden, um wieder in Form zu kommen, denn die vielen Wochen Klinikaufenthalt waren nicht spurlos an ihm vorübergegangen.

Der Schock saß tief. Harald war ruhiger und nachdenklicher geworden. Er las viel, sah fern, hörte seine geliebte Frank-Sinatra-Musik. Wir genossen die besinnliche Vorweihnachtszeit.

Ich weiß nicht mehr, was ich damals gedacht habe, auf gar keinen Fall aber habe ich an ein »nächstes Mal« gedacht. Diese Horrorvision habe ich gleich im Keim erstickt, denn sonst hätte ich keinen Tag mehr zuversichtlich leben können.

Innerhalb von wenigen Wochen erholte sich Harald prächtig und schien bald ganz der alte zu sein. Er platzte förmlich vor Ungeduld, endlich wieder auftreten zu können. Er gab Interviews, in denen er sich zu seiner Krankheit bekannte und, wie um sich selbst zu überzeugen, betonte, dass er sich der tödlichen Problematik eines erneuten Rückfalls vollkommen bewusst sei. In der *Bild*-Zeitung wird er am 17. Dezember zitiert:

»Jetzt fängt vielleicht der glücklichste Teil unserer Ehe an. Ich will Susanne – und meinen Arzt – nicht mehr enttäuschen.«

Doch auf derlei öffentliche Beteuerungen konnte man noch nie etwas geben.

In Günther Jauchs Jahresrückblick *Menschen, Bilder, Emotionen* trat Harald zum ersten Mal wieder im Fernsehen auf und gab ein nachdenkliches, sehr ernsthaftes Interview.

Weihnachten und meinen Geburtstag am zweiten Weihnachtsfeiertag feierten wir im engsten Familien- und Freundeskreis. Es war rundum harmonisch, und langsam fing ich an, zu glauben, dass Harald den Ernst der Lage erkannt hatte und daraus seine

Konsequenzen zog. Er trank sein Mineralwasser mit bemerkenswerter Disziplin. Und das Glück, das wir beide empfanden, als wir am 27. Dezember gemeinsam seinen *Hauptmann von Köpenick* im Fernsehen anschauten, war unbeschreiblich. Sieben Millionen Zuschauer und durchweg nur positive Kritiken!

Harald war zurück! Und tatsächlich schaffte er es, am 28. Dezember eine Gala im Klosterbräu in Seefeld/Tirol zu bestreiten. Außerdem stellte er sogar seine Rap-CD *Bleib cool, Bel Ami!* vor.

Von nun an ging es wieder bergauf.

Harald arbeitete wie ein Besessener, ganz so, als müsste er um Leben oder Tod seiner Karriere kämpfen. Ende Januar trat er, ganz der alte, bei einer privaten Gala in Hamburg auf, sang und scherzte wie früher, wurde umjubelt wie immer. Er nahm jede Rolle mit, die ihm auch nur irgendwie Spaß machte. Ich hörte, wie er mit seinem Agenten Peter Wolf seine Termine durchging und sehr darauf bedacht war, nur ja keinen Leerlauf zu haben.

Sein Pensum für 1998 war gigantisch: Zehn große Galas nahm er an, er trat in einundzwanzig Shows und Talkshows auf und spielte in fünf Fernsehfilmen die Hauptrolle. Und das alles in nur zwölf Monaten. Heute weiß ich, dass die viele Arbeit in dieser Zeit auch dazu beitrug, dass der von Professor Müller-Spahn prognostizierte beginnende Gedächtnisverlust nicht so rasant fortschritt wie bei anderen Patienten, deren Gehirn weniger gefordert war. Das permanente Lernen von neuen Rollen war für Harald eine Art unbewusstes Gedächtnistraining.

Als im März bei Rowohlt seine Biographie *Meine sieben Leben* erschien, die er mit Autor Harald Wieser in den vergangenen zwei Jahren geschrieben hatte und die mit der Beschreibung seines Klinikaufenthalts in Basel endete, machte er eine ausgedehnte Lesetour durch ganz Deutschland und Österreich. Dass er sogar im Wiener Burgtheater las, darauf war er mächtig stolz. Mit Verve und Witz rührte er die Werbetrommel für die letzte seiner Autobiographien, »mein Testament«, wie er sagte. Auf die Wirkung einer persönlichen Begegnung mit Harald Juhnke war Verlass, und der Verlag hatte neben den Lesungen noch Dutzende von Autogrammstunden in Buchhandlungen und Kaufhäusern angesetzt.

Dazu absolvierte er Auftritte in allen Talkshows, die das deutsche Fernsehen nur aufbieten konnte – im März/April konnte ich meinen Mann bei Harald Schmidt, Johannes B. Kerner, bei Sabine Christiansen und Günther Jauch, bei *Talk im Turm, III nach neun, Alex* und *Riverboat* sehen. Es war bewundernswert, wie gut er sich schlug, klug und charmant alle Register seiner Persönlichkeit zog. Über seine Krankheit sprach er mit großer Klarheit und mit einiger Distanz. Als würde er von einem Fremden sprechen, analysierte er seine Situation.

Unser Leben normalisierte sich von Tag zu Tag. Harald rührte keinen Tropfen Alkohol an. Wie selbstverständlich trank er Mineralwasser und Tomatensaft. Zur Sicherheit nahm er nun – statt Antabus – regelmäßig das suchtdämpfende Medikament Campral, das sich in der Aufrechterhaltung der Abstinenz bei Alkoholpatienten bewährt hatte. Mit Professor Müller-Spahn stand ich in losem telefonischem Kontakt, wir hatten ausgemacht, dass ich mich beim geringsten Verdacht sofort bei ihm melden würde. Dr. Moschiry achtete darauf, dass auch Haralds Herz regelmäßig beobachtet wurde. Sein allgemeiner Gesundheitszustand hatte sich in der Obhut der Baseler Ärzte stabilisiert.

Mein Überlebensmechanismus funktionierte wieder mal: Ich blickte nicht zurück, sondern nur nach vorn. Ich spielte viel Golf und war zufrieden mit meinen sportlichen Fortschritten, auch zum Fitnesstraining ging ich wieder regelmäßig.

Golf ist ein Sport, bei dem ich mich vollkommen entspannen kann. Mein Freund Nicolai Siddig, der seit vielen Jahren auch der anwaltliche Berater unserer Familie ist, hat die wohl schönste Golfanlage Deutschlands entwickelt: den Golf- und Country-Club Seddiner See. Sein Sohn, Nicolai Siddig jr. oder kurz »Coco«, hatte die Idee, den Südplatz von Robert Trent Jones jr. designen zu lassen, einem der wohl berühmtesten amerikanischen Golfplatzarchitekten. Das Clubhaus, das 1997 eröffnet wurde, hat meine Freundin Mona eingerichtet und zu dem gemacht, was es heute ist. Ihr Mann Nicolai hat immer aus Spaß zu mir gesagt: »Diese Golfanlage habe ich nur für dich gebaut.« Da musste ich wohl oder übel mit dem Golfsport beginnen, und seither hat mich das Golffieber gepackt. Insbesondere der Südplatz hat es mir angetan.

Mitte Mai 1998 stand ein Familienfest ins Haus, zu dem Oliver und ich allerdings nicht eingeladen waren. Haralds Sohn Peer heiratete in München seine langjährige Lebensgefährtin Anette, Ärztin wie er, eine Frau, die mir sehr sympathisch war. Ich wünschte den beiden alles Glück der Welt. Harald flog allein zur Hochzeitsfeier nach München, wo er auch nach vielen Jahren zum ersten Mal Sybil Werden wieder begegnete, seiner ersten Frau.

Oliver musste kurz danach in einer Verkehrsangelegenheit vor Gericht. Was mir Kummer machte: Als Sohn von Harald Juhnke konnte er nie eine Dummheit begehen, ohne dass es gleich in der Boulevardpresse breitgetreten wurde. Jeder Bericht kam mir wie eine Vorverurteilung vor. Das fand ich sehr ungerecht. Man soll dem jungen Mann doch die Chance lassen, sich im Schatten des väterlichen Rampenlichts entwickeln zu können. Dummheiten macht jeder – nur wenn Oliver es war, wurde es immer gleich zu einem Riesenspektakel aufgebauscht.

Wir fuhren nach Paris, um Haralds neunundsechzigsten Geburtstag zu feiern. Unser Hauptquartier war das Fünf-Sterne-Hotel Le Crillon, und von dort aus zeigte ich meinen beiden Männern »mein Paris«. Tagsüber durchstreiften wir Saint Germain, und zum Geburtstagsdinner hatten wir einen Tisch im Restaurant Jules Verne auf dem Eiffelturm bestellt. Uns bot sich ein atemberaubender Blick auf die abendlich erleuchtete Stadt. Harald schlemmte seine geliebten Austern und war sehr zufrieden mit seinem Mineralwasser, Oliver und ich genehmigten uns eine Flasche guten Bordeaux.

Bevor für Harald im August in Berlin die Dreharbeiten für den Fernsehfilm *Einsteins Ende* mit Otto Sander und Rolf Becker anfingen, machten wir einen kurzen Familienurlaub auf Sylt. Harald hatte zwischen zwei Terminen gerade mal eine Woche freimachen können.

Unsere »Sylter Routine«, die Cocktails, Gartenpartys und Abendessen im Freundeskreis, das Faulenzen am Strand, genossen wir in vollen Zügen. Seine überstandene Krankheit, die Tatsache, dass er nicht mehr trank, das war nicht mal mehr ein Thema. Dafür bewunderten unsere Freunde Harald für seine Disziplin um so mehr. Und auch, dass er auch bei Wasser und Saft humorvoll war.

Im September wurde ich von der *BZ* zur »bestangezogenen Berlinerin« gewählt. Über diese Auszeichnung freute ich mich sehr, wenn es mir auch etwas peinlich war, so in den Vordergrund gestellt zu werden. Meine Vorliebe für Chanel interpretierte der Berliner Modedesigner Hans-Ulrich Pape, den die Zeitung um einen Kommentar gebeten hatte, so: »Chanel ist ein Klassiker, der für Selbstbewusstsein und guten, zeitlosen Geschmack steht. Das Outfit der emanzipierten Dame von Welt. Frau Juhnke ist wie geschaffen für diese Mode.«

Das waren große Worte. Für mich symbolisieren Chanel und Karl Lagerfeld, ein Genie seiner Zunft, vor allem Understatement und zeitlose Eleganz. Chanel besticht durch raffinierte klare Schnitte und edelste Materialien. Mit der Mode, die ich trage, muss ich mich identifizieren können – und das ist bei Chanel der Fall.

Im Alltag liebe ich es leger: Jeans und Twinset oder Pulli, so fühle ich mich am wohlsten. Bei offiziellen Anlässen darf es dann gern etwas eleganter sein, eben Chanel.

Für einen der schönsten Abende, die Harald und ich gemeinsam erlebten, suchte ich mir bei Chanel ein besonders elegantes Ensemble aus schwarzer Spitze aus. Bundespräsident Roman Herzog hatte anlässlich der Verleihung des Großen Bundesverdienstkreuzes mit Stern an den amerikanischen Filmregisseur und Produzenten Steven Spielberg zu einem Fest im Garten von Schloss Bellevue eingeladen. In einem festlich geschmückten Zelt traf sich jeder, der in Politik und Wirtschaft, Kultur, Medien und Gesellschaft Rang und Namen hatte. Harald wurde Spielberg als »Deutschlands Frank Sinatra« vorgestellt, worüber wir uns natürlich freuten.

Selten habe ich einen solchen Auftrieb an Prominenz erlebt. Es war ein rundum interessanter und inspirierender Abend, und Harald und ich redeten noch lange darüber.

Im Oktober 1998 wurde Harald im Theater des Westens für sein Lebenswerk mit dem Goldenen Löwen, dem Fernsehpreis von RTL, ausgezeichnet. Als ihm die gute Nachricht von RTL-Intendant Helmut Thoma am Telefon persönlich mitgeteilt wurde, machte er sein verschmitztes Gesicht und fragte: »Was ziehst du an?«

Diese Frage war stets sein Signal, dass er es gern sehen würde, wenn ich mir für diesen speziellen Abend ein neues Kleid aussuchte. Ich ließ mir dann von Chanel ein paar Modelle zur Auswahl nach Hause kommen und machte eine private Modenschau nur für Harald. Wir hatten beinahe den gleichen Geschmack, und so einigten wir uns normalerweise immer auf dasselbe Abend- oder Cocktailkleid oder dasselbe Kostüm, ohne uns abzusprechen. Harald und ich liebten dieses Ritual gleichermaßen. Und weil ich mich von diesen schönen Kleidern nie mehr trennen konnte, ist im Lauf der Jahre eine richtige Sammlung entstanden.

Die Verleihung des Goldenen Löwen entwickelte sich zu einem höchst vergnüglichen Abend im Kreis der Kollegen aus der Fernsehbranche. Als alle im Saal sich für Harald zu Standing ovations erhoben, fühlte ich eine große Genugtuung. Trotz aller Schlagzeilen, aller Alkoholexzesse, konnte niemand Harald seine große Leistung als Schauspieler und Entertainer absprechen.

Die Party wurde im Foyer im ersten Rang fortgesetzt, wo wir ausgelassen tanzten. Die Kameras klickten, als Harald mit Jessica Stich, der Frau des Tennisspielers, eine flotte Sohle aufs Parkett legte. Nach Mitternacht gab er eine improvisierte Showeinlage. Mit *That's Life* und *My Way* brachte er die Stimmung zum Brodeln.

Es entging mir nicht, dass die Damen und Herren der Boulevardpresse nur darauf lauerten, dass Harald zu einem Glas Wein oder Champagner griff. Er tat ihnen den Gefallen selbstverständlich nicht. Immerhin war in den nächsten Tagen endlich einmal Haralds Abstinenz Thema, und nicht ein Absturz.

Schon Anfang November stand das nächste große Ereignis bevor, auf das wir uns ganz besonders freuten: Haralds fünfzigjähriges Bühnenjubiläum. Am 9. November 1948 hatte er als neunzehnjähriger Schauspielschüler in Konstantin Trenjows Stück *Ljubow Jarowaja* zum ersten Mal auf der Bühne gestanden. Aus diesem Anlass lud die

Familie Juhnke bei der Gala zum 50. Bühnenjubiläum im Maxim-Gorki-Theater

BZ, die Haralds Leben sozusagen als Hauspostille verfolgte, vierhundertfünfzig Freunde und Kollegen zu einer von Carmen Nebel moderierten Gala ins Maxim-Gorki-Theater ein.

Ich hatte beim Aufstellen der Gästeliste mitgeholfen. Wir wollten niemanden vergessen, der Harald auf seinem Karriereweg begleitet hatte. Besonders stolz war ich darauf, dass es uns gelungen war, die große Schauspielerin Tilly Lauenstein, die 1949 Haralds Bühnenpartnerin war, nach Berlin einzuladen.

Auch Professor Müller-Spahn und seine Frau waren unserer Einladung gefolgt. Er unterhielt sich lange mit uns und ausnahmsweise nicht über medizinische Themen. Über Haralds gute Verfassung war er hocherfreut.

Harald war in diesen Tagen bereits seit einem ganzen Jahr trocken, so lange hatte er es seit Jahren nicht mehr geschafft. Meine Hoffnung, dass Harald seine Krankheit tatsächlich und endgültig überwunden hatte, wuchs mit jedem Tag.

Der Regierende Bürgermeister Eberhard Diepgen – mit ihm und seiner Frau Monika waren Harald und ich in herzlicher Freundschaft verbunden – hielt eine sehr sympathische Laudatio auf den Jubilar. Und auch Brandenburgs Ministerpräsident Manfred Stolpe, der sich als großer Juhnke-Fan zu erkennen gab, bekam für seine großartige Ansprache viel Applaus. Höhepunkt der Gala aber war das ebenso interessante wie mitreißende Filmporträt *Vorhang auf – Applaus,* das die renommierte Dokumentarfilmerin Irmgard von zur Mühlen produziert hatte und das an diesem Abend seine Uraufführung erlebte. Am meisten beeindruckte mich darin ein Satz von Katharina Thalbach, die mit ihrer Inszenierung von *Der Hauptmann von Köpenick* Haralds Höhen und Tiefen erlebt hatte. Sie sagte: »Der Harald gibt sich her. Er verschenkt sich.«

Ich beobachtete Harald, der den fertig geschnittenen Film vorher auch noch nicht gesehen hatte, und sah, wie er sich hier und da eine Träne aus den Augenwinkeln wischte.

Beim anschließenden Dinner im Marmorsaal des Palais am Festungsgraben wurden so manche Erinnerungen ausgetauscht. Es liegt wohl in der Natur der Sache, dass mehr in der Vergangenheit geschwelgt wurde als an der Zukunft geschmiedet.

Auch zur festlichen Aids-Gala, meinem liebsten gesellschaftlichen Ereignis in Berlin, begleitete mich Harald in diesem Jahr. In manchen Jahren zuvor hatte ich allein hingehen müssen, entweder weil er Theater spielte oder drehte oder weil er »unpässlich« war. Harald hatte mich immer ermutigt, auch allein auszugehen: »Was sollst du zu Hause auf mich warten?« sagte er, wenn er an einem

Abendgesellschaft: Juhnkes mit Anne und Heinz Zellermayer (2000)

Abend arbeiten musste, für den wir eine Einladung hatten. Nun genoss ich es sehr, an diesem hochkarätigen Abend gemeinsam mit meinem Mann aufzutreten.

Die musikalischen Darbietungen hatten Weltniveau, und wir amüsierten uns köstlich über die Kommentare von Vicco von Bülow alias Loriot, der als Moderator mit unverwechselbarem Esprit die Oper auf die Schippe nahm. Unter den Ehrengästen war neben Bundeskanzler Gerhard Schröder und seiner Frau Doris Prinzessin Caroline von Monaco, die zum ersten Mal mit ihrem Mann Prinz Ernst August von Hannover in Deutschland auftrat. Welch elegante Erscheinung!

Silvester feierten Harald und ich im Freundeskreis bei Zellermayers. Und um Mitternacht stießen wir auf ein gutes, gesundes neues Jahr an – Harald blieb auch jetzt bei Mineralwasser.

Unsere Beziehung hatte eine neue Dimension erfahren, seit Harald trocken war. Ich hatte mich von den nervenaufreibenden Strapazen seiner Abstürze erholt und fühlte mich wieder fähig, eine innere Ruhe an den Tag zu legen. Die Aufregungen, die Sorgen, die Probleme, die meinen Alltag so viele Jahre lang beherrscht hatten, waren in den Hintergrund getreten. Es konnte sogar vorkommen, dass meine latent vorhandenen Befürchtungen, Haralds Krankheit würde unser Leben auch in Zukunft bestimmen, vorübergehend ganz aus meinem Denken verschwanden.

1999 sollte *das* Jahr des Harald Juhnke werden. Es war wie das vergangene Jahr besonders arbeitsintensiv, aber es war vor allem das Jahr, in dem er siebzig wurde. Sein Manager Peter Wolf hatte bereits etliche Galas fest gebucht und Haralds große und endgültige Abschiedstournee »That's Life« mit neunzehn Konzerten geplant, vier Filme sollten fürs Fernsehen gedreht werden. Nur Theaterengagements standen nicht mehr auf Haralds Plan.

Oliver und Peter Wolf arbeiteten mit ihrer neuen Produktionsfirma Juhnke Entertainment an der Vorbereitung der großen ARD-Geburtstagsshow *Typisch Juhnke* mit Carmen Nebel, die am 10. Juni, zu Haralds siebzigstem Geburtstag, übertragen werden sollte.

Vor dem Hintergrund des Kosovo-Kriegs entschieden Harald und ich uns, auf ein großes Geburtstagsfest zu verzichten, das wir eigentlich in der Kleinen Orangerie von Schloss Sanssouci in Potsdam geplant hatten. Statt dessen spendeten wir fünfzigtausend Mark an »Ein Herz für Kinder«, die Hilfsaktion der *Bild-*

Zeitung, die damit Flüchtlingskinder aus dem Kosovo unterstützte. Wir hatten einfach ein ungutes Gefühl dabei, ein großes Fest zu feiern, während wenige hundert Kilometer entfernt in Europa der Krieg tobte und wehrlose Kinder unendlich leiden mussten.

Im März flogen wir erst einmal für vier Wochen nach Südafrika. Harald drehte dort die Fernsehkomödie *Die Spesenritter*. Unser Domizil während der Dreharbeiten war das berühmte Mount Nelson Hotel in Kapstadt am Fuß des Tafelbergs, das in diesem Jahr sein hundertjähriges Bestehen feierte. Während Harald drehte, machte ich mit einer netten Fremdenführerin Ausflüge in die Umgebung.

Welch faszinierende Welt sich mir da auftat! Was für eine grausame Welt gleichzeitig! Der Gegensatz zwischen reich und arm wurde mir hier besonders deutlich. Bei einer Fahrt in die Townships sah ich zum ersten Mal im Leben, wie die Ärmsten der Armen mehr vegetierten als würdig lebten, nur wenig entfernt von den prachtvollsten Villenvierteln, von Golfplätzen und Luxushotels. Ich erfuhr, dass jeder fünfte schwarze Südafrikaner an Aids erkrankt ist, dass Tausende von Aids-Waisen auf der Straße leben müssen.

Besonders berührte mich ein Besuch in einem von Nonnen geführten Kinderheim, in dem von Müttern ausgesetzte aidskranke Babys und Kleinkinder ein würdiges Zuhause gefunden hatten. Keines dieser fröhlichen Menschenkinder, erklärte die Nonne, würde das fünfte Lebensjahr erleben.

Hier begriff ich, wie wichtig Aufklärungsarbeit ist und die aktive Unterstützung der Hilfsprojekte auch von Deutschland aus. Auch den Sinn der Aids-Gala, die ich als gesellschaftliches Ereignis so sehr liebte, sah ich plötzlich mit anderen Augen. Hier vor Ort konnte ich feststellen, wie sehr selbst die kleinste Spende benötigt wird.

An den drehfreien Wochenenden machten Harald und ich mit dem Team Ausflüge in die Umgebung des Tafelbergs bis zum Kap der Guten Hoffnung. Fasziniert war ich von dem Nachthimmel, der sich uns in all seiner Faszination darbot. Nie habe ich die Sterne am Firmament klarer gesehen, nie war der Mond so zum Greifen nah. Besonders interessant fanden wir unseren Besuch auf einer

Straußenfarm. Ich durfte mich auf den Rücken eines der schönen Tiere setzen – mit Hilfe einer Leiter –, bekam eine Straußenfeder geschenkt, und der Inhaber der Straußenfarm hielt uns in seinem kleinen Museum einen interessanten Vortrag.

Wenn ich an die schönen Tage in Südafrika denke, die leider viel zu schnell zu Ende gingen, fällt mir im nachhinein auf, dass Harald diese Dreharbeiten mehr angestrengt hatten als früher. Ich durfte dabei nicht vergessen, dass Haralds Siebzigster kurz bevorstand. Er sollte sich ein bisschen schonen, denn es gab Pläne für einige Feierlichkeiten.

Das erste von drei Festen fand bereits am 29. Mai in Hamburg statt, als im Studio Hamburg die große ARD-Fernsehgala *Typisch Juhnke* aufgezeichnet wurde. Ich freute mich sehr, dass auch etliche Berliner Freunde in die Hansestadt gekommen waren, unter anderem auch Eberhard und Moni Diepgen, Schauspielkollegen wie Anita Kupsch und Barbara Schöne, Wolfgang Völz und Eddi Arent. Udo Jürgens sang mit Harald im Duett *Aber bitte mit Harald* (anstatt mit »Sahne«), Mireille Mathieu, Musical-Star Anna-Maria Kaufmann, Operettendiva Dagmar Koller und Alice Kessler brachten ihm musikalische Geburtstagsständchen.

Es war eine sympathische, fröhliche Show, die unser Sohn Oliver mit seiner Firma koproduziert hatte. Harald konnte stolz auf seinen »Söhni« sein. Das brachte er bei der Aftershowparty im Restaurant Wollenberg an der Alster auch gebührend zum Ausdruck. Die Show wurde an Haralds Geburtstag am 10. Juni ausgestrahlt, so dass wir sie uns nur auf Video ansehen konnten.

Zurück in Berlin liefen meine Vorbereitungen für Haralds Geburtstagsfest auf vollen Touren. Statt des ursprünglich geplanten Riesenfestes hatten wir uns für ein festliches Dinner im Kreis der sechzig engsten Freunde in der Mensa am Lützowplatz entschieden, dem Restaurant von Markus Semmler, der uns schon zu so manchen Anlässen verwöhnt hatte.

Für die Einladungskarte hatte ich mir in Anspielung auf Haralds neugewonnene Gesundheit einen besonders sinnigen Spruch von Karl Kraus ausgesucht: »Was sind all die Orgien des Bacchus gegen die Räusche dessen, der sich zügellos der Enthaltsamkeit ergibt.«

Zu den Gästen gehörten außer unseren ganz privaten Freunden wie Christa und Herbert Grunsky aus Wien, Hubertus und Renate Wald, Manfred und Katharina Baumann, bei denen wir uns endlich einmal für ihre schönen Sylter Sommerfeste revanchieren konnten, auch Verlegerin Friede Springer, der brandenburgische Ministerpräsident Manfred Stolpe und seine Frau Ingrid, Professor Dr. Franz Müller-Spahn, dem Harald seine Gesundheit zu verdanken hatte, und unser treuer Hausarzt Dr. Djawad Moschiry mit seiner Frau Regina.

Das ganze Restaurant ließ ich mit einem Meer von Rosen und Pfingstrosen in allen Rot- und Gelbtönen dekorieren, die sich im Lauf des Abends zu ihrer vollen Pracht entfalteten. Auf den festlich weißgedeckten runden Tischen plazierte ich hohe Kerzenständer mit burgunderroten Kerzen, die besonders uns Damen in einem angenehmen warmen Licht erscheinen ließen. Das Menü hatten Markus Semmler und ich zusammengestellt. Es gab Salat von bretonischem Hummer und Wildkräutern, Steinbuttfilet im Trüffelbrikteig mit Risotto, Fläminger Rehrücken mit Vanille-Spargel, Variationen von Himbeeren und süße Kleinigkeiten aus Schokolade – eine Folge von köstlichen sommerlichen Gängen, die von unseren Gästen sehr gelobt wurde.

Nachdem Manfred Stolpe eine Geburtstagsrede gehalten hatte, erhob ich mich von meinem Platz und sagte auch einige Worte. Ich glaube, ich habe den Ton zwischen Würdigung und sanfter Ironie gut getroffen. Jedenfalls sah ich, dass nicht nur Harald sehr gerührt war, ich bekam auch einen kräftigen Applaus von unseren Gästen.

Harald revanchierte sich später in seiner kleinen Dankesrede mit einigen besonders liebevollen an mich gerichteten Worten. Am Flügel begleitet von Kai Rautenburg sang er für mich aus *My Fair Lady:* »Ich bin gewöhnt an ihr Gesicht, mit ihr beginnt für mich der Tag, bin an ihr Lachen so gewöhnt...«

Eines der überraschendsten Geschenke hatte eine Freundin geschickt: eine zauberhafte Geburtstagstorte, ein Meisterstück der Konditorenkunst. Auf der Torte waren einige Stationen von Haralds Leben in Form von Marzipanfiguren dargestellt: der Berliner Bär, ein Bambi, eine Goldene Kamera, das Filmband in Gold, und über allem thronte schelmisch der Hauptmann von Köpenick.

Mit einigem Stolz erinnere ich mich an diesen gelungenen Abend, dessen Atmosphäre von Fröhlichkeit und Harmonie getragen war. Meine anfängliche Nervosität konnte ich schon bald ablegen, als alles wie geplant lief. Unsere Gäste trugen mit ihrer guten Stimmung das ihrige dazu bei.

Nach dem Dessert stimmte Jocelyn B. Smith mit ihrer grandiosen Stimme *My Way* an, und als ich Harald vor Freude nur so strahlen sah, da wusste ich, dass ich ihm mit diesem Abend einen gelungenen Start in sein neues Lebensjahrzehnt beschert hatte.

Beglückt ließen wir Haralds Siebzigsten zu Hause ausklingen. Bevor ich einschlief, machte sich in meinem Herzen das gute Gefühl Platz, dass ich mit diesem Mann gern alt werden möchte. Harald dankte mir am nächsten Morgen, indem er mir den Kaffee ans Bett brachte.

Zu einem nachträglichen offiziellen Abend lud der Regierende Bürgermeister Eberhard Diepgen zu Ehren Haralds ins Senatsgästehaus, eine Grunewaldvilla in der Menzelstraße, ein. Sein Büro hatte mich um eine persönliche Gästeliste gebeten. Diepgen hielt eine sehr freundschaftliche Ansprache und erwähnte dabei auch Haralds Fähigkeit, »immer wieder auf die Beine zu fallen«.

Das Geburtstagsgeschenk Berlins, eine Erstausgabe von Carl Zuckmayers *Der Hauptmann von Köpenick* aus dem Jahr 1930 hat seitdem einen Ehrenplatz in Haralds Bibliothek.

Weniger als vier Wochen später flogen wir zu einem traumhaften Fest an die Côte d'Azur. Axel, Haralds bester Freund, heiratete seine Lebensgefährtin Silja. Wir waren mit etlichen anderen Freunden zu einer dreitägigen Traumhochzeit nach St.-Paul-de-Vence eingeladen.

Die Trauung wurde in der hauseigenen Kapelle zelebriert. Das Hochzeitsfest im Park, die Party unterm Sternenhimmel – es waren traumhafte Tage, die man sich in ihrer perfekten Inszenierung nicht schöner vorstellen konnte. Was für ein Start in ein gemeinsames Leben! Braut und Bräutigam strahlten mit ihren Gästen um die Wette.

Harald, Oliver und ich hängten mit Freunden noch ein paar Tage Familienurlaub an. Wir wohnten im Hotel Negresco in Nizza und ließen es uns gutgehen.

Ansonsten genossen wir den Sommer an unserem Pool im Garten, mindestens zweimal in der Woche fuhr ich hinaus zum Golfclub, wo ich mich dem Golfen widmete, diesem Sport der Demut.

Harald stand ein anstrengender Herbst und Winter bevor. Zunächst drehte er mit Julia Stemberger das Fernsehspiel *Vor Sonnenuntergang,* und dann fingen auch schon die Proben für seine große Abschiedstournee an, die am 11. Oktober im Berliner Friedrichstadtpalast gestartet werden sollte. Seine Partnerin Jocelyn B. Smith und Kai Rautenberg mit seiner Band sollten ihn begleiten.

Mir war bei dem Gedanken an diese Strapaze nicht wohl zumute. Hielt Harald das aus? Gesundheitlich und psychisch? Ich besprach mich mit Professor Müller-Spahn, der keine Einwände hatte, und auch Dr. Moschiry attestierte Harald eine stabile Verfassung. Trotzdem beschloss »Mütterchen Sorge«, bei möglichst vielen Konzerten dabeizusein.

Beim Auftaktkonzert im Friedrichstadtpalast kam es zu einem Eklat, der einmal nichts mit Alkohol, sondern mit Haralds nüchterner Solidarität zu tun hatte: Er brach das Konzert ab, nachdem das Publikum Jocelyn B. Smith mit lauten »Harald, Harald«-Rufen immer wieder unterbrochen hatte. Harald fand das so unfair, dass er vor diesem Publikum nicht singen wollte. Auch in dieser besonders angespannten Situation hielt er durch und griff nicht zum Glas.

Die Tournee wurde trotz des unguten Auftakts ein voller Erfolg. Ich war mir sicher, dass es diesmal tatsächlich seine Abschiedstournee war. Obwohl Harald es nicht zugab, haben ihn das Reisen und die Live-Auftritte doch sehr angestrengt. Nur auf der Bühne, da war er ganz in seinem Element, und niemand spürte, wieviel Kraft es ihn kostete. Das am 11. Oktober abgebrochene Konzert wurde schließlich am 8. November nachgeholt und zum umjubelten Abschiedskonzert der Tournee.

Wenige Tage später brachen wir in die Dominikanische Republik auf zu vier Wochen Dreharbeiten für die Fernsehkomödie *Zwei Dickköpfe mit Format*. Harald, Klausjürgen Wussow und Ruth Maria Kubitschek spielten die Hauptrollen. Wir gingen im Hafen von Santo Domingo an Bord der MS Arkona. Die meisten Szenen wurden an Bord gedreht, und Harald war den ganzen Tag gut beschäftigt, während ich mich mit meinen Büchern und Magazinen aufs Sonnendeck zurückzog, wo ich mir nur mühsam eine ungestörte Ecke erobern konnte. Die MS Arkona war total ausgebucht.

Ich muss gestehen, dass ich nicht unbedingt ein Fan von Kreuzfahrten bin, das Leben an Bord fand ich nicht sonderlich aufregend. Was ich aber sehr genoss, waren die vielen kleinen und großen Landausflüge. Über Jamaika ging es nach Belize und Mexiko: Calica, Tulum, Xel-Ha, wo mich die alten Maya-Festungen und die Ausgrabungen tief beeindruckten. Auch die kleinen Hafenstädtchen, die wir ansteuerten, inspirierten mich. Welche Farbenpracht, welch emsiges Leben auf den Straßen und Plätzen! Ich war jedesmal traurig, wenn es wieder an Bord ging. Jede der Inseln, die wir ansteuerten, war für mich mit einem schönen Erlebnis verbunden: Martinique, St. Kitts, St. Martin, Aruba, Curaçao, Tobago, Tampa. Auf Dominica faszinierten mich die Wasserfälle und die eisenhaltigen Quellen, in Florida legten wir in Key West an, wo ich das Hemingway-Haus besichtigte. Überall habe ich die traumhaften Sonnenuntergänge oder auch nur die endlosen Strände genossen.

Irgend jemand von der Schauspielertruppe hatte immer drehfrei, so dass ich bei meinen Landgängen nie allein war. Und beim gemeinsamen Abendessen im großen Speisesaal hatte ich immer etwas Interessantes von meinem Ausflug zu berichten.

Für Harald war es angenehm, dass Jaecki Schwarz, sein Berliner Kollege, mit dem er sich besonders gut verstand und der auch beim *Hauptmann von Köpenick* mitgespielt hatte, mit von der Partie war. Die beiden hatten eine gute Zeit miteinander.

Zwei Tage ankerte die MS Arkona auch in New Orleans. Mit Klausjürgen Wussow und Harald schlenderte ich durch die Stadt. Weil wir alle das Essen an Bord ein bisschen leid waren, gingen wir in eines der phantastischen französischen Restaurants. Ein Erlebnis war auch unser Besuch in der Preservation Hall, wo die alten Herren des Jazz noch den legendären New Orleans Sound live spielen. Harald wäre nur zu gern mit den *old boys* aufgetreten.

Kurz vor Weihnachten waren wir wieder zurück in Berlin. Es blieb gerade noch Zeit, das Fest für die Familie vorzubereiten.

Harald stand ein besonders anstrengender Jahreswechsel bevor. Jeder wollte ihn zur Jahrtausendwende auf seiner Gala haben. Sein Manager Peter Wolf hatte gleich für drei Galas zugesagt. Damit alles klappte, mussten die Auftritte generalstabsmäßig geplant werden. Zuerst sollte er um zwanzig Uhr dreißig bei der großen Gala des SFB im Atrium der Dresdner Bank am Pariser Platz auftreten, dann schnell hinüber zum Silvesterball im Ballsaal des Hotel Adlon, wo sein Auftritt für einundzwanzig Uhr fünfundvierzig vorgesehen war, und anschließend weiter zur Max-Schmeling-Halle, wo er um zweiundzwanzig Uhr dreißig Stargast bei Karl Moiks *Silvesterstadl* war.

Wir wurden zu Hause abgeholt und vom SFB sicher durch die Absperrungen gebracht. Ich blieb gleich im Adlon, wo Harald und ich am Ehrentisch des Gastgebers, Generaldirektor Gianni van Daalen und seiner Frau, plaziert waren. Vom Produktionsleiter wurde Harald auf die andere Seite des Platzes zur Dresdner Bank geleitet, was kein einfaches Unterfangen war. Der Pariser Platz, auf dem Hunderttausende Berliner und Gäste die Millenniumsparty feierten, war ein einziges Menschenmeer. Überall wimmelte es vor Security.

Aber den Organisatoren gelang es, dass Harald pünktlich zu seinem Auftritt im Adlon erschien. Während nach ihm Ute Lemper sang, verschwand er schon in Richtung Tiefgarage, wo ein Krankenwagen wartete, den Peter Wolf organisiert hatte. Mit einem normalen Wagen wäre es nicht möglich gewesen, durch die Menschenmenge rechtzeitig zur Max-Schmeling-Halle und wieder zurück ins Adlon zu gelangen, wo wir um Mitternacht miteinander anstoßen wollten.

Alles klappte wie am Schnürchen, und tatsächlich war Harald rechtzeitig zurück, um den Jahreswechsel mit mir zu feiern. Kurz vor Mitternacht holten wir unsere Mäntel und gingen mit einem Glas Champagner vor das Hotel, um uns das Feuerwerk am Brandenburger Tor anzuschauen. Um Mitternacht stießen wir auf unser Glück und die Gesundheit an. Harald war seit zwei Jahren trocken!

Wir machten noch zwei, drei Tänzchen, stärkten uns mit einem Mitternachtssüppchen und zogen uns schließlich gegen drei Uhr auf unsere Suite zurück. Ich freute mich schon auf das schöne Frühstück am Neujahrsmorgen und das Konzert der Wiener Philharmoniker, das Harald und ich uns jedes Jahr gemeinsam ansahen.

Das neue Jahr konnte es nur gut mit uns meinen. Ich war fest davon überzeugt, dass wir Haralds Krankheit endgültig im Griff hatten. Und Peter Wolf war es gelungen, ein einigermaßen moderates Arbeitspensum für Harald aufzustellen.

Ab dem 10. Januar 2000 drehte Harald für Ziegler-Film unter der Regie von Wolf Gremm *Ein lasterhaftes Pärchen* mit der zauberhaften Brigitte Mira und mit Günter Pfitzmann, anschließend fingen die Dreharbeiten zu *Jugendsünde* an, beides Rollen, die Harald sehr lagen.

Am 8. Februar bekam Harald bei Ziegler einen Tag drehfrei. Gemeinsam mit anderen Berliner Künstlern wurden Brigitte Mira, Günter Pfitzmann und er im Konzerthaus am Gendarmenmarkt mit dem Ehrenpreis der Goldenen Kamera von *Hörzu* ausgezeichnet. Viele Wegbegleiter seiner Karriere waren ebenfalls da, unter anderem Wolfgang Spier, der TV-Produzent Wolfgang Rademann, Edith Hancke und Paulchen Kuhn. Es war Haralds dritte Goldene Kamera, und ich war sehr gerührt, als er sich inmitten seiner großen Kollegen auf der Bühne verbeugte. Es sollte Haralds letzte Auszeichnung sein. Nicht in meinen schlimmsten Träumen hätte ich geahnt, was uns bevorstand.

Am 4. März tanzten wir auf dem Frankfurter Opernball, zu dem wir als Ehrengäste eingeladen waren. An unserem Tisch saßen der Magier David Copperfield und Hildegard Knef mit ihrem Mann Paul von Schell.

Am 19. April feierten wir Brigitte Miras neunzigsten Geburtstag im Varieté Wintergarten, und am 8. Mai lud Eberhard Diepgen zur offiziellen Geburtstagsfeier der Stadt ins Senatsgästehaus, wo wir kaum ein Jahr zuvor auch Haralds Siebzigsten feiern durften.

Unser Alltag verlief in ruhigen, harmonischen Bahnen. Zu Hause in seinen eigenen vier Wänden fühlte sich Harald am wohlsten. Er genoss es, nicht pausenlos Texte lernen zu müssen, und frönte auch mal dem süßen Nichtstun. Harald las nicht mehr so viele Zeitungen wie früher und schaute auch nicht mehr soviel fern. Ich führte das alles auf eine gewisse natürliche Ermüdung zurück. Es gab keinen Grund, mir Sorgen zu machen. Nur dass er ständig seine Brillen verlegte und die damit verbundenen Suchaktionen gingen mir manchmal auf die Nerven. Manchmal fand ich sie in seinem Bett, mal im Schrank, mal unter einem Stapel von Magazinen.

Am 18. Mai flogen wir nach Hamburg. Harald war Stargast beim neunzigsten Geburtstag seiner verehrten Kollegin Inge Meysel.

Mitte Juni erhielt er das Drehbuch für *Zwei unter einem Dach*. Zum ersten Mal fiel mir auf, dass Harald sich nicht sofort über seine Rolle hermachte und seine Textstellen markierte.

Am 26. Juni stand eine große Gala des Deutschen Sparkassenverbands im Berliner Estrel-Hotel auf dem Programm. Am Nachmittag, als Oliver seinen Vater zu den Proben bringen sollte, war Harald ganz unwirsch, weil er den Termin offensichtlich vergessen hatte. Und später erzählte Peter Wolf mir, dass Harald nach den Proben gleich wieder nach Hause wollte. Er schien der Meinung zu sein, dass das schon sein Auftritt gewesen war.

Ich erschrak, als mir Peter Wolf davon erzählte, aber da Harald selbst den Vorfall mit keinem Wort erwähnte, wollte ich ihn auch nicht darauf ansprechen. Harald war in diesem Punkt sehr empfindlich geworden. Instinktiv spürte er, wenn etwas hinter seinem Rücken besprochen wurde. Vielleicht belastete ihn etwas, worüber er nicht sprechen wollte. Gravierendes war mir an Haralds Verhalten aber nicht aufgefallen.

Am 7. Juli waren wir noch Gäste bei der Feier zum fünfzigsten Geburtstag von Theo Baltz in der Paris Bar, zu der Sabine Christiansen eingeladen hatte. Wir verabschiedeten uns schon um halb zwei, weil Harald am nächsten Tag zu den Dreharbeiten nach Baden bei Wien aufbrechen musste.

Gut gelaunt kehrten wir von dem fröhlichen Geburtstagsfest heim, und Harald ging sofort schlafen. »Nachti!« rief er mir zu, und ich wünschte ihm auch eine gute Nacht. Ich musste mich noch abschminken, stellte mir ein Wasserglas ans Bett und ging dann ebenfalls schlafen. Am nächsten Morgen wollte ich mit Harald noch gemütlich frühstücken und gemeinsam mit ihm überlegen, wann ich nach Baden nachkommen sollte.

Das war in der Nacht zum Samstag. Am Dienstag sollte nichts mehr so sein, wie es war.

TEIL III
*Ich habe
meinen Mann verloren*

Kapitel 7
Unser Schicksalstag –
Absturz mit fatalen Folgen

Der 10. Juli 2000 war ein Montag. Es war der Tag, der das letzte Kapitel in der Chronik meines alkoholkranken Mannes einleitete.

Harald war am Sonnabend zu den Dreharbeiten für den Fernsehfilm *Zwei unter einem Dach* nach Baden bei Wien abgereist. Oliver hatte ihn zum Flughafen Tegel gebracht.

Obwohl Harald sich offensichtlich auf die Dreharbeiten freute und in guter Stimmung war, überkam mich, als Vater und Sohn das Haus verließen, ein Gefühl der Angst. Als hätte mich ein siebter Sinn gewarnt, dachte »Mütterchen Sorge« bei sich: »Hoffentlich geht alles gut!« Um mich nicht unnötig verrückt zu machen, verdrängte ich diese Gedanken schnell. »Es wird schon nichts passieren«, beruhigte ich mich.

Am Flughafen in Wien wurde Harald von einem Produktionsfahrer in Empfang genommen. Die Fahrt nach Baden dauerte eine gute Stunde. Im Grandhotel Sauerhof war für Harald eine komfortable Suite reserviert. Die Dreharbeiten sollten maximal dreiundzwanzig Drehtage zwischen dem 10. Juli und dem 15. August 2000 umfassen.

Am Samstagabend rief Harald mich an, fragte als erstes und ohne eine Antwort zu erwarten: »War was?«, und dann gab er mir die Telefonnummer des Hotels und die Nummer seiner Suite durch. Anschließend ging er mit Klaus Graf, einem guten alten Bekannten von der Produktionsfirma, zum Essen, weil der am nächsten Tag in Urlaub fuhr.

Zwei unter einem Dach war eine ARD-Produktion der Lisa-Film. Produzent Karl Spiehs, genannt »Carli«, und Harald hatten schon oft miteinander gearbeitet. Unsere Familien mochten sich, die beiden

Männer mochten sich. Regie führte Peter Weck, den Harald ebenfalls seit Jahrzehnten kannte und dessen Art er sehr schätzte.

Harald, Otto Schenk und Suzanne von Borsody sollten die Hauptrollen spielen. Harald hatte Suzanne zum ersten Mal getroffen, als er mit ihrer Mutter, der Schauspielerin Rosemarie Fendel, drehte. Suzanne war damals noch ein Teenager. Otto Schenk, genannt Otti, und Harald verehrten und respektierten einander sehr.

Besonders wegen dieser hochkarätigen Besetzung hatte Harald mit Spannung die Arbeit in Baden erwartet. Er wusste, dass er mit diesen hervorragenden Kollegen, die ihm so vertraut waren, eine gute Zeit haben würde.

Am Sonntag und Montag gab es die üblichen Vorbereitungsarbeiten: Kostümanproben, erste Drehbuchbesprechungen. Abends lud Karl Spiehs, wie es guter Brauch am Vorabend des ersten Drehtags war, das ganze Team zu einem *Get together* mit anschließendem Abendessen ein. Peter Weck hatte mit Harald bereits den ersten Drehtag im Detail durchgesprochen. Der Abend im Restaurant Ceidl muss durch und durch harmonisch verlaufen sein, wie man mir später berichtete.

Harald blieb den ganzen Abend bei seinem Mineralwasser. Alle waren bester Dinge. Morgen konnte es losgehen. Gleich nach dem Essen, es muss so gegen zehn gewesen sein, verabschiedete sich Harald, und der Produktionsfahrer brachte ihn vom Restaurant zurück zum Grandhotel Sauerhof.

Was dann im Kopf meines Mannes vor sich ging, werden wir nie mehr erfahren. Fest steht, dass er kurz nach Mitternacht das Hotel verließ, den Portier mit einem harmlosen »Ich mach noch einen kleinen Verdauungsspaziergang« grüßte und dann, wie der Hotelangestellte berichtete, zu Fuß in die Nacht hineinlief. Außer Sichtweite des Hotels stieg er in ein Taxi und saß wenig später in der Filou-Bar, wo er sich Musik von seinem geliebten Dean Martin bestellte – und einen Whisky.

Das berüchtigte erste Glas. Es sollte zum letzten Mal sein Verhängnis werden.

Der Morgen graute schon, als derselbe Taxifahrer, der ihn zur Bar gebracht hatte, Harald zum Hotel zurückfuhr. Auf der Rechnung der Filou-Bar, die die Produktionsfirma mir später zur Begleichung schickte, standen zehn doppelte Whiskys und acht doppelte Wodkas.

Was ich nie im Leben verstehen werde: Wie kommt ein Kellner oder ein Barkeeper dazu, einen total betrunkenen Menschen – zudem noch einen Mann, von dem die ganze Welt wusste, dass er ein Alkoholproblem hatte – immer weiter mit Alkohol abzufüllen?

Ich war ausnahmsweise nicht gleich mitgeflogen, weil wir zum Geburtstag unserer lieben gemeinsamen Freundin Ulla eingeladen waren. Da Harald wegen der Dreharbeiten hatte absagen müssen, wollte wenigstens ich ihr die Freude machen.

Mein Mann war seit Anfang 1998 – also seit zweieinhalb Jahren, so lange wie nie zuvor – trocken, ich hatte keinen Grund, so wie früher auf ihn aufzupassen. Es ging ihm gut, und wenn er drehte, hatte er ohnehin nie getrunken.

Wir hatten verabredet, dass ich am Freitag nachkomme. Dann wollten wir uns mit unseren Freunden Herbert und Christa in Wien treffen und dort das drehfreie Wochenende genießen. Wie in alten Zeiten.

Bevor ich am Montagabend aus dem Haus ging, hatte Harald mich noch angerufen und erzählt, dass er sich auf den Abend mit Karli Spiehs und dem Team freue. Wir wünschten uns gegenseitig einen schönen Abend und eine gute Nacht und legten auf. Es war eines von diesen kurzen vertrauten Telefongesprächen, wie wir sie wohl Tausende Male in unserer Ehe geführt hatten, Gespräche, in denen der eine dem anderem vom Verlauf seines Tages berichtete. Harald war guter Dinge. Alles schien in bester Ordnung zu sein. »Nachti«, unsere Koseform für gute Nacht, waren die letzten Worte, die wir tauschten.

Gegen ein Uhr nachts kam ich von dem Geburtstagsdinner nach Hause, ging zu Bett und schlief wie immer sofort ein.

Um sieben Uhr morgens klingelte das Telefon, das neben meinem Bett steht. Instinktiv wusste ich, dass das nichts Gutes bedeuten konnte. Am Telefon war eine Mitarbeiterin der Lisa-Film.

»Frau Juhnke«, sagte sie. »Ihr Mann liegt volltrunken im Hotelzimmer und weigert sich zu drehen.«

Der Satz traf mich wie ein Blitzschlag. Ich weiß nicht mehr genau, was ich darauf antwortete. Gedacht habe ich jedenfalls: »Warum nur? Warum hat er das wieder getan?«

Dann sprang wie auf Knopfdruck meine Notfallmaschinerie an: Es war ja leider Gottes nicht das erste Mal, dass ich eine solche Katastrophennachricht erhielt.

Das letzte Mal war allerdings zweieinhalb Jahre her. Damals hatte sein Arzt ihn gewarnt: »Das nächste Mal könnte es tödlich sein.« Wie zum Selbstschutz hatte Harald diese Warnung in Dutzenden von Interviews immer wieder beschworen und zu seinen eigenen Worten gemacht. Aber im Lauf dieser längsten Abstinenz, die ich in all den Jahren mit ihm erlebt hatte, hatten mein Mann und ich uns an den verführerischen Gedanken gewöhnt, dass er es tatsächlich geschafft haben könnte und trocken – also gesund – bleiben würde, sein Leben lang. Wie sehr wir uns geirrt hatten!

Jetzt musste etwas passieren, und zwar sehr schnell. Jede Minute zählte. Geistesgegenwärtig gab ich am Telefon Anweisungen für die unabdingbar notwendigen Sofortmaßnahmen. Harald musste unter allen Umständen am Weitertrinken gehindert werden. Am besten postierte sich ein Produktionsmitarbeiter vor der Tür seines Hotelzimmers. Auf gar keinen Fall durfte Harald das Zimmer verlassen. Und der Roomservice musste informiert werden: Harald durfte keine alkoholischen Getränke mehr bekommen. Oberste Priorität: Mein Mann musste vor sich selbst geschützt werden.

Die Produktionsleitung war hilflos. Von mir erhoffte sie sich Rettung. Ich wusste, wie man mit meinem Mann in diesem desolaten Zustand umgehen musste. Aber ich war nicht vor Ort, um dafür zu sorgen, dass alles Nötige auch tatsächlich getan wurde.

Die Produktionsmitarbeiterin sagte noch, dass sie bereits einen Arzt angerufen hatte, der schon auf dem Weg ins Hotel wäre. Später erfuhr ich, dass dieser Arzt mit der Situation total überfordert war und nicht verhindern konnte, dass Harald sich – in Anwesenheit des Arztes! – beim Roomservice eine Flasche Wodka bestellte und sie innerhalb weniger Minuten austrank.

Der Schock brachte mich sofort auf Hochtouren. Ich sprang aus dem Bett, warf mir den Bademantel über, lief die Treppe hinunter in die Küche und machte mir einen Milchkaffee. Es kam jetzt ganz auf mich an, Harald war nicht mehr Herr seiner Sinne. Ich musste perfekt funktionieren, um die richtigen Entscheidungen zu treffen. Jeder Schritt musste wohlbedacht sein und vor allem Zug um Zug in die Tat umgesetzt werden.

In einer solchen Situation gab es für mich nie eine Sekunde Zeit, um Bedauern, Mitleid oder gar Selbstmitleid zuzulassen, geschweige denn, auf Hilfe zu hoffen. Handeln musste ich allein. Wer sonst? Im Lauf der Jahre war ich gezwungen worden, immer wieder über mich hinauszuwachsen – nach dem Motto: »Hilf dir selbst, so hilft dir Gott.«

Also rief ich Professor Dr. Franz Müller-Spahn in der Psychiatrischen Universitätsklinik (PUK) in Basel an, der Harald 1997 so erfolgreich therapiert hatte. Ich erreichte ihn um Viertel vor acht. Kurz schilderte ich, was vorgefallen war. Wir waren uns sofort einig: Harald musste auf dem schnellsten Weg nach Basel in die Klinik.

Die nächste Frage war: Aber wie? Wie schnell war das von Berlin aus zu bewerkstelligen? Der Wettlauf mit der Zeit begann.

Haralds Manager Peter Wolf, der mir jetzt einiges hätte abnehmen können, war geschäftlich unterwegs und nicht zu erreichen. Also rief ich selbst die private Fluggesellschaft Bizair am Flughafen Tempelhof an, mit der Harald schon mehrmals geflogen war, und fragte, wie schnell sie einen Flug Berlin–Baden, Baden–Basel organisieren könnten.

Zehn Minuten später kam der Rückruf, dass die Maschine um dreizehn Uhr bereit sein könnte. Ich gab mein Okay: »Machen Sie alles startklar.« Dann avisierte ich der Lisa-Film unsere Ankunftszeit in Baden und machte mich daran, das nächste Problem zu lösen: Ich brauchte zwei vertraute und absolut diskrete Begleitpersonen.

Dass Oliver mitfliegen würde, war klar. Wichtig war, auch eine ärztliche Begleitung zu finden. Spontan dachte ich an unseren Freund und Hausarzt Dr. Djawad Moschiry, der Harald schon oft behandelt hatte und der sich sofort bereit erklärte, uns auch diesmal zu helfen. Oliver und ich holten ihn am Martin-Luther-Krankenhaus ab, wo er bereits mit dem Arztkoffer in der Hand auf uns wartete.

Auf dem Tempelhofer Flugfeld begrüßten uns die beiden Piloten der Bizair. Um dreizehn Uhr dreißig hob die Cessna Citation in Berlin ab, um fünfzehn Uhr landeten wir auf dem kleinen Flughafen in Baden. Es war ein schweigsamer Flug, jeder war in seine Gedanken vertieft. Jeder von uns hatte diese Situation irgendwie schon einmal erlebt, aber keiner wusste, wie schlimm es diesmal war. Ich versuchte, mich voll und ganz auf meine Mission zu konzentrieren: Harald musste in die Klinik gebracht werden, so schnell und so unauffällig wie möglich.

Ein Fahrer der Lisa-Film erwartete uns und fuhr uns sofort zum Hotel. Im Flur kam mir Karli Spiehs entgegen, aschfahl im Gesicht. Er begrüßte mich kurz, ich konnte jetzt nicht mit ihm reden.

Haralds Zimmer betraten nur wir drei, mein Sohn, unser Arzt und ich. Uns bot sich ein Bild des Grauens. Es hier zu beschreiben wäre unter meiner und Haralds Würde.

Dann taten wir, was getan werden musste. Wir machten, so gut es ging, Ordnung und packten Haralds persönliche Sachen ein. Es dauerte eine Weile, bis Harald sich beruhigt hatte, doch dann konnten wir ihn tatsächlich überzeugen, dass wir jetzt abreisen mussten. Wir verließen das Hotel durch einen Nebeneingang.

Am Flughafen wurde unser Wagen aufs Rollfeld vorgelassen, so dass wir direkt an der Maschine halten konnten. Wir eilten die Treppe hinauf, und alles ging tatsächlich so blitzschnell, dass uns ein Fotograf mit seinem Teleobjektiv nur noch von hinten erwischte.

Der Kopilot schloss die Tür hinter uns, wir ließen uns erschöpft in die Sitze fallen, schnallten uns an und atmeten tief durch. Mein so eilig ausgearbeiteter Plan hatte funktioniert – wir waren auf dem Weg nach Basel. Dr. Moschiry gab Harald eine Beruhigungspille, damit er den Flug einigermaßen ruhig überstehen konnte.

Ich fragte Dr. Moschiry nach seinem Eindruck, er hatte meinen Mann ja oft genug in volltrunkenem Zustand gesehen. Wir waren uns einig, dass es diesmal besonders schlimm zu sein schien. Eine unendliche Traurigkeit erfasste mich. Alle Hoffnung war dahin. Der Teufel Alkohol hatte wieder von meinen Mann Besitz ergriffen.

Nach einer knappen Stunde landeten wir in strömendem Regen auf dem Flughafen Basel-Mulhouse. Auf dem Rollfeld wartete bereits Professor Müller-Spahn mit einem Notarztwagen auf uns. Der Arzt nahm seinen Patienten freundlich in Empfang. Widerstandslos ließ sich Harald von ihm in den Krankenwagen führen. Oliver, Dr. Moschiry und ich fuhren mit dem Taxi hinterher.

Ich empfand große Erleichterung, als wir die Klinik betraten, wussten wir doch, dass hier alles medizinisch Notwendige sogleich geschehen würde. Während Professor Müller-Spahn Harald untersuchte, versuchten Dr. Moschiry und ich gemeinsam mit einem Arzt einigermaßen zu rekonstruieren, was in Baden vorgefallen war.

Dann bat uns Professor Müller-Spahn zu sich ins Sprechzimmer. Er berichtete, dass Harald Medikamente bekommen hatte, die ihn ruhigstellten und ihm über die Entzugssymptome hinweghelfen würden. Auf meine Frage, was wir tun könnten, antwortete er, dass wir für Harald nichts Sinnvolleres tun könnten, als in unseren Gedanken bei ihm zu sein. Alles andere läge jetzt in der Verantwortung der Ärzte. Wir könnten ihn beruhigt in seiner Obhut zurücklassen.

Wir schauten noch einmal nach Harald. Er lag friedlich im Bett und schlief, als wäre nichts geschehen.

In der Hoffnung, dass alles doch wieder gutgehen würde, wie schon so oft zuvor, verließen wir die Klinik, fuhren zum Flughafen und traten den Rückflug an. Kurz bevor um dreiundzwanzig Uhr das Nachtflugverbot in Kraft trat, landeten wir wieder in Tempelhof.

Erst jetzt, als die Anspannung ein wenig nachließ und wir wieder zu Hause waren, wurde Oliver und mir plötzlich klar, welchen Alptraum wir durchlebt hatten. Wir konnten nicht wissen, dass wir an diesem Tag nur den ersten Schritt auf einem sehr langen Weg getan hatten. Uns standen bange Wochen des Wartens bevor, in denen ich ständig Verbindung mit Professor Müller-Spahn hielt. Täglich rief ich in Basel an, um mich nach Harald zu erkundigen: »Gibt es etwas Neues? Wie geht es meinem Mann?«

Vor dem Zubettgehen setzte ich mich noch kurz an den Schreibtisch. In meiner in schwarzes Leder gebundenen Agenda notierte ich kurz vor Mitternacht, bevor ich schlafen ging:

»Hätte ich den Rückfall verhindern können, wenn ich bei ihm gewesen wäre?«

Die Antwort auf diese Frage kennt nur Gott. Es war passiert.

Kapitel 8
Mein Tagebuch –
Der bittere Weg zur Erkenntnis

Von dem Tag an, als ich aus Basel zurückkam, schrieb ich mir meinen Kummer von der Seele. Jeder Tag hinterließ seine Spuren, und so entstand dieses Tagebuch …

Mittwoch, 12. Juli 2000
Peer muss erfahren, was mit seinem Vater passiert ist. Ich rufe in München an – und wie so oft meldet sich nur der Anrufbeantworter. Ich hinterlasse nur das Nötigste. Anette, Peers Frau, ruft kurz darauf zurück. Ich erzähle ihr, was vorgefallen ist, und bitte, dass sie es Peer bitte erzählen soll. Ich bitte um seinen Rückruf, aber ich höre den ganzen Tag nichts von ihm.

Von der Titelseite der *Bild*-Zeitung schreit mir die Schlagzeile entgegen: »Juhnke – Schlimmer Rückfall – Lebensgefahr. Was trieb ihn wieder zum Wodka?« Dazu das Foto vom Flughafen in Baden, wie Harald in ein Flugzeug steigt, von hinten aufgenommen, in der Ferne einen Mann mit Hut zeigend, außerdem eine Aufstellung von »Juhnkes schweren Abstürzen und Entziehungsversuchen: 1984, 1986, 1990, 1991, 1994, 1995, 1996, 1997.«

Auch *Bild* weiß also nicht alles. Die Wahrheit gehört mir allein.

Donnerstag, 13. Juli 2000
Als ich aufwache, fühle ich nur Angst und Panik. Mir gehen tausend Gedanken durch den Kopf: Wie soll es nur weitergehen?

Bei der *Bild*-Lektüre werde ich wütend: Die Hotelangestellten, der Taxifahrer, der Harald zur Filou-Bar chauffierte, der Barkeeper, der Barbesitzer, die Sprecherin der TV-Produktion: Alle geben bereitwillig Auskunft. Keiner hat Respekt.

Freitag, 14. Juli 2000
Meine täglichen Telefonate mit Professor Müller-Spahn tun mir einerseits gut – mit niemand sonst kann ich offen über Haralds Zustand sprechen. Andererseits kann er mir meine Ängste und Sorgen nicht nehmen. Im Gegenteil, heute teilt er mir mit, dass sich Haralds Zustand nicht verbessert hat. »Sie müssen Geduld haben«, sagt er. Zu einer verbindlichen Diagnose sieht er sich zu diesem frühen Zeitpunkt nicht in der Lage.

In der *Bild*-Zeitung wird Müller-Spahn zitiert: »Es war kein Ausrutscher, es war ein Rückfall.« Und alle können lesen, was er mir schon in Basel sagte: »Die Trinkdauer war diesmal nur sehr kurz. Deshalb geht es ihm den Umständen entsprechend gut.«

Wir können von Glück sagen, dass Harald diesmal nur eine einzige Nacht getrunken hatte und wir ihn so schnell aus dem Verkehr ziehen konnten.

Dienstag, 18. Juli 2000
Immer, wenn ich über unsere Situation nachdenke, schwanke ich zwischen Verzweiflung und Wut. Das darf doch einfach alles nicht wahr sein. Unser ganzes Leben ist wieder einmal in Frage gestellt. Sein Leben, mein Leben, unser Leben, das unserer ganzen Familie, ist wie ein Kartenhaus zusammengefallen. Zweieinhalb Jahre ist es gutgegangen, eine einzige Sekunde, der erste Schluck Alkohol, hat alles wieder zerstört!

Die Vergangenheit ist abgeschlossen. Die Gegenwart ist eine einzige Tragödie. Was wird die Zukunft bringen?

Mit Fug und Recht hatte ich mich der Illusion hingegeben, dass unser Leben seine Bahn gefunden hatte. Irgendwann hatte auch der Stress nachgelassen, den ich während der langen Zeit von Haralds

Alkoholkrankheit bewältigen musste. Mir fiel es wie Schuppen von den Augen: Die Prophezeiung von Professor Müller-Spahn, die er damals so eindringlich ausgesprochen hatte, könnte sich diesmal bewahrheiten. Er hatte gesagt: Das nächste Mal könnte tödlich enden.

Bin ich stark genug – seelisch und körperlich –, um all die Entscheidungen fällen zu können, die auf mich zukommen? Wer gibt mir die Sicherheit, abwägen zu können, was richtig und was falsch ist? Was heißt: richtig? Was heißt: falsch?

Ich versuche, mir die schlimmste Situation auszumalen. Ich kann es nicht, die Angst ist übermächtig.

Mittwoch, 19. Juli 2000
Wie kann ein Mensch nur so entsetzlich einsam sein? Ich fühle mich von der ganzen Welt verlassen. Am liebsten würde ich in den Leib meiner Mutter zurückkriechen ... Aber ich weiß, dass ich ins kalte Wasser springen und losschwimmen muss. Möge irgendwann die rettende Insel vor mir auftauchen!

Donnerstag, 20. Juli 2000
Ich hatte mich schon gewundert, die Presse ist merkwürdig still in den letzten Tagen. Mir ist aber klar: Die Geier lauern auf ihre Beute. Und nun die *Bunte!* Schon auf der Titelseite muss ich lesen: »Harald Juhnkes Alkohol-Absturz. Seine Frau ist das Opfer. Hera Lind über Susanne Juhnke.« Im Inhaltsverzeichnis wird zusätzlich ein »Exklusiv-Interview mit Juhnkes Sohn Peer« angekündigt.

Alles sträubt sich in mir, aber ich muss die Artikel lesen!

Ist Peer denn von allen guten Geistern verlassen? Er macht Oliver und mir indirekt Vorwürfe, ohne überhaupt mit uns gesprochen zu haben. Zuerst mit der Presse sprechen und dann mit der Familie? Was ist das für ein merkwürdiges Verhalten?

Bunte fragt: »Hätte Ihr Vater auch getrunken, wenn jemand bei ihm gewesen wäre?«

Dr. Peer Juhnke antwortet: »Wenn jemand aus seinem engeren Umfeld bei ihm gewesen wäre, hätte es vielleicht verhindert werden können. Er lässt sich in solchen Phasen nur von Menschen beeinflussen, die ihm sehr nahestehen.«

Bunte weiter: »Susanne und Oliver Juhnke sind wieder nach Berlin geflogen. Wäre es nicht besser, wenn jemand bei Ihrem Vater wäre?«

Peer: »Ich weiß nicht, warum die beiden die Entscheidung getroffen haben, wieder nach Hause zu fliegen. Sicherlich wäre es von Vorteil, wenn jemand in seiner Nähe wäre.«

Dass dieser »Jemand« auch er selbst sein könnte, davon ist selbstverständlich keine Rede. Peer hat seinen Vater oft monatelang nicht gesehen!

Und Hera Lind, die mich nur flüchtig kennt, schreibt ein Psychogramm über Susanne Juhnke. »Das Schattendasein der Susanne Juhnke« heißt der Artikel, und mich wundert doch sehr, wie andere einfach so über meine Gefühle schreiben können.

Nachdem ich den Artikel gelesen habe, muss ich aber zugeben, dass diese Frau in vielen Punkten den Nagel auf den Kopf getroffen hat. Trotzdem: Ich finde es extrem unangenehm, von Fremden öffentlich beurteilt zu werden.

Paul Sahner, als Chefreporter von *Bunte* für beide Artikel verantwortlich, ruft an. Nur mit Mühe kann ich meine Wut im Zaum halten, lehne jeglichen Kommentar ab. Ich beschließe, in den nächsten Tagen nicht mehr ans Telefon zu gehen, und schalte den Anrufbeantworter ein.

Sonnabend, 22. Juli 2000
Meine Nerven gehen mit mir durch, ich weine viel. Nur mit Mühe rappele ich mich auf.

Heute ist Mamis 78. Geburtstag. Oliver holt seine Nai-Nai in ihrer Wohnung ab, und wir gehen zusammen ins Tai-Tung zum Essen. Wir versuchen, ihr die Situation einigermaßen schonungsvoll

Susanne Juhnke mit ihrer Mutter Brigitte Hsiao (1996)

beizubringen. Sie schweigt, stellt keine Fragen. Ich sehe ihr an, dass sie nicht weiß, was sie fragen soll, dass sie aber weiß, wie ich leide. Still leidet sie mit mir.

Sonntag, 23. Juli 2000
Welche Gefühle habe ich für Harald – nach fast 30 Jahren? Nach einer Ehe mit einem Mann, den ich nicht ändern konnte und auch nicht ändern wollte? Liebe heißt doch Verzeihen. Wenn aber Glaube und Hoffnung nach jedem Verzeihen immer mehr absterben? Jede Überdosis ist tödlich – auch eine Überdosis an Verzeihen.

Habe ich unsere Situation jemals richtig eingeschätzt? Habe ich tatsächlich nicht wahrhaben wollen, wie tief wir als Familie mit seiner Sucht, seiner Krankheit, verstrickt sind? Was hätte ich verhindern können? Habe ich überhaupt Einfluss auf die Alkoholkrankheit gehabt? Wann haben Harald und ich jemals ein ehrliches Gespräch darüber geführt? Ich kann mich nicht erinnern.

Seine Arbeit, sein Erfolg hatten immer Vorrang. Für Gespräche über unsere Ehe, unsere Gefühle füreinander, war kaum Zeit. Tausend Fragen, die ich mir selbst stelle, und jetzt ist es vielleicht zu spät. Wie finde ich eine Antwort im Chaos meiner Gefühle?

Dienstag, 25. Juli 2000
Bei Paris stürzt die Concorde ab. Eine grauenvolle Katastrophe. Aber meine eigenen Sorgen sind mir näher.

Harald hat heute eine umfangreiche Untersuchung im Kantonsspital in Basel, Thoraxaufnahmen und Kernspintomographie des Schädels.

Ich bin allein im Haus. Mir fällt die Decke auf den Kopf, Minuten werden zu Stunden, Stunden zur Ewigkeit. Endlich ruft Professor Müller-Spahn an. Er kann keine konkrete Aussage machen, nur: abwarten, abwarten, abwarten. Die genauen Ergebnisse will er mir übermorgen in Basel persönlich sagen.

Mittwoch, 26. Juli 2000
Wenn ich meine Majka nicht hätte! Sie ist eine wahre Freundin und seit zwei Jahren meine größte Stütze. Gemeinsam packen wir Haralds Sachen zusammen. Müller-Spahn hatte gesagt, dass wir uns auf einen längeren Klinikaufenthalt in Basel einrichten müssten.

Kann ich die Welt nicht anhalten und einfach aussteigen? Aber ich weiß genau, dass es keinen Ausweg gibt. Ich muss der Realität ins Auge sehen. Die Zwiespältigkeit meiner Gefühle macht mich ganz krank: Ich weiß, dass ich Courage und Disziplin habe und die Situation meistern werde, mein Überlebenstrieb ist in 30 Jahren auf die harte Tour trainiert worden. Aber woher nehme ich die Kraft? Wie können mir Flügel wachsen?

Donnerstag, 27. Juli 2000
Mehr als zwei Wochen habe ich meinen Mann nicht gesehen und nicht sprechen können. Was erwartet uns, wenn Oliver und ich Harald wiedersehen?

Um 9 Uhr 35 fliege ich von Tegel nach Basel, um 11 Uhr 10 lande ich dort und fahre mit dem Taxi sofort zur Klinik. Professor Müller-Spahn begrüßt mich auf seine liebenswerte Art. Er ist ein sehr einfühlsamer Arzt, eine professionell und menschlich hervorragende Persönlichkeit. Ich bin mir sicher, dass Harald bei ihm in besten Händen ist. Gemeinsam gehen wir ins Haralds Zimmer.

Er liegt in seinem Bett, die Augen geschlossen, die Hände auf der Decke, er nestelt mit den Fingern herum. Ich küsse ihn auf die Wangen, er reagiert nicht, sondern fabuliert nur vor sich hin, unzusammenhängende Sätze, einzelne Worte, die keinen Sinn machen. Das liegt wohl an den Medikamenten, die er bekommt. Er ist noch stark mit Sedativa ruhiggestellt. Beim Anblick von Harald bleibt mir fast der Atem stehen. Er ist nicht ansprechbar.

Um mich abzulenken, packe ich die Sachen, die ich aus Berlin mitgebracht habe, in den Schrank, versuche ihn normal anzusprechen. Er reagiert nicht.

Um 15 Uhr kommt Oliver, er ist sehr nervös. Zuerst gehen wir zu Professor Müller-Spahn. Einfühlsam versucht er, uns über Haralds Zustand aufzuklären. Es ist die Stunde der furchtbaren Wahrheit: Er zeigt uns die neuen Röntgenbilder, vergleicht sie mit den früheren von 1997, zeigt uns die Kernspinaufnahmen, die Protokolle der verschiedenen medizinischen Untersuchungen, die sie in den letzten Wochen durchgeführt haben.

Die Diagnose ist ein unvorstellbarer Schock. Professor Müller-Spahn bestätigt, was ich in den letzten Jahren zwar wusste, aber nie wahrhaben wollte.

Ein Nachtrag zur Erläuterung für die Leser:
Begriffe wie »Demenz« und »Wernicke-Korsakow-Syndrom« hingen schon seit Jahren wie ein Damoklesschwert über uns. Schon 1997 hatten die behandelnden Ärzte davon gesprochen. Ich hatte seitdem versucht, mich über die Krankheit so gut wie möglich zu informieren; ich las Bücher über Demenz und sah mir im Fernsehen Dokumentarfilme und Magazinsendungen an, die sich mit dem Thema beschäftigten.
Das Wernicke-Korsakow-Syndrom, so hatte ich erfahren, betrifft früher oder später 5 bis 10 Prozent aller chronisch Alko-

holkranken. Es besteht eigentlich aus zwei Krankheiten, der Wernicke-Enzephalopathie und dem Korsakow-Syndrom.
Die Wernicke-Enzephalopathie ist eine zumeist alkoholbedingte hirnorganische Schädigung infolge des Vitamin-B1-Mangels, der auf Grund der unzureichenden Ernährung während längerer Alkoholexzesse entsteht. Häufig tritt diese Mangelerscheinung, deren Kennzeichen Schläfrigkeit, Verwirrtheit, Augenmuskellähmung sowie Geh-, Gleichgewichts- und Koordinationsstörungen sind, nach einem Alkoholdelirium auf.
Die chronische Form der Wernicke-Enzephalopathie ist das Korsakow-Syndrom. Bei dieser schwersten Form der Gehirnschädigung durch Alkohol sterben ganze Regionen im Zwischenhirn ab. Das hat einen weitgehenden Gedächtnis- und Orientierungsverlust zur Folge, vor allem das Kurzzeitgedächtnis funktioniert nicht mehr. Die nun ständig entstehenden Gedächtnislücken werden durch spontane, frei erfundene Einfälle und Erzählungen gefüllt. Die Ärzte bezeichnen dieses Verhalten als »Konfabulieren«.
Neue Dinge und Informationen kann sich der Erkrankte kaum mehr merken, gleichzeitig geht das Abstraktionsvermögen mehr und mehr zurück. Für einen Künstler wie Harald ist es das Tragischste, was ihm passieren konnte: Wie soll jemand, der sein Gedächtnis nicht mehr beherrscht, Rollen und Texte lernen? Dass Haralds Gedächtnis über all die Jahre seiner Alkoholkrankheit noch so gut funktionierte, lag – so die Ärzte – hauptsächlich daran, dass sein Gedächtnis durch das konsequente Rollenstudium besser funktionierte als das eines Trinkers, der nicht beruflich gezwungen ist, täglich sein Gehirn zu trainieren. Entsprechend langsamer schritt der Gedächtnisverfall bei Harald fort.
Im fortgeschrittenen Krankheitszustand weiß der Betroffene nicht mehr, wo sein Haus, sein Zimmer, das Bad, wo er selbst ist, und kann sich auch zeitlich nicht mehr orientieren. Er wird zunehmend initiativlos und apathisch, kann aber auch sehr

aggressiv werden, wenn ihm zum Beispiel etwas nicht mehr gelingt. All das muss ich nun bei Harald erleben – und als Symptome seiner Krankheit hinnehmen.

Was mich bei allem, was ich über das Wernicke-Korsakow-Syndrom las und hörte, am meisten verzweifeln ließ, war ein kleiner Satz: »In der Regel irreversibel.« In der Regel unumkehrbar. Unheilbar.

Das Urteil, das bisher nur wie ein Damoklesschwert über uns schwebte, ist gefällt! An der Seite meines Sohnes wird mir die Konsequenz der Diagnose klar: Harald hat das nächste, das fatale Stadium seiner Krankheit erreicht. Sein Gehirn zeigt erste Anzeichen von irreversiblen Schäden. Wir haben den Kampf gegen den Alkohol verloren.

Ich spüre, wie mir der Boden unter den Füßen weggezogen wird. Ich fühle mich wie innerlich erstarrt, eine unendliche Hoffnungslosigkeit ergreift von mir Besitz. Oliver ist leichenblass und hypernervös. Niemals zuvor habe ich meinen Sohn so traurig gesehen.

Selbst in meinen schlimmsten Befürchtungen habe ich diese Diagnose nicht an mich herangelassen. Jetzt wissen wir die Wahrheit. Wir schweigen, ich bin fassungslos und gelähmt.

Gemeinsam mit Professor Müller-Spahn gehen mein Sohn und ich noch einmal zu Harald. Er schläft. Leise schließt Oliver die Tür, wir können heute nichts mehr tun.

Um 19 Uhr 45 fliegen wir wieder ab.

Um 23 Uhr schließe ich die Tür zu unserem Haus auf. Die Stille, die ich sonst so sehr genieße, ist plötzlich bedrohlich. Ich gehe sofort ins Bett und schlafe erschöpft ein.

Freitag, 28. Juli 2000
Diese Lähmung! Ich bin zu keiner Aktivität fähig, dabei müsste ich so viel erledigen.

Du packst es, du schaffst es, hämmert es in meinem Kopf. Aber ich sitze nur da und weiß nicht weiter. Die Diagnose habe ich verstanden, aber was bedeutet sie für unser Leben? Wer hilft mir, diese Ungewissheit zu ertragen?

Und dann dieser Baulärm vom Nachbargrundstück! Nicht auszuhalten. Jedes Hämmern, jedes Bohren spüre ich wie körperliche Schmerzen. Meine Nerven sind zum Bersten angespannt.

Peer hat sich bei Professor Müller-Spahn gemeldet, bei uns leider immer noch nicht. Ich hoffe so sehr auf seinen Rat und seine Hilfestellung. Er ist nicht nur Haralds Sohn, er ist auch Arzt. Gerade in der Not muss eine Familie doch zusammenhalten.

Sonnabend, 29. Juli 2000
Heute müsste ich wieder in Basel anrufen. Ich wähle und lege auf, ich habe Angst. Immer habe ich Haralds Bild vor Augen und versuche es zu verscheuchen. Mein eigener Mann, der strahlende Sonnyboy auf der Bühne, der über alle Maßen beliebte Entertainer und Fernsehstar, so verwirrt, so hilflos in diesem Klinikbett. Dieses Häufchen Elend, alles kommt mir so unwirklich vor. Was soll nur werden?

Der ganze Körper tut mir weh. Ein permanenter Druck presst meinen Brustkorb zusammen und lastet schwer auf meinem Magen. Ich esse nur, weil mir schlecht wird vor Hunger. Ich versuche, keinen Wein zu trinken, wenigstens nicht tagsüber. Ich rauche eine Zigarette nach der anderen. Drei Päckchen sind es heute. Das ist auch kein Zustand. Ich darf mir meine Gesundheit nicht ruinieren. Ich muss gesund bleiben, wenigstens ich.

Was ist das: glücklich sein? Ich wäre so gern ein einziges Mal richtig unbeschwert.

Sonntag, 30. Juli 2000
Jeder Tag beginnt mit einer einzigen Panikattacke. Ich möchte niemanden sehen, niemanden sprechen.

Es ruft auch niemand mehr an. Worüber sollte ich auch sprechen? Die grausame Wirklichkeit möchte ich mit niemandem teilen.

Eine gute Nachricht aus Basel: Die Stationsärztin sagt, es gäbe eine kleine Besserung.

Die Hoffnung stirbt zuletzt. Ich vergesse zu fragen, was sie mit Besserung meint.

Mittwoch, 2. August 2000
Bei meinem täglichen Anruf in Basel sagt mir die Stationsschwester heute, dass Haralds Zustand unverändert ist. Ich fühle mich nicht wohl in meiner Haut, dass ich nicht bei ihm bin. Aber alle in Basel sagen, dass ich ihm nicht helfen kann, dass ich ihm mehr helfe, wenn ich in Berlin das Alltägliche regele.

Der Schwebezustand, in dem ich mich befinde, ist unerträglich – wie lange wird es noch dauern, bis ich weiß, wie es weitergeht? Diese Ohnmacht, nicht helfen, nichts tun, nichts bewegen zu können, was uns Harald zurückgibt, das ist das schlimmste. Das geht jetzt schon seit drei Wochen so.

Heute regt sich auch die Presse wieder. In der *Aktuellen* wird auf Grund von Aussagen des Personals vom Grandhotel Sauerhof in Baden herumspekuliert.

Peter Wolf, Haralds Manager, meint, wir sollten doch ein offizielles Statement abgeben. Ich bin dagegen.

Donnerstag, 3. August 2000
Ich weigere mich, mir nur noch Sorgen zu machen. Mit Uta gehe ich mittags ins La Forquetta, wir essen auf der Terrasse. Ich muss unter Menschen. Die Stille im Haus – außer Rechnungen kommt auch kaum noch Post – ist unerträglich. Am Wochenende will ich nach Sylt. Oliver ist schon dort.

Letztes Jahr um dieselbe Zeit haben Harald, Oliver und ich unseren letzten Familienurlaub in einem Traumhaus auf der Insel verbracht. Das Sommerfest von Renate und Hubertus, das Krebsessen bei Manfred und Katharine, der Schweizer Nationalfeiertag im Klenderhof – ich liebe die Sylter Sommerrituale.

Darf ich lachen, wenn mein Mann in Basel so elend darniederliegt? Ich muss lachen dürfen, mein Seelennotstand verlangt danach.

Familie und Freunde im Sommer auf Sylt – ein Bild aus glücklichen Zeiten *(v. l. n. r.):* Olivers Freundin Sarah, Nicolai A. Siddig, Oliver, Mona Siddig und »Coco«, Harald Juhnke

Freitag, 4. August 2000
In der Maschine sitzen liebe Freunde. Blauer Himmel, Sonnenschein. Oliver holt mich am Flughafen ab. Wir wohnen in Kampen, es ist ein bisschen wie nach Hause kommen, die Insel kenne ich seit mehr als 30 Jahren.

Ich packe schnell aus, und dann geht's nichts wie an den Strand. Zum ersten Mal seit langem kommt wieder so etwas wie ein Gefühl der Freude auf. Jutta und Jo haben mich in ihren Strandkorb 109 eingeladen. Wo ist der nur? Per Handy lasse ich mich hinlotsen. Der

Strandspaziergang tut so gut, endlich ein bisschen Entspannung. Ich genieße die Sonne und die frische Meeresluft. Später stärken wir uns auf Buhne 16 für den Rückweg.

Abends bin ich von Freunden zu Fisch-Fiete eingeladen. Alle sorgen sich sehr um Harald und uns, die Anteilnahme ist eine Wohltat und auch, dass wir nicht nur von meinen Sorgen und Problemen sprechen.

Später nehme ich noch einen Absacker mit Oliver, Jutta und Jo im Hotel. In der Anwesenheit von vertrauten Menschen über unsere Situation sprechen zu können fällt meinem Sohn und mir leichter, als wenn wir allein sind.

Sonntag, 6. August 2000
Gegen halb zwei wecke ich Oliver, der am Abend noch einen Zug um die Häuser gemacht hat. Der Langschläfer ist mürrisch wie immer. Er soll packen und das Auto beladen, der Autozug fährt um 18 Uhr 05 in Westerland ab, und ich möchte gern noch mit ihm gemütlich zu Mittag essen und vielleicht noch einmal an den Strand.

Das Wetter hält leider nicht. Wir sitzen bibbernd im Strandkorb in der Westerheide. Oliver ist schlecht gelaunt, weil er Sylt verlassen muss, aber wir erreichen den Zug tatsächlich pünktlich.

Montag, 7. August 2000
Die Sylter Erholung ist wie weggeblasen. Zu Hause bin ich wieder am Boden zerstört. Kraftlos.

Ich telefoniere mit der Stationsärztin in Basel: Keine Besserung, keine Verschlechterung. Sie bestätigt mir auf meine Nachfrage noch einmal, dass es keinen Sinn macht, wenn ich komme. Ich kann Harald nicht helfen, er dämmert vor sich hin und schläft viel. Und wenn er wach ist, hat er keinen Zugang zur Realität.

»Was ist seine Realität?« frage ich mich. Wir wissen es nicht. Die

Ärztin sagt, dass er jedenfalls nicht leidet. Selbst diese Aussage kann ich nicht positiv sehen.

Ich möchte nur schlafen: Nur im Schlaf habe ich keine Panik. Ich habe aber auch keine Träume mehr. Selbst das macht mir angst. Ist es gut oder ist es schlecht für mich, wenn ich keine Träume mehr habe? So viele Fragen stelle ich mir, und ich finde keine Antworten, will aber auch niemanden mit meinen Gedanken belasten. Ich bin der festen Überzeugung, dass ich alles allein schaffe.

Ich kann, weil ich will, was ich muss.

Unser Haus sehe ich auf einmal mit anderen Augen. Die schöne geschwungene Treppe rauf zu unseren Schlafzimmern ist auf einmal ein Handicap. Harald wird sie vielleicht nicht mehr hinauflaufen können. Und ehrlich gesagt, fällt es mir schon lange schwer, das Haus alleine zu bewirtschaften. In der Tat hatte ich schon vor einiger Zeit einmal mit Harald darüber gesprochen. Eine schöne, ebenerdige Wohnung mit Terrasse hier in der Nähe, das wäre vielleicht eine gute Lösung.

Mittwoch, 9. August 2000
Heute bin ich mit einer unsäglichen Wut aufgewacht. Warum lässt mein Mann mich mit all den Sorgen und Problemen, die er verursacht hat, so allein? Er ist krank, ich weiß das. »Uns geht's doch prächtig«, haben wir uns immer wieder vorgemacht. Wir hatten doch alles, was das Herz begehrt. Dass wir einmal so viel Leid erfahren würden, das lag vollkommen jenseits meines Vorstellungsvermögens.

Was wir hatten, war Harald Juhnke, der Star, der große Künstler, der Licht und Freude spendete bis in die Tiefe der Herzen seines Publikums.

Uns ist ein dicker Panzer gewachsen, der uns vor der Realität schützen sollte. Ein hoher Preis, den wir seit Jahren stumm bezahlen. Was wissen wir von deinen Gefühlen? Wusstest du jemals, wie wir uns fühlen?

Oliver ist verzweifelt: »Hilf mir, Mama!« hat er mich heute angefleht. Wie kann ich ihm helfen? Seine Welt ist zusammengebrochen, er steht vor einer hohen Mauer und weiß nicht, wie er sie überwinden soll.

Wir, seine Eltern, sind nicht unschuldig an seiner Situation. Woher soll er die Stärke nehmen, mit dem Schicksal klarzukommen?

Sonnabend, 12. August 2000

Harald ruft an! Die Stationsschwester hat ihn mit mir verbunden. Seine Stimme klingt schwach, so dass ich ihn kaum verstehen kann. Er sagt so etwas wie: »Wo ist meine Dispo?« Er meint seinen Drehplan. Er ist überzeugt, dass er sofort zum Drehen aufbrechen muss. Ich versuche ihm zu erklären, dass zur Zeit keine Dreharbeiten anliegen. Ich glaube nicht, dass er es versteht.

Montag, 14. August 2000

Harald ruft wieder an! Er erkundigt sich, wie er es immer nach einem Drehtag getan hat: »War was zu Hause?« Ich berichte ihm von unserem Alltag. Er geht nicht darauf ein.

Oliver war beim Hautarzt. Er hat eine Gürtelrose auf der Stirn. Der Stress sucht sich seinen Ausweg. Gott sei Dank wird die Diagnose rechtzeitig gestellt, und er kann behandelt werden.

Heute kann ich keinen klaren Gedanken fassen. Ich laufe herum wie ein Huhn ohne Kopf. Ich habe das Gefühl, mein Gehirn löst sich auf.

Dazu die enger werdende finanzielle Situation. Wenn ich unsere Situation klar analysiere, werden wir auf absehbare Zeit keine Einkünfte mehr haben. Ich frage mich schon seit Tagen, ob Harald eines Tages wieder arbeiten kann. Wenn ich ehrlich bin: Ich glaube es nicht mehr. Seine beiden noch bestehenden Verträge für Fernseharbeiten sind bereits gekündigt worden.

Ich brauche professionellen Rat.

Harald ist nun schon seit fünf Wochen in Basel. Sein Zustand hat sich mit ganz wenigen lichten Momenten eingependelt. Heute erzählt mir die Schwester am Telefon, dass Harald auf der ganzen Station nach seinem Kaviar gesucht hat. Er liebt Kaviar, das nächste Mal werde ich ihm ein Döschen mitbringen.

Im Prinzip lebt er in seiner Vergangenheit, dreht ständig, fragt immer nach dem Produktionsfahrer.

Rein organisch geht es Harald erstaunlich gut, auch wenn er vier Kilo abgenommen hat. Er hat zwar Appetit und isst regelmäßig, aber – so erklärt die Ärztin – wenn das Gehirn nicht mehr voll funktioniert, kommt es nicht mehr automatisch zur Gewichtszunahme. Wir sollen uns deswegen aber keine zusätzlichen Sorgen machen, er bekommt Kraftnahrung. Wieder frage ich Professor Müller-Spahn, ob ich Harald mit meiner Anwesenheit in der Klinik helfen würde. Seine Antwort: »Bleiben Sie in Berlin, versuchen Sie, Kraft zu sammeln.«

Freitag, 25. August 2000
Die Sonne scheint. Ein herrlicher Tag, und mir geht es so schlecht wie nie. Meine Seele liegt in totaler Finsternis. Den ganzen Tag nur ein Telefonat. Christa, unsere gute Freundin aus Wien, erkundigt sich nach Haralds und meinem Befinden. Ich berichte ihr in aller Offenheit, wie es um ihn steht, und kann endlich meinen Tränen freien Lauf lassen. Am Ende weinen wir beide.

Ich könnte schreien. Aber meine Sorgen schnüren mir die Kehle zu. »Mütterchen Sorge« denkt, dass es sich so viele Sorgen unnötig gemacht hat, weil es gar nicht wusste, was wirkliche Sorgen sind.

Mein letzter Gedanke heute: Ich will zu Harald, egal, ob ich etwas bewirken kann oder nicht. Ich muss zu meinem Mann.

Sonnabend, 26. August 2000
Ich rufe Harald an, um ihm zu sagen, dass ich übermorgen nach Basel komme. Er wirkt klar und sagt mir, dass er sich sehr auf mich freut.

Sonntag, 27. August 2000
Harald ruft früh am Morgen an und beschwert sich: »Warum telefonieren wir so selten? Kommst du denn gar nicht zu den Dreharbeiten?« Dass ich ihm gestern gesagt habe, dass ich heute komme, daran erinnert er sich nicht mehr.

Um 22 Uhr lande ich in Basel, fahre gleich zum Hotel Drei Könige, das direkt am Rhein liegt. Ich schaue aus dem Fenster und sehe diesen gewaltigen schwarzen Fluss an mir vorbeiströmen. Mir ist ganz unheimlich, ich ziehe die Vorhänge zu.

Montag, 28. August 2000
Als ich morgens in die Klinik komme, sitzt Harald gut angezogen mit anderen Patienten im Salon. Wir gehen auf sein Zimmer, und ich packe die Sachen aus, die ich mitgebracht habe. Wir gehen auf die Terrasse, ich habe ihm von Leysieffer seine geliebten Schokotrüffel und Ingwerstäbchen mitgebracht, die er eins nach dem anderen mit Genuss verzehrt. Wir können uns erstaunlich gut unterhalten – ein Lichtblick nach all den Wochen.

Aber nach einer Weile ist er plötzlich wieder wie von der Realität abgeschnitten und driftet wieder ab zu irgendwelchen Dreharbeiten. Sosehr ich mich auch bemühe, ich kann nicht verstehen, was er sagt, es ist ein reines Kauderwelsch, ich kann ihm einfach nicht folgen.

Später sitzen wir im Speiseraum, ich habe ihm Kaviarschnittchen zubereitet, und er findet aus heiterem Himmel zu einem normalen Gespräch über Alltägliches zurück. Wir sprechen sogar über die neue Wohnung, die ich suchen will.

Die beiden Ärztinnen bitten mich zu einem Gespräch, um mich darauf vorzubereiten, womit ich in Zukunft rechnen muss. Schonend versuchen sie mir beizubringen, dass sich Haralds Zustand der Absenzen eventuell nie mehr ändern wird, er unter Umständen nie mehr zu uns »zurückkommt«. Auch Professor Müller-Spahn bestätigt, dass er keine wirklich neuen Perspektiven sieht. Er sagt aber auch: »Die Zeit wird zeigen, ob es eine Besserung geben wird.« Trotz allem, ein kleiner Lichtblick. Ich klammere mich an jeden Strohhalm.

Gemeinsam mit Harald schaue ich die ZDF-Nachrichten an, dann ist er müde, und ich verabschiede mich von ihm mit einem Gutenachtkuss und sage, dass ich morgen früh wiederkomme. Er sieht mich verständnislos an und fragt nach seiner Dispo …

Dienstag, 29. August 2000
Mein zweiter Tag bei Harald. Ich kaufe lauter Leckereien ein, wir sitzen auf der Terrasse, und er isst alles, was ich mitgebracht habe, mit großem Appetit auf. In einem Telefonat mit Oliver und meiner Mutter antwortet er kurz und klar. Aber dann ist er plötzlich wieder in seiner Welt: Er führt ein Zwiegespräch mit Jürgen Wölffer, an dessen Theater er so oft gespielt hat, und sieht mich dabei an. Eingehend bespricht er mit Wölffer beziehungsweise mir, dass er in der nächsten Zeit einige Rollen spielen will. Er redet von Rollen, die er vor Jahren gespielt hat, und transferiert das in eine vermeintliche Zukunft. Ich muss sehr aufpassen, um seinen Gedanken folgen zu können. Dabei ist seine Stimme heute sehr deutlich.

Die Aussage von Professor Müller-Spahn, dem ich von Haralds Verhalten erzähle, ist wieder nur: »Sie müssen Geduld mit ihm haben.« Ich balanciere auf einem schmalen Grat zwischen Hilflosigkeit und Hoffnung.

Ich bemerke, dass Harald im Gespräch mit seinem Professor klar und deutlich artikulieren kann. Ich spüre, wie er sich konzentriert, ihm ist wohl sehr wichtig, dass Müller-Spahn seine Bemühungen sieht. Müller-Spahn sagt, dass Haralds Konzentrationsfähigkeit nicht unbedingt von seinem Gegenüber, sondern stark von seiner allgemeinen Tagesform abhängt.

Mittwoch, 30. August 2000
Heute gefällt mir mein Mann gar nicht. Er ist schläfrig, und sein rechtes Fußgelenk ist geschwollen, er war morgens beim Aufstehen umgeknickt. Er schweigt vor sich hin, und ich habe den Eindruck, dass er in seinem Innersten sehr mürrisch ist. Gegen halb fünf verabschiede ich mich. Er reagiert nicht auf meine Worte oder auch nur auf meine Stimme. Traurig lasse ich ihn zurück.

Donnerstag, 31. August 2000
Zurück in Berlin falle ich sofort in meinen jämmerlichen Zustand der Verzweiflung zurück. *Angst* ist das einzige Wort, das ich denken kann, und ich denke es hundertmal am Tag.

Oliver und ich sprechen darüber, wie es wäre, wenn Harald wieder zu uns zurückkommen und alles wieder so schön wie früher sein könnte. Wir wissen beide, dass das eine Illusion ist, aber wir spielen mit dem schönen Gedanken. Wir beschließen, in zwei Wochen gemeinsam nach Basel zu fliegen.

Freitag, 1. September 2000
Oliver fliegt für ein paar Tage nach Stuttgart und dann an den Chiemsee, ein Freund hat Geburtstag, ein anderer heiratet. Ich bin froh für ihn, mein Sohn braucht wie ich dringend Ablenkung, Anregungen, eine positive Umgebung.

Harald ruft an, heute kann er sich gut ausdrücken. Ich erzähle ihm, dass ich mir heute eine Wohnung anschauen werde. Er sagt: »Munel, du machst das schon.« Seit vielen, vielen Wochen hat er mich zum ersten Mal wieder mit meinem Kosenamen angesprochen. Ich bin überrascht, dankbar und glücklich darüber.

Meine Situation kommt mir so absurd vor. Welche Vergeudung kostbarer Lebenszeit, wie sinnlos erscheinen mir all diese Wochen der Ohnmacht.

Harald ruft an und fragt nach der Handynummer seines Agenten Peter Wolf. Ich berichte unserem lieben Freund und Hausarzt Dr. Moschiry davon. Der meint, dass es durchaus im Bereich des Möglichen läge, dass sich Harald wieder weitgehend erholt. Wir müssen abwarten.

Abwarten, abwarten, abwarten. Wie ich das Wort hasse, wie ich diesen Zustand verfluche!

Montag, 4. September 2000
Den ganzen Tag habe ich nur hin und her gerechnet. Ich werde eine Grundschuld auf unser Haus aufnehmen müssen. Das würde einen großen Teil unserer finanziellen Probleme wenigstens vorübergehend lösen.

Dienstag, 5. September 2000
Peter Wolf kommt und bringt unsere Tickets für den Flug nach Basel vorbei. Oliver und Wolf meinen tatsächlich, dass Harald sicher bald wieder arbeiten kann. Die beiden sind Träumer, die auf ein Wunder warten. Harald ohne Arbeit, das konnte sich keiner von uns jemals vorstellen. Ab heute mache ich mir keine Illusionen mehr.

Der Rest des Tages: Panik, Panik, Panik.

Mittwoch, 6. September 2000
Axel ruft an: Er hat soeben mit Harald telefoniert, zum ersten Mal seit dem 11. Juli, und Harald sagt: »Du fehlst mir!«, was den Freund

und mich zu Tränen rührt. Es ist Haralds erste Äußerung von Gefühlen seit seinem Absturz. Auch heute heißt die Parole wieder: Hoffnung.

Sonntag, 10. September 2000
Ein herrlicher Spätsommertag. Kein Baulärm von nebenan. Die Ruhe ist himmlisch, und ich verbringe den ganzen Tag auf unserer Terrasse. Mit Harald habe ich ein kurzes Telefonat. Müller-Spahn berichtet, dass Peer sich in Basel avisiert hat.

Montag, 11. September 2000
Heute vor zwei Monaten haben wir Harald nach Basel gebracht. Ich habe Angst, Zwischenbilanz zu ziehen. Gerade als ich wieder in meine Verzweiflung zu fallen drohe, klingelt das Telefon, die Stationsärztin aus Basel ist dran: »Frau Juhnke, ich habe gute Nachrichten, Ihr Mann hat heute eine Runde Tischtennis gespielt und geturnt.« Ich bin so froh, dass ich weine.

Mittwoch, 13. September 2000
Abends ruft Harald an. Er kann es kaum erwarten, bis Oliver und ich morgen bei ihm sind.

Donnerstag, 14. September 2000
Nachmittags Ankunft in Basel, wir nehmen uns einen Mietwagen und fahren direkt in die Klinik. Dieses Mal ist Peter Wolf mitgeflogen. Er hat mit der *Bunten* Exklusivfotos vereinbart.

Wir sehen keine andere Möglichkeit, einmal müssen wir an die Öffentlichkeit gehen, um all den unsäglichen Vermutungen und Spekulationen entgegenzutreten, die seit Wochen immer wieder durch die Presse geistern. Eine aktuelle Fotoreportage über Harald scheint uns die beste Art und Weise der Information. Wir wollen zeigen, dass er eben nicht im Koma liegt, nicht am Tropf hängt, nicht auf der Intensivstation, nicht im Bett. Wir wollen aber auch zeigen, dass er noch zu schwach ist, um seine Arbeit wiederaufzunehmen, dass er noch Zeit braucht, bis er wieder fit ist.

Als erstes gehen wir zu dritt zu Professor Müller-Spahn. Die Diagnose ist unverändert: Es ist nicht abzusehen, ob sich Haralds Zustand stabilisiert oder gar positiv entwickelt. Es kann auch genau das Gegenteil eintreten. Was ist das für eine Prognose? Entweder? Oder? Diese Krankheit ist unberechenbar.

Peter Wolf, der zum ersten Mal von Professor Müller-Spahn persönlich über die Situation aufgeklärt wird, ist fix und fertig. So hatte er es sich nicht vorgestellt.

Harald hat schon seit Stunden ungeduldig auf uns gelauert. Er hat sich in Schale geworfen, seine Haare sind frisch geschnitten, und er freut sich sichtlich, uns zu sehen. Er begrüßt uns herzlich, umarmt Oliver und mich.

Gemeinsam essen wir im Speiseraum zu Abend, ich habe Räucherlachs und Meerrettich mitgebracht. Er verspeist die ganze große Portion und hinterher noch Süßes. Er macht einen zufriedenen Eindruck. Wir erzählen ihm, dass die *Bunte* gerne Fotos machen möchte. Er hat nichts dagegen, freut sich darüber, dass endlich mal wieder etwas passiert.

Wir verabschieden uns und gehen zum Essen in die Walliser Kanne. Erst nachdem wir die Situation noch einmal in allen Einzelheiten abgewogen haben, entscheide ich, dass wir morgen tatsächlich den *Bunte*-Fototermin wahrnehmen können.

Peter Wolf telefoniert mit der Chefredaktion, vorsorglich wird der Fotograf noch eine Maskenbildnerin mitbringen. Und wir gehen noch einmal das offizielle Statement durch, das wir mit Professor Müller-Spahn besprochen haben: Harald Juhnke leidet an Durchblutungsstörungen im Gehirn mit Konzentrationsschwäche und körperlicher Minderbelastbarkeit.

Freitag, 15. September 2000
Mittags ist es dann soweit. Harald wird zurechtgemacht, wir ziehen ihn schick an, die Maskenbildnerin pudert sein Gesicht ab. Harald scheint sich richtig zu freuen, er hat sich immer gern fotografieren lassen.

Im Aufenthaltsraum haben wir eine Tafel mit Kaffee und Kuchen gedeckt. Wir begrüßen den Fotografen und die *Bunte*-Reporterin. Harald setzt sich von ganz allein an den schwarzen Flügel, der im Aufenthaltsraum steht, und spielt *As time goes by,* die berühmte Melodie aus *Casablanca*. Dann setzen Oliver, er und ich uns an den Kaffeetisch und unterhalten uns über dies und das. Harald verblüfft uns mit kleinen Scherzen.

Anschließend gehen wir in den Klinikpark, Harald fasst mich um die Taille und sucht hinter meinem Rücken nach meiner Hand.

Auch Professor Müller-Spahn kommt dazu und lässt sich im Gespräch mit seinem berühmten Patienten fotografieren.

Die ganze Reportage dauert wohl eine Stunde, die Zeit vergeht wie im Flug. Und Harald hat den Nachmittag sehr genossen. Alle vorherige Skepsis ist Gott sei Dank umsonst gewesen.

Sonnabend, 16. September 2000
Frau Dr. Anette Juhnke, Peers Frau, die auch Ärztin ist, kommt zum ersten Mal nach Basel. Sie ist erstaunt, wie gut Harald aussieht, weiß aber dennoch seinen Zustand richtig einzuschätzen. Mit Anette verstehen Oliver und ich uns gut.

Sonntag, 17. September 2000
Zurück in Berlin ist es wie immer: Permanente Lähmung beherrscht meinen Tag, ich bin zu keinerlei Aktivitäten fähig.

Dienstag, 19. September 2000
Ein Tag, an dem es mir beinahe gelingt, unsere Sorgen zu verscheuchen. Wie immer feiern wir Olivers Geburtstag mit einem Mitternachtsfest und stoßen genau um 0.11 Uhr, seiner exakten Geburtsstunde, mit Champagner an. Sein Freund Thorsten hat eine lustige Überraschungsparty mit allem, was dazugehört, organisiert, und ich habe, so gut es ging, geholfen. Tatsächlich hat Oliver von all den Vorbereitungen nichts mitbekommen und ist sehr gerührt, als plötzlich all seine Freunde und Freundinnen vor der Tür stehen.

Mittwoch, 20. September 2000
Harald ruft mehrmals an. Er ist ganz auf »Nachhausekommen« fixiert.

Oliver, der mit einem Freund, der am gleichen Tag Geburtstag hat, im Nachtclub 90 Grad weitergefeiert hat, ruft an und lädt seine »alte« Mutter ein, mit ihm und seinen Freunden zu feiern. Ich freue mich sehr und genieße die fröhliche Stimmung in dem Club. Um 4 Uhr morgens fahren wir noch zu Olivers geliebter Currywurstbude am Ku'damm 196. Um 5 Uhr falle ich todmüde ins Bett. Warum kann unser Leben nicht wieder so normal wie früher sein?

Donnerstag, 21. September 2000
Die Depressionen sind heute so stark, dass ich aus dem Haus muss. Ich fahre zum Golfclub und verbringe mit meiner Freundin Mona einen schönen Tag, indem ich sie bitte, nicht mit mir über meine Sorgen zu sprechen.

In der *Bunten* sind heute die Exklusivfotos erschienen, die wir in Basel gemacht haben. Die Entscheidung ist richtig gewesen. Der Artikel ist sympathisch und einigermaßen sachlich. Das Statement von Professor Müller-Spahn: »Frau Juhnke hat ihrem Mann das Leben gerettet. Wenn er weitergetrunken hätte, weiß ich nicht, was geschehen wäre« tut mir gut. Der wohlmeinende Titel des Artikels: »Fast wieder ganz der alte« und die Unterschrift: »Die gute Nachricht: Es scheint ihm wieder prima zu gehen« treffen zwar nicht ganz zu. Aber uns ist wichtig, dass Haralds Fans und die Medien sehen, dass er auf dem Weg der Besserung ist.

Montag, 25. September 2000
Harald ruft an und sagt, dass ihm Professor Müller-Spahn erlaubt, am kommenden Sonntag nach Hause zu kommen.

Er ist sehr aufgeregt und fragt: »Munel, freust du dich denn auch?«

Ja, Harald, ich freue mich. Ich schwanke zwischen Freude und Angst. Wie wird unsere Situation ohne Schwestern und Ärzte sein? Wer sagt mir, was ich tun muss, um ihm wirklich helfen zu können? Eine Ehefrau wird nicht automatisch auch als Krankenschwester geboren.

Alles muss nun ganz genau geplant werden, die Rückreise und seine Heimkehr in unser Haus. Oliver und ich beschließen, wieder einen Privatjet einzusetzen. Wir wollen Harald nicht den Medien aussetzen.

Mittwoch, 27. September 2000
Harald ruft an und bittet uns, einen großen Koffer mitzubringen. Er hat schon alles vorbereitet und freut sich aufs Packen.

Ein rundum stressiger Tag. Zuerst schaue ich mir eine Wohnung in der Griegstraße an. Meine Freundin Mona und ich sind auf Anhieb begeistert, aber wir lassen uns Zeit, schauen uns alles ganz genau an, messen aus, vergleichen mit den Räumen, die wir jetzt haben.

Mit Peter Wolf treffen Oliver und ich uns zu einem raschen Abendessen im Big Window. Wolf sagt tatsächlich, dass er einen Auftritt von Harald am kommenden Sonntag in Dresden in der Show von Carmen Nebel in Erwägung zieht. Der Mitteldeutsche

Rundfunk wollte Harald haben. Klar, kann ich mir denken. Kaum aus der Klinik und schon wieder auf der Bühne. Das könnte denen so passen, Harald gleich wieder dem Medienrummel auszusetzen.

Donnerstag, 28. September 2000
Ich bin erleichtert, dass ich endlich eine Entscheidung gefällt habe: Wir werden umziehen in die Griegstraße. Ich bin sicher, dass das Leben mit Harald dort viel besser zu handhaben ist als im Haus.

Abends Damenrunde im Bovril. Ich habe für Wochen im voraus gelacht, das habe ich so dringend gebraucht.

Freitag, 29. September 2000
Das letzte Telefonat mit Professor Müller-Spahn vor Haralds Entlassung macht mir Mut: Wir sind uns beide einig, dass Harald seit seiner Einlieferung vor zweieinhalb Monaten doch Fortschritte gemacht hat. Ich mache mir dennoch keine falschen Hoffnungen. Wunschdenken ist kein Allheilmittel. Ich habe mich damit abgefunden, dass eine Zeit der kleinen Fortschritte, vielleicht auch nur der kleinen Schritte vor uns liegt. Erzwingen kann ich nichts. Das ist mir in den letzten Wochen allzu klargeworden.

Mit Uta gehe ich zum Pastaessen. Was dann passiert, hat mir gerade noch gefehlt! Eine Wespe sticht mich auf den Handrücken, und ich reagiere schwer allergisch, die Hand schwillt sofort entsetzlich an. Gott sei Dank ist ein Arzt unter den Gästen und hat seinen Arztkoffer dabei. Er verabreicht mir eine Kortisonspritze und kreislaufstabilisierende Tropfen.

Oliver holt mich ab und hilft mir beim Einkaufen. Ausgerechnet jetzt, wo noch so viel für Haralds Heimkehr vorzubereiten ist, passiert mir solch ein überflüssiges Malheur. Hat sich sogar die Natur gegen mich verschworen?

Abends wird die Hand noch dicker und ganz heiß, und die Einstichstelle schmerzt fürchterlich.

Sonnabend, 30. September 2000

Ich habe sehr schlecht geschlafen, die Schmerzen sind bis hoch in den Arm gezogen.

Harald ruft an und fragt, wo wir bleiben, er hat den Tag verwechselt und ist ganz enttäuscht, als ich ihm sage, dass Oliver und sein Freund Thorsten erst morgen und ohne mich kommen. Ich erzähle ihm von meinem Wespenstich, er kann damit nichts anfangen, ist einfach nur traurig, dass ich nicht komme.

So gut es mit dem wehen Arm geht, richte ich alles im Haus für Haralds Heimkehr her.

Im Bett überkommt mich das heulende Elend. Ich fühle mich so schwach, in jeder Beziehung, körperlich, seelisch. Wie werde ich die nächste Zeit bewältigen?

Haralds Leben hat jetzt einen ganz anderen Rhythmus, regelmäßige Mahlzeiten, Medikamenteneinnahme, viel Schlaf – und keine Arbeit. Das ist unser neuer Alltag. Ich empfinde einfach nur blanke Angst. Und fühle mich so schlecht dabei. Mein Mann kommt nach Hause, und ich verspüre nichts als Angst!

Sonntag, 1. Oktober 2000

Oliver hat alles prima organisiert. Mit Thorsten fliegt er um 10 Uhr mit demselben Privatjet der Bizair von Berlin nach Basel, in dem wir Harald am 11. Juli in Baden bei Wien abgeholt hatten. Wir können nicht verhindern, dass die *Bild*-Zeitung und der Schweizer *Blick* am Flughafen Fotos machen. Oliver ruft mich kurz vor dem Start an: »Mama, alles roger.«

Auf dem Herd köchelt meine berühmte Hühnersuppe vor sich hin, Haralds Lieblingssuppe. Ich schaue aus dem Küchenfenster und sehe zwei verdächtige Fahrzeuge auf der anderen Straßenseite: Die Berliner Boulevardpresse hat sich vor unserem Haus in Stellung gebracht.

Empört rufe ich Peter Wolf an und bitte ihn, etwas zu unternehmen. Tatsächlich verschwinden die Fotografen, kurz bevor die

Limousine mit Harald um die Ecke biegt. Es gelingt uns, Harald ins Haus zu bringen, ohne dass er dabei fotografiert wird.

Die Begrüßung ist kurz, herzlich, undramatisch, irgendwie normal. Die drei Kerle stürzen sich auf meine Hühnersuppe.

Das Telefon klingelt. Die *BZ* möchte, dass Harald in der Tür posiert. Wir mögen nicht, und ich schalte den Anrufbeantworter ein. Dann klingelt es an der Haustür. Vorsichtig schaue ich aus dem Flurfenster. Es ist nur mein Bruder Teini mit seiner Frau und den beiden Kindern. Auch meine Mutter kommt wenig später, um ihren Schwiegersohn zu begrüßen. Wir haben *full house,* hoffentlich ist das nicht zuviel für Harald. Er tigert unruhig im Wohnzimmer auf und ab.

Erst nach einem kleinen Abendessen bringen Oliver und ich ihn um 9 Uhr nach oben. Selig steigt Harald in seine Koje.

Ich atme tief durch, der erste Schritt ist geschafft, mein Mann ist wieder zu Hause und schläft.

Oliver hat die Nachtausgabe von *BZ* und *Bild* geholt. Natürlich haben sie Harald gleich wieder auf der Titelseite verewigt.

»Juhnke wieder da – tritt er schon heute im TV auf?« schreibt *Bild* und bringt dazu die Bilder vom Baseler Flughafen. »Vermutlich schon heute abend tritt Harald Juhnke zum ersten Mal wieder im Fernsehen auf. Moderatorin Carmen Nebel hat ihn zur Gala zum 10. Jahrestag der Deutschen Einheit eingeladen. Carmen Nebel: ›Ich würde mich sehr freuen, wenn er kommt.‹«

Ich muss doch lachen, als ich den Titel der Sendung lese: »Das glaubst du nicht« heißt sie. Nomen est omen.

Montag, 2. Oktober 2000
Harald hat zwölf Stunden durchgeschlafen. Mein Schlaf ist dagegen sehr unruhig. Meine Schlafzimmertür habe ich einen Spalt geöffnet gelassen und im Unterbewusstsein gelauscht, ob alles in Ordnung ist.

Um neun kommt er nach unten in die Küche, und wir frühstücken gemeinsam im Esszimmer, fast wie gewohnt. Er spricht wenig, er liest auch keine Zeitung. Aber er hört zu, wenn ich ihm etwas erzähle. Seine Antworten sind meist aus dem Zusammenhang gerissen.

Ansonsten läuft er einfach so im Haus herum.

Gemeinsam besichtigen wir vormittags die Wohnung in der Griegstraße.

Im Sonnenschein ist sie besonders sympathisch. Es gefällt Harald dort, auch wenn er es nicht explizit ausdrückt.

Zurück zu Hause macht er ein kleines Mittagsschläfchen. Dann kommt er zu mir nach unten. Wir haben uns ein wenig unterhalten, sofern man das als Unterhaltung bezeichnen kann. Ich erzähle dies und das, und er hört zu.

Abends koche ich ihm seine geliebten Spaghetti aglio olio, die er schweigend, aber genüsslich bis auf die letzte Gabel verputzt.

Wir sehen ein bisschen fern, er schaut aber gar nicht richtig zu, sitzt nur in seinem Sessel und schaut in die Richtung.

Um elf geht Harald ins Bett, und ich sitze noch ratlos da. Erst um halb zwei bin ich so weit entspannt, dass auch ich ans Schlafen denken kann.

Dienstag, 3. Oktober 2000
Harald schläft bis elf. Professor Müller-Spahn ruft an und erkundigt sich nach seinem Befinden. Harald spricht mit ihm, das heißt, er hört ihm kurz zu. Ansonsten sitzt er den ganzen Tag vor dem Fernseher.

Ich erzähle Harald, dass unser Freund Moschiry eine physiotherapeutische Behandlung für ihn arrangieren will. Prompt geht er nach oben und sucht in seinem Schrank nach dem entsprechenden Sportoutfit.

Stundenlang setzt er sich von einem Sessel in den nächsten. Er ist unruhiger als gestern. Sein starrer, teilnahmsloser Blick macht mich sehr traurig. Wie soll ich mit diesem Zustand nur leben?

Zum Abendbrot mache ich ihm wieder seine Spaghetti. Er will sogar einen Nachschlag. Wenigstens seinen Appetit hat er nicht verloren! Dabei ist er dünn wie ein Hering.

Mittwoch, 4. Oktober 2000
Harald steht um neun auf und kommt langsam Schritt für Schritt die Treppe aus dem ersten Stock herunter. Er hält sich am Handlauf fest, ist unsicher. Wie ich ihn so sehe, bin ich überzeugter denn je, dass meine Entscheidung, in eine ebenerdige Wohnung umzuziehen, richtig ist.

Er trinkt seinen Kaffee, isst sein Müsli, ich gebe ihm seine Medikamente. Ich ahne, dass ein großer Teil meines Lebens sich seinem Tagesrhythmus, den er sich in der Klinik angewöhnt hat, wird unterordnen müssen. Ich frage ihn, ob er Hunger hat. Er weiß es nicht. Er isst, wenn ich ihm etwas vorsetze, und wartet dann, wie es weitergeht.

Ich erzählte ihm schon gestern, dass heute abend in der ARD *Vor Sonnenuntergang* gezeigt wird, ein Fernsehfilm nach einer Novelle von Gerhart Hauptmann, in dem er die Hauptrolle spielt. Seine Partnerin ist Julia Stemberger. Den ganzen Tag schaut Harald immer wieder auf die Uhr, auch beim Abendessen, weil er die Sendung unbedingt sehen will.

Wir setzen uns gemeinsam vor den Fernseher. Harald schaut intensiv auf den Bildschirm, aber er reagiert nicht wie sonst auf seinen Film. Er wirkt irgendwie teilnahmslos, reserviert. Früher haben wir immer über den Film diskutiert, das ist jetzt nicht mehr möglich. Ich gratuliere ihm zu seiner tollen Leistung. Aber er reagiert auch darauf nicht. Aber irgend etwas muss ihm durch den Kopf gehen, denn er will absolut nicht ins Bett. Schließlich schläft er auf dem Sofa ein.

Freitag, 6. Oktober 2000
Der Tagesablauf ist eintönig. Aufstehen, essen, herumsitzen, trinken, essen, schlafen, herumsitzen, trinken, essen, fernsehen, schla-

fen. Ob Harald diese Eintönigkeit überhaupt merkt? Mich macht die plötzliche Monotonie, die sich in unser früher so vielschichtiges Leben eingeschlichen hat, geradezu nervös. Aufpassen und versorgen, das sind meine neuen Aufgaben.

Sonntag, 8. Oktober 2000
Mami kommt zum Tee. »Hallo, Meister, wie geht's«, begrüßt sie Harald. Er erkennt meine Mutter sofort. Aber später dann am Tisch, als sie versucht, ihn beim Kreuzworträtsellösen einzuspannen, schaut er sie mit diesem leeren Blick an, der mir das Herz zerreißt.

Später führe ich ein langes Telefonat mit Mona. Sie versucht wie immer, mein Denken in positive Bahnen zu lenken. Dafür bin ich ihr sehr dankbar.

Montag, 9. Oktober 2000
Das Wochenende ist vorbei, und die gute Majka ist wieder im Haus. Sie ist immer so fröhlich und optimistisch, und sie kommt gut mit Harald zurecht.

Teini und Olivers Freund Thorsten kommen zum Abendessen. Wir sitzen am Esstisch und versuchen unser Bestes, Harald in die Unterhaltung einzubeziehen. Aber es kommt einfach nichts von seiner Seite. Er geht um elf rauf in sein Zimmer.

Um fünf werden Oliver und ich wach: Wir hören, wie Harald die Treppe runtergeht. Er glaubt, dass bei uns im Haus gedreht wird, er vermutet Leute im Haus, er spricht laut und deutlich. Wir verstehen trotzdem nur bruchstückhaft, was er sagt. Oliver und ich versuchen ihn davon zu überzeugen, dass nur wir drei im Haus sind und wir alle wieder ins Bett gehen können.

Dieser grauenvolle Anblick meines verlorengegangenen Mannes! Es bringt mich um. Ich weiß, er kann nichts dafür, es ist jetzt eben so. Aber ich kann und will das nicht akzeptieren.

Gebt mir meinen Harald zurück! Wie er war!
Ich drehe durch.
Es ist sechs, als ich wieder einschlafen kann.

Dienstag, 10. Oktober 2000
Ich gestehe: Ich bin schon morgens vor dem Aufstehen genervt, wenn ich an den kommenden Tag denke. Diese schweigende Routine macht mich mürbe. Schon ihm beim Anziehen zu helfen dauert eine gute halbe Stunde. Allein sucht er sich die unmöglichsten Sachen heraus. Und ich finde, er sollte wenigstens schön angezogen sein, das gehört auch zu seiner Würde.

Heute ist Physiotherapie im Martin-Luther-Krankenhaus. Oliver fährt ihn hin und holt ihn wieder ab. Es scheint Harald gutzutun. Jedenfalls habe ich den Eindruck, dass er die Behandlung nicht als unangenehm empfindet.

Die Fernsehproduzentin Katharina Trebitsch kommt zum Tee. Sie hatte Harald einen tollen Filmstoff angeboten, vor seinem Zusammenbruch, und will sich jetzt selbst einen Eindruck von seiner Verfassung machen. Wir sprechen sehr offen über die Situation. Ich glaube nicht mehr daran, dass Harald jemals wieder in der Lage sein wird zu arbeiten. Nachdenklich verabschiedet sich Frau Trebitsch. Harald bringt sie zur Tür.

Heute ist Haralds alte Hautkrankheit – er leidet, solange ich ihn kenne, an Psoriasis, einer Art Schuppenflechte – besonders stark. Über den Augenbrauen und im Haaransatz hat er schlimme rote wunde Stellen – ein Zeichen für Stress. Früher wusste ich, wann er Stress empfand, jetzt kann ich es nur ahnen.

Mittwoch, 11. Oktober 2000
Harald steht vor mir auf, macht sich in der Küche selbst sein Müsli, versucht auch, die Kaffeemaschine in Gang zu bringen. Es gelingt ihm nicht. Er vergisst, Wasser hineinzugießen.

Als ich runterkomme, sitzt er schon vor dem Fernseher. Den ganzen Tag über ist er schläfrig und döst immer wieder vor dem Fernseher ein.

Donnerstag, 12. Oktober 2000
Heute unterschreibe ich den Mietvertrag für die Griegstraße zum 1. November und bekomme auch gleich die Wohnungsschlüssel. Endlich habe ich etwas, worauf ich mich freuen kann: Schränke bestellen, Gardinen ausmessen ... Auf dem Grundriss stelle ich alle Möbel, wie sie in der Griegstraße stehen sollen. Auch wenn es furchtbar viel Arbeit sein wird, ich bin sehr motiviert.

Freitag, 13. Oktober 2000
Harald schläft ungewöhnlich lang. Um 13 Uhr muss er ins Martin-Luther-Krankenhaus zur Physiotherapie. Um 11 Uhr 30 wecke ich ihn. Er denkt wieder, er muss zum Drehen. Majka hilft ihm beim Waschen und Ankleiden, ich kann es heute nicht.

Peter Wolf ruft an und fragt, ob Harald nicht einfach so als Gast an einer Gala teilnehmen könnte. Kein Auftritt, einfach nur Anwesenheit, die Gastgeber wollen eine hübsche Gage dafür aufbringen. Ich verstehe Wolf nicht, dass er so etwas überhaupt in Erwägung ziehen kann. Er legt noch nach: »Wir bekommen auch einen Privatjet zur Verfügung gestellt.« Als ob das ausschlaggebend sein könnte. Ich lehne selbstverständlich ab.

Freunde haben mich zu einer Geburtstagsfeier im Borchardt's eingeladen. Tapetenwechsel! Ich erzähle es Harald. Er ist beleidigt, dass ich ihn nicht mitnehmen möchte. Er kann sich selbst nicht einschätzen. Die Strapaze eines Abends im Restaurant wäre zu anstrengend für ihn.

Majka kümmert sich um ihn. Ich habe keine Ruhe, komme schon um halb zwölf nach Hause.

Sonnabend, 14. Oktober 2000

Die Wochenenden ohne jegliche Hilfe sind besonders schwer. Oliver ist viel aus dem Haus. Er hält es nicht aus zu sehen, wie sein Vater nicht mehr sein Vater ist, und wohl auch nicht, wie ich leide.

Heute sträubt sich alles in mir, zu akzeptieren, dass mein Verhältnis zu meinem Mann in Zukunft nur noch das zwischen Patient und Pflegerin sein soll. Ich bin keine Pflegerin, kann nicht rund um die Uhr funktionieren. Immer häufiger habe ich in den letzten Tagen verspürt, wie Aggression und Ungeduld in mir aufkeimen.

Als Harald um halb zwölf immer noch nicht aufgestanden ist, wird mir unheimlich zumute. In seinem Zimmer bietet sich mir ein schauriges Bild: Hilflos liegt mein Mann am Boden vor dem Schrank, die Gardinenstange heruntergerissen, sein Sessel umgestürzt. Es sieht aus wie nach einem Kampf.

Ich rufe nach Oliver, und gemeinsam helfen wir Harald hoch, der ganz verstört ist.

Was ist passiert? Aus Haralds Wortfetzen können wir rekapitulieren: Er hatte ins Bad gemusst und weder den Lichtschalter noch die Tür gefunden. Er hat sich durch das ganze Zimmer gekämpft und hat schließlich aufgegeben. Oliver und ich räumen auf, helfen Harald nach unten.

Erschöpft schläft er in seinem Sessel im Wohnzimmer ein. Später kommt Mami, sie sieht, dass es heute besonders schlimm um Harald steht. Er sieht wieder Leute im Haus. Wir können ihn nicht überzeugen, dass es nicht stimmt.

Ich muss raus hier! Mami erklärt sich bereit, auf Harald aufzupassen, während ich zu Freunden in der Nachbarschaft gehe. Lange halte ich es dort aber nicht aus, ich bin mir einfach unsicher, ob Mami tatsächlich mit Harald zurechtkommt. Gott sei Dank: Nichts ist passiert. Aber Mami ist froh, als sie mit dem Taxi nach Hause fahren kann.

Sonntag, 15. Oktober 2000
Heute ist Harald seit zwei Wochen wieder zu Hause. Aus reinem Selbstschutz habe ich mich etwas beruhigt. Ich will nicht zugrunde gehen! *In der Ruhe liegt die Kraft!*

Der übliche Tagesrhythmus beschäftigt mich voll und ganz. Ich koche Gemüse und Steaks. Mami kommt und auch Elisabeth Minetti, die Witwe des großes Schauspielers und mit Harald seit Jahrzehnten befreundet, hat sich zum Tee angesagt. Sie erzählt so lebendig aus alten Zeiten am Theater, dass es eine reine Freude ist. Harald hört interessiert zu. Ich habe aber den Eindruck, dass er nicht folgen kann.

Abends besucht uns Dr. Moschiry. Ich schildere ihm, was gestern vorgefallen ist. Er schlägt vor, ein bestimmtes Medikament abzusetzen.

Montag, 16. Oktober 2000
Keine besonderen Vorkommnisse!

Dienstag, 17. Oktober 2000
Dr. Moschiry hat sich für mich umgehört, welche Betreuungsmöglichkeiten für Harald in Betracht kommen. Zwei Sozialarbeiterinnen der Diakoniestation kündigen sich an, sie wollen mit mir besprechen, wie sich eine häusliche Hilfe gestalten könnte. Ich habe viele Fragen. Alles ist neu für mich. Ich unterschreibe schließlich für unsere Krankenkasse einen Leistungsantrag auf Pflegebedürftigkeit.

Harald begrüßt die jungen Sozialarbeiterinnen kurz. Majka geht dann mit ihm im Grunewald spazieren. Später gehe ich in die Griegstraße. Jalousetten werden angebracht, in Gedanken versuche ich, mit unserem neuen Heim vertraut zu werden.

Majka erzählt, dass Harald mit ihr im Wald ein kleines Tänzchen gewagt hat. Ich freue mich für ihn. Er muss also doch einen Funken Lebensfreude in sich haben.

Mittwoch, 18. Oktober 2000
Mir fällt auf, dass Harald, seitdem wir – wie Dr. Moschiry geraten hatte – das Medikament weglassen, besser gepolt ist. Er spricht auch nicht mehr nur von Dreharbeiten und fremden Drehorten. Auch steigt er plötzlich allein in die Wanne und wieder hinaus und bringt sogar seine Kaffeetasse in die Küche.

Heute hat er aufmerksam das TV-Programm verfolgt und ist um elf allein ins Bett gegangen.

Freitag, 3. November 2000
Meine liebe Freundin Doris ist aus Hamburg gekommen. Sie hat sich extra für mich Urlaub genommen und kann fünf Tage bleiben. Wir schuften wie die Verrückten, das Haus muss entrümpelt werden. So viel hat sich mit den Jahren angesammelt. Die Griegstraße will ich nach und nach beziehen, es gibt dort noch so viel zu tun. Die Planung nimmt kein Ende.

Gott sei Dank gibt es keinen festen Termin, bis zu dem wir das Haus ausgeräumt haben müssen.

Ich denke über meine Erfahrungen mit den Freunden in dieser schweren Zeit nach. So viele wollen mir helfen, aber was können sie für mich tun? Die einzig wahre Hilfe ist die Tat. Doris ist über die Maßen tatkräftig.

Sonnabend, 18. November 2000
Harald hat sich in den letzten Tagen sehr verändert. Ich beobachte, wie die Phasen seiner geistigen Verwirrung immer länger werden. Wo er sitzt und liegt, schläft er sofort ein. Er kann sich nur noch mit großer Mühe selbst an- und ausziehen.

Gute Tagesform wechselt sich mit schlechter Tagesform ab, das gehört zum Krankheitsverlauf.

Heute abend ist in der Deutschen Oper die Aids-Gala, einer meiner liebsten Events des Jahres. Ich will absagen, aber Axel und seine

Frau überreden mich, doch mitzugehen. Majka hütet Harald, der schläfrig vor sich hin sinniert. Ihm ist es egal, ob ich gehe oder nicht.

Hauptsache, er wird gut versorgt. Meine Sorgen vergesse ich in der Oper. Es ist ein herrliches Konzert und ein wundervoller Abend.

Sonntag, 19. November 2000
Volkstrauertag! Ein trauriger Tag. Ich will Harald zum Frühstück holen, er liegt in seinem Bett und schaut mich mit leeren Augen an. Es zerreißt mir das Herz, meinen Mann so zu sehen! Behutsam nehme ich ihn auf, bade ihn, kleide ihn an. Sehr langsam geht er die Treppe herunter und versinkt fast in unserem Sofa. Schmal war er ja schon immer, aber jetzt sieht er so zerbrechlich aus.

Als ich ihn rufe, kommt er nicht mit eigener Kraft aus den Kissen hoch. Ein einziges trauriges Bild des Jammers. In seiner Unbeweglichkeit ist er so schwer, dass auch ich ihm nicht aufhelfen kann.

Oliver ist nicht zu Hause, und so muss ich Dr. Moschiry anrufen, der sofort vorbeikommt. Er überschaut mit einem Blick die Situation und hält es für notwendig, der Sache auf den Grund zu gehen. Er schlägt vor, ihn ins Martin-Luther-Krankenhaus zu bringen. Die Schwäche deutet darauf hin, dass Haralds Herz wieder Probleme macht.

Wir bringen Harald mit vereinten Kräften nach oben, Dr. Moschiry rasiert ihn geduldig, wir ziehen ihn adrett an, ich packe seine Sachen für die Klinik zusammen.

Dr. Moschiry hakt Harald unter und fährt mit ihm in die Klinik. Ich bleibe zu Hause. Ich weiß, dass Harald bei unserem Arzt in allerbesten Händen ist. Ich bin besorgt und gleichzeitig erleichtert.

Ich fühle mich leer und ausgebrannt und möchte nur noch schlafen.

Montag, 20. November 2000
Dr. Moschiry ruft mich um die Mittagszeit an: Harald geht es den Umständen entsprechend gut. Er wird heute gründlich untersucht. Ich frage, mit wie vielen Tagen Klinikaufenthalt wir wohl rechnen müssen. Er meint, dass Harald spätestens in einer guten Woche wieder zu Hause sein könnte.

Eile ist angesagt: Ich setze den 29. November für unseren Umzug in die Griegstraße fest. Während Harald im Martin-Luther ist, sollte alles über die Bühne gehen.

Mittwoch, 29. November 2000
Der Umzug klappt perfekt. Gute Vorbereitung und Organisation sparen so viel Zeit und Mühe. Ich falle todmüde ins Bett, ich weiß nicht mehr, wann. In meinem Zimmer stapeln sich die Kisten bis unter die Decke. Ist mir alles egal. Wir haben ein neues Zuhause. Es ist eine sehr schöne Wohnung, und wegen der Treppe brauchen wir uns keine Sorgen mehr zu machen.

Freitag, 8. Dezember 2000
Dr. Moschiry teilt mir mit, dass Harald wohl doch länger in der Klinik bleiben wird. Die Herzrhythmusstörungen, die der Grund für seinen schwächlichen Gesamtzustand sind, bedürfen einer längerfristigen Behandlung.

So habe ich etwas mehr Zeit, alles unter Dach und Fach zu bringen. Wenn Harald nach Hause kommt, soll alles schön für ihn gerichtet sein.

Dienstag, 12. Dezember 2000
Ich kann es nicht fassen: Ahnungslos gehe ich zur Haustür, als es klingelt. »Frau Juhnke, hier ist die *BZ*. Wir haben den ganzen Vorgang beobachtet, wir wissen, dass Sie umgezogen sind.« Spione!

Mittwoch, 13. Dezember 2000
»Frau Juhnke ausgezogen« titelt die *BZ,* und *Bild* schreibt: »Juhnke raus aus seiner Villa!« Beide Zeitungen bringen Fotos von unserer neuen Wohnung, fotografiert über den Gartenzaun! Sogar der Weihnachtsbaum, den ich schon vorbereitet habe, ist zu sehen.

Was soll's: Wenigstens sind die Heimlichkeiten nun vorbei. Jawohl, Juhnkes sind umgezogen, weil das Haus zu groß und zu unübersichtlich für mich und meinen kranken Mann war. Noch Fragen?

Freitag, 15. Dezember 2000
Doris kommt erneut übers Wochenende. Sie lässt nicht locker, bis die letzten Kisten ausgepackt und an Ort und Stelle eingeräumt sind. Die Griegstraße ist perfekt, mehr Sachen aus unserem Haus finden keinen Platz.

Wir fahren gemeinsam zu Harald ins Martin-Luther-Krankenhaus – er freut sich sichtlich über die täglichen Besuche. Oliver, Majka und ich wechseln uns ab.

Doris ist erschrocken und besorgt, zu sehen, wie sehr sich Harald verändert hat, seit sie ihn das letzte Mal gesehen hat. Weil ich seine Veränderung praktisch Tag für Tag erlebe, in kleinen Schritten, ist mir nicht bewusst, dass er so rapide abgebaut hat, wie Doris meint.

Donnerstag, 21. Dezember 2000
Oliver und ich holen Harald aus dem Martin-Luther-Krankenhaus zu Besuch. Wir wollen ihm endlich unsere neue Wohnung zeigen.

Langsam geht er durch die Räume. Es gefällt ihm wohl. Die Einrichtung ist ihm vertraut, und er setzt sich in seinen Sessel vor dem Fernseher.

Plötzlich drängt er zum Aufbruch. Nicht, dass er von uns weg will oder unbedingt zurück ins Krankenhaus. Er meint mal wieder, dass sie mit den Dreharbeiten nicht länger auf ihn warten können!

Sonnabend, 23. Dezember 2000
Wieder kommt Harald für ein paar Stunden, wieder will er aufbrechen. Oliver bringt ihn ins Martin-Luther zurück. Über Weihnachten möchte ich ihn aber zu Hause behalten.

Das wird morgen sicher kein leichter Tag. Ich nehme meine ganze Energie zusammen: »Sei positiv«, sage ich mir in Gedanken wohl hundertmal an diesem Tag. Es funktioniert ein kleines bisschen. Vielleicht auch, weil ich alles so festlich dekorieren kann, das tue ich für mein Leben gern.

Sonntag, 24. Dezember 2000
Heiligabend. Ich wache auf, ziehe die Vorhänge zurück und traue meinen Augen nicht: Über Nacht hat es begonnen zu schneien, aus unserem Garten ist eine romantische Winterlandschaft geworden. Leise rieselt der Schnee auch jetzt noch, welch friedvolle Stimmung. Welch trügerischer Friede!

Oliver holt seinen Vater um halb eins nach Hause. Harald ist in guter Form und wirkt glücklich, zu Hause zu sein. Seine Bewegungen sind langsam, und er setzt vorsichtig einen Schritt vor den anderen. Oliver zeigt ihm die drei Stufen, die die beiden Wohnzimmer miteinander verbinden. Vater und Sohn üben: auf und ab, auf und ab. Oliver ist rührend, und Harald hakt sich bei ihm ein.

Um fünf kommt Mami, wir trinken Tee und essen Stollen. Axel ruft an und Mona. Alle erkundigen sich nach unserem Befinden. In der Küche bereite ich die Gans und die typischen Beilagen vor, Rotkohl, Grünkohl und Klöße. Feldsalat mit ausgelassenem Speck zur Vorspeise, Rote Grütze mit Vanilleeis zum Dessert. Alles soll so sein wie immer.

Wir gestalten den Heiligabend so familiär wie irgend möglich.

Als Harald im Bett liegt, fährt Oliver Mami nach Hause, und ich atme erst einmal tief durch. Der Heilige Abend war harmonisch verlaufen. Trotzdem fühle ich mich, als ob die ganze Welt auf meinen Schultern lastet.

Montag, 25. Dezember 2000

Um sechs Uhr früh werde ich wach: Harald sucht das Bad.

Ich bringe ihn zurück ins Bett. Um zehn Uhr klingelt es. Wir erwarten niemanden! Ich schaue aus dem Fenster und will meinen Augen nicht trauen: Es ist Harald. Er steht vor unserer Haustür, mit Schlafanzug, mit Hut, Mantel, Schuhen bekleidet. Draußen ist es lausig kalt, und er hat sich ausgeschlossen! Obwohl ich aus Vorsicht Haus- und Wohnungstür abgeschlossen hatte, scheint er durch die Terrassentür nach draußen gekommen zu sein – und hat dann den gleichen Weg nicht mehr zurückgefunden.

Ich bin hin- und hergerissen zwischen Mitleid und Wut. Er erzählt irgendein wirres Zeug, das ich partout nicht verstehen kann.

Was geht in meinem Mann nur vor?

Ich mache uns einen Kaffee, und als ich aus der Küche wieder zurück ins Wohnzimmer komme, sitzt er teilnahmslos auf dem Sofa.

Er geht allein ins Bad und zieht sich allein Hose, Hemd und Strickjacke an. Er kommt barfuß zurück ins Wohnzimmer. Ich schicke ihn zurück: »Zieh bitte deine Socken an, es ist zu kalt.« Er guckt mich an, lächelt und regt sich nicht. Also hole ich die Socken und ziehe sie ihm an. Der Tag dümpelt so vor sich hin, aber Harald ist friedlich.

Nachmittags setzen wir uns gemeinsam aufs Sofa und sehen fern: *Die junge Katharina*. Er sieht aufmerksam hin. Zwischendurch steht er immer wieder auf und wandert unruhig durch die Wohnung, setzt sich wieder hin und sagt dann wie aus heiterem Himmel tatsächlich den Namen eines Kollegen, der mitspielt: Maximilian Schell!

Abends versuche ich, mit ihm *Titanic* anzuschauen. Er ist wieder völlig abwesend, nestelt mit seinen Fingern im Schoß, steht auf, wandert durchs Zimmer, setzt sich wieder hin. Ich versuche, mich nicht noch nervöser machen zu lassen. Ich bin froh, als er um zehn schlafen geht.

Ich räume auf, lege mir schöne Musik auf und zünde überall Kerzen an. Unsere neue Wohnung ist sehr gemütlich und richtig romantisch mit dem Blick in den verschneiten Garten. Trotzdem: Wir sind hier gemeinsam gefangen, in einem schönen Käfig!

Um kurz nach Mitternacht klingelt es: Mein Sohn Oliver. Ich hatte es fast vergessen. Ich habe ja Geburtstag. Wir stoßen mit Champagner an. Es wird noch eine nachdenkliche, ruhige Stunde. Oliver und ich leiden beide auf unsere Weise, können nicht offen miteinander sprechen. Wie nah bin ich meinem Sohn in unserem Leid und wie fern in unserem Schweigen.

Dienstag, 26. Dezember 2000
Es kommen schöne Blumen von Oliver und Harald. Oliver hat sie bestellt. Harald checkt nicht, dass ich Geburtstag habe.

Viele Freunde rufen an und gratulieren mir und wünschen mir alles Gute. Was heißt das: »Alles Gute«? Was ist das in unserer Situation: »Alles Gute«? Dass alles wieder so werden möge wie früher? Ein frommer Wunsch.

Abends kommen liebe Freunde, Dr. Moschiry und seine Frau Regina, Gisela und Joachim, Mona und Tanja. Harald scheint sie zu erkennen.

Es wird doch noch eine schöne kleine Geburtstagsfeier. Harald sitzt bis zehn bei uns und geht dann zu Bett. Oliver, Mona und ich sitzen noch bis 3 Uhr früh. Wir sprechen über die schönen Dinge des Lebens und vergessen ganz die Zeit.

Mittwoch, 27. Dezember 2000
Weihnachten ist vorüber. Die letzten Tage eines unglückseligen Jahres stehen mir noch bevor.

Donnerstag, 28. Dezember 2000
Was ist nur mit Peer los? Warum kann er kein normales Verhältnis zu uns haben? Wenigstens mit Oliver, seinem Halbbruder? Von

Dr. Moschiry höre ich, dass Peer in Berlin ist und Harald besuchen will. Bei uns hat er sich nicht gemeldet.

Freitag, 29. Dezember 2000
Nachmittags besuchen Oliver und ich Harald im Martin-Luther. Plötzlich geht die Tür auf, und Peer steht vor uns, etwas verunsichert. Er hat uns offensichtlich nicht erwartet. Warum? Weil er ein schlechtes Gewissen hat, dass er sich bei uns so lange nicht gemeldet hat? Ich versuche, so sachlich und freundlich wie möglich zu sein, obwohl es mir sehr weh tut zu sehen, wie distanziert Peer mit seinem Vater umgeht. Eher wie ein Arzt mit einem Patienten als wie ein Sohn mit seinem Vater.

Peers Resümee im Klinikflur: Er hat den Eindruck, dass sich Haralds Zustand wohl nicht mehr ändern wird. Ich frage ihn, wie er sich denn die Zukunftsgestaltung für seinen Vater vorstellt. Er zuckt mit den Schultern, weiß sich auch keinen Rat. Er verspricht, dass er sich »was überlegen« will.

Sonnabend, 30. Dezember 2000
Für Silvester habe ich wie jedes Jahr einen Riesentopf Gulaschsuppe gekocht. Meinen Haushalt führe ich beinahe automatisch so wie in den guten Zeiten, als alles noch in Ordnung war.

Oliver holt Mami in ihrer Wohnung und Harald am Martin-Luther ab. Abends essen wir die köstliche Gulaschsuppe, bevor ich die beiden um sieben Uhr wieder zurückfahre, meine Mutter nach Hause, meinen Mann ins Krankenhaus. Mein Sohn ist schon unterwegs, um Silvester mit seiner Clique auf Sylt zu feiern.

Sonntag, 31. Dezember 2000
Den letzten Tag des Jahres möchte ich nicht allein beschließen, auch nicht mit Harald allein. Spontan lade ich ein paar Freunde ein.

Harald soll wenigstens für ein paar Stunden mit dabeisein. Ich möchte gern sehen, wie er reagiert, wenn er in vertrauter Gesellschaft ist.

Dr. Moschiry holt ihn um eins vom Martin-Luther ab und bringt ihn zu uns nach Hause. Als die beiden vor der Haustür aus dem Auto steigen, werden sie fotografiert. Irgendein schlauer Fuchs von Fotograf hat vor der Tür gelauert, wohl kalkulierend, dass Susanne und Harald Juhnke sicherlich Silvester zusammen verbringen werden. Ich bin wütend und heilfroh, dass ich – mein siebter Sinn! – nicht zur Tür gegangen bin.

Abends sind wir zu acht, drei befreundete Ehepaare, die Harald alle gut kennt und ausgesprochen gern mag, und wir. Ich habe alles genauso vorbereitet wie in den Jahren zuvor, alles ist nur vom Feinsten und genauso, wie Harald es am liebsten hat. Wir trinken Champagner, und er trinkt sein Mineralwasser aus dem Champagnerglas.

Der Tisch ist festlich gedeckt mit Kerzen und einem schönen Blumengesteck.

Zum ersten Mal seit langem sitzen wir wieder in einer größeren Runde am Tisch. Harald ist erstaunlich wach, richtig gut drauf, die Freunde sind erstaunt. Er bleibt am Tisch sitzen und wandert nicht alle paar Minuten durch die Wohnung. Gemeinsam lachen wir viel.

Kurz vor Mitternacht schalten wir den Fernseher ein und zählen gemeinsam den Countdown: Zehn, neun, acht, sieben, sechs, fünf, vier, drei, zwei, eins – wir stoßen auf das neue Jahr an. Wir umarmen und küssen uns und wünschen uns das Beste.

Als die Freunde um halb zwei aufbrechen, möchte Harald gleich schlafen gehen. Ich räume noch auf und falle um drei todmüde ins Bett. Nachdenken über das vergangene Jahr? Dazu habe ich heute keine Kraft mehr. Ich bin froh, dass es vorüber ist.

Montag, 1. Januar 2001
Bei einem schönen heißen Milchkaffee und mit ein paar Häppchen von gestern abend sitzen Harald und ich, beide in unsere weißen Bademäntel gehüllt, vor dem Fernseher und sehen uns das Neujahrskonzert an, eine über all die gemeinsamen Jahre liebgewordene Gewohnheit. Nikolaus Harnoncourt dirigiert die Wiener Philharmoniker. Harald wirkt sehr gedämpft und desorientiert, hoffentlich war der gestrige Tag nicht doch zuviel des Guten.

Als die Wiener Philharmoniker mit viel Verve den Radetzkymarsch anstimmen, wippt Harald mit den Fußspitzen mit. Langsam gewöhne ich mich daran, darauf zu achten: Nur auf das, was in der Vergangenheit liegt, zeigt Harald am ehesten Reaktionen; die Macht der Gewohnheit.

Am Nachmittag kommt der gute Moschiry und bringt Harald ins Martin-Luther zurück.

Ich bin wieder allein. Ich räume die Weihnachtsdekoration in die Kisten zurück, eine willkommene Ablenkung.

Dienstag, 2. Januar 2001
Aktiv gehe ich den neuen Tag an. Es gibt noch soviel zu arbeiten in unserer neuen Wohnung. Ich komme gut weiter. Majka hilft mir, dass alles wieder glänzt!

Natürlich sind wir wieder einmal Schlagzeile in der *BZ:* »Geliebt, gefeiert und immer wieder abgestürzt, Stationen einer Tragödie.« Penibel aufgelistet alle Abstürze Haralds seit 1994, dazu das Foto, das sie Silvester auf der Straße abgeschossen haben. Ein Bild des Jammers. Ich darf diesen Paparazzi keine Gelegenheit mehr geben, unwürdige Fotos zu liefern.

Dr. Moschiry ruft an und kündigt Haralds Entlassung für Ende nächster Woche an.

Später ruft auch Harald aus dem Martin-Luther an: Er sucht sein Drehbuch.

Freitag, 5. Januar 2001
Kurz vor Mitternacht ruft Dr. Moschiry mich aufgeregt an: Harald ist aus dem Krankenhaus verschwunden. Sofort machen wir uns auf die Suche. Dr. Moschiry findet ihn auf halbem Wege auf der Bismarckallee, kurz vor unserem Haus! Den Weg kannte er in- und auswendig. Er war ihn früher schon hundertmal zu Fuß gelaufen.

Als wir ihn zum Martin-Luther zurückbringen, murmelt er grantig vor sich hin.

Sonntag, 7. Januar 2001
Wir holen Harald nun jeden Tag ein paar Stunden aus dem Krankenhaus, damit er sich an den Alltag in der Griegstraße gewöhnen kann. Majka hat ihn ein paarmal auch mit zu sich nach Hause genommen, aber nach zwei bis drei Stunden wird er unruhig und will wieder zum Drehen. In den letzten Tagen scheint er unaufhörlich zu arbeiten, jedenfalls wartet er nur darauf, zum Drehort abgeholt zu werden. Manchmal redet er mit Moschiry, als wäre er der Regisseur, manchmal mit mir, als wäre ich eine Schauspielkollegin.

Sein Herumtigern im Haus hat sich verändert. Harald läuft nur noch kürzere Wege, dafür aber um so schneller.

Abends fällt mir die Decke auf den Kopf, und schwere Gedanken lasten auf mir: Ich weigere mich zu glauben, dass das in Zukunft unser Leben sein soll. Ich zermartere mir das Gehirn: Was kann ich tun, für ihn, für mich, für uns? Ich denke an Flucht und schäme mich dafür. Nur eine Flucht nach vorn macht Sinn. Wie schön wäre es, wenn ich mir mehr Optimismus zu eigen machen könnte:

Gott gebe mir die Gelassenheit,
die Dinge hinzunehmen, die ich nicht ändern kann,
den Mut,
die Dinge zu ändern, die ich ändern kann,
und die Weisheit,
das eine vom anderen zu unterscheiden!

Ich kämpfe sinnlos mit mir selbst – und das raubt mir die letzte Kraft. Ich fühle mich als Sklavin unseres Schicksals.

Harald lebt nicht mehr in der Realität. Alles lastet auf mir.

Ich will nicht vor die Hunde gehen! Vielleicht sollte ich tatsächlich psychologische Hilfe suchen. Alles in mir sträubt sich dagegen. Ich muss es alleine schaffen. Ich will auch keine Beruhigungstabletten nehmen.

Montag, 8. Januar 2001
Heute nacht bin ich zweimal aus dem Schlaf hochgeschreckt, einmal um 3 Uhr, einmal um 4 Uhr. Jedesmal meinte ich, die Klingel ganz deutlich zu hören, und dachte sofort: »Harald steht vor der Tür!« Jetzt habe sogar ich schon Halluzinationen.

Mittwoch, 10. Januar 2001
Mein letzter Tag allein in der Griegstraße. Morgen wird Harald entlassen.

Donnerstag, 11. Januar 2001
Die liebe Presse macht uns mal wieder das Leben schwer!

Schon frühmorgens haben sich zwei Autos vor unserem Haus postiert. Die Fotografen versuchen nicht einmal mehr, sich zu verstecken. Von Dr. Moschiry höre ich, dass auch vor dem Martin-Luther Kamerateams lauern. Es muss eine undichte Stelle geben: Woher wissen die, dass Harald heute entlassen wird? Ich fühle mich wie in einem Gefängnis, von Wärtern überwacht.

Um 11 Uhr ist die Griegstraße vollends von Fotografen belagert.

Ich bin wild entschlossen: Wir werden der Presse die Tour vermasseln. Ich rufe meine Freundin Carin an und erzähle ihr, dass die Fotografen vor unserem Haus lauern. Spontan bietet sie an, dass wir den Nachmittag bei ihr verbringen können, bis die Luft rein ist. Eine gute Idee.

Silja, die Frau von Axel, holt mich mit ihrem Auto in der Griegstraße ab. In unserer Tiefgarage lege ich mich auf der Rückbank unter eine Decke. Oliver gelingt es währenddessen ebenfalls, Harald von den Kamerateams unbemerkt durch die Tiefgarage aus dem Martin-Luther-Krankenhaus zu schleusen.

Bei Carin trinken wir alle zusammen gemütlich Kaffee, in der Hoffnung, dass die Fotografen die Geduld verlieren und abziehen. Weit gefehlt, Oliver fährt jede Stunde mit dem Porsche von Carin an der Griegstraße vorbei. Die Aasgeier lauern auch noch um Mitternacht, geben einfach nicht auf. Sie haben mittlerweile wohl mitbekommen, dass Harald das Martin-Luther-Krankenhaus verlassen hat.

Langsam ist Schlafenszeit, Harald ist schon todmüde, und wir beschließen, ins alte Haus zu fahren. Harald schläft in dem einzigen noch vorhandenen Bett sofort ein. Oliver und ich legen uns im Wohnzimmer auf die Sofas. Ich kann vor Wut und Erschöpfung nicht schlafen. Ich würde so gern abgeschminkt in meinem Bett liegen. Eine absurde Situation.

Freitag, 12. Januar 2001
Die Nachbarn informieren Oliver über Handy: In der Griegstraße ist Alarm ausgelöst worden. Wir verständigen die Polizei. Zwei Zivilbeamte fahren sofort hin und berichten uns von Fotografen, die immer noch vor dem Haus warten. Gott sei Dank ist es nur ein Fehlalarm.

Mir wird es zu bunt: Ich werde nicht tagelang vor der Presse kapitulieren. Oliver und ich schmieden einen neuen Plan: Wir rufen unseren Gärtner an und fragen ihn, ob er nicht mit seinem Lieferwagen vorbeikommen kann. Wir stellen für Harald einen Sessel in den Innenraum. Oliver und ich setzen uns auf den Boden. Wir fahren los.

Unser Plan geht tatsächlich auf: Im Bauch eines Lieferwagens fahren wir in die Tiefgarage der Griegstraße hinein, ohne dass die Meute eine Ahnung hat, wer sich in dem Lieferwagen verbirgt, der an ihnen vorbeifährt. Wir haben ihnen ein Schnippchen geschlagen.

Welch entwürdigende Situation: Mein kranker Mann wird aus der Klinik nach Hause entlassen, und wir müssen ihn wie einen Terroristen versteckt ins Haus bringen!

Ich bin wütend und aggressiv, und meine Stimmung überträgt sich sofort auf Harald: Er tigert pausenlos in unserem Wohnzimmer herum.

Montag, 15. Januar 2001
Wir gehen täglich in unser altes Haus, um weiter zu entrümpeln. Harald sitzt dabei auf dem Sofa und schaut teilnahmslos zu. Nicht ein Wort hat er bisher über unseren Umzug gesagt. Hat er gar nicht mitbekommen, dass wir umgezogen sind? Die Gegenwart scheint er nicht mehr zu realisieren. Wichtig ist für ihn nur, dass wir da sind und dass er eine vertraute Umgebung vorfindet, wo auch immer.

Mittwoch, 17. Januar 2001
Klaus Graf kommt zu Besuch! Mit ihm hat Harald am 9. Juli 2000 in Baden bei Wien einen schönen Abend verbracht. Damals hatten wir alle noch gedacht, Harald habe es geschafft!

Mein Mann freut sich ganz offensichtlich sehr. Klaus ist einer der wenigen aus der Fernsehbranche, die trotz all der schlechten Erfahrungen mit Harald Juhnke noch menschlich zu ihm halten.

Nachmittags kommt der Schreiner und richtet die Einbauschränke. Ein Chaos, ich muss noch einmal Fach für Fach aus- und wieder einräumen.

Sonnabend, 20. Januar 2001
Heute meint Harald wieder, er muss zum Drehen. Er packt sein Necessaire, Rasierapparat und Adressbuch zusammen, wie früher. Ich gehe auf ihn ein und spiele mit. Nach ein paar Minuten ist er in einer anderen Welt, hat vergessen, dass er aufbrechen will, hört Leute im Haus und geht sie suchen.

Nachmittags koche ich für Axel, Silja und Sandra, unsere Freunde, die ich zum Abendessen eingeladen habe. Auf Wunsch eines einzelnen Herrn gibt es Rindsrouladen.

Endlich kann ich wieder einmal unbeschwert lachen. Der Abend verläuft harmonisch. Axel hat einen edlen Rotwein mitgebracht. Den lasse ich mir nicht entgehen – obwohl ich eigentlich einen weißen bevorzuge. Harald nimmt keine Notiz davon, dass wir fröhlich unseren Wein trinken. Selbst der Gedanke an diesen Genuss ist ihm verlorengegangen.

Sonntag, 21. Januar 2001
Ich werde wach, weil ich Haralds Rasierapparat höre. Was macht er nun schon wieder? Er fuchtelt mit dem Apparat vor dem Badezimmerspiegel herum und versucht, das Spiegelbild zu rasieren! Mein Gott. Ich habe die Geduld nicht, ihm alles immer wieder und wieder zu erklären. Die einfachsten täglichen Verrichtungen scheint er zu verwechseln.

Ich muss die Krankheit annehmen, sonst gehe ich vor die Hunde.

Montag, 22. Januar 2001
Dr. Moschiry ruft an und informiert mich, dass die Krankenkasse einen Aufenthalt in einer Rehaklinik genehmigt hat.

Janine lädt Freundinnen mit ihren kleinen Kindern zum Kaffee ein, um uns an ihrem Glück teilhaben zu lassen: Wir dürfen zum ersten Mal ihr Töchterchen Gloria bestaunen. Ein bildhübsches Baby, eine überglückliche Mutter.

Heute versuche ich zu beten. Glaube soll doch Berge versetzen. Selbst daran glaube ich nicht mehr.

Dienstag, 23. Januar 2001
Um sieben weckt mich ein Lichtschein. Ich stehe auf und höre Haralds Stimme laut und deutlich. Leise gehe ich ins Wohnzimmer und sehe ihn vor einer unserer Mohrenskulpturen stehen. Harald redet auf ihn ein, als wäre er ein Mensch.

Er versucht mir klarzumachen, dass er los muss. Ich versuche ihm klarzumachen, dass er hierbleiben darf und sogar noch ein bisschen weiterschlafen kann. Er will partout nicht zurück in sein Schlafzimmer. Da schläft angeblich Hildegard Knef! Es ist unglaublich, wie sein Gehirn in der vermeintlichen Phantasie arbeitet.

Seine Verwirrtheit hält den ganzen Tag an. Selbst Majka, die ja schon einiges miterlebt hat, ist erschrocken. Dr. Moschiry kommt vorbei und rät, dass Harald so schnell wie möglich seine Reha antritt. Vielleicht kann eine gezielte Therapie doch noch einiges bewirken.

Mittwoch, 24. Januar 2001
Morgen, nach vierzehn Tagen zu Hause, bringen wir Harald in die Klinik Berlin nach Kladow. Dr. Moschiry kommt mit den Unterlagen. Ich bin ihm so dankbar. Er ist ein zuverlässiger Freund in dieser schwierigen Situation.

Donnerstag, 25. Januar 2001
Harald bekommt in Kladow ein freundliches Zimmer mit Fernsehen und Telefon. Schon am Nachmittag fangen die Untersuchungen an, und ein Behandlungsplan wird aufgestellt.

Freitag, 26. Januar 2001
Harald ruft um 7 Uhr an und sagt mir, dass er heute nach dem Drehen nach Hause kommt. Er realisiert nicht, dass er in einer Klinik ist.

Sonnabend, 27. Januar 2001
Nachmittags besuchen Oliver und ich Harald in Kladow. Mir kommt es nicht so vor, als ob es ihm bessergeht. Er läuft die Flure auf und ab und harrt der Dinge, die da kommen.

Sonntag, 28. Januar 2001
Die Angst vor der Zukunft lähmt mich heute vollends.
 Mami kommt zum Tee. Wir schweigen uns an. Wir sind einander heute wahrlich keine Stütze.

Montag, 29. Januar 2001
Oliver muss seine Fahrerlaubnis für vier Wochen abgeben. Auch das noch!
 Haralds Zustand verbessert sich nicht. Wir müssen abwarten, ob sich Möglichkeiten ergeben, die ihm helfen. Er bekommt neue Medikamente. Ich warte auf ein Gespräch mit dem ärztlichen Direktor der Klinik, Professor Dr. Karl-Heinz Mauritz. Ein ungutes Gefühl beschleicht mich. War es die richtige Entscheidung, Harald in diese Klinik zu bringen?
 Die Stationsärztin meint, dass sich der Zustand von »Herrn Juhnke« wohl nicht mehr ändern wird. Eine sehr ermutigende Mitteilung!

Dienstag, 30. Januar 2001
Nur wenn ich morgens in den Garten schaue, scheint die Welt in Ordnung. Es hat wieder geschneit.

Ich muss mir eine eigene Überlebensstrategie aufbauen. Ich kann nur als Fatalistin überleben.

Mittwoch, 31. Januar 2001
Heute macht Harald einen verhältnismäßig guten Eindruck. Er scheint ruhiger zu sein und weniger desorientiert. Zum Abschied sagt er: »Ich liebe dich!«

Donnerstag, 1. Februar 2001
Ich muss mir mehr Mühe geben, mich zu motivieren. Ich melde mich wieder beim Sport an. Seit Monaten habe ich nichts mehr für mich getan.

Ich koche ein leckeres Kartoffelsüppchen mit frischem Majoran, nur für mich allein, und leiste mir ein paar weiße Orchideentöpfe, meine Lieblingspflanzen.

Die Klinik meldet sich, Harald benötigt individuelle Betreuung, eine Krankenschwester, die sich nur um ihn allein kümmert.

Freitag, 2. Februar 2001
Meine Freundin Barbara fährt mit in die Klinik. Harald hat sich in seinem Zimmer eingeschlossen. Die Krankenschwester macht die Tür auf, er sitzt im Bademantel auf seinem Bett. Im Zimmer herrscht totale Unordnung. Er hat seinen Schrank und die Schublade seines Nachttischs ausgeräumt.

Er steht vom Bett auf und begrüßt uns beide hocherfreut. Er ist sich des Chaos um ihn herum gar nicht bewusst. Mit Barbara scherzt er sogar ein bisschen, sie geht wunderbar auf ihn ein.

Nach einer halben Stunde lässt seine Aufmerksamkeit nach, und von einer Minute auf die andere verfällt er wieder in Apathie.

Sonnabend, 3. Februar 2001
Im Briefkasten finde ich den Steuerbescheid für 1999. Eine Hiobsbotschaft.

Sonntag, 4. Februar 2001
Glatteis. Ich rufe Harald an und bitte ihn um Verständnis, dass ich ihn heute nicht besuchen komme. Ich glaube nicht, dass er es registriert hat.

Die Schwester beschwert sich bei mir, dass er nicht duschen will.

Montag, 5. Februar 2001
Oliver kommt mit in die Klinik. Auch er ist der Meinung, dass es seinem Vater so schlecht geht wie nie zuvor. Sind es die Medikamente? Ist es eine Verschlechterung seines Krankheitszustandes? Wir können nur rätseln. Es ist nicht einfach, den Verlauf der Krankheit nachzuvollziehen, geschweige denn, ihn einfach so hinzunehmen.

Plötzlich zieht Harald seinen Mantel an und will aufbrechen: »Ich muss ins Studio Hamburg.«

Dienstag, 6. Februar 2001
Vor Tagen hatte ich Harald das Textbuch von *Der Hauptmann von Köpenick* gebracht. Ich wollte, dass er ein paar Dinge bei sich hat, die ihm früher so wichtig waren.

Als ich heute in sein Zimmer komme, steht er zwischen den halbgeöffneten Vorhängen, hat das Textbuch in der Hand und rezitiert. Unglaublich, wie intensiv seine Stimme ist! Im Profil erinnert er mich an Bernhard Minetti. Seine Mimik ist voll konzentriert, und er deklamiert. Dialoge, die sich wunderbar anhören, aber alles andere sind als Texte aus dem *Hauptmann von Köpenick*.

Eine gespenstische Situation, woher nimmt er sich den Monolog, woher holt er sich nur diese Worte zusammen? Wie kann ich sein Gedächtnis erreichen, um mit ihm wieder kommunizieren zu können?

Welch trauriger Anblick. Mein Harald, der große Schauspieler, findet die Sprache nicht mehr. Mein Mann ist unerreichbar für mich. Ich empfinde einen ungeheuerlichen Schmerz, so als ob mir jemand mein Herz aus der Brust reißt. Innerlich schreie ich nach Erlösung.

Donnerstag, 8. Februar 2001
Die Stationsärztin meint heute, dass ich mir nichts vormachen soll: »Ihr Mann ist ein schwerer Pflegefall.« Auch wenn es die Wahrheit ist, ich will es nicht hören.

Freitag, 9. Februar 2001
Die Schwester ruft an, ein Besuch würde heute keinen Sinn machen. Harald schläft nur. Hat er zu viele Medikamente bekommen? Besorgt rufe ich Dr. Moschiry an, er beruhigt mich.

Für ein paar Stunden gehe ich in unser altes Haus. Siebzehn Jahre haben wir hier gelebt, das Haus war unser ganzer Stolz, nun erscheint es mir so fremd und kalt.

Sonnabend, 10. Februar 2001
Oliver und ich besuchen Harald in der Klinik. Sein Zustand ist besorgniserregend: Er liegt in einem Gitterbett, trägt Kompressionsstrümpfe und ist an einen Flüssigkeitstropf angeschlossen, weil er seit gestern die Nahrung verweigert. Er schläft mit weit geöffnetem Mund und schnarcht. Zwischendurch hustet er immer wieder Schleim ab. Ich streichle seine Wangen, Oliver rüttelt ihn sanft am Arm. Aber Harald ist nicht wach zu bekommen.

Die Stationsärztin sagt, er bekomme außer seinen Herzmitteln keine weiteren Medikamente mehr, alle Sedativa sind abgesetzt. Ich halte ihm die Schnabeltasse an den Mund, versuche ihm ein Stückchen Banane zu geben, er nimmt nichts an. Sein Husten klingt nicht gut.

Montag, 12 Februar 2001
Es kommt kaum noch Fanpost. Die wenigen Autogrammanfragen beantworte ich sofort. Auch in den Zeitungen steht nichts mehr. Die Welt dreht sich auch ohne Harald Juhnke weiter.

Meine Freundin Gisela wundert sich, warum ich mich so lange nicht mehr gemeldet habe. Wie recht sie hat, ich fange an, mich völlig zu isolieren. Das darf ich nicht zulassen!

Gemeinsam fahren wir zu Harald, immer noch ist er am Tropf, Gisela ist genauso erschrocken wie ich. Wir bitten die Schwester, uns mit Harald allein zu lassen. Gisela und ich reden intensiv auf ihn ein. Zunächst wird er nicht wach, fängt dann aber an, mit geschlossenen Augen irgend etwas Unverständliches zu reden.

Auch die Weintrauben, die Gisela ihm in den Mund steckt, isst er, ohne seine Augen zu öffnen.

Als das Abendbrot kommt, macht er endlich die Augen auf, und wir können ihn im Bett aufsetzen. Er isst und trinkt mit unserer Hilfestellung. Dann schläft er wieder ein. Wir verlassen ihn gegen 18 Uhr und sprechen noch beim Abendessen über diesen traurigen Zustand.

Mittwoch, 14. Februar 2001
Heute eröffnet uns Professor Dr. Mauritz, dass sich seiner Ansicht nach der Zustand von Harald nicht mehr verbessern wird. Sein Verhalten entspricht fast lehrbuchmäßig dem Wernicke-Korsakow-Syndrom. Das Wort »Besserung« kommt nicht vor. Dieses kleine Wörtchen, das mein Strohhalm ist.

Ich gestehe mir ein, dass ich mir bis heute immer wieder etwas vorgemacht, die Situation zu ignorieren versucht habe. Was mache ich jetzt? Muss ich akzeptieren, dass es wirklich keine Hoffnung mehr gibt?

Freitag, 16. Februar 2001
Harald geht es besser, heute ist er sogar mit der Schwester spazierengegangen. Er erkennt Barbara wohl, jedenfalls fällt das Wort »Rudi«, der Name von Barbaras Mann.

Sonnabend, 17. Februar 2001
Und wieder ein Horrortag: Von der Klinik Berlin kommt ein Brief: 1200 Mark soll die Individualbetreuung von Harald kosten. Pro Tag!

Peer ist in der Stadt. Er ruft mich an und will von mir die Nummer von Professor Dr. Mauritz haben. Ich bitte ihn, er möge doch erst nach seinem Vater sehen. Er antwortet, dass er weiß, wie es Harald geht. Dann lässt er sich doch überreden, mit mir zusammen seinen Vater zu besuchen.

Als wir in der Klinik ankommen, bietet sich uns im Zimmer eine geradezu groteske Situation: Harald im Clinch mit der Krankenschwester. Als er uns sieht, versucht er, auch auf uns einzuschlagen. Er ist total aufgebracht. Peer bittet die Schwester, uns mit Harald allein zu lassen.

Wir versuchen mit vereinten Kräften, ihn zu beruhigen. Aber auch von uns fühlt sich Harald scheinbar bedroht. Völlig verwirrt schaut er uns mit starrem Blick an. Peer ist wie gelähmt. Ich rede beruhigend auf Harald ein. Schließlich setzt er sich auf sein Bett und schaut uns irgendwie erwartungsvoll an. Peer und ich sind fassungslos.

Die Tür geht auf, und die diensthabende Ärztin kommt herein. Harald springt von seinem Bett auf und versetzt ihr einen Tritt. Fluchtartig verlässt sie das Zimmer und bittet uns auf den Flur. Da muss sie aber warten, denn Harald ist mit uns noch nicht fertig. Er schimpft wie ein Rohrspatz auf uns ein.

Ich bin sehr froh darüber, dass Peer dabei ist. Er hätte mir sonst wohl kaum geglaubt, in welchem Zustand wir seinen Vater erlebt haben.

Auf dem Klinikflur können wir zum ersten Mal seit Monaten sachlich miteinander reden. Auch Peer ist nun klar, dass der Zustand seines Vaters eine Tragödie ist und dass er in dieser Klinik nicht bleiben kann. Peer meint auch, dass er sich nicht vorstellen kann, wie ich Harald zu Hause allein handhaben kann. Beim Abschied verspricht er, sich Gedanken zu machen, wie es weitergehen soll.

Sonntag, 18. Februar 2001
Peter Gerlach, der ehemalige Unterhaltungschef des ZDF und seit Jahrzehnten ein treuer Freund, der mit Harald wahrlich Höhen und Tiefen erlebt hat, kommt zu Besuch. Er bestätigt mich in meiner Einschätzung der Situation und rät mir zu, dass wir uns um einen Pflegeplatz für Harald bemühen müssen. Niemandem – auch nicht Harald – hilft es, wenn auch ich an unserer Situation zugrunde gehe.

Montag, 19. Februar 2001
Ich telefoniere mit Professor Dr. Burghard Klapp von der Charité (Rudolf-Virchow-Klinikum), der mir von Freunden empfohlen wurde, und schildere ihm Haralds Zustand.

Mittwoch, 21. Februar 2001
Doris kommt aus Hamburg, um mir beizustehen. Wir wollen in dieser Woche das Haus weitgehend leerräumen. Oliver bestellt einen Riesencontainer, den wir auf dem Garagenvorplatz postieren lassen.

Donnerstag, 22. Februar 2001
Professor Dr. Klapp teilt mir mit, dass Harald schon morgen in die Charité verlegt werden könnte. Ein kleiner Hoffnungsschimmer keimt wieder auf.

Freitag, 23. Februar 2001
Als wir in der Charité ankommen, treffen wir einen gutgelaunten Harald an. Er hat den Ortswechsel offensichtlich als positiv empfunden.

Montag, 26. Februar 2001
Das ganze Wochenende über haben Doris und ich im Haus geschuftet. Am Sonntagabend habe ich sie zum Zug nach Hamburg gebracht.

Nachmittags besuchen Majka und ich Harald in der Charité. Er freut sich sehr, redet pausenlos auf uns ein. Wir haben nicht den Eindruck, dass er mitbekommen hat, dass er in einer anderen Klinik ist. Ich lese ihm aus der *Bild*-Zeitung vor, er hört aufmerksam zu, reagiert aber nicht.

Die Stationsschwester bestätigt uns, dass er nur seine Herzmedikamente bekommt. Wir werden die nächsten Tage abwarten, vielleicht gibt es ja doch eine Besserung. Ich will die Hoffnung nicht aufgeben.

Sonnabend, 3. März 2001
Oliver und Dr. Moschiry besuchen Harald. Der erste Eindruck ist sehr gut, aber nach einer halben Stunde fängt er wieder an zu konfabulieren. Er beschwert sich bei Oliver über eine zu niedrige Gage.

Sonntag, 4. März 2001
Heute nehme ich Mami mit zu Harald. Wir bringen ihm frische Ananas und Würstchen mit. Harald ist sehr gesprächig und lässt sich aus der Zeitung vorlesen. Dann sehe ich, dass er seine Straßenschuhe angezogen und seinen Koffer bereitgestellt hat. Ich frage ihn, wo er denn hinwill. Er zuckt mit den Schultern. In der Wäschetüte finde ich noch seine beiden Brillen.

Montag, 5. März 2001
In mir gärt es, ich bin unfähig, einen klaren Gedanken zu fassen. Es hämmert in meinem Kopf nur noch: Du musst, du musst, du musst. Vorwärts!

Professor Dr. Klapp bittet mich zu einem gemeinsamen Gespräch mit Harald in die Klinik. Ausgerechnet heute. Es geht mir miserabel. Aber: »Du musst!«

Harald schaut mich mit traurigen Augen an. Anfänglich höre ich noch geduldig zu, was Professor Dr. Klapp zu sagen hat. Ich weiß es doch schon: Harald ist nicht therapierbar.

Plötzlich muss ich meinen aufgestauten Gefühlen Luft machen. Ich weiß nicht mal mehr, was ich mir alles von der Leber geredet habe. Ich fühle mich trotzdem nicht erleichtert.

Dienstag, 6. März 2001
Ich werde heute nicht zu Harald gehen. Oliver muss seinen Vater allein besuchen.

Die Physiotherapeutin ruft bei mir an: Wir sollen Mütze, Schal und Sonnenbrille mitbringen. Sie möchte mit Harald spazierengehen. Ich gebe Oliver die Sachen mit und igle mich im alten Haus ein.

Mittwoch, 7. März 2001

Ich habe einen Horror vor meinem Besuch in der Charité. Aber ich zwinge mich. Professor Dr. Klapp erkennt meine psychische Verfassung und rät mir, zu verreisen.

Meine Reaktion ist zynisch: »Und wer kümmert sich um meinen Mann?« Professor Dr. Klapp antwortet: »Wir.« Wenn ich doch nur loslassen könnte.

Karin, die Schwester von Doris, hat früher behinderte Jugendliche betreut und bietet spontan aus purer Freundschaft an, sich um Harald zu kümmern. Ich könnte weinen vor Dankbarkeit.

Später erzählt sie mir, dass sie den zweistündigen Krankenhausbesuch als außerordentlich anstrengend empfunden hat. Anfangs ist Harald regelrecht lustig, fordert sie zum Tanz auf und dreht sich fröhlich mit ihr. Er stimmt sogar sein geliebtes *New York, New York*« an!

Montag, 12. März 2001

Professor Dr. Klapp regt erneut an, dass ich doch ein paar Tage wegfahren soll, um auf andere Gedanken zu kommen.

Ich weiß nicht, was ich will. Ich weiß nicht, wie ich dem Labyrinth der Gefühle entrinnen kann. Fragen, die ich pausenlos an mich selbst stelle:

Bin ich gefühlsarm?
Wache ich oder träume ich?
Mache ich mir selbst etwas vor?
Wovor habe ich Angst?
Bin ich feige?
Wie finde ich zu mir selbst?
Wer bin ich?

Ich beschließe, tatsächlich ein paar Tage zu verreisen. Ich muss auf andere Gedanken kommen, und ich muss Kraft schöpfen.

Mittwoch, 28. März 2001
Ich bin wieder zu Hause. Die Tage in Hamburg bei meiner Cousine Karla und ihrem Mann Jürgen haben mir so gutgetan. Einfach nur ich selbst sein, keine Pflichten haben, nur *laissez faire*. Und dennoch: All meine Gedanken sind immer bei Harald gewesen. Dem Alltag kann ich entrinnen, nicht aber dem Schicksal.

Donnerstag, 29. März 2001
Ich fahre zu Harald ins Virchow. Er freut sich, dass ich da bin, so als wäre ich erst gestern bei ihm gewesen. Er hat meine Abwesenheit nicht registriert, was mir später Professor Dr. Klapp auch bestätigt. Mir fällt ein Stein vom Herzen.

Harald sieht richtig gut aus, er hat auch etwas zugenommen.

Sonntag, 1. April 2001
Oliver holt seinen Vater für ein paar Stunden nach Hause in die Griegstraße.

Wir machen uns einen schönen Sonntagmittag. Mami kommt heute schon zum Essen. Harald hat großen Appetit. Anschließend nascht er ein Eis am Stil. Er spricht ununterbrochen vor sich hin, sehr leise, wir können ihn nur schwer verstehen.

Gemeinsam sehen wir ein bisschen fern. Harald kennt sich in der Wohnung gut aus. Ich lasse ihm sein Badewasser ein, er genießt das Bad ausgiebig. Als er danach zurück zu uns ins Wohnzimmer kommt, ist er schon auf Aufbruch programmiert, sucht seinen Mantel und seine Straßenschuhe.

Er hat schon immer gemacht, was er wollte: Jetzt will er gehen. Oliver überredet ihn noch, mit uns die *heute*-Nachrichten anzuschauen. Ungeduldig setzt er sich hin und steht gleich wieder auf.

Dann wird er mürrisch und sagt sehr klar und verständlich: »Ich habe jetzt zu tun.« Oliver bringt ihn zurück ins Virchow. Mami und ich sind ratlos und sehr traurig.

Donnerstag, 5. April 2001
Wir holen Harald jeden Tag für ein paar Stunden nach Hause. Oliver holt ihn vormittags und bringt ihn abends wieder ins Virchow.

Ich versuche seiner Gedankenwelt zu folgen. Es ist das reinste Katz-und-Maus-Spiel.

Ich muss mich sehr am Riemen reißen, um ruhig und gelassen zu bleiben.

Freitag, 6. April 2001
Harald bringt nur noch 64 Kilo auf die Waage. Für seine Größe von 1 Meter 85 ist das entschieden zuwenig.

Sonnabend, 7. April 2001
Harald ist erst eine knappe Stunde bei uns, da sagt er: »Ich kann die Leute nicht warten lassen. Ich habe zu tun.«

Als ich ihn frage, wohin er denn möchte, wird er unwirsch und greift nach seinem Mantel. Erst bitte ich ihn ruhig, doch hier bei uns zu bleiben, dann werde ich energisch. Daraufhin geht Harald in sein Zimmer, legt sich aufs Bett und schläft sofort ein.

Um 19 Uhr 30 kommt Oliver und bringt seinen Vater zurück in die Klinik.

Sonntag, 8. April 2001
Unser 30. Hochzeitstag. Ein Tag wie jeder andere. Ich erinnere mich an glücklichere Tage.

Majka hat im Auftrag von Harald Blumen besorgt. Mich wundert doch sehr, dass Harald sich tatsächlich an das Datum erinnert. Oder hat Oliver es veranlasst?

Ich muss diesen Tag ohne Harald verbringen, alle Sentimentalitäten vermeiden. Ich fürchte mich davor, dass meine Gefühle wieder in Depression umschlagen. Beim Anblick seines Blumenbouquets überfällt mich eine unsägliche Tristesse.

Freitag, 13. April 2001
Doris kommt aus Hamburg, Peer aus München. Oliver fährt mit Peer ins Virchow, um Harald nach Hause zu holen. Harald ist ziemlich unruhig. Sofern wir ihn verstehen können, meint er zum Flughafen zu müssen: Dreharbeiten. Er glaubt ständig, dass er es nicht schafft, rechtzeitig anzukommen.

Aber so war auch sein Leben: Harald Juhnke hastete von einem Drehtermin zum nächsten, von einem Showauftritt zur nächsten Gala.

Dieses rastlose Leben holt ihn selbst in seiner Krankheit ein.

Peer ist ratlos. Obwohl er Arzt ist, ist er ähnlich hilflos wie Oliver.

Montag, 16. April 2001
Ostermontag. Peter Gerlach kommt zu Besuch. Oliver holt Harald aus dem Virchow und sagt ihm schon auf der Fahrt, dass zu Hause ein Überraschungsgast wartet. Harald kann gar nicht schnell genug reinkommen. Und dann stehen die beiden Männer sich gegenüber, strahlen sich an und umarmen sich herzlich.

Harald ist immer glücklich, wenn er altvertraute Gesichter sieht. Mit Peter Gerlach ist er regelrecht gesprächig. Gerlach geht einfühlsam und sehr natürlich auf Harald ein, macht ihm Komplimente und baut ihn richtig auf.

Ich habe mich mit Doris zurückgezogen, kann aber hören, dass er Peter Gerlach gegenüber sogar von seinen Ängsten spricht, die er oft gehabt hat, als er Texte lernen musste und befürchtete, sie nicht mehr behalten zu können.

Doris und Gerlach müssen aufbrechen. Ich koche für Harald und mich. Wir essen den ersten deutschen Spargel.

Dienstag, 17. April 2001
Heute sagen mir die Krankenschwestern im Virchow, wie anstrengend mein Mann ist. Wem sagen sie das!

Bisher habe ich den Gedanken immer verdrängt, aber nun scheint es unumgänglich zu sein, dass wir uns nach einem Pflegeplatz umsehen müssen.

Donnerstag, 19. April 2001
Das Virchow teilt uns mit, dass Harald am kommenden Donnerstag entlassen wird. Gott schicke mir Kraft und eine Eingebung, mit der Situation klarzukommen.

Freitag, 20. April 2001
Das Gespräch zwischen Professor Dr. Klapp, Harald, Oliver und mir ist sehr schwierig. Ich verliere meine Beherrschung. Ich kann nicht mehr zurückhalten, dass der verdammte Alkohol an unserer ganzen Misere schuld ist. Harald macht auf beleidigt, was mich noch zorniger macht. Meine Nerven gehen mit mir durch, aus lauter Angst vor dem eigenen Versagen.

Professor Dr. Klapp regt an, dass Oliver sich etwas ausdenken soll, was nur er mit seinem Vater allein unternehmen kann.

Sonnabend, 21. April 2001
Oliver fährt mit seinem Vater 180 Kilometer durch das Berliner Umland.

Dienstag, 24. April 2001
Barbara geht Harald besuchen. Er will sie wegschicken, weil er wieder viel zu tun hat. Sie kann ihn überzeugen, dass sie ihn nicht dabei stört, und die beiden bleiben bis zum Abendbrot zusammen. Ich bin

ihr sehr dankbar, dass sie mir heute abgenommen hat, Harald zu besuchen.

Ich stelle mir immer wieder dieselben Fragen:

Bin ich noch ich selbst?
Wo steuere ich hin?
Wo ist mein Kompass?
Gibt es ein Licht am Ende des Tunnels?

Ich darf mich nicht aufgeben.

Der Mensch denkt, Gott lenkt. Lenke mich doch bitte, lieber Gott, und weise mir den Weg.

Donnerstag, 26. April 2001
Harald lauert schon auf uns. Die Schwester darf ihm nicht beim Packen helfen.

Auf das Abschlussgespräch mit Professor Dr. Klapp müssen wir eine Stunde warten. Harald ist schon ganz ungeduldig. Er will endlich gehen.

Sonnabend, 28. April 2001
Jeder Tag bietet eine neue Überraschung. Heute ging Harald barfuß hinauf zu den Nachbarn im 1. Stock. Er klingelt an ihrer Tür, und als nur der Hund bellt, macht er kehrt und kommt wieder zu mir nach unten.

Abends passt Oliver auf seinen Vater auf. Ich möchte einen Abend »frei« haben. Es ist der Geburtstag meiner lieben Freundin Mona. Wir feiern im Borchardt's, und ich vergesse für ein paar Stunden meine Sorgen.

Sonntag, 29. April 2001
Ich liebe das Leben nicht mehr. Alles um uns herum ist so unendlich traurig geworden.

Ich wache jetzt morgens immer »vor meiner Zeit« auf, gehe in die Küche, mache mir meinen ersten Milchkaffee, bereite das Frühstück für Harald und mich vor. Er isst sein Müsli wie früher. Ich lese Zeitung wie früher. Er sitzt mir gegenüber und redet auf mich ein. Wenn ich doch nur verstehen könnte, was er mir sagen will!

Mittags kommt Mami, Harald legt sich ins Bett, steht wieder auf, legt sich wieder hin. Es geht ihm nicht gut, er scheint Kreislaufbeschwerden zu haben. Und er kann nicht einmal mehr sagen, ob ihm etwas weh tut!

Abends mache ich Spaghetti aglio olio. Meine einzige Möglichkeit, ihm etwas Gutes zu tun, ist, ihm seine Lieblingsspeisen zu kochen.

Mittwoch, 2. Mai 2001
Ein herrlicher Tag, es sind 28 Grad! Wir grillen zum ersten Mal in unserem neuen Garten. Harald ist lieb und friedlich, und wir schmausen alle viel zuviel.

Donnerstag, 3. Mai 2001
Josef vom Salon Udo Walz kommt und schneidet Harald die Haare.

Ich gehe Großeinkauf machen, während Anette, Peers Frau, die uns besucht, mit Harald im Grunewald spazierengeht.

Als die beiden zurückkommen, ist er total erschöpft, die Hitze war doch zuviel.

Später steht er vor dem Spiegel im Eingangsbereich und sieht einen Mann mit einer Pistole, der auf eine Frau zielt. Harald ruft mich und will mir die Leute zeigen. Im Spiegel sehen wir nur uns beide.

Anette ist entsetzt, so hat sie sich das nicht vorgestellt. Haralds Halluzinationen nehmen von Tag zu Tag zu.

Freitag, 4. Mai 2001
Ich gehe zum Sport. Anette passt auf ihren Schwiegervater auf. Sie bemüht sich rührend und versucht, auf ihn einzugehen. Heute spricht er wieder ununterbrochen, aber so leise, dass Anette ihn überhaupt nicht verstehen kann.

Und wenn ihn seine Unruhe überkommt, läuft er wieder wie ein Tiger im Käfig hin und her.

Anette muss nach München zurück. Ich bin traurig und wieder allein mit meinem Mann.

Sonnabend, 5. Mai 2001
Ein Tag, an dem ich kaum zum Atmen komme. Frühmorgens steht Harald in meiner Zimmertür und weckt mich mit unverständlichen Worten. Er ist unruhig. Er will sein Frühstück. Anschließend bade ich ihn und ziehe ihn an. Als wir damit fertig sind, ist es bereits halb zwölf.

Nun bin ich dran, gehe ins Bad. Schon wieder ist es Mittagszeit, und ich koche uns etwas. Harald tigert durch sämtliche Räume. Hin und her, her und hin. Jedesmal schließt und öffnet er die Zimmertür. So kann ich ganz genau verfolgen, wo er gerade ist. Ich werde schon wieder nervös. Wir essen.

Er erzählt etwas vom Theater, jedenfalls vermute ich das. Es fallen Worte wie Vorhang und Applaus und Bühne. Dann fragt er mich, wo denn hier die Bühne sei. Es ist unglaublich, zwischendurch kommen ganz klare Sätze, und dann verliert er sich wieder in der Wortfindung.

Er geht in sein Zimmer und fängt an, es auszuräumen. Bringt ein Teil nach dem anderen ins Wohnzimmer. Als ich ihn frage, warum er das tut, sagt er wieder mit dieser klaren Stimme, die mir so vertraut ist und doch so fremd: »Da sind doch Einbrecher drin.« Ich sage: »Hier sind keine Einbrecher.«

Wütend antwortet er: »Du glaubst mir also nicht.« Ich sehe, wie Aggressionen in ihm aufsteigen. Ich kann ihn Gott sei Dank überreden, mit mir fernzusehen. Gemütlich im Sofa neben mir sitzend, wird er langsam ruhiger. Ich bringe ihm das Abendbrot auf einem Tablett. Um halb zehn steht er auf und geht ins Bett. Was für ein Tag!

Sonntag, 6. Mai 2001
Mami macht mit Harald ein Kreuzworträtsel. Erstaunlicherweise kennt er ein paar Lösungsworte. Größter deutscher Fluss: »Rhein«, berühmteste deutsche Schauspielerin: »Dietrich« und österreichische Hauptstadt: »Wien«.

Oliver holt uns ab, und wir fahren in unser altes Haus, wo ein Fernsehfilm gedreht wird. Wir wollen uns einmal die filmreife Inneneinrichtung ansehen. Bizarr, aber darauf kommt es jetzt nicht mehr an.

Die Rhododendren fangen an zu blühen, der Rasen ist wunderschön grün. Ich vermisse meinen geliebten Garten. Harald ist teilnahmslos, nimmt nichts wahr.

Montag, 7. Mai 2001
Morgens habe ich im Gartencenter Pflanzen eingekauft und arbeite den ganzen Tag im Garten in der Griegstraße.

Majka sagt, Harald sei heute gut drauf. Ich habe es noch gar nicht bemerkt.

Er steht im Flur und sinniert über sein Leben. Ich habe ihn in den vergangenen Monaten nie so klar erlebt und selten so traurig. Ich habe das Gefühl, als wäre er sich heute seiner Situation bewusst und darüber verzweifelt. Ich würde ihn gern ansprechen, wage es aber doch nicht, vor lauter Angst, dass ich ihn in seiner Gedankenwelt stören könnte.

Harald realisiert seinen Zustand nicht als ungewöhnlich oder gar als Krankheit, es hätte auch keinen Sinn, ihm das plausibel zu machen.

Donnerstag, 10. Mai 2001

Harald singt laut im Garten. Automatisch denke ich: »Hoffentlich hört ihn keiner.« Was für ein Unsinn. Harald ist als Sänger aufgetreten. Millionen haben ihn dafür geliebt. Soll er doch die ganze Nachbarschaft zusammensingen, wenn es ihm nur guttut.

Freitag, 11. Mai 2001

Ich verbringe einen Tag beim Tennisturnier im Rot-Weiß. Majka passt auf Harald auf.

Otto Rehagel erkundigt sich nach Harald und lässt schön grüßen. Er ermuntert mich mit einem sehr lieb gemeinten Rat: »Den Kampf darf man nie aufgeben.«

Sonnabend, 12. Mai 2001

Schon beim Frühstück fängt Harald an, Stühle zu rücken. Dieses Geräusch macht mich schon seit meiner Kindheit ganz krank. Er will die Stühle vor die Haustür stellen, damit niemand rein kann. Während ich zum Gartencenter fahre, bitte ich unseren Gärtner, auf Harald zu achten.

Als ich zurückkomme, sieht mich Harald ganz stolz an: Er hat die drei riesigen schweren Chinavasen von einem Ende des Wohnzimmers ans andere geschleppt, sogar die drei Stufen herunter. Und nichts ist passiert, weder ihm noch den wertvollen Vasen. Ein Wunder.

Nachmittags kommen Lilo und Günter Pfitzmann zu Besuch. Wir trinken Eiscafé auf der Terrasse. Harald versucht am Anfang, unserer Unterhaltung zu folgen, dann zieht er sich zurück. Pfitzmanns verabschieden sich nachdenklich. Keiner, der Harald lange nicht gesehen hat, kann mit der Situation fertig werden.

Harald steht vor dem Fernseher und benutzt die Fernbedienung als Mikrofon.

Montag, 14. Mai 2001
Heute spricht Harald von »meiner Frau«, sieht mich und merkt nicht, dass ich ihm zuschaue.

Seine Hände zittern. Ich muss Dr. Moschiry anrufen, was das zu bedeuten hat. Pausenlos mache ich mir Sorgen. Ist das ein Zeichen für eine weitere Verschlechterung? Was kann ich bloß tun?

Sonntag, 20. Mai 2001
Harald tigert den ganzen Tag in der Wohnung herum. Mir gelingt es nicht, ihn irgendwie abzulenken oder zu beschäftigen. Ich komme mir wie in einem Gefängnis vor. Aber mein Pflichtgefühl lässt mich nicht im Stich, ich muss durchhalten. Abends erzählt Harald mir sehr erbost, dass jemand die »Band abbestellt« hat.

Montag, 21. Mai 2001
Heute hat Harald seinen Showtag. Er rezitiert lautstark lange erfundene Monologe. Und das in seiner eigenen Sprache, die sich wie eine Mischung aus Französisch und Russisch anhört. Ganz so, wie er es früher in seinen Shows gelegentlich eingebaut hat. Dann sagt er wieder, ich soll die Leute wegschicken.

Er schaut mich ganz skeptisch an, als ich ihm sage, dass gar keiner hier ist. Er glaubt mir nicht.

Dienstag, 22. Mai 2001
Um 4 Uhr morgens werde ich wach. Harald steht im Flur und ruft laut auf englisch: »Hello, hello.« Ich reagiere nicht, irgendwann hört er auf und geht wieder in sein Zimmer, die Tür klappt laut zu.

Am Nachmittag steht Harald vor unserem Spiegelschrank und rezitiert wieder. Er rezitiert auch im Garten und in seinem Zimmer. »Ich arbeite«, sagt er und ist am Ende des Tages wie befreit und gleichzeitig erschöpft.

Mittwoch, 23. Mai 2001
Während ich endlich einmal wieder Golf spiele, ist Majka mit Harald im alten Haus, um den Garten zu sprengen. Es muss der Horror gewesen sein. Er hat plötzlich einen Anfall von Verfolgungswahn. Majka muss alle Jalousien herunterlassen, alle Türen abschließen, sie soll sogar die Polizei anrufen.

Harald hat Angst, dass er umgebracht wird. Majka sagt mir, dass sie zum ersten Mal Angst hatte. Genauso schnell wie die Attacke kommt, ebbt sie wieder ab. In aller Ruhe kann Majka ihn in die Griegstraße bringen.

Donnerstag, 24. Mai 2001
Mami und Majka kommen zum Eiscafé. Wir sitzen mit Harald gemütlich auf der Terrasse. Mami ist sehr still. Ich glaube, sie fühlt sich von mir vernachlässigt. Sie würde das nie sagen, aber ich spüre es. Ich muss mich mehr um sie kümmern.

Sonnabend, 26. Mai 2001
Nachdem Harald mich wieder um 4 Uhr morgens geweckt hat und ich ihn deswegen ordentlich geschimpft habe, sitzt er den ganzen Tag mit vorwurfsvoller Miene schweigend auf dem Sofa. Ich habe ihm einfach nicht geglaubt, dass ein Mann auf dem Boden neben seinem Bett gelegen hat. Ich bin nicht einmal mit ihm in sein Zimmer gegangen, um es zu überprüfen. Das nimmt er mir nun den ganzen Tag übel.

Sonntag, 27. Mai 2001
Heute hat Harald nach dem Mittagessen zwei Strophen von *My Way* gesungen. Mit lauter, starker Stimme und Wort für Wort den richtigen Text. Ich kann es kaum fassen. Ich sehe, wie er sich ungeheuer konzentriert. Es hat ihn enorme Kraft gekostet. Ich applaudiere.

Dienstag, 29. Mai 2001

Ich besuche einen unserer treuesten Freunde, der im Krankenhaus mit Krebs im Endstadium auf der Intensivstation liegt. Ich weiß, dass er mir nicht antworten kann. Ich erzähle ihm lauter Dinge, von denen ich vermute, dass sie ihn interessieren, und drücke seine Hand. Ich verabschiede mich leise und ahne, dass ich ihn heute zum letzten Mal gesehen habe. Mein Gott, wie traurig ich bin.

Zu Hause nimmt mich unser Alltag gleich wieder gefangen. Oliver schläft vor dem Fernseher, Harald tigert herum. Die beiden allein zu lassen ist auch nicht gerade ideal.

Freitag, 1. Juni 2001

Mitten in der Nacht wache ich auf. Ich sehe Licht in meinem Bad. Harald muss hier gewesen sein. Er hat ein bisschen Wasser in die Wanne gelassen, mein Bademantel liegt auf dem Boden. Ich muss tief geschlafen haben.

Sonntag, 3. Juni 2001

Ich habe Benny Goodman aufgelegt, und Harald swingt ein wenig mit. Ein kleiner Lichtstrahl.

In den letzten Tagen habe ich gelernt, dass ich Harald einfach gewähren lassen muss. Wenn er sich nicht selbst gefährdet und keinen Schaden anrichtet, fällt mir das auch leicht.

Ich habe festgestellt, dass ich ihn zu nichts zwingen kann, was er nicht will. Dann wird er sofort grantig und reagiert eingeschnappt. Ich schone auch meine eigenen Nerven, indem ich gelassen reagiere.

Montag, 4. Juni 2001

Was war das wieder für eine Nacht! Ich wache auf, weil Harald seine Tür auf- und zumacht. Ich bleibe zunächst in meinem Zimmer, aber weder ruft er nach mir, noch kommt er mich wecken, wie sonst. Instinktiv spüre ich, dass irgend etwas vor sich geht.

Das Bild, das sich mir bietet, strotzt jeder Beschreibung. Sein Zimmer ist ein einziges Chaos. Es sieht aus, als ob ein Einbrecher dagewesen wäre. Er selbst war der Einbrecher und hat alles durchwühlt.

Ich bin völlig ratlos, habe nur noch die Kraft, ihn im Gästebett schlafen zu lassen. Erschöpft schlafe auch ich wieder ein.

Karin muss nun öfter kommen. Ich schaffe es allein mit Majka nicht mehr. Ich will aber auch keine fremde Hilfe im Haus haben.

Donnerstag, 7. Juni 2001
Heute kommt Karin zum ersten Mal, um sich regelmäßig um Harald zu kümmern. Ich bin froh, dass sie eingewilligt hat, zumal sie als Jugendtherapeutin ausgebildet ist und großes Einfühlungsvermögen und viel Geduld besitzt. Es geht gut mit den beiden. Harald scheint sie auf Anhieb zu mögen. Ich bin sehr erleichtert.

Freitag, 8. Juni 2001
Um 11 Uhr haben wir einen Termin bei Professor Dr. Klapp im Virchow. Harald weigert sich aufzustehen. Auch Majka schafft es nicht. Er erfindet lauter Ausreden, warum er nicht aus dem Bett kann. Wir sollen den Termin absagen. Wenn nicht alles so traurig wäre, müsste ich lachen. Manchmal ist er noch ganz der alte Filou! Majka und ich lassen nicht locker und schaffen es, ihn ins Auto zu setzen.

Im Virchow ist er wie ausgewechselt: Er erzählt Professor Dr. Klapp, dass es ihm gutgeht. Eine Stunde lang wird er untersucht – sein körperlicher Zustand hat sich nicht verändert, auch nicht verschlechtert, immerhin hat er drei Kilo zugenommen.

Sonnabend, 9. Juni 2001
Morgen hat Harald Geburtstag. Sein 72. Ich lade ein paar Freunde ein, brate 60 kleine Bouletten vor, mache Kartoffelsalat an. Harald grantelt, er will nicht, dass ich in der Küche bin, er will, dass ich mich neben ihn setze. Er will mit mir zusammen Jennifer Capriati Tennis spielen sehen. Ich kann nicht, will mit den Geburtstagsvorbereitungen weiterkommen.

Ich wünsche uns so sehr, dass er morgen in guter Tagesform ist.

Sonntag, 10. Juni 2001
Haralds Geburtstag fängt für mich mit einem Malheur an: Ich gehe die Zeitung aus dem Briefkasten holen und lege mich längs auf den Treppenstufen hin, mein Schienbein ist aufgeschlagen und schmerzt tierisch.

Es wird trotzdem ein schöner Tag, es kommen viele Anrufe, auch Freunde, die sich in den letzten Monaten eher selten gemeldet haben, wünschen Glück und Gesundheit. Harald ist nicht schlecht drauf, aber auch nicht in guter Verfassung. Er scheint nicht mitzubekommen, dass Majka und ich den Tisch für ihn so schön decken und dass all die Blumensträuße, die kommen, für ihn sind.

Als um 16 Uhr 30 die Freunde eintreffen, kommt sofort fröhliche Stimmung auf, die er freundlich über sich ergehen lässt. Es gibt Geburtstagstorte, und wir legen ihm zu Ehren seinen geliebten Frankieboy auf. Harald verabschiedet sich um halb neun, Mona, Oliver, sein Freund Thorsten und ich sitzen noch lange zusammen und lassen den Abend guter Dinge ausklingen.

Montag, 11. Juni 2001
Ich habe Kopfschmerzen.

Ich schreibe Dankesbriefe an Haralds Geburtstagsgratulanten.

Beim Abendessen stelle ich fest, dass sein Händezittern heute stärker ausgeprägt ist. Er will auch nicht essen. Selbst sein Appetit hat ihn heute verlassen.

Freitag, 15. Juni 2001
Ich brauche dringend eine Auszeit, fliege nach Paris. Zwei meiner Freundinnen haben im Abstand von nur einer Woche Geburtstag. Ich möchte ein paar ungetrübte Tage erleben.

Haralds Betreuung habe ich rund um die Uhr organisiert: Karin und Majka wechseln sich ab. Auch Oliver muss parat sein.

Jeden Abend rufe ich in Berlin an und bekomme »Report«. Beruhigend zu hören, dass es auch ohne mich geht.

Ich finde es herrlich, einmal einfach in den Tag hinein leben zu können, ohne feste Aufgaben. Ich gehe ins Theater, besuche Ausstellungen und genieße es, nicht kochen zu müssen, meine Beine unter einen gedeckten Tisch zu strecken und *à la carte* wählen zu können.

Dienstag, 3. Juli 2001
Mein Alltag hat mich wieder. Harald scheint gar nicht gemerkt zu haben, dass ich verreist war. Sein Zustand hat sich nicht verändert.

Frisch aufgetankt, kann ich meine Aufgabe wieder leichter bewältigen.

Freitag, 6. Juli 2001
Die Nachricht vom Freitod von Hannelore Kohl macht mich sehr betroffen. Wenn man keine Hoffnung mehr hat, ist dieser Ausweg sehr nah. Die Frage nach dem Wie und Wann ist dann nicht mehr von Bedeutung. Einzig der Wunsch, den Schritt gehen zu wollen, ist ausschlaggebend. Wenn dieser Gedanke einen nicht mehr loslässt, hat man sich in seinem Innersten bereits für ihn entschieden. Ich kann ihre Entscheidung sehr, sehr gut nachempfinden.

Dienstag, 10. Juli 2001
Heute vor einem Jahr nahm unser Unglück seinen Lauf! 365 Tage voller Sorge und Angst liegen hinter mir. Wie viele ausweglose Tage liegen vor mir?

Wenn ich nicht mehr da wäre, was wäre dann? Harald lebt in seiner Welt, und er hat seine beiden Söhne, die sich um ihn kümmern müssten. Oliver wird schon zurechtkommen, er würde lernen müssen, auf eigenen Füßen zu stehen. Meine Brüder leben alle ihr eigenes Leben. Mami ist die einzige, die es ohne mich wahrscheinlich schwer verkraften könnte. Sie ist so zerbrechlich geworden.

Ich will nicht mehr kämpfen müssen. Wenn ich mich fallen lasse, wer fängt mich auf?

Freunde sind in die Ferne gerückt. Denen, die auch ein schweres Schicksal tragen, kann ich nicht helfen, wenngleich ich ihr Leid nachempfinden kann. Wer nicht meine Situation kennt, der wird kaum verstehen, dass ich mich mit meinen Sorgen von ihnen zurückziehe.

Der Druck ist übermächtig. Ich kann und will mich niemandem mehr mitteilen.

Donnerstag, 19. Juli 2001
Mein Leben – es droht mich zu ersticken.

Obwohl die Sonne scheint, sehe ich die Welt nur noch düster.

Manchmal denke ich, dass ich nicht mehr weiterleben möchte.

Montag, 23. Juli 2001
Ich kann, weil ich will, was ich muss. Immanuel Kant.

Donnerstag, 26. Juli 2001
Haralds Schlaf-wach-Rhythmus hat sich verschoben. Jedesmal,

wenn seine Zimmertür auf und zu schlägt, schrecke ich aus dem Schlaf hoch, zucke zusammen. Meine Nerven liegen blank.

Freitag, 27. Juli 2001
Harald ist aggressiv wie lange nicht. Majka kümmert sich und lenkt ihn ab. Ich zweifle, ob es richtig ist, dass ich heute nach Sylt fliege. Bulgari-Sommerfest. Ich bin eingeladen und habe die Einladung gern angenommen. Ich brauche Luftveränderung! Oliver ist schon seit ein paar Tagen auf der Insel.

Alles ist perfekt organisiert: Karin übernachtet im Gästezimmer.

Ich treffe mich mit Susanna und Shawne bei Bulgari in der Fasanenstraße, um 17 Uhr 15 fliegen wir von Tempelhof los, Ankunft 19 Uhr 30.

Ein wunderschöner Abend im Landhaus Nösse. Es tut so gut, wieder einmal unbeschwert zu sein, Bekannte zu treffen aus den alten Sylter Zeiten.

Sonnabend, 28. Juli 2001
Mittagessen mit Oliver im Rauchfang, um 14 Uhr 35 Rückflug nach Berlin. Um 16 Uhr 30 bin ich wieder zu Hause. Karin hat Kaffee gemacht und berichtet: »Keine besonderen Vorkommnisse.« Harald hat nicht einmal gemerkt, dass ich weg war.

Sonntag, 29. Juli 2001
Ein heißer Hochsommertag. Das Thermometer im Garten zeigt 31 Grad im Schatten an. Harald steht heute immer wieder vor dem Spiegel und rezitiert. Ich lasse ihn gewähren. Es geht ihm heute gut in seiner Welt.

Ich habe überhaupt kein Zeitgefühl mehr: Haralds Bedürfnisse bestimmen den Tagesablauf.

Harald äußert kaum noch Freude über irgend etwas. Unmut dagegen zeigt er sehr wohl, zum Beispiel, wenn er nicht baden will.

Sein Gehirn scheint ununterbrochen zu arbeiten.

Fragmentarisch ruft er Szenen aus seinem beruflichen Leben ab. Es entstehen Teilerlebnisse, dann ist er wieder total desorientiert.

Heute fragt er mich: »Wie kommen wir eigentlich zurück nach Berlin?« Und er beschwert sich über seinen Regisseur Helmut Käutner, der schon vor etlichen Jahren verstorben ist. »Unter diesen Umständen spiele ich die Rolle nicht«, sagt er.

Die Momente, in denen er normal reagiert, werden immer seltener. Sie beschränken sich fast ausschließlich auf die Mahlzeiten.

Mittwoch, 1. August 2001
Heute ist Harald furchtbar umtriebig. Er versucht die ganze Wohnung umzuräumen. Nach ein paar Stunden gebe ich es auf, die Sachen wieder an ihren Platz zurückzustellen, und lasse ihn agieren.

Im Garten verirrt er sich am Zaun, zieht sich die Schuhe aus und geht barfuß zum Gartentor. Ich muss ihn zurückholen. Er wispert mir zu: »Die Russen.« Ich frage: »Wo sind die Russen?« Da zeigt er auf das Nachbargrundstück. Ich sage: »Woher weißt du, dass das Russen sind?« Da zeigt er auf eine Figurine, die auf dem Rasen steht: »Die hat's mir gesagt.« Die Figurine scheint er für eine Frau zu halten.

Ich bin verzweifelt. Was muss mir noch einfallen, um richtig auf ihn einzugehen? Der Gedanke, ihn in einem Pflegeheim unterbringen zu müssen, rückt immer näher.

Donnerstag, 2. August 2001
Majka geht mit Harald in unser altes Haus und kommt entsetzt zurück: Harald hat einen Mantel von Oliver angezogen und sich in sein Bett gelegt. Als Majka ihn bittet, aufzustehen und mit ihr zurück in die Griegstraße zu gehen, beschimpft er seine geliebte

Majka aufs übelste. Sie, die immer soviel Geduld mit ihm hat, ist auch überfordert.

Und dann ist er plötzlich wieder wie verwandelt, lieb und umgänglich.

Montag, 6. August 2001
Oliver ruft an, er möchte noch eine Woche auf Sylt bleiben. Zuerst bin ich wütend, andererseits verstehe ich ihn gut. Unsere Situation ist ausweglos, und er flieht vor mir und seinem Vater gleichermaßen.

Donnerstag, 9. August 2001
Um halb fünf morgens steht Harald angezogen in meiner Tür, weckt mich und sagt: »Wir müssen aufbrechen.« Ich frage im Halbschlaf: «Wohin müssen wir denn?« Er zuckt mit den Schultern und geht.

Wenn ich über mein eigenes Dasein nachdenke, gerate ich ins Straucheln. Ich weiß nicht, was ich vom Leben noch erwarten darf. Meine Zukunft sehe ich, abgesehen von der Pflicht, für meine Familie dazusein, als eine kaum zu bewältigende Herausforderung.

Ich befinde mich in einem permanenten Vakuum.

Manchmal möchte ich meine eigene Identität abstreifen, alle Vernunft ausschalten.

Freitag, 10. August 2001
Professor Müller-Spahn ruft an und fragt, wie es uns und Harald geht. Ich habe Angst vor dem Wochenende, wenn Majka und Karin mich nicht unterstützen.

Ich nehme mir viel Arbeit vor, Papierkram, Briefe schreiben, Überweisungen machen etc.

Sonnabend, 11. August 2001
So weit ist es schon mit mir: Ich liege auf der Terrasse und döse vor mich hin. Harald macht sein Mittagsschläfchen in seinem Zimmer. Da schrecke ich plötzlich hoch, weil ich etwas auf meinem Bauch spüre, mache die Augen auf und sehe, dass es nur ein kleines, süßes Feldmäuschen ist, das sich auf meinen Bauch verirrt hat.

Die Ruhe war trügerisch: Ein dumpfes Geräusch lässt mich auffahren. Harald ist zwischen Sofa und Sessel gefallen und liegt auf dem Boden. Er hatte den Fernseher anschalten wollen und die Taste nicht gefunden. Gott sei Dank hat er sich nicht verletzt.

Ich stelle mir vor, was wäre, wenn wir Harald einmal probeweise in eine Pflegeeinrichtung bringen würden. Ich sehe die Schlagzeilen förmlich vor mir. Jetzt schiebt Frau Juhnke ihren Mann ab. Ich habe Angst vor der Reaktion der Leute: Muss ich mir denn von Fremden Vorwürfe machen lassen?

Sonntag, 12. August 2001
Um 8 Uhr werde ich durch lautes Gezeter geweckt: Harald steht vor dem Spiegelschrank und redet laut auf jemanden ein, von dem er sich offensichtlich bedroht fühlt. Mir fällt es wie Schuppen von den Augen: Ist es das eigene Spiegelbild, das Harald in Panik bringt? Wäre es besser, alle Spiegel zu verhängen?

Ich hole Mami von der Bushaltestelle ab, auf unsere sonntägliche Teestunde wollen wir nicht verzichten. Harald swingt ein bisschen mit, als er Ella Fitzgerald hört.

Montag, 13. August 2001
Heute realisiere ich, dass Harald sich bei den Mahlzeiten am wohlsten fühlt.

Dienstag, 14. August 2001
4 Stunden 45 Minuten – 18 Löcher – spiele ich mit Marga Golf. Ich vergesse die Zeit und bin glücklich. Karin versorgt Harald.

Donnerstag, 16. August 2001
Harald hält sich den größten Teil des Tages in seinem Zimmer auf. Ich höre ihn durch die geschlossene Tür mit imaginären Personen sprechen. Und dann höre ich, wie er laut versucht, den Text von *My Way* zu singen. Zwei, drei Zeilen Text. Und dann scheint sein Gedächtnis wieder zu versagen.

   Es berührt mich sehr und macht mich traurig. Ist das ein Fortschritt, ein Lichtblick? Haben wir wieder eine winzig kleine Berechtigung, uns Hoffnung zu machen? Könnte es nicht einen Knall geben, und alles wäre so wie früher?

Freitag, 17. August 2001
Jeder Tag endet damit, dass ich mir vornehme, den nächsten Tag so lebenswert wie möglich zu gestalten – für Harald, aber auch für mich, im Rahmen des Möglichen.

Sonntag, 18. August 2001
Wie gut das tut, Harald mal wieder richtig zufrieden zu sehen. Ich habe zum Mittagessen Lammkoteletts, grüne Bohnen mit Speck, Pellkartoffeln und Schalotten zubereitet. Harald schmaust genüsslich vor sich hin.

Sonntag, 19. August 2001
Harald kommt zum Frühstück und sagt ein fröhliches »Guten Morgen«. Das waren die einzigen verständlichen Worte, die ich heute den ganzen Tag über von ihm gehört habe.

Donnerstag, 30. August 2001
Manchmal ist es mir unheimlich, wenn Harald beim Essen Dialoge aus seinen Filmen spricht. Es scheint ihn sehr anzustrengen. Und ich kann beim besten Willen seinen Gedankengängen nicht folgen. Er ist und bleibt ein Schauspieler – das war sein Leben. Heute lebt er weiter in der Welt, die er so liebte. Ich bin für ihn glücklich darüber, dass diese Welt für ihn noch existiert. Die Realität ist ihm vollends abhanden gekommen.

Freitag, 31. August 2001
Haralds Manager Peter Wolf feiert im Lutter & Wegener Geburtstag. Er hat Oliver und mich eingeladen. Karin ist bei Harald.

Sonnabend, 1. September 2001
Ich habe mir zu eigen gemacht, Harald so unauffällig wie möglich zu testen, was aus seiner Vergangenheit noch präsent sein könnte. So habe ich beim Frühstück eine Eingebung und frage Harald, wer in dem Film *Der Untertan* die Hauptrolle gespielt hat. Wie aus der Pistole geschossen antwortet er: »Werner Peters.« Ich bin perplex.

Fragen nach dem Wie und Warum stelle ich ihm schon lange nicht mehr.

Sonntag, 2. September 2001
Weil Harald sich nicht regt und ich mir keinen Wecker gestellt habe, schlafe ich heute bis um 11 Uhr. Und dann muss ich mich sputen, weil Oliver, sein Freund Thorsten und Mami zum Mittagessen kommen.

Auch meine eigene innere Uhr ist schon voll auf Harald programmiert!

Mittwoch, 5. September 2001
Mir geht es sehr schlecht. Jo, der Mann meiner Freundin Jutta, hat Krebs. Endstadium. In unserem engeren Freundeskreis schlägt das Schicksal immer häufiger zu und reißt die liebsten Menschen mitten aus dem Leben!

Welche Macht bestimmt über Glück und Unglück, über Leben und Tod?

Freitag, 7. September 2001
Meine Selbstzweifel fressen mich auf.

Ich bin an einem Punkt angekommen, an dem ich nichts mehr erwarte, schon gar nichts, was mich glücklich machen könnte.

Sonntag, 9. September 2001
ICH KANN NICHT MEHR! ICH KANN NICHT MEHR!

Montag, 10. September 2001
Harald hat wieder alles, was nicht niet- und nagelfest ist, auf den Boden verstreut, in seinem Zimmer und in seinem Bad. Er liegt unter seiner Bettdecke und ist wieder eingeschlafen. Er muss etwas gesucht haben. Was nur? Majka hilft mir beim Aufräumen. Harald sieht uns teilnahmslos zu.

Dienstag, 11. September 2001
Ein schwarzer Tag für Amerika und die ganze Welt. Das World Trade Center existiert nicht mehr. Tausende Menschen fanden einen jähen Tod. Wie gelähmt stehe ich vor dem Fernseher. Harald checkt nichts.

Karin kommt, weil ich einen Termin bei Dr. Moschiry im Martin-Luther-Krankenhaus zum Check-up habe, nebst Lungeröntgen und

Mammographie – und es wird ein nicht zu ertastender Knoten entdeckt, ganz tief in meiner Brust. Ich bleibe merkwürdig gelassen.

Wir machen einen Operationstermin für den 17. September aus, und ich gehe nach Hause, ohne wirklich besorgt zu sein. So sehr bin ich schon gewohnt, dass sich alles nur um Harald dreht.

»Wie geht es dir?« bin ich schon so lange nicht mehr gefragt worden. Immer heißt die Frage: »Wie geht es Harald?«

»Halt die Ohren steif.« – »Kopf hoch!« Ich kann es nicht mehr hören!

Mittwoch, 12. September 2001
Unser Freund Jo beginnt heute mit seiner Chemotherapie, am Telefon klang er ganz optimistisch.

Ich fühle mich schlapp und bin deprimiert. Langsam beschleicht mich die Angst. Könnte ich auch vom Krebs befallen sein?

Ich muss mich jemandem anvertrauen. Ich telefoniere mit Mami und meinen engsten Freundinnen. Ich fühle mich verstanden und spüre, dass andere sich Sorgen um mich machen.

Donnerstag, 13. September 2001
Wir alle sind von den Ereignissen in New York doch sehr ergriffen und paralysiert. Eine Katastrophe dieses Ausmaßes passiert, und mein Mann, der früher alle Nachrichtensendungen mit großem Interesse verfolgt hat, jeden Morgen die Tageszeitungen gelesen hat, bekommt nun gar nicht mehr mit, was in der Welt passiert. Ist das ein Glück für ihn?

Sonnabend, 15. September 2001
Ich bin kopflos, kann mich auf nichts konzentrieren, nicht einmal einen einfachen Geburtstagsgruß kann ich formulieren, ich muss mich zwingen zu kochen. Harald hat Hunger und beschwert sich schon.

Sonntag, 16. September 2001
Ich habe doch große Angst vor morgen!

Montag, 17. September 2001
Oliver bringt mich pünktlich um 10 Uhr 30 ins Martin-Luther-Krankenhaus. Zuerst die Verwaltungsroutine, dann Untersuchungen zur Vorbereitung für die Operation. Ich kann die ganze Nacht nicht schlafen.

Dienstag, 18. September 2001
Nach der Operation teilt mir Professor Eckart Kastendieck mit, dass es ein gutartiges Fibroadenom war! Ich weine Tränen der Erleichterung. Die letzte Woche war doch eine unerträgliche seelische Anspannung. Ich habe Glück im Unglück gehabt.

Donnerstag, 20. September 2001
Olivers Geburtstag. Er kommt mich mit Mami, seiner Nai-Nai, und einem Blumenstrauß im Krankenhaus besuchen. Ich bin heute sehr fragil, bei jeder Gelegenheit kommen mir die Tränen. Vor 29 Jahren lag ich auf der gleichen Station – bei Olivers Geburt.

Freitag, 21. September 2001
Ich telefoniere mit Karin, die sich um Harald kümmert. Alles verläuft gut, ich kann beruhigt im Krankenhaus bleiben, bis ich mich wieder einigermaßen stark fühle.
    Einige meiner Freundinnen besuchen mich und entführen mich zu einem kleinen Mittagessen.

Sonnabend, 22. September 2001
Auf B1 sehe ich den *Gernsehabend* anlässlich des 75. Geburtstags von Wolfgang Gruner. Nostalgie kommt auf: 1967. Die Stachelschweine: *Deutschland, Deutschland unter anderem*. Und ich war dabei.

Sonntag, 23. September 2001
Ich werde aus dem Martin-Luther nach Hause entlassen.

Majka und Karin berichten mir, wie es mit Harald in meiner Abwesenheit gegangen ist. Sie haben sich beide sehr tapfer geschlagen, aber ich spüre, dass auch sie mittlerweile überfordert sind.

Wir brauchen professionelle Hilfe. Würde Harald überhaupt merken, wenn er nicht mehr zu Hause ist? Würde er in seiner momentanen Lebensqualität eingeschränkt? Diese Fragen kann mir niemand beantworten. Und schon gar niemand kann mir die Entscheidung abnehmen.

Dienstag, 25. September 2001
»Mit der Hoffnungslosigkeit beginnt der wahre Optimismus«, hat Jean Paul Sartre geschrieben.

Ich bin mit Harald den ganzen Tag allein. Er scheint zu spüren, dass es mir nicht gutgeht. Er ist ganz ruhig und bleibt viel in seinem Zimmer.

Als ich abends das Licht in seinem Zimmer ausmache, sagt er: »Vergiss nicht, dass ich dich liebe.«

Donnerstag, 27. September 2001
Aus dem *Tagesspiegel* reiße ich ein faszinierendes Foto vom zerstörten World Trade Center aus. Es zeigt die Trümmer durch ein zerfetztes Gitter gesehen. Darunter steht: »Scherbengericht: Ein Loch in der amerikanischen Psyche.« Aus tiefstem Grund meiner Seele empfinde ich Parallelen.

Freitag, 28. September 2001
Harald scheint es überhaupt nicht gutzugehen. Er möchte nicht aufstehen. Ich zwinge ihn nicht. Erst als ich ihm sage, dass das Mittagessen fertig ist, steht er auf und kommt an den Tisch, ohne ein Wort zu reden. Danach geht er sofort wieder zurück in sein Zimmer. Auch Majka fällt auf, dass er heute in schlechter Tagesverfassung ist.

Ich selbst fühle mich doch noch sehr geschwächt von der Operation und kann meinen Arm nicht wie gewohnt bewegen.

Würde Harald realisieren, wenn er jetzt in einem schönen Zimmer in einem Pflegeheim wäre und nicht hier zu Hause? Ich wünsche es ihm so sehr, dass er seine Krankheit tatsächlich nicht wahrnimmt.

Wenn er wirklich ganz in seiner Welt lebt, ist er dort sogar vielleicht glücklicher als wir, die wir in der Realität leben müssen?

Sonnabend, 29. September 2001
Heute hat Harald tausend Fragen: »Wo ist der Scheck, den ich dir gegeben habe?« Welcher Scheck? »In welchem Hotel wohnen wir?« Welches Hotel? »Wann fliegen wir los?« Harald, wohin? »Kann der Mann nicht aufhören?« Welcher Mann, aufhören womit? »Schimpf doch nicht so!« Ich habe doch gar nichts gesagt.

Es macht mich total nervös, weil Harald mich nicht eine Minute zur Ruhe kommen lässt.

Abends kommt Oliver, er wird seinen Vater hüten. Meine Freundin Barbara hat Geburtstag, und wir verbringen einige harmonische Stunden.

Sonntag, 30. September 2001
Was eigentlich wirft mich so total aus der Bahn, dass ich schon zusammenzucke, wenn ich nur Haralds Tür höre?

1. Es ist sein Allgemeinzustand, sein fortschreitender geistiger Verfall, die zunehmende Verwirrtheit, die immer seltener werdenden klaren Momente.
2. Es ist der monotone Ablauf des Tages, alles dreht sich nur um ihn und seine Verfassung. Ich muss immer hoch konzentriert sein, aufpassen wie ein Luchs, vom Aufwachen bis zum Schlafengehen. Es geht an meine psychische und physische Substanz. Tag für Tag werde ich nervöser, ungeduldiger und schwächer.
3. Es ist die Ohnmacht, ihm nicht helfen zu können.

Montag, 1. Oktober 2001
Oliver und ich gehen gemeinsam mit Harald zu Professor Klapp in die Virchow-Klinik, wir haben eine Familiensprechstunde und reden so offen es geht über unsere Probleme.

Oliver ist aufmerksam und traurig, ich bin nervös und aufgeregt.

Als Professor Klapp Harald fragt: »Herr Juhnke, wie geht es Ihnen?«, antwortet er: »Gut.«

Ich glaube, er vermag seinen Zustand nicht zu ermessen. Er wirkt insgesamt desinteressiert. An dem Gespräch beteiligt er sich nicht. Unsere Diskussion, die sich in seiner Anwesenheit ausschließlich um seine Krankheit dreht, bekommt er gar nicht mit.

Abschließend sagt Professor Klapp, dass Haralds körperliche Gesundheit gut ist.

Dienstag, 2. Oktober 2001
Seit Wochen geht es mir durch den Kopf: Unser Haus steht leer. Auch wenn es in der Wohnung praktischer für uns alle ist, Tatsache ist, dass sich Haralds Zustand nicht verbessert hat. Es ist einfach nicht angemessen, zwei Wohnsitze zu unterhalten.

Heute wäre der letzte Tag, an dem ich die Wohnung in der Griegstraße zum Jahresende kündigen könnte. Ich fasse deshalb den einsamen Beschluss, wieder zurück in unser Haus zu ziehen. Mir wird schon eine Lösung einfallen, wie wir für Harald ein Zimmer im Erdgeschoss umgestalten können.

Mir ist schwindlig und schlecht. Oliver schreibt die Kündigung auf seinem Computer und bringt sie gleich bei der Hausverwaltung vorbei.

Harald sitzt auf dem Sofa und »lernt«. Wenn ich durchs Zimmer laufe, schaut er mit verärgerter Miene hoch. »Stör mich doch nicht immer!« sagt er. »Siehst du nicht, dass ich lerne?«

Mittwoch, 3. Oktober 2001
Die Sozialarbeiterin vom Martin-Luther-Krankenhaus schickt mir eine Broschüre über eine neue Pflegeeinrichtung am östlichen Stadtrand von Berlin. Mir ist ganz unheimlich zumute bei dem Gedanken, in diese Richtung aktiv werden zu müssen.

Es regnet – draußen herrscht eine triste Stimmung, das Wetter passt sich meiner Seele an.

Donnerstag, 4. Oktober 2001
Meine Gedanken kreisen um den bevorstehenden Umzug von der Griegstraße zurück in unser Haus. Es ist fast ein Jahr her, dass wir den umgekehrten Weg gegangen sind. Mir wird ganz schlecht, wenn ich an den Kraftakt denke. Immerhin, die Gelegenheit ist günstig, wir können alles neu streichen lassen, bevor die Möbel wieder aufgestellt werden.

Es ist ein so schönes Haus, unser Haus! Es muss wieder Leben einkehren!

Sonnabend, 6. Oktober 2001
Harald und ich haben heute richtig lang ausgeschlafen. Die Mahl-

zeiten verschieben sich, aber es scheint ihm nichts auszumachen. Ich selbst habe überhaupt keinen Appetit, habe keine Idee, was ich kochen könnte.

Im Fernsehen schauen wir uns gemeinsam *Erwachsen werd' ich nie* an, die Wiederholung einer Sendung mit Harald. Er versucht vergeblich, sich zu konzentrieren. Ich habe den Eindruck, er erkennt sich nur partiell. Über die Sketche lacht er jedenfalls nicht. Dann wieder sagt er wie aus heiterem Himmel: »So gefall ich mir am besten«, es ist aber auf dem Bildschirm gerade eine Szene zu sehen, in der er gar nicht mitspielt.

Dienstag, 9. Oktober 2001
Ich habe überhaupt nicht schlafen können. Die Gedanken an Harald und unsere Situation lassen mich nicht los.

Ich versuche mich durch den Tag zu schleppen. Es geht nicht, ich kann Harald nur notdürftig versorgen. Oliver muss kommen und mir helfen. Ich habe lange geweint. Meine Verzweiflung übermannt mich, ich stehe kurz vor einem Nervenzusammenbruch.

Kann mir denn niemand helfen?
Ich weiß nicht mehr weiter.

Donnerstag, 11. Oktober 2001
Die Deutsche Presseagentur meldet: »Das lange Warten auf Harald Juhnke. Die Pause wird immer größer.« Ja, meine Damen und Herren von der Presse: Ich befürchte, Sie werden sehr lange auf Harald Juhnke warten müssen. Wie es aussieht, wird es nie mehr einen Auftritt geben, weder im Fernsehen noch auf der Bühne!

Haralds Krankheit ist ein Monstrum, das nicht nur an ihm, sondern auch an mir und sicher auch an Oliver nagt. Wir dürfen uns nicht von diesem Ungeheuer auffressen lassen. Es ist nicht greifbar und immerzu präsent, nur ganz selten lässt es mich aus seinen Klauen.

Ein großes Spektakel führt Harald heute auf. Er zieht sich pausenlos an und aus, geht in sein Zimmer, Tür auf, Tür zu, kommt aufs skurrilste angezogen wieder heraus. Mal kommt er mit Mantel und Socken, mal mit Hose und einem Schuh, den Pullover verkehrt herum, die Strickjacke über den Kopf gezogen. Modenschau total verrückt, unter Ausschluss der Öffentlichkeit. Für mich eine schmerzvolle Tatsache, gegen die ich machtlos bin.

Dienstag, 16. Oktober 2001
Haralds einzige Aktivität besteht heute darin, dass er seine Kleidungsstücke auf dem Boden unserer ganzen Wohnung verstreut. Ich habe mir abgewöhnt, sofort hinter ihm herzuräumen. Erst wenn er schläft, fange ich an, wieder klar Schiff zu machen.

Mittwoch, 17. Oktober 2001
Heute ist Harald »auf Reisen«, und ich kann ihm wie immer nicht folgen. Zwischendurch ist er sehr verärgert: »Warum geht es denn nicht weiter?« knurrt er mich an und macht dann große Gesten, so als ob er lauter Leute verscheuchen muss. Ruhelos läuft er hinter einer imaginären Person her, versucht sie zur Seite zu schubsen. Was soll das alles bedeuten?

Montag, 22. Oktober 2001
Heute beginnen die Renovierungsarbeiten in unserem Haus.

Donnerstag, 25. Oktober 2001
Harald findet die Toilette nicht. Ich ahne, wie schwer Pflegedienst sein muss.

Um halb zwei morgens tigert Harald immer noch durch die Wohnung, steht immer wieder in meiner Zimmertür. Um 5 Uhr schrecke ich hoch, ein ungewöhnliches Geräusch! Was ist denn das? Ich gehe dem Geräusch nach und sehe, dass Harald versucht, sein Bett auf die andere Seite des Zimmers zu schieben!

Freitag, 26. Oktober 2001
Majka und Harald wollen einen langen Spaziergang machen, aber sie kommen nicht weit, denn Haralds Kreislauf spielt nicht mit, ihm ist schwindlig. Er muss zurück. Dr. Moschiry kommt und schaut nach Harald, misst seinen Blutdruck und gibt ihm eine stabilisierende Spritze.

Moschiry setzt sich mit mir in den Salon, und wir sprechen Klartext, dass ich mir nicht länger etwas vormachen soll: »Harald ist in diesem Zustand zu Hause nicht mehr zu pflegen«, sagt er und rät mir, mich nun endlich mit Frau Riedl, der Sozialarbeiterin vom Martin-Luther in Verbindung zu setzen, die mir die Broschüre geschickt hat und mit der er bereits gesprochen hat.

Oliver holt Haralds Friseur Josef ab, Harald lässt sich mit Genuss seine Haare schneiden und eine Nassrasur verpassen.

Sonntag, 28. Oktober 2001
Unser Freund Axel ist von seinem Leiden erlöst worden.

Ich teile Harald diese traurige Nachricht mit. Er versteht sie nicht wirklich.

Mittwoch, 31. Oktober 2001
Ich spreche mit Professor Klapp vom Virchow und schildere ihm Haralds gesundheitliche Veränderungen: Schwindel, permanente Schläfrigkeit etc. Er will Harald zur Beobachtung in die Klinik holen.

Nachmittags ruft seine Sekretärin an: Harald kann erst am kommenden Montag im Virchow aufgenommen werden. Ich hoffe, dass zwischenzeitlich nichts Ernsteres passiert.

Donnerstag, 1. November 2001
Ich spüre, dass mein Nervenkostüm sehr dünn ist. Die kleinste Kleinigkeit wirft mich aus der Bahn.

Nachts bin ich ohne Schlaf, habe Weinkrämpfe, flehe Oliver und Dr. Moschiry auf ihren Anrufbeantwortern um Hilfe an. Am liebsten würde ich mich in einen Tiefschlaf versetzen lassen, damit ich ein paar Tage Ruhe habe und die Entscheidungen, die anstehen, nicht fällen muss. Sollen andere für mich entscheiden. Am liebsten würde ich gar nicht mehr aufwachen, von Toten kann man keine Pflichten mehr einfordern.

Montag, 5. November 2001
Oliver und ich bringen Harald ins Virchow. Er bekommt ein schönes Einzelzimmer, und wir sind sicher, dass er die Veränderung gar nicht wahrnimmt.

Mittwoch, 28. November 2001
Haralds Zustand hat sich nicht verbessert. Auch Professor Klapp empfiehlt, Harald in professionelle Betreuung zu geben. Oliver und ich haben uns eingehend beraten und sind am Ende einer Meinung, dass die Zeit gekommen ist. Wir beschließen, meinen Mann, seinen Vater, zunächst einmal für vier Wochen »zur Probe« in Pflege zu geben.

Ab einer gewissen Pflegestufe stehen jedem Erkrankten einmal im Jahr vier Wochen vollstationäre Pflege zu, damit sich die pflegenden Angehörigen auch einmal von dieser kräfteraubenden Tätigkeit erholen können.

Seit wir diesen Entschluss gefasst haben, schwimme ich in einem einzigen großen Chaos der Gefühle. Ist es richtig, was wir planen? Was ist richtig? Für Harald, für mich, für uns?

Oliver und ich sehen uns gemeinsam mit der Sozialarbeiterin, die uns die Einrichtung empfohlen hatte, den Katharinenhof an, eine neue Pflegeeinrichtung in Fredersdorf bei Berlin. Wir lassen uns die ganze Anlage ausführlich zeigen, ohne unseren Namen zu nennen.

Dann gehen wir zu dritt in ein nahe gelegenes Café und wägen sorgsam alle Für und Wider ab. Oliver und ich schließen uns der positiven Meinung der Sozialarbeiterin an und gehen zurück in den Katharinenhof.

Nun klären wir die Heimleiterin Sabine Ponikau, eine resolute, sympathische Person, auf, um wen es sich handelt. Sie ist sehr betroffen, weil sie natürlich keine Ahnung hatte, dass es so schlimm um Harald Juhnke steht.

Wir sind froh, dass die Sozialarbeiterin mit uns gekommen ist. Sie stellt alle fachspezifischen Fragen und erklärt uns genau, was wir nicht verstehen. Oliver ist sehr aufmerksam und stellt etliche wichtige Fragen, zum Beispiel, wie wir Harald vor der Neugier der Fotografen und der Presse schützen könnten.

Der Katharinenhof ist eine »offene« Einrichtung. Die Heimleiterin verspricht uns, über eine Lösung nachzudenken. Wir verabschieden uns mit einem guten Gefühl.

Der Katharinenhof ist ein großzügiger, moderner, erst im Frühjahr 2001 eröffneter Gebäudekomplex. Viel Glas, durch das Licht in Zimmer und Flure fällt und das einen Blick in die grüne Gartenanlage bietet.

Der Teil des Heims, in dem Harald untergebracht werden könnte, ist spezialisiert auf Demenzkranke. Jeweils acht bis zehn Bewohner bilden eine Wohngruppe. Jeder hat sein eigenes Zimmer mit Bad und Toilette, also seine Privatsphäre. Den Mittelpunkt bildet ein großer, freundlich eingerichteter Wohnraum, in dem die Mahlzeiten eingenommen werden und der gemeinsame Tagesablauf stattfindet.

Die Pflegerinnen machen auf uns einen gleichermaßen professionellen wie menschlich sehr angenehmen Eindruck. Voller Geduld und Freundlichkeit gehen sie mit ihren Schutzbefohlenen um.

Die Heimleiterin besucht Harald im Virchow. Sie will sich ein eigenes Bild über seinen Zustand machen. Sie hat auch ein ausführliches Gespräch mit Professor Klapp und der Stationsschwester. Das Ergebnis ist, dass alle sich einig sind: Wir können es probieren.

Oliver und ich besprechen, dass wir Harald am Freitag, dem 30. November, in den Katharinenhof bringen wollen, damit wir uns so schnell wie möglich ein Bild machen können, ob er sich dort wohl fühlt.

Seitdem wir den Entschluss gefasst haben, bin ich einerseits erleichtert, andererseits quälen mich schwere Zweifel. Darf ich meinen Mann in ein Heim geben? Muss ich nicht an seiner Seite sein, jetzt, wo es ihm so schlechtgeht? Lebt er tatsächlich so sehr in seiner Welt, dass er die Veränderung gar nicht registrieren wird, wie die Ärzte und auch die Heimleiterin vermuten? Ist es für ihn wirklich besser, wenn er von fremden Menschen professionelle Pflege bekommt?

Ich bin hoffnungslos überfordert.

Freitag, 30. November 2001
Wir bringen Harald in den »Katharinenhof«!

Wir werden von Frau Ponikau erwartet, freundlichst empfangen und gleich in die Wohngruppe geleitet. Nach einer Weile lässt sie uns allein.

Harald setzt sich auf sein Bett und sieht Majka und mir zu, wie wir seine Sachen auspacken und versuchen, das Zimmer mit Familienfotos, einer kleinen Nachttischlampe und einer kuscheligen Bettdecke ein wenig persönlicher zu gestalten. Ich nehme mir vor, in der nächsten Woche noch etliche vertraute Dinge mehr für Harald mitzubringen.

Zufällig findet heute im Atrium ein bunter Nachmittag für alle Bewohner und ihre Angehörigen statt. Ein Alleinunterhalter spielt auf seinem elektrischen Klavier zum Tanz auf und singt dazu Evergreens und Ohrwürmer für ältere Semester. Auf den Tischen stehen Platten mit appetitlich belegten Brötchen, und es gibt die verschiedensten Getränke – natürlich alle alkoholfrei.

Wir sehen viele fröhliche Gesichter. Jeder tanzt mit jedem, Bewohner mit Pflegerin, Angehörige mit anderen Bewohnern. Harald wird schon von einigen erkannt und auch ausgiebig begutachtet, als er mit Majka ein Tänzchen wagt.

Ich habe mich am äußersten Ende des Raums an einen Tisch halb hinter einer Säule zurückgezogen und beobachte das Ganze aus der Ferne. Als ich Harald mit Majka auf der Tanzfläche sehe, kann ich meine Tränen nicht mehr zurückhalten. Ich fühle mich elend und schlecht und voller Selbstzweifel. Ich kann mich kaum zusammenreißen, am liebsten hätte ich Harald wieder mit nach Hause genommen.

Es ist halb sechs, als wir den sichtlich erschöpften Harald auf sein Zimmer bringen. Es war doch ein langer, anstrengender Tag, mit all den vielen Eindrücken, wie auch immer er sie aufgenommen haben mag. Majka und ich bleiben, bis Harald in seinem Schlafanzug im Bett liegt und eingeschlafen ist.

Sonnabend, 1. Dezember 2001
Vormittags rufe ich im Katharinenhof an und frage nach Haralds Befinden. Ich will wissen, wie Harald die erste Nacht geschlafen hat und wie es ihm geht. Ob er nach uns gefragt hat.

Die Auskunft, die ich bekomme, beruhigt mich sehr. Er hat gut geschlafen, hat mit allen anderen am großen Tisch gefrühstückt. Und er hat nicht nach uns gefragt.

Um zu sehen, wie er sich dort einlebt, sollen einige Tage vergehen, rät die Pflegerin. Sie verspricht mir, dass sie mich sofort anruft, wenn es außergewöhnliche Vorkommnisse geben sollte. Selbstverständlich kann ich meinerseits jederzeit anrufen.

Sonntag, 2. Dezember 2001
Keine beunruhigenden Nachrichten aus dem Katharinenhof. Ich bin den ganzen Tag beschäftigt, Kisten für den Umzug zu packen.

Montag, 3. Dezember 2001
Der erste Teilumzug von der Griegstraße zurück in unser Haus.

Mittwoch, 5. Dezember 2001
Nimmt der Terror denn gar kein Ende?! Peter Wolf hat einen Anruf von der *Märkischen Oderzeitung* bekommen. Er wurde damit konfrontiert, dass sie wissen, dass Harald im Katharinenhof untergebracht ist. Er war völlig perplex, denn ich hatte es ihm noch nicht erzählt.

Als ich den Telefonhörer wieder auflege, gerate ich in Panik. Um Gottes willen, ich sehe schon die Schlagzeilen.

Wir beraten, wie wir nun am besten vorgehen, und beschließen die Flucht nach vorn: Wir können nicht länger verheimlichen, dass Harald Juhnke im Pflegeheim ist.

Ich finde es eigentlich zu früh, denn noch nicht einmal die vier Wochen zur Probe sind vergangen. Ich lasse mich aber überzeugen, dass es keinen anderen Weg gibt, Harald zu schützen. Wenn wir jetzt nicht aktiv an die Medien gehen, werden sie den Katharinenhof so lange belagern, bis sie ihr Foto bekommen haben. Das können wir ihm und auch den anderen Bewohnern und ihren Familien nicht zumuten.

Ich berate mich mit Peter Wolf in der Griegstraße. Nach dieser Krisensitzung telefoniert er mit Patricia Riekel, der Chefredakteurin der *Bunten*. Wir kommen überein, dass ich ihr ein Interview gebe und ein *Bunte*-Fotograf im Katharinenhof ein paar Fotos machen darf. Die *Bunte* ist bisher immer fair zu uns gewesen. Wir vertrauen auch jetzt darauf!

Donnerstag, 6. Dezember 2001
Noch einmal wäge ich ab, ob es die richtige Entscheidung ist, dass ich die Wahrheit über Haralds Krankheit preisgebe.

Doch mein Verstand sagt mir, dass jetzt der richtige Zeitpunkt gekommen ist. Mit dem *Bunte*-Interview werden wir alle Fliegen mit einer Klappe schlagen: Einerseits werden wir die Fans und die Öffentlichkeit über die grausame Wahrheit informieren und andererseits den Medien genug Stoff bieten, damit sie uns in Ruhe lassen und wir nicht allen bunten Blättern einzeln Rede und Antwort stehen müssen.

Um 22 Uhr treffen Patricia Riekel, die Redakteurin Karin Schlautmann, Peter Wolf und ich uns im Besprechungszimmer seiner Agentur LoboMedia. Ich bin sehr nervös und habe regelrecht Angst.

Es dauert eine halbe Stunde, bis ich etwas lockerer werde. Die Fragen scheinen mir fair, das Gespräch nimmt insgesamt einen guten Verlauf. Hoffentlich trügt mich mein Eindruck nicht.

Um 1 Uhr 30 sind wir mit dem Interview fertig. Wir unterzeichnen einen Vertrag, dass ich alles vor Abdruck gegenlesen und notwendige Korrekturen vornehmen kann.

Freitag, 7. Dezember 2001
Um 12 Uhr fahren Oliver und ich nach Fredersdorf. Mir ist ganz egal, wie ich aussehe, ich will den Fototermin so schnell wie möglich hinter mich bringen.

Als wir Harald begrüßen, sehen wir gleich, dass er Gott sei Dank in guter Tagesverfassung ist, freundlich und geradezu gesprächig.

Wir erzählen ihm von dem Fototermin. Er scheint sich sogar zu freuen. Er hat Fototermine ja immer gern gehabt. Eine Maskenbildnerin pudert ihm die Nase ab. Er trägt wie immer eine sportliche Kombination, und dann gebe ich ihm noch eine seiner geliebten Davidoff-Zigarren, mit denen er bei fast all seinen Fototerminen immer gern posierte. Und dann kann es losgehen. All meine Sorgen sind umsonst, es geht besser, als ich gedacht habe.

Der Fotograf verabschiedet sich, und wir gehen mit Harald in seine Wohngruppe und trinken gemeinsam Kaffee.

Mit Wehmut im Herzen verlassen wir Harald am frühen Abend. Er winkt hinter uns her und wendet sich wieder seinen Mitbewohnern zu.

Sonnabend, 8. Dezember 2001
Der Umzug macht soviel Arbeit und schafft mich zusätzlich!

Montag, 10. Dezember 2001
Der zweite Teilumzug. Bis vor Weihnachten muss alles wieder in unserem Haus stehen. Weihnachten wollen wir mit Harald zu Hause feiern.

Dienstag, 11. Dezember 2001
Patricia Riekel hält es für zwingend nötig, dass ich nicht in Berlin bin, wenn die *Bunte* mit dem Interview erscheint. Ich fliehe mit Doris für ein paar Tage nach Paris. Eigentlich hatten wir geplant, dass sie ein paar Tage nach Berlin kommt und mir beim Umzug hilft.

Mittwoch, 12. Dezember 2001
Wir kaufen uns am Kiosk unseres Hotels die neue *Bunte*.

Das Interview ist ein einziger totaler Befreiungsschlag für mich gewesen. All meine aufgestauten Gefühle, die positiven und die negativen, konnte ich loslassen. Ich empfinde eine immense Erleichterung, dass ich die ungeheuerliche Wahrheit nicht mehr alleine mit mir herumschleppen muss.

Mein Mut, preiszugeben, was unumgänglich war, hat mich von den selbstangelegten Fesseln befreit. Ich kann tatsächlich durchatmen.

Doris und ich lesen das Interview Wort für Wort, und wir sind uns einig, dass es die richtige Entscheidung war. Sicher werden nicht alle Reaktionen positiv sein, ich erwarte einen Aufschrei der Medien, aber damit muss ich rechnen.

Wir haben das alles durchlebt und niemand sonst. Mir schwant, dass dieses Interview eine Lawine der Bestürzung bei der Nation auslösen könnte, die Gazetten würden daraus sicher Gesprächsstoff für Wochen und Monate ziehen.

Am Nachmittag gehe ich allein in Sacré Cœur. Ich habe für all meine Lieben eine Kerze angezündet und hemmungslos geweint. Als ich diesen Ort der Andacht und Stille schließlich verlasse, geht es mir etwas besser.

Sonnabend, 15. Dezember 2001
Doris fliegt zurück nach Hamburg, ich nach Berlin. Die Tage in Paris haben mir Kraft gegeben, auch wenn mir manchmal ganz schlecht war, wenn ich an die Zukunft – und an Weihnachten – denke.

Sonntag, 16. Dezember 2001
Oliver und ich fahren nach Fredersdorf. Ich bin sehr gespannt, wie Harald sich im Katharinenhof eingelebt hat.

Er strahlt, als er uns sieht. Der ganze Katharinenhof ist adventlich geschmückt, Kerzen, Windlichter, Weihnachtsmusik, die Atmosphäre ist vorweihnachtlich-harmonisch. Ich bin sehr erleichtert, Harald macht einen zufriedenen Eindruck. Wir sitzen zusammen in seinem Zimmer, essen Weihnachtsgebäck, er fühlt sich offensichtlich wohl.

Montag, 17. Dezember 2001
Es ist geschafft: Die letzte Kiste ist aus der Griegstraße ins Haus herübergebracht. Wir sind wieder zu Hause!

Donnerstag, 20. Dezember 2001
Ich habe einen prachtvollen Tannenbaum gekauft. Es soll wenigstens so festlich aussehen wie immer zu Weihnachten, wenn Harald zum ersten Mal wieder nach Hause kommt.

Freitag, 21. Dezember 2001
Karin hat sich bereit erklärt, die Feiertage mit uns zu verbringen. Sie wird im Gästezimmer übernachten.

Sonntag, 23. Dezember 2001
Schon morgens sehe ich Paparazzi-Autos hinter der Straßenecke lauern. Die Presse vermutet, dass Harald Weihnachten nach Hause kommt. Es lässt mich relativ kalt, dass sie schon heute vor unserem Haus Stellung beziehen. Wir haben Haralds Heimkehr generalstabsmäßig vorbereitet. Darin haben wir ja mittlerweile Übung.

Barbara kommt vorbei und bewundert unseren wunderschön dekorierten Christbaum.

Ich bekomme einige traumhafte Blumenbouquets und etliche aufmunternde Weihnachtspost. Seit meinem Interview in *Bunte* kommen wieder mehr Anrufe.

Sven Hoge, der Betreiber des Golfclub-Restaurants, liefert unser Weihnachtsessen, zwei Enten mit Beilage. Ich habe keine Muße, selbst zu kochen. Ich will mich ganz auf Harald konzentrieren.

Montag, 24. Dezember 2001
Heiligabend. Oliver holt Harald aus Fredersdorf ab. Sie fahren mit dem Wagen in die Garage und benutzen den Weg hinten herum durch den Garten. Kein Fotograf kann durch unsere dichte Hecke Fotos schießen.

Mami und ich warten schon. Harald freut sich sichtlich über den verschneiten Garten und kommt am Arm seines Sohnes in sein

Haus. Es ist, als ob wir nie ausgezogen wären. Er kennt sich sofort aus im Haus, setzt sich in seinen Sessel und bestaunt mit strahlenden Kinderaugen unseren Christbaum.

Die Macht der Gewohnheit ist ein wahrer Segen!

Wir essen gemütlich zu Abend und sitzen bis 11 Uhr zusammen. Wir hören Weihnachtsmusik und sehen etwas fern. Es wird ein friedlicher Weihnachtsabend. Und als Karin Harald zu Bett bringt, schläft er sichtlich zufrieden ein.

Mittwoch, 26. Dezember 2001
Mein Geburtstag. Mir ist nicht nach Feiern zumute. Wir verbringen einen harmonischen Tag *en famille*.

Abends bringen wir Harald zurück nach Fredersdorf. Im Katharinenhof verabschiedet er sich von uns in seine Welt.

Freitag, 28. Dezember 2001
Meine liebste Doris kommt aus Hamburg, wir wollen noch weitere Umzugskartons auspacken, die im Keller stehen. Durch die Schlepperei der letzten Tage habe ich mir eine böse Verspannung an der linken Schulter zugezogen, die bis in den Arm herunter ausstrahlt.

Sonntag, 30. Dezember 2001
Doris holt Mami zum Tee. Sie ist sehr still.

Montag, 31. Dezember 2001
Oliver ist über Silvester nach Kitzbühel gefahren. Harald ist im Katharinenhof. Doris und ich versuchen, uns einen gemütlichen Abend zu Hause zu machen. Auch heute ist mir nicht nach Feiern zumute. Ich bin nur froh, dass dieses Jahr vorbei ist. Mittags muss ich mich hinlegen, die Schmerzen im Arm sind nicht mehr auszu-

halten. Ich bin für nichts zu gebrauchen. Und so beschließe ich auch, Harald nicht zum Jahreswechsel nach Hause zu holen, wie wir es eigentlich vorgehabt hatten.

Erst abends kann ich mich aufraffen und mit Doris auf ein besseres, glücklicheres neues Jahr anstoßen.

Wie ich die Silvesterknallerei hasse, ich denke dabei immer an Krieg.

Teil IV
Getrennte Wege

Kapitel 9
In guten und in schlechten Tagen –
Haralds Krankheit bestimmt mein Leben

Es dauerte Wochen, bis ich anfing, mich in kleinen Schritten von den Strapazen der letzten Monate zu erholen. Ich sehne mich nach Ruhe. Nur keine neuen Aufregungen! Ohne Harald zu leben ist traurig, aber wahr. Ich muss es lernen, indem ich begreife.

Sein Alltag im Katharinenhof ist geprägt von der Monotonie, die mich verzweifelt gemacht hat, mit der ich mich einfach nicht abfinden konnte. Ich hatte nicht zu hoffen gewagt, dass er sich dort so unkompliziert einleben würde.

Im Katharinenhof wird mein Mann ebenso gut betreut wie bei uns zu Hause, ja besser, denn er wird nicht ständig mit meiner Unzulänglichkeit konfrontiert. Und auch ich habe unser Schicksal nicht täglich vor Augen, an dem ich nichts ändern kann. Es hat uns das Herz gebrochen – so oder so.

Harald weiß nicht, dass er diese Krankheit hat. Er registriert seine Umgebung nicht, ist sich nicht bewusst, dass es ein Pflegeheim ist. Der Katharinenhof ist jetzt sein Zuhause.

Unser einziger Trost jetzt und für alle Zukunft ist, dass es in seinem Bewusstsein keine Rolle spielt, dass wir nicht mehr gemeinsam zu Hause sind. Aber wann immer und wo immer wir zusammen sind, bleiben wir die kleine Familie Juhnke, solange Harald uns beim Namen nennt und erkennt. Lieber Gott, lass das noch sehr lange zu!

Gott sei Dank gab es immer genug zu tun. All meine Gedanken und all mein Tun drehten sich darum, es Harald im Katharinenhof so schön und vertraut wie möglich zu machen.

Oliver und ich besuchen Harald jede Woche, entweder Sonnabend oder Sonntag, meist gegen drei, halb vier, nachdem er sein Mittagsschläfchen gemacht hat.

Haralds Gruppe besteht aus neun Personen, zwei Männern und sieben Frauen, die alle mehr oder weniger ausgeprägt an Demenz leiden. Meist sitzen wir mit allen im Gemeinschaftsraum zusammen und bleiben bis zum Abendbrot. Harald nimmt automatisch »seinen« Platz ein zwischen dem einzigen männlichen Mitbewohner und einer ruhigen älteren Dame. Der Tisch ist groß genug, dass auch wir Angehörigen uns mit dazusetzen können. Es ist wie in einer richtigen Großfamilie.

Manchmal sitzen wir aber auch mit ihm in seinem Zimmer. Schon von Anfang an kam ein kleines Kätzchen, das sich stundenlang auf seinen Schrank setzte. Erst registrierte Harald das Kätzchen gar nicht, jetzt ruft er manchmal nach ihr.

Die ersten Besuche waren für uns sehr schmerzhaft: Jedesmal, wenn wir nach dem Abendbrot wieder aufbrachen, fragte ich mich: »Spürt er, wo er ist, spürt er, dass wir ihn zurücklassen, um nach Hause zu gehen?«

Nach und nach brachten wir mehr vertraute Dinge mit: Fotos, ein Acryl-Porträt, das ein Maler von ihm angefertigt hatte, Kissen. Oliver und ich hängten die Fotos an der Wand auf, und ich arrangierte alles so auf dem kleinen Tischchen, dass er sich von uns umgeben fühlte. Ich suchte in einem Einrichtungsgeschäft einen bequemen breiten Ohrensessel aus, der mit beigefarbenem Leinen bezogen ist, dazu gemütliche Patchworkkissen, die er sich in den Rücken stopfen kann. Sofort wurde das sein neuer Lieblingsplatz.

Harald war erst wenige Tage im Katharinenhof, da rief mich der damalige brandenburgische Ministerpräsident Manfred Stolpe an und erkundigte sich ausführlich nach Haralds Befinden, nach dem Katharinenhof und auch nach Oliver und mir. Es war ein sehr liebenswertes Gespräch, das mit Stolpes Frage endete, ob es Sinn mache, wenn er Harald im Katharinenhof besuchte. Ich war mir unsicher und habe ihm das auch gesagt. Stolpe versprach, dass wir uns jederzeit an ihn wenden könnten, wenn wir etwas brauchten oder er etwas für Harald tun könne. Das hat mich sehr gerührt und hat mir auch gutgetan.

Schon nach wenigen Besuchen konnte ich sehen, wie gut Harald die entspannte Atmosphäre und der gleichförmige Tagesablauf taten. Er schien uns nicht zu vermissen.

Majka, der Sonnenschein in trüben Tagen

Wenn ich Harald seine Lieblingsspeisen mitbrachte – Räucherlachs und rote Grütze, frisches Obst und Süßigkeiten –, aßen wir manchmal in seinem Zimmer, oft aber wollte er lieber bei seinen Mitbewohnern sitzen. Seither bringe ich genug für alle mit, eine große Schüssel mit Erdbeeren, einen ganzen Kuchen. Harald freut sich immer am meisten über die Süßigkeiten von Leysieffer, er ist und bleibt eine Naschkatze.

Sooft es ging, kam Majka mit, manchmal auch Karin, die Schwester meiner Freundin Doris, die mir während der Zeit, als Harald bei uns zu Hause war, eine so wichtige Stütze war und sich intensiv um Harald kümmerte. Beide, Majka wie Karin, begrüßte er jedesmal genauso freudig wie Oliver und mich. Einmal, es war im Januar 2002, machte auch mein Bruder Teini seinen Besuch. Harald erkannte ihn sofort und sagte mit verschmitztem Ton: »Herr Teini aus Köln.«

Es kam auch vor, dass Harald richtig romantische Anwandlungen hatte. Dann flüsterte er mir ins Ohr, dass er mich liebt, und ich antwortete ihm: »Ich liebe dich auch.«

Auch in unserem Haus kehrte langsam so etwas wie ein neuer Alltag ein: mein Alltag ohne Harald. Es war einsam im Haus geworden, nichts war mehr, wie es früher war. Manchmal meinte ich, ein Türschließen zu hören, ganz so, als ob Harald nach Hause käme.

Mitte Februar 2002 trat eine Situation ein, die mich zwang, mich mit der rechtlichen Seite unserer Situation, dem Thema Betreuung, auseinanderzusetzen. Mein Anwalt, der Hamburger Medienspezialist Professor Matthias Prinz, machte mich darauf aufmerksam, dass ein beim Landgericht anhängiger Prozess nur fortgesetzt werden könnte, wenn ich von Amts wegen zu Haralds Betreuerin bestellt würde. Den Prozess hatte ich angestrengt, nachdem entwürdigende Fotos veröffentlicht worden waren, die meinen kranken Mann im Heim zeigten. Wenn Harald nicht zum Freiwild für die Presse werden sollte, durfte dieses Beispiel keinesfalls Schule machen. Ich musste also handeln.

Ich konsultierte unseren Familienanwalt Nicolai Siddig, und wir wurden an das Amtsgericht Strausberg verwiesen.

Ich war mir nicht sicher, ob ich die Einleitung des Betreuungsverfahrens positiv oder negativ bewerten sollte – ich war nur froh, dass es vorwärtsging und etwas passierte. Für den 12. März wurde ich zu einem Anhörungstermin mit Nicolai Siddig in den Katharinenhof geladen.

Am 19. März teilte mir das Amtsgericht Strausberg mit, dass ich offiziell als Betreuerin von Harald Juhnke bestellt war, zunächst – wie üblich – für sechs Monate »zur Probe« mit einem bestimmten Aufgabenkreis. Mitte April wurde ich zum Amtsgericht gebeten, wo mir ein Rechtspfleger ausführlich die Pflichten und Aufgaben eines Betreuers erläuterte. Schließlich leistete ich meine Unterschrift und bekam einen Betreuerausweis ausgehändigt. Ein halbes Jahr später, im September 2002, wurde die Betreuung für weitere fünf Jahre verlängert.

Die Verantwortung, die ich als offizielle Betreuerin seitdem für Harald trage, ist im Prinzip nichts anderes als das, was ich in den vergangenen dreißig Jahren schon immer für ihn getan habe: Post, Finanzen, Steuer- und Rentenangelegenheiten, einfach alles, was im Alltag an Verwaltungsdingen und Bürokratie so anfällt.

Immer wieder quälten mich schmerzhafte Gewissensbisse, dass wir uns entschieden hatten, Harald in die Obhut eines Pflegeheims zu bringen. Um mich selbst immer aufs neue von der Richtigkeit meiner Entscheidung zu überzeugen, führte ich mir immer wieder vor Augen, wie gut es Harald im Katharinenhof ging und dass die Ärzte mir unisono zu diesem Schritt geraten hatten.

War alles nur eine Frage der Zeit? Würde ich mich jemals mit dem Gedanken abfinden, dass ich allein war? Dass ich nie mehr mit Haralds Rückkehr als meinem Lebenspartner rechnen konnte?

Eines Tages, als mich diese Gedanken besonders quälten, rief Peter Wolf an und fragte, ob ich nicht Lust hätte, mit Oliver am Frankfurter Opernball teilzunehmen. Zuerst zögerte ich, fand es dann aber doch verführerisch, einmal wieder ein gesellschaftliches Event in festlichem Rahmen verbringen zu können. Ein wenig Ablenkung würde mir guttun, und der Gedanke, dass Oliver die Rolle des Kavaliers an meiner Seite übernehmen würde, gefiel mir sehr. Wir sagten also zu, und ich freute mich schon darauf, ein wunderschönes Chanel-Abendkleid tragen zu können.

Wir flogen mit dem ehemaligen Schweizer Botschafterpaar Borer-Fielding, Ferfried Prinz von Hohenzollern und seiner Frau, Prinzessin Maja, der Schauspielerin Mariella Ahrens und Haralds Manager Peter Wolf in einer Privatmaschine von Tempelhof nach Frankfurt, wo uns eine Limousine erwartete, die uns ins Hotel brachte. Pünktlich um neunzehn Uhr wurden Oliver und ich dann abgeholt.

Bei unserer Ankunft vor der Alten Oper, wo der Ball stattfand, empfing uns ein Blitzlichtgewitter, wie ich es bisher nur an Haralds Seite erlebt hatte. Dass mein erstes Erscheinen in der Öffentlichkeit einen solchen Trubel auslösen sollte, hätte ich nie gedacht. Einmal den Kameras der Fotografen entkommen, genoss ich die schöne Dekoration und das prachtvolle Ambiente des Ballsaals sehr. An unserem Tisch fühlte ich mich unbeschwert und frei. Mein Tischherr war Maximilian Schell. Wir unterhielten uns angeregt über seinen Film, den er über das Leben seiner Schwester Maria Schell gedreht hatte, die wie Harald in einer anderen Welt lebte. »Zwischenwelt«, nannte Maximilian Schell ihren Zustand.

Als er mich zum Tanz aufforderte, dachte ich mir absolut nichts dabei. Er war ein exzellenter Tänzer, und wir lachten und scherzten wie alte Freunde. Dabei wurden wir fotografiert, die Fotografen tanzten wie im Reigen um uns herum. Ich schloss instinktiv die Augen, wohl wissend, dass die Presse ungern Fotos mit geschlossenen Augen druckt. Vor zwei Jahren hatte ich an derselben Stelle noch mit Harald getanzt. In den Armen von Maximilian Schell fühlte ich mich daran erinnert und erzählte es ihm auch.

Ich war so entspannt wie lange nicht mehr. Einen ganzen schönen Abend lang dachte ich nicht an meine Sorgen.

Am Sonntagmorgen flogen wir früh wieder zurück, und Oliver und ich fuhren vom Flughafen direkt zu Harald in den Katharinenhof. Er war guter Dinge und schwatzte fröhlich drauflos. Wir erzählten ihm von dem grandiosen Ball in Frankfurt, und ich zog auch Parallelen zu unserem letzten Ball. Ich spürte, dass er sich zwar nicht erinnern konnte, aber sich mit mir und Oliver freute. Als wir ihn verließen, hatte ich ein rundum gutes Gefühl.

Wie naiv ich gewesen war! Der Schock folgte am Montagmorgen, als Oliver mir *Bild* und *BZ* auf den Frühstückstisch legte. »Susanne Juhnke küsst und feiert wieder!« stand da und: »Denkt Susanne Juhnke dabei an ihren Mann im Pflegeheim?«

Auch *Bunte*, *Gala* und die gesamte Boulevardpresse hauten in den nächsten Tagen in dieselbe Kerbe: »Susanne Juhnke: Flirt mit Maximilian Schell!« – »Darf eine Frau so überschäumend feiern, während ihr Mann in einem Heim für Schwachsinnige auf sie wartet? Darf sie eine Nacht lang einfach alles vergessen, nur schön sein und schweben? Susanne Juhnke hat es gewagt!«

Zweitausenddreihundert Opernballgäste, und die gesamte Presse stürzt sich auf mich! Ich war total aufgebracht und empört. Durfte ich mich in der Öffentlichkeit überhaupt nicht mehr ungezwungen bewegen? Warum wurde ich regelrecht observiert? Hatte ich kein Recht auf ein paar fröhliche, entspannte Momente? Würde mich etwa irgend jemand öffentlich bedauern, wenn ich mich verkriechen und mir die Augen ausweinen würde? Wie es in mir drin aussah, ging niemanden etwas an.

Das Fatale an meiner Situation ist, dass mir mehr und mehr bewusst wird, wie ausweglos alles ist. Was immer ich auch tue, ich habe absolut keine Zukunft, nicht mit Harald und nicht ohne ihn. Bis dass der Tod euch scheidet, dieser Satz bewahrheitete sich nun auf schicksalhafte Weise.

Mein Mann war aber nicht tot! Mein Mann lebt! Ich war nicht tot! Ich lebe auch!

In meiner Verzweiflung beschloss ich, mich auf meine alte Stärke zurückzubesinnen, die mich auch in der schwierigsten Zeit mit Harald nie verlassen hatte: »Gehe jeden Tag so an, wie du es intuitiv für richtig hältst. Lass dich nicht von negativen Einflüssen beirren. Nur positive Einflüsse können dein Denken und Handeln in richtige Bahnen führen.«

Wenn ich solch heroische Gedanken gefasst hatte, dachte ich kurz, tatsächlich über den Berg zu sein. Und dann fiel ich doch wieder in Depressionen. Meine Gefühle schmerzten wie eine offene Wunde. Alles, was ich nicht beeinflussen konnte, verletzte mich zutiefst. Ich fühlte mich schutzlos ausgeliefert. Da war niemand, dem ich mich öffnen, mich anvertrauen konnte. Am liebsten wäre ich an einen Ort gegangen, an dem mich niemand kennt.

Die Schmerzen in meinem linken Arm waren unerträglich. Es kostete mich große Kraft, mich endlich zur Physiotherapie im Martin-Luther-Krankenhaus anzumelden. Sechs Wochen dauerte es, dann waren die Schmerzen endlich gebannt. Jetzt musste noch meine Muskulatur aufgebaut werden, und so nahm ich auch mein Fitnesstraining wieder auf, das ich jahrelang vernachlässigt hatte.

Ich definierte meinen Alltag neu: Kleine Dinge, die mich in meiner psychischen und physischen Verfassung weiterbrachten, empfand ich als genauso wichtig wie meine großen Probleme.

Die Gespräche zwischen Harald und mir gingen nach wie vor im großen und ganzen darum, dass er gerade von Dreharbeiten gekommen war und was er in diesem Jahr noch alles drehen wollte. Es war praktisch nicht möglich, ihn auf ein anderes Thema zu lenken.

Eines Tages entschied ich, einen Test zu machen, und erzählte ihm, dass sein alter Freund und Kollege Wolfgang Gruner gestorben war. Er schaute mich bestürzt an, und mit ein paar Sekunden Verzögerung fing er bitterlich zu weinen an. Es war das erste Mal in fast zwei Jahren, dass er eine Gefühlsregung zeigte, die in direktem Zusammenhang mit etwas stand, das im Hier und Heute war. Ich sah darin ein Zeichen, dass diese Nachricht ihn an den Wurzeln seiner Gefühle gepackt hatte. Die beiden kannten sich ja schon seit dem gemeinsamen Schauspielunterricht bei Marliese Ludwig gleich nach dem Krieg, und ihre Freundschaft war seitdem von tiefer gegenseitiger Bewunderung geprägt. Wolfgangs Tod musste Harald im Mark getroffen haben.

So intensiv der Gefühlsausbruch war, so rasch war er vorbei. Wenige Momente später versiegten Haralds Tränen abrupt, und er fing wieder an zu drehen. Er spielte sogar konzentriert ganze Szenen nach. Es ging um ein hübsches Mädchen. In seinem Sessel »las« er Dialoge, die ich nicht verstehen konnte. Der Tod seines Freundes war schon wieder aus seinem Gedächtnis verschwunden.

Ostern verlebten wir im Familienkreis zu Hause. Es war besonders gemütlich, auch wenn ich mir nicht sicher war, ob Harald wirklich mitbekam, dass es sich um einen besonderen Anlass handelte. Die österliche Dekoration hatte es ihm aber angetan: Vorsichtig drehte er die ausgeblasenen Enteneier, die ich in ein rundes großes Strohnest gebettet hatte, in seiner Hand.

Mir fiel auf, dass er sehr viel ruhiger geworden war. Offensichtlich spielte es nur eine untergeordnete Rolle, wo er sich aufhielt, im Katharinenhof oder bei uns zu Hause, beide Orte schienen ihm gleichermaßen vertraut, und ich passte unseren Tagesablauf Haralds vom Katharinenhof her gewohnten Rhythmus an. Auch die Anwesenheit von Karin trug sicher dazu bei, dass er sich geborgen fühlte. Dieses harmonische Osterfest – so reduziert unsere Gemeinsamkeit mit Harald auch war – gab mir viel Kraft. Es zeigte sich, dass ein Wechsel vom Katharinenhof nach Hause ohne Probleme möglich war.

Nach einer gewissen Zeit trat bei ihm, egal wo er gerade war, stets ein Unruhegefühl auf. Dann brauchte der alte Vagabund mal wieder einen Ortswechsel. Deshalb war es völlig unproblematisch, als Oliver ihn zurück nach Fredersdorf fuhr.

Wo Licht war, war auch Schatten. Durch unser Schicksal war der Schatten sichtbar geworden. Glück hatte nun eine andere Dimension. Musste ich mich nicht schon glücklich schätzen, dass ich überhaupt lebte und gesund war? Ich bin dankbar für alles, was ich im Leben bekommen habe und geben durfte.

Aufrechnen macht keinen Sinn, ich muss mein Leben nehmen, wie es kommt, auch in unseren schlechten Zeiten. Zumindest eine Perspektive gibt es immer: Morgen ist ein neuer Tag.

Ich fühlte mich wohl allein zu Hause: Wenn ich morgens in Ruhe meinen Kaffee trinken konnte, ausgiebig die Zeitung lesen, ungestört ein paar Telefonate führen und meinen Tag planen konnte. Wenn alles genauso ablief wie früher – nur ohne Harald. Gelegentlich ging ich mit Uta ins Theater oder mit lieben Freunden zum Essen, bei denen ich auch mal meinen Kummer und meinen Frust abladen konnte, ohne dass das falsch aufgefasst wurde.

Es war ein einziges Auf und Ab der Gefühle. Die Tage, an denen ich zur Ruhe kommen zu können glaubte, waren selten. Es war ein Trugschluss zu meinen, dass mein Leben in ruhigeren Bahnen verlaufen würde, weil Harald nicht zu Hause war.

Um Oliver machte ich mir nach wie vor große Sorgen. Er hatte es nie leicht gehabt mit seinem prominenten alkoholkranken Vater, seit seiner Kindheit mit all den üblen Schlagzeilen fertig zu werden. Ich spürte auch, dass er mit unserer jetzigen Situation nur schwer klarkam. Er bemühte sich, so gut er konnte, mir mit seinem Vater zu helfen, aber immer wieder flüchtete er vor mir und suchte sich seinen eigenen Weg der Kompensation.

Das nächste Mal kam Harald nach Hause, weil er einen Zahnarzttermin in Berlin hatte. Ihm hatte ein Backenzahn gezogen werden müssen. Majka hatte ihn begleitet und brachte ihn für einen Nachmittag nach Hause.

Wir hatten schön zu Mittag gegessen, er bekam Rührei, Erdbeermilchshake und Mousse au chocolat, lauter Dinge, die man nicht kauen musste, und legte sich danach in seinen Fernsehsessel, um ein

Schläfchen zu machen. Plötzlich fragte er wieder, wann es denn endlich losgehe. Wohin, das wusste er nicht. Majka vertraute er an, dass hier Susannes Apartment sei, und sein Apartment sei im Katharinenhof. Deshalb wollte er weg und war auch nicht mehr zu halten, obwohl wir gern noch den Abend mit ihm verbracht hätten. Also fuhr Oliver ihn zurück.

Ein paar Tage später holte Majka ihn wieder vom Katharinenhof ab. Beim Zahnarzt mussten die Fäden gezogen werden. Harald wollte partout nicht mitkommen. Ich ließ mich mit ihm am Telefon verbinden und konnte ihn auch beruhigen, so dass er nach ein paar Minuten doch bereit war, sich von Majka zum Zahnarzt bringen zu lassen. Auf der Fahrt erzählte er ihr, er hätte sich das Apartment jetzt gekauft, damit er nach dem Drehen nicht immer nach Berlin muss! Er hatte den Faden seines letzten Gesprächs mit Majka wiederaufgenommen, wie sie mir sagte. Das kam mir wie ein kleines Wunder vor.

Bei unserem nächsten Sonntagsbesuch im Katharinenhof trafen Oliver und ich ihn erschöpft in seinem Bett liegend an. »Ich habe so viel gearbeitet!« stöhnte er. Er erzählte auch ganz besorgt, dass er ein neues Theaterangebot nicht annehmen wollte, weil ihm alles zu anstrengend war. Was er sich früher nie eingestanden hätte, beschäftigte ihn immer noch: die Ängste, dass er sich überforderte, und auch sein schlechtes Gewissen, dass er wieder einmal getrunken hatte. Ich war eine gute Zuhörerin und versuchte mich in seine Erlebniswelt hineinzuversetzen und seine Gefühlsregungen nachzuvollziehen.

Als unsere alten Wiener Freunde Christa und Herbert Grunsky in der Stadt waren, wollten sie Harald unbedingt im Katharinenhof besuchen. Ich war sehr gespannt, wie Harald reagieren würde. Wir fuhren zusammen nach Fredersdorf. Als wir zu dritt Haralds Zimmer betraten, wirkte er im ersten Moment irritiert. Dann dämmerte es ihm wohl langsam, und ein spontanes Strahlen huschte über sein Gesicht, als er Christa und Herbert sah. Freudig überrascht ließ er sich umarmen, und er wiederholte ihre Begrüßung im Wiener Dialekt. Die Stimmen waren ihm also noch immer vertraut. Er plauderte angeregt und zeigte sich in besonders guter Tagesform. Herbert meinte, sogar Haralds alten Schalk in den Augen blitzen zu sehen. Einhellig waren beide der Meinung, dass Harald einen zufriedenen, ja glücklichen Eindruck machte. Das tat mir sehr gut.

Im Mai lud ein guter Freund von Thorsten uns drei für ein paar Tage an die Côte d'Azur ein, wo er ein schönes Anwesen oberhalb von Cannes besitzt. Seit Harald im Heim lebt, bin ich selten länger als ein, zwei Tage verreist, immer in Angst und Sorge, dass Harald während meiner Abwesenheit etwas zustoßen und ich nicht sofort zur Stelle sein könnte.

Ich beruhigte mich, indem ich meine Abwesenheit minutiös plante. Majka und Karin standen rund um die Uhr zur Verfügung und übernahmen die Besuche. Außerdem flog täglich eine Maschine von Nizza zurück nach Berlin. Ich wagte es also, die Reise anzutreten – ganz ohne ein schlechtes Gewissen. Mutter und Sohn gönnten sich eine Auszeit von ihren Problemen, ein paar unbeschwerte Tage miteinander würden unserem Verhältnis nur guttun.

Es wurde eine Reise, so schön wie in unseren besten Tagen. Wie oft hatte ich mit Harald und Oliver gemeinsam das Leben wie Gott in Frankreich genossen. Schmerzlich wurde mir bewusst, wie schnell die Zeit vergangen war. Unsere letzte gemeinsame Südfrankreichreise zur Hochzeit unserer Freunde Axel und Silja war mehr als zwei Jahre her.

Nun erlebten Oliver und ich Cannes, wie es schöner nicht sein konnte. Die Villa unseres Gastgebers ist einfach traumhaft. Von der Terrasse hatten wir einen atemberaubenden Blick auf die Bucht. An unserem ersten Abend dinierten wir in einem fabelhaften Fischrestaurant im alten Hafen. Es war die Woche des Filmfestivals, bekannte Gesichter überall.

Der Zauber der Côte d'Azur hatte mich erneut gefangen. Wir aßen im Carlton Beach Club zu Mittag. Was für eine Szenerie! Am Abend machten wir einen Ausflug nach Monte Carlo, wo wir zum Dinner ins Rampoldi gingen. Ein einziger Jahrmarkt der Eitelkeiten flanierte an uns vorbei. Es war das Wochenende vor dem Grand Prix, und *tout le monde* war schon in Monte Carlo.

Anschließend mussten wir unbedingt noch im Jimmy'z vorbeischauen, das konnten wir uns nicht entgehen lassen. Vor dem Nightclub warteten ganze Hundertschaften auf Einlass. Der Türsteher war unerbittlich, aber unser Gastgeber hatte offensichtlich gute Beziehungen. Um vier Uhr früh fiel ich todmüde ins Bett.

Auch der nächste Tag war wie in einem Märchen: Auf einer Yacht fuhren wir an der Küste entlang Richtung Monte Carlo und aßen auf der Terrasse des Grand Hotel du Cap-Ferrat zu Mittag. Harald würde sagen: »Da kann ja eine Postkarte neidisch werden!«

Abends waren wir bei Regine und Erich Sixt eingeladen, die auf Cap Ferrat eine traumhafte Villa besitzen. Den Cocktail nahmen wir auf der Terrasse, von wo aus man einen weiten Blick übers Meer hat, und eine märchenhafte Beleuchtung verwandelte den Park in einen wahren Garten Eden. Den Abschluss des Tages bildete ein Souper im Palme d'Or, dem Restaurant des Hotel Martinez mit Blick auf das Treiben der Croisette.

Das war ein Urlaubstag, wie man ihn sich herrlicher nicht wünschen kann. Alle Sorgen, alle Probleme durften Oliver und ich für einen Moment außen vor lassen.

Der nächste Tag gehörte den Männern allein. Thorsten, Oliver und unser Gastgeber fuhren mit einigen Freunden zum Grand Prix nach Monte Carlo. Ich durfte mir einen ruhigen Tag im Garten machen und ließ meine Seele baumeln.

Zum Dinner im Hotel Colombe d'Or in St.-Paul-de-Vence

waren die Männer wieder mit von der Partie. Wir saßen unter einem Blätterdach von Weinlaub und schwelgten in der lauen Sommernacht.

Montag, der 13. Mai, war unser letzter Tag. Wir verbrachten ihn in St. Tropez: Im Club 55 saßen wir in der ersten Reihe und sahen uns das verrückte Treiben am Strand an.

Als ich am Dienstag zurück in Berlin war, wusste ich, dass ich einige paradiesische Tage hatte erleben dürfen. Es waren für Oliver und für mich wichtige Tage gewesen – und absolut notwendig, denn unsere angespannte Beziehung zu Hause hatte diese Pause dringend gebraucht. Nun hatten wir uns wieder etwas anderes zu erzählen als nur unseren Kummer.

Den Pfingstsonntag verbrachten wir wieder gemeinsam mit Harald bei uns zu Hause.

Am ersten Sonnabend im Juni waren alle Angehörigen zu einem Gartenfest anlässlich des einjährigen Bestehens des Katharinenhofs eingeladen. Majka und ich besuchten Harald, um mit ihm an diesem Gartenfest teilzunehmen. Es gelang uns schließlich, ihn dazu zu motivieren. Er lächelte und ging zum Schrank. Das war für mich das Zeichen, dass er sein Jackett anziehen wollte. Zu dritt gingen wir hinunter in den Garten, wo die meisten anderen Bewohner und ihre Besucher schon versammelt waren.

Zuerst war Harald ein bisschen scheu, aber mit Majka und mir fühlte er sich nach ein paar Minuten doch sicher. Der Bürgermeister von Fredersdorf kam auf uns zu und begrüßte Harald und mich. Wir sahen viele fröhliche Gesichter.

In Gedanken versunken lauschte Harald der Musik und wippte mit den Füßen dazu. Plötzlich stand er auf, verbeugte sich mit einem verschmitzten Lächeln vor mir, hakte sich bei mir ein und führte mich zur Tanzfläche. Wir tanzten einen Walzer, und ich schloss die Augen. Seine Bewegungen, sein Taktgefühl, alles war fast wie früher. Als ich die Augen wieder öffnete, sah ich Harald, wie er vollkommen abwesend mit mir tanzte, und hinter meiner Sonnenbrille flossen die Tränen still über meine Wangen. All die schönen Erinnerungen an unsere guten Zeiten schossen mir blitzartig durch den Kopf. Die Verzweiflung über unsere Situation hatte mich übermannt.

Wie gut, dass Harald von alldem nichts merkte, er tanzte einfach so vor sich hin. Er lebte in seiner Welt und tat dort das, was er schon immer am liebsten getan hat und was sein Lebensinhalt war: Er war Harald Juhnke, der Mann, der sich in seiner Rolle gefiel. Er war der Tänzer und nicht der Mann, der mit mir tanzte.

Mittags schickte ich Oliver mit Karin zum Katharinenhof. Wir wollten Harald schon am Vortag seines dreiundsiebzigsten Geburtstags nach Hause holen, weil die Presse morgen bestimmt wieder vor unserem Haus lauern würde. Es wurde ein besonders angenehmer Abend. Harald aß zufrieden seine Lachsschnittchen, und wir freuten uns, ihn bei uns zu haben.

Am nächsten Tag, Haralds Geburtstag, stand das Telefon nicht still. So viele Freunde riefen an, die ihm alles Gute wünschten! Ich hielt ihm den Hörer ans Ohr, und Harald hörte aufmerksam zu. Für die Geburtstagswünsche bedankte er sich höflich und mit klarer Stimme, auch wenn er nicht wusste, mit wem er sprach. Aber er machte eine zufriedene Miene, so dass ich annahm, dass es ihm auf jeden Fall Freude machte, die mehr oder weniger vertrauten Stimmen zu hören.

Ich hatte die köstlichsten Torten besorgt. Zum Geburtstagskaffee kamen unsere Freunde, Karl Heinz und Carin, Mona und Nicolai, Dr. Moschiry und Regina, Peter Gerlach, Peter Wolf, Barbara und Karin, und natürlich waren auch Oliver und Mami mit von der Partie. Harald fühlte sich sehr wohl, verputzte drei Stück Torte und erzählte jedem von seinen Dreharbeiten. Alle gingen auf ihn ein, es war ja eigentlich ganz so wie früher, da wurde ebenfalls hauptsächlich über Haralds Arbeit gesprochen.

Dass seit morgens tatsächlich die Presse vorm Haus lauerte, ließ uns kalt. Wir stellten uns für ein offizielles Geburtstagsfoto gemeinsam in die Haustür. Danach zogen die Fotografen zufrieden ab, und wir konnten guter Dinge ungestört feiern.

Für ein paar Frühsommertage fuhr ich Mitte Juni zum Geburtstag einer Freundin nach Paris, wie es in den vergangenen Jahren eine liebe Gewohnheit geworden war. Oliver, Karin und Majka übernahmen die Besuche bei Harald. Wie immer hatten wir alles perfekt geregelt. Dachte ich.

Aufgeregt rief Oliver mich in Paris an. In *Bild* stand, dass Harald in der Klinik lag. »Juhnke am Tropf« lautete die fette Schlagzeile. Ich rief sofort im Katharinenhof an und erfuhr, dass sie uns mehrmals auf den Anrufbeantworter gesprochen hatten, bevor sie Harald ins Krankenhaus einliefern ließen. Oliver hatte den Anrufbeantworter zu Hause nicht abgehört, ich hatte mein Handy in Paris ausgerechnet in diesen Stunden nicht eingeschaltet, und Oliver hatte seine Nachrichten auf dem Handy auch erst am Abend abgehört. Eine Reihe von unglücklichen Zufällen.

Ich flog sofort nach Berlin zurück. Oliver holte mich ab, und wir fuhren direkt vom Flughafen ins Krankenhaus Rüdersdorf. Auf der Fahrt berichtete mir Oliver, der mittags schon einmal in der Klinik gewesen war und mit den Ärzten gesprochen hatte, dass Harald mit Verdacht auf Lungenentzündung eingeliefert worden war.

Als wir an seinem Bett standen, bot sich uns ein Bild des Jammers: Harald hatte eine Sauerstoffmaske auf dem Gesicht, er hing am Tropf, seine Augen waren geschlossen. Wir waren sehr erschrocken. Die Ärztin, bei der wir uns nach Haralds Befinden erkundigten, klärte uns ausführlich über seinen Zustand auf, der durchaus ernst zu nehmen sei. Sie meinte sogar, dass wir mit dem Schlimmsten rechnen müssten. Ich wollte das nicht wahrhaben, ich wollte nach all dem, was Harald und ich durchgemacht hatten, nun nicht auch noch mit dem Schlimmsten rechnen müssen!

Von der Ärztin erfuhren wir, dass auch Peer am Nachmittag schon dagewesen war. Alarmiert durch einen Bericht in der *Bild-Zeitung*, war er aus München gekommen. Dass er sich nicht bei uns gemeldet hatte, obwohl die Ärzte ihm sagten, dass Oliver schon bei Harald gewesen war, empfand ich irgendwie als Provokation.

Die Schlagzeile am nächsten Morgen lautete: »Juhnke ins Koma gefallen.« Wir wussten, dass das nicht der Wahrheit entsprach.

Musste ich eigentlich alles, was unser allerpersönlichstes Privatleben angeht, in der Zeitung lesen? Gab es überhaupt keinen Respekt mehr vor der Würde des Menschen?

Am nächsten Tag bat ich unseren Hausarzt Dr. Djawad Moschiry, mit mir nach Rüdersdorf zu fahren. Harald schlief, als wir kamen, und war nicht ansprechbar. Dr. Moschiry hatte ein ausführliches Gespräch mit der Ärztin und konnte mich anschließend zumindest insoweit beruhigen, dass er mir sagte, Harald befinde sich hier in den besten Händen und werde adäquat versorgt. Es blieb uns nichts anderes übrig, als abzuwarten und zu hoffen, dass keine weiteren Komplikationen auftraten.

Der nächste Tag brachte die Erlösung: Harald wachte auf und nahm uns auf Anhieb wahr. Die Ärztin informierte uns auch darüber, dass sich der Verdacht auf Lungenentzündung nicht bestätigt hatte. Mir fiel ein schwerer Stein vom Herzen.

Genau vor zwei Jahren hatte das Unheil seinen Lauf genommen. Am Mittwoch, dem 10. Juli 2002, diesem Horror-Jahrestag, saß Harald angezogen und aufrecht in seinem Bett. Er hatte sich berappelt und beschäftigte sich wieder mit seiner Arbeit, fragte mich nach seinem Produktionsfahrer: »Wann holt er mich heute ab?« Sein Alltag hatte ihn wieder eingeholt.

Am Sonntag starrte uns von der Titelseite der *Bild am Sonntag* ein trauriges Foto entgegen. Sabine Ponikau, die Heimleiterin, hatte uns Gott sei Dank vorgewarnt: Ein Fotograf hatte vor dem Katharinenhof gelauert und Harald »abgeschossen«.

Oliver und ich staunten bei unserem ersten Besuch nach seinem Krankenhausaufenthalt nicht schlecht, als wir Harald mit einer Pflegerin fröhlich im Gemeinschaftsraum tanzen sahen. Sie hatte eine seiner CDs aufgelegt.

Er sah gut und zufrieden aus, und er war sehr gesprächig, alles drehte sich um seine Arbeit. Als ich in den Gemeinschaftraum kam, saßen alle an dem großen Tisch. Ich machte erst einmal die große Runde und begrüßte jeden namentlich, per Handschlag und einem netten Wort.

Den ganzen Nachmittag machten wir gemeinsam mit Harald und seinen Mitbewohnern kleine Spiele. Für eine alte Dame war es der erste Tag im Katharinenhof. Sie weinte vor sich hin, die anderen Mitbewohner nahmen das gar nicht wahr. Ich versuchte sie zu trösten, was mir auch gelang. Leise sprach ich beruhigend auf sie ein. Sie reagierte dankbar und streichelte mein Gesicht.

Einmal im Monat gab es im Katharinenhof die sogenannte Seniorendisko. Dann mischten Harald und ich uns unter die Leute und tanzten mit, während Oliver uns nachdenklich zusah. Nach solchen Besuchen fuhren wir schweigend zurück nach Berlin.

Am 22. Juli wurde Mami achtzig Jahre alt, und ich hatte seit Tagen nichts anderes im Sinn, als ihr einen besonders schönen Tag zu schenken. Sie war zu Tränen gerührt, als sie in unser Wohnzimmer kam und alle ihre Lieben ein fröhliches »Happy Birthday« anstimmten. Die Geburtstagsüberraschung war uns geglückt: Mami hatte

nicht erwartet, dass unsere Familie komplett angereist kommen würde.

Ich hatte eine festliche Geburtstagstafel gedeckt, eine Torte bestellt und überall Kerzen angezündet. Mami war an ihrem Ehrentag natürlich der absolute Mittelpunkt. Oliver machte viele Fotos, später schenkten wir ihr ein ganzes Fotoalbum und als Überraschung eine Videokassette, auf der jedes Familienmitglied einen lustigen und herzlichen Geburtstagswunsch gesprochen hatte.

Zum Abendessen fuhren wir ins Tai-Tung, wo mein Bruder und seine Köche ein opulentes Neun-Gänge-Menü vorbereitet hatten. Wir lachten viel, und Mami fühlte sich im Kreis ihrer Familie mit ihren vier erwachsenen Enkelkindern rundum wohl. Den ganzen Abend schwelgten wir in den Erinnerungen an die gute alte Zeit, als mein Vater noch lebte und Harald noch fröhlich und unbeschwert unter uns sein konnte. Ich hob mein Glas und sprach einen Toast aus auf all unsere Lieben, die nicht mehr mit uns feiern konnten.

Eine Weile ging es mir gut. Meine Besuche bei Harald gaben mir Kraft. Es tat so gut zu sehen, dass er sich im Katharinenhof wohl fühlte. Dann aber kamen wieder Tage, in denen meine Seele ins Dunkel fiel und ich die Realität nicht verkraften konnte.

Ich zermarterte mir das Gehirn, am liebsten würde ich in ein Vakuum fallen. Ich konnte mich auch nicht damit trösten, dass andere ein noch schwereres Schicksal tragen müssen. Ich fühlte mich in einem Hamsterrad gefangen, das mich nicht aussteigen ließ und mich schwindlig machte. Es gab Tage, da fand ich nicht mehr zu mir selbst. Das war doch kein Zustand, immer nur künstlich zu verdrängen, was mich belastete!

Ich konnte zwar anderen Trost spenden, wo aber konnte ich mir selbst Trost holen? Wer zeigt mir den Weg? Ist es die blaue Blume, die ich suchen muss? In meinem tiefsten Inneren war ich völlig orientierungslos. Ich bin doch kein Mensch aus Stein.

Wie sehr hatte sich unser Leben verändert. Ich konnte nicht sagen, dass ich dieses Leben nicht auch schätzte, aber es war so viel Traurigkeit, so viel Hoffnungslosigkeit darin, dass sich alle Vergleiche verbaten. Unser gemeinsames Leben war das nicht mehr. Nichts konnte ich mehr mit Harald teilen, nicht einmal meine Traurigkeit.

Am 20. September, Olivers dreißigstem Geburtstag, wollte ich Harald eigentlich nach Hause holen, aber Oliver hatte selbst wenig Lust, groß zu feiern. Sicherheitshalber rief ich Harald an und fragte ihn, ob er Lust hätte, zum Kaffee zu kommen. Er wusste nicht, was das bedeutete, dass sein Sohn Geburtstag hatte. Ich beschloss, Oliver lieber nichts davon zu sagen. Ich beschloss aber auch, Harald nicht abzuholen. Leider ging der Tag nicht ohne neue Sorgen vorüber.

Um achtzehn Uhr kam ein Anruf vom Katharinenhof. Harald hatte sich mit Schwung neben seinen Sessel gesetzt und über Schmerzen im Rücken geklagt. Mit dem Notarztwagen wurde er sofort ins Krankenhaus gebracht, wo Gott sei Dank nichts Ernstes festgestellt wurde. Sie fuhren ihn gleich wieder zurück.

Am nächsten Tag habe ich Harald und seiner Gruppe Olivers Geburtstagstorte mitgebracht. Das war für alle ein Festschmaus. Für Harald hatte ich Zeitschriften dabei, die er aufschlug, als wären sie ein Drehbuch. Sofort fing er an, den Text seiner Rolle konzentriert zu lernen. Es sind immer mehr oder weniger imaginäre Rollen, die sich in Haralds Phantasie abspielen.

Nach dreieinhalb Stunden verabschiedete ich mich, er hatte ja »zu tun« und nahm mich gar nicht mehr wahr.

Ein anderes Mal begrüßte er mich vollkommen klar: »Ich habe gar nicht mit dir gerechnet«, sagte er, als ich an einem Freitag und nicht am Samstag oder Sonntag kam. Manchmal kommt mir mein Mann wie früher vor, listig und lustig. Seine Stimmung aber kann von einer Sekunde auf die andere wechseln, wenn ihn irgend etwas Negatives beunruhigt. So kann er sich zuerst über eine Kleinigkeit freuen und sich im nächsten Moment lauthals über seinen Auftritt im Renaissance-Theater aufregen und rufen: »Susanne, sag die Proben ab!«

Um mich herum starben die Freunde! Anfang Oktober 2002 starb unsere Freundin R. Auch sie hatte den Krebs nicht besiegen können. Jo, Axel, R. – warum mussten sie so früh von uns gehen? All die Gedanken an Krankheit und Tod. Gab es denn gar nichts Erfreuliches mehr in meinem Leben?

Im Fernsehen sah ich die Trauerfeier für Prinz Claus der Niederlande. Ich konnte nicht abschalten. Es war beeindruckend, wie die Holländer so öffentlich ihre Liebe zu ihm zeigten und ihn zu Tausenden ehrten. Vor fast zwanzig Jahren waren Harald und er zur selben Zeit in Behandlung bei Professor Kielholz in Basel gewesen. Die holländische Königsfamilie hatte also auch jahrzehntelange Erfahrung mit einer schweren Krankheit.

Zur Trauerfeier von R. zu gehen fiel mir sehr schwer. Sie war mit einem unserer besten Freunde verheiratet gewesen. Die kleine Friedhofskapelle war überfüllt, viele Weggefährten und Freunde mussten den Trauergottesdienst draußen verfolgen. Ich saß in der zweiten Reihe neben Helmut Kohl.

Selbst vor unserem Garten machte der Tod nicht halt: Eine kranke, morsche Kastanie musste gefällt werden. Mit Hilfe eines Teleskopkrans und einer Motorsäge war der riesige Baum im Nu zum Abtransport fertig. Ich empfand Wehmut im Herzen, dass nach neunzehn Jahren, die wir nun hier lebten, die mittlere von drei Kastanien in unserem Garten fehlte. Die Lücke, die der gefällte

Baum hinterließ, war für mich ein Symbol meiner eigenen Situation. Harald fehlte mir so sehr!

Als ob Harald meine Traurigkeit ahnte, rief er mich an diesem Nachmittag nach Wochen zum ersten Mal an. Er erzählte mir von seinen Dreharbeiten und sagte zum Schluss, wie er das früher immer am Ende unserer Telefonate getan hat: »Ich liebe dich!« Doch anstatt dass mich seine lieben Worte aufmunterten, kam ich aus meiner depressiven Stimmung nicht heraus, sie steigerte sich zu den schlimmsten Vorstellungen und Phantasien. Die entsetzlichsten Gedanken keimten auf und waren nicht mehr zu verdrängen. Ich hatte sogar Angst vor mir selbst.

Mit ein Auslöser dafür war sicherlich die Arbeit an diesem Buch, die mich mit der Aufgabe konfrontierte, auf mein Leben zurückzublicken. Das machte mir den Kontrast zwischen früheren glücklichen Zeiten und meiner aktuellen Situation schmerzhaft bewusst, und manchmal schrie ich innerlich geradezu auf: »Das bin doch nicht mehr ich!« – »Was heißt für mich noch Zukunft?« – »Ich wünschte, es würde sich jemand um mich sorgen.« – »Ich fühle mich so schutzlos.« – »Warum fühle ich mich immer für alles verantwortlich?«

Ich sah absolut keine Perspektive mehr für mein Leben. Ehefrau bin ich nur noch laut Gesetz. Mir fehlte so sehr das gemeinsame Leben mit meinem Mann, die Anerkennung, das Feedback im Alltag und die vertrauten Gespräche und Gewohnheiten. Diese Leere und die Ohnmacht, nichts mehr bewirken zu können, schmerzten in meiner Brust und schnürten mir die Kehle zu. Es war eine Lawine, die mich in den Tod zu reißen drohte. Ich konnte mich nicht dagegen wehren. Diese immer gleichen Gefühle überfielen mich nun schon seit zwei Jahren, und ich konnte mit niemandem darüber reden.

Vielleicht sollte ich mich doch in eine Therapie begeben.

Ich machte mir Mut, indem ich mir sagte, dass ich schon so viele Krisensituationen in meinem Leben gemeistert hatte. Aber immer wenn ich dachte, jetzt ist Ruhe eingekehrt, folgte der nächste

Schock: Am 7. November 2002 musste Harald wieder ins Rüdersdorfer Krankenhaus eingeliefert werden. Diesmal mit Herzrhythmusstörungen.

Ich machte mir große Sorgen um ihn und fuhr ihn so oft wie möglich besuchen. Manchmal saß er in seinem Sessel neben dem Bett und trank Kaffee, manchmal lag er still im Bett und nestelte an der Bettdecke. Es ging ihm bald wieder besser, aber er sah so schmal und zerbrechlich aus. Es stimmte mich jedesmal sehr traurig, mit welcher Selbstverständlichkeit Harald mich kommen und gehen sah. Ich wünschte mir so sehr, dass er sich äußern und mir sagen könnte, was in ihm vorging.

Am 30. November war Harald schon seit einem Jahr im Katharinenhof. Oliver und ich hatten uns daran gewöhnt, ihn jede Woche zu besuchen oder ihn nach Hause zu holen. An diesem Jahrestag machte es mich besonders traurig, meinen Mann in der Runde seiner Mitbewohner zu sehen. Die ganze Gruppe saß schweigend am Tisch. Ich wollte mit Harald auf sein Zimmer gehen, er aber fühlte sich in seiner Gruppe wohl. Er konnte meine Traurigkeit nicht erahnen, die ich, sosehr ich mich auch bemühte, vor seinem einfachen und doch so sensiblen Gemüt nicht verbergen konnte.

Am 1. Adventssonntag machten die Bewohner des Katharinenhofs in Fredersdorf mit dem Bus einen Ausflug zum Kaffeetrinken in den Berliner Katharinenhof an der Sächsischen Straße in Wilmersdorf. Wir holten ihn dort ab, die Fahrt schien ihm gut gefallen zu haben. Er strahlte übers ganze Gesicht und winkte mir freudig zu, als er mich sah.

Ich hatte Freunde zum Adventskaffee gebeten. Harald war bester Dinge und begrüßte jeden mit Handschlag, auch wenn er niemanden beim Namen nannte. Gegen achtzehn Uhr sagte er wie aus heiterem Himmel: »Ich muss jetzt gehen.« Dann ging er zur Garderobe und nahm seinen Mantel. Keiner konnte ihn aufhalten. Oliver fuhr ihn zurück nach Fredersdorf und erzählte später, dass Harald schon im Auto eingeschlafen war.

Das Jahr 2002, das zweite Jahr, seit ich Harald endgültig an seine Krankheit verloren habe, neigte sich dem Ende zu. Ich beschloss, Weihnachten so festlich wie möglich zu feiern. Wir wollten es uns wie jedes Jahr richtig gemütlich machen. Mit Oliver ging ich schon Mitte Dezember einen Tannenbaum kaufen. Ich machte mir die Entscheidung nicht leicht und ließ mir einen Baum nach dem anderen zeigen. Ganz zum Schluss, wir hatten die Hoffnung schon aufgegeben, fiel mein Blick auf einen traumhaft gewachsenen Baum, über drei Meter hoch – der musste es sein. Es war der größte und schönste Weihnachtsbaum, den wir je hatten.

Als Oliver seinen Vater frühmorgens abholte, saß er schon geschniegelt und gestriegelt im Sessel und erwartete ihn. Unbehelligt kamen Oliver und Harald zu Hause an – in diesem Jahr hatten die Fotografen weder vor dem Katharinenhof noch vor unserem Haus Stellung bezogen.

Harald strahlte, als er den prachtvollen Christbaum sah, richtig andächtig stand er davor und hielt meine Hand ganz fest. Er schien mitzubekommen, dass heute ein freier Tag war, jedenfalls »arbeitete« er nicht, wie er ja auch früher an den Weihnachtstagen stets drehfrei hatte. Vielleicht war es der Weihnachtsbaum, der ihm das bewusst machte, vielleicht der Stollen oder die Weihnachtsmusik, all die Rituale, die seit Jahrzehnten bei uns zu Weihnachten dazugehörten.

Ich fühlte mich in diesen Tagen sehr eng mit meinem Mann verbunden und wünschte mir von ganzem Herzen, dass wir noch viele harmonische Weihnachten miteinander verleben könnten. Unsere Seelen fanden zueinander, auch wenn unser Verstand es nicht mehr konnte.

Und dann kam die schönste Nachricht, die man sich zu Weihnachten nur wünschen kann. Peer erzählte seinem Vater am Telefon, dass Harald Opa geworden ist. Vincent David heißt sein erster Enkel. Harald reagierte erstaunlich: »Gratulation«, sagte er zu seinem Sohn. Welch freudige Botschaft!

Weihnachten zu Hause: Harald und Susanne Juhnke (2002)

Am zweiten Weihnachtstag feierte ich meinen achtundfünfzigsten Geburtstag. Es war schon das dritte Jahr, in dem ich Haralds Baccara-Rosen vermissen musste. Früher überreichte er mir strahlend seine Rosen. Heute wäre es ein Prachtstrauß von achtundfünfzig Rosen gewesen! Wie oft habe ich mich an den Dornen gestochen, so schwer lag der Strauß in meinem Arm. Das ist einer der vielen schönen Momente, die ich so nie wieder erleben werde.

Am Abend brachten wir Harald zurück in den Katharinenhof, nachdem er wieder unruhig geworden war und herumzutigern begonnen hatte.

Einen Tag vor Silvester hatte Thorsten für Harald ein Döschen Kaviar vorbeigebracht. Er verzehrte ihn im Katharinenhof mit Genuss, ich hatte den Eindruck, dass ihm durchaus bewusst war, welche Köstlichkeit das war. Um halb sieben schlief Harald beinahe am Tisch ein. Als er schon im Bett lag und ich ihn zudeckte, sagte er, auf einmal wieder hellwach, dass er doch gern wieder eine Show machen würde, aber nur mit Michael Pfleghar. Der Regisseur ist leider schon lange tot, aber in Haralds Gedächtnis lebt er weiter.

Am nächsten Tag rief ich ihn an, ich hatte das Bedürfnis, seine Stimme zu hören. Schon bei seinen ersten Worten wusste ich, dass ich ihn heute nicht erreichen konnte. Wir sprachen nur über seine Dreharbeiten und über seine Pläne für die neue Show. Dass Silvester war, hatte er schon wieder vergessen, dass ein ganzes Jahr vergangen war, hatte für ihn keine Bedeutung. Die Wohngruppenleiterin erzählte mir, dass sie eine kleine Silvesterparty vorbereitet hatten, mit Berliner Pfannkuchen und »Kribbelwasser«, alkoholfreiem Sekt.

Den Jahreswechsel verbrachte ich im Kreis von vertrauten Gesichtern. Udo Walz hatte mich spontan zu einem Silvester-Dinner in die Paris Bar eingeladen. Es wurde ein harmonischer, fröhlicher Abend, unspektakulär, aber warmherzig. Um Mitternacht haben wir auf das neue Jahr angestoßen. Ich hatte keine Vorsätze. Morgen ist ein neuer Tag.

Wir schreiben das Jahr 2003, das dritte Jahr ohne Harald ist angebrochen. Ich weiß, dass ich meinem Leben einen neuen Sinn geben muss. Laut meinem und laut Haralds Horoskop wird es ein positives Jahr. Wie gern möchte ich das glauben! Aber als Fatalistin und Pessimistin wage ich nicht zu hoffen, dass es in Zukunft bergauf gehen könnte. Wer kann mich eines Besseren belehren?

Ich trage eine gewaltige Verantwortung. Jeder Tag ist eine Belastung, aber sie wiegt von Tag zu Tag weniger schwer. Ich lebe auf dem Pulverfass meiner Gefühle. Wer kehrt die Scherben meines Lebens auf, wenn ich explodiere?

Harald holt mich immer wieder auf den Boden der Tatsachen zurück. Die Sorge um ihn ist der Inhalt meines Lebens geblieben.

Am Anfang des Jahres hatte sich lieber Besuch angesagt: Christine Schild und Jürgen Wölffer, mit denen Harald so viele Jahre am Theater am Kurfürstendamm gespielt hatte. Jürgen gestand mir auf der Fahrt zu Harald, dass er sehr aufgeregt sei und regelrecht Lampenfieber habe. Er konnte sich nicht vorstellen, was ihn erwartete.

Erfreulicherweise lief alles wie erhofft: Harald begrüßte beide mit einer herzlichen Umarmung. Seinen strahlenden Augen entnahm ich, dass er seine Überraschungsbesucher erkannte.

Auf der Heimfahrt sagte Christine, sie habe den Eindruck, dass es Harald im Heim richtig gutgeht. Ich fühlte mich nach diesem Besuch irgendwie bestätigt, und es tat mir sehr gut, dass auch einmal Außenstehende, dass gute alte Freunde die Wirklichkeit von Harald und mir miterlebten und an unserem Schicksal teilgenommen hatten.

Mein Appetit hat sehr nachgelassen, aber ich scheine süchtig nach Schokolade zu sein. Nervennahrung. Harald dagegen hat zugenommen und wiegt jetzt wieder siebzig Kilo. Manchmal schläft er in seinem Ohrensessel, wenn ich zu ihm komme. Wenn ich ihn so sehe, denke ich bei mir, dass er jetzt all die Ruhephasen nachholt, die er sich während seines fünfzigjährigen Berufslebens nie vergönnt hat.

Wenn ich über seine Wange streiche und er die Augen nur kurz öffnet, um sie gleich wieder zu schließen, wenn er mich erkannt hat, weiß ich, dass er wieder einmal die Nacht mit dem Tag vertauscht hat, durch die Flure getigert ist und vom vielen Laufen ganz erschöpft ist.

Auf seinem Nachttisch habe ich Fotos von seinem Enkel aufgestellt, die Anette geschickt hat. Bei jedem Besuch spreche ich über Vincent. Wenn ich »Opi« zu Harald sage, lächelt er glücklich.

Mir tut es sehr gut, wenn Kollegen den Wunsch äußern, Harald besuchen zu wollen. Anfänglich war ich skeptisch, dass Harald, aber auch seine Besucher, von diesen Begegnungen überfordert werden könnten. Diese Skepsis habe ich inzwischen ganz abgelegt. Die schönen Momente, die diese Besuche Harald schenken, sind mir für ihn sehr wichtig. Mit Gaby Gasser zum Beispiel wurde er *peu à peu* geradezu ausgelassen.

Als Gaby ihn besuchte, saß Harald gerade allein am Tisch und machte ein Nickerchen. Sie sprach mit ihm wie früher, ein Bonmot löste das andere ab. Harald sah sie dabei an und zeigte sein verschmitztestes Lächeln. Als sie ihm von dem »Herrn mit der rassigen Nudel« erzählte, ein alter Scherz zwischen den beiden, lachte er wie früher.

Gaby, die mit ihm in vielen Boulevardstücken auf der Bühne gestanden hatte und monatelang mit Harald auf Tournee gewesen war, kannte ihn wahrlich schon seit Jahren in guter und in schlechter Verfassung. Auf der Heimfahrt gestand sie mir, wie anstrengend sie den Besuch empfunden hatte. Es freute mich, als sie sagte, dass sie es bewundert, wie normal ich mit Harald umgehe.

Unsere Freundin Beate Hopf hatte leider Pech, als sie Harald das erste Mal besuchte. Bei unserer Ankunft saß er in seinem Sessel und schlief und war partout nicht aufzuwecken. Beate war ganz enttäuscht, sie hätte ihn so gern wach erlebt. Als ich ihn mit »Opi« anredete, schmunzelte Harald mit geschlossenen Augen. Es machte keinen Sinn, ihm beim Schlafen zuzusehen, und so verabschiedeten wir uns nach einer guten Stunde mit einem Küsschen bei ihm.

»Juhnkes Lieblingsbeschäftigung«, kommentierte Harald unsere Küsschen und lächelte zufrieden.

Jeder Besuch verlangt mir unendlich viel Kraft ab, immer wieder

der Realität unseres Lebens ins Auge sehen zu müssen. Woche für Woche dieses Wiedersehen und wieder Abschiednehmen. Es gibt mir aber auch neue Kraft, bis zum nächsten Mal.

In guten und in schlechten Tagen, das habe ich Harald bei unserer Hochzeit versprochen. Was geblieben ist? Liebe.

Nachwort

»Wohl dem, der gelernt hat zu ertragen,
was er nicht ändern kann, und preiszugeben mit Würde,
was er nicht retten kann.«
Friedrich Schiller

Ein Jahr lang habe ich mich damit beschäftigt, meine Biographie aufzuzeichnen. Ich habe alle Höhen und Tiefen während dieser Zeit durchlebt. Es gab Krisen, da dachte ich: »Ich schaff es nicht!«

Als ich mich dem Ende näherte, wurde mir bewusst, dass ich mich in gewisser Weise freiwillig einer Selbsttherapie unterworfen hatte. Meine Erinnerungen haben mir geholfen, die Vergangenheit positiv zu verarbeiten, die Gegenwart als gegeben anzunehmen und in Zukunft zu mir selbst zu finden.

In den dreißig Jahren unserer Ehe haben Harald und ich gemeinsam versucht, gegen seine Alkoholkrankheit anzukämpfen. Am Ende gab es keinen Sieger.

Als die Demenz die Herrschaft über unser Leben übernahm, zeichnete sich schnell ab, dass es gegen diese Krankheit keinen Kampf mit der Chance auf eine wirkliche Heilung gab. Man kann nur hoffen, dass der Verlauf stagniert, aber auch dafür kann man kaum etwas tun. Es bleibt mir keine andere Alternative, als die Dinge auf mich zukommen zu lassen und mit anzusehen, wie der geliebte Partner allmählich im Dunkel verschwindet.

Der einzige Trost, der mir bleibt, ist die Gewissheit, dass mein Mann seine Demenz-Krankheit nicht realisiert und auch nie erfahren wird, was sie aus ihm, dem großen Komödianten Harald Juhnke, gemacht hat.

Susanne Juhnke

Was seither geschah –
Nachwort zur Taschenbuchausgabe

Das Leben geht weiter, sagt man, und in gewisser Weise trifft das für mich gleichzeitig zu und auch wieder nicht. Was ich erlebt habe, seit im Herbst 2003 meine Biographie erschien, ist am ehesten mit einem schweren Unwetter zu vergleichen, das über einen tiefen Waldsee hereinbricht. An der Oberfläche schlagen die Wellen hoch, aber unten, im Herzen des Sees, ist keine Bewegung zu spüren.

Genauso ging es mir: Während ein Sturm in den Medien über mich hinwegfegte – alle möglichen selbsternannten Experten meinten, sich ein Urteil über mich und meine Motive anmaßen zu müssen, dieses Buch über mein Leben an der Seite von Harald Juhnke zu schreiben –, blieb tief in meinem Herzen das, was wirklich zählt, gleich:

Harald lebt unverändert in seiner eigenen Welt, und mein Leben, meine ganze Sorge dreht sich vor allem um ihn. Die Sonntage verbringe ich bei meinem Mann im Katharinenhof. Zu meiner großen Freude haben in letzter Zeit immer wieder einige gute Freunde den Wunsch geäußert, mich zu Harald zu begleiten. Und ich spüre, wie er es genießt, wenn Besuch da ist – manchmal blitzt es sogar in seinen Augen, und er gibt uns das Gefühl, dass er für den Bruchteil einer Sekunde ein vertrautes Gesicht, eine Stimme erkannt hat. Das sind dann die kleinen Momente, in denen ich so etwas wie eine leise Freude empfinde.

Anfang des Jahres begannen die Vorbereitungen für einige Sendungen anlässlich von Haralds 75. Geburtstag am 10. Juni 2004. Es galt in erster Linie, den großen Schauspieler und Entertainer zu würdigen, und so machte es mir besonderen Spaß, an zwei interessanten Projekten aktiv mitzuarbeiten.

Alfred Bioleks Firma Pro GmbH produzierte für die ARD den

Dokumentarfilm *Idole – Harald Juhnke,* in dem anhand von Archivmaterial und Interviews mit Freunden, Kollegen und Zeitzeugen die Stationen von Haralds Karriere noch einmal Revue passierten. Hier standen die schönen Aspekte unseres gemeinsamen Lebens im Vordergrund, und ich wurde an Originalschauplätzen dazu befragt. Nach den vielen schmerzhaften Erinnerungen, die ich für meine Biographie noch einmal durchlebt hatte, war es gut, sich auch der schönen Seiten noch einmal bewusst zu werden.

Dass die Fernsehsender Harald mit so wunderbaren Sendungen gewürdigt haben, hat mich mit Stolz und Dankbarkeit erfüllt. Ja, ich erlebte sogar so etwas wie zaghafte Zuversicht. Aber dann gibt es diese Tage der dunklen Hoffnungslosigkeit, die von mir so intensiv Besitz ergreift, dass ich schier zu verzweifeln drohe. Alles scheint über mir zusammenzustürzen. So am 8. Juni, zwei Tage vor Haralds 75. Geburtstag, jenem Tag, an dem meine geliebte Mutter von uns ging!

Ich war mit den Vorbereitungen zu Haralds Geburtstag vollauf beschäftigt und hatte darüber hinaus meine Teilnahme an der ZDF-Gala mit Carmen Nebel zugesagt. Es war ein sehr interessanter Tag im Fernsehstudio mit vielen warmherzigen Begegnungen mit alten Kollegen von Harald. Nur konnte ich den ganzen Tag über meine Mutter, mit der ich in der Regel mehrmals täglich telefonierte, nicht erreichen.

Ich war voller Unruhe, weil sie nicht ans Telefon ging, es war wie eine Vorahnung, die sich immer mehr verdichtete. Und tatsächlich stellte sich heraus, dass meine Mutter uns kurz vor ihrem zweiundachtzigsten Geburtstag in aller Stille verlassen hatte.

Dieser Tag wird mir als einer der traurigsten meines Lebens immer in schmerzlicher Erinnerung bleiben. Meine Mutter und ich haben uns sehr, sehr nahe gestanden. Sie war mein Halt und hat mich durch die schwierigsten Zeiten meines Lebens begleitet und mir ihre bedingungslose Liebe geschenkt. Meine Trauer ist unbeschreiblich.

Wie in Trance überstand ich die nächsten Tage. Mein Sohn

Oliver war mir eine große Hilfe, auch er hatte seine Großmutter zärtlich geliebt, und in der Trauer waren mein Sohn und ich uns nun besonders nah.

Ich fand nicht den Mut, Harald an seinem Ehrentag an unserer Trauer teilnehmen zu lassen. Gemeinsam mit Oliver und einigen engen Freunden schenkte ich ihm statt dessen einen fröhlichen Geburtstag im Katharinenhof. An einer festlich gedeckten Tafel feierten wir mit einer großen Geburtstagstorte und liebevoller Zuwendung. Ich spürte, dass er sich sichtlich wohlfühlte, es schien ihm zu gefallen, so im Mittelpunkt zu stehen und so viele vertraute Gesichter um sich zu haben. Er machte geradezu einen glücklichen Eindruck. Immer wieder sahen wir den Schalk in seinen Augen aufblitzen und – ja, wir machten sogar ein Geburtstagstänzchen miteinander.

Warum war es mir nicht vergönnt, ein wenig Entspannung zu finden? Innerlich fühlte ich mich so verloren und allein, und ich musste meine letzte Energie zusammennehmen, um meine Verzweiflung über den Tod meiner Mutter für ein paar Stunden bewusst zu verdrängen, um die Freude der Geburtstagsgesellschaft nicht zu trüben.

Mir wird zunehmend bewusst, welche Spuren der Liebe meine Mutter in meinem Herzen hinterlassen hat. Ich versuche zu verstehen, dass ich loslassen muss, ich versuche meine Trauer in schöne Gedanken an meine Mutter zu verwandeln. Sergio Bambaren schreibt: »Vielleicht bedeutet Liebe auch lernen, jemanden gehen zu lassen, wissen, wenn es Abschiednehmen heißt, nicht zuzulassen, dass unsere Gefühle im Weg stehen, was am Ende wahrscheinlich besser ist für die, die wir lieben.«

Viel Trost haben mir in den letzten Monaten all die Briefe geschenkt, die ich von den Leserinnen und Lesern meiner Biographie erhalten habe. Sie füllen einen ganzen Aktenordner, und noch immer bekomme ich beinahe täglich Post von Menschen, die ihr Schicksal mit mir teilen wollen und mir aus ihrer eigenen Erfahrung heraus Mut zusprechen möchten. Nur drei von Hunderten von Zuschriften waren ablehnend. Alle anderen Briefe sind voller Verständnis. Wildfremde Menschen fühlen mit mir mit, und das erfüllt mich mit großer Dankbarkeit. Solche Reaktionen bedeuten mir so viel mehr, als all die schreierischen, oberflächlichen Kommentare in den Medien.

Jeden dieser Briefe habe ich gelesen, viele haben mir Kraft gegeben und sind mir sehr zu Herzen gegangen, manche haben mich zu Tränen gerührt. Bis heute habe ich es nicht vermocht, auf alle Briefe zu antworten, obwohl jeder einzelne eine ausführliche Antwort verdient hätte. Darum möchte ich an dieser Stelle allen von Herzen danken: Ihre Zuwendung hat mir gutgetan. Gefühle verbinden, in Freud und in Leid. Wenn ich in Ihren Briefen lese, bin ich in meinen Gedanken nicht allein!

Jeder muss sein eigenes Schicksal leben, das ist wahr, aber es gibt doch Erfahrungen, die sich gleichen, und wenn man davon erfährt, so weitet sich plötzlich der Blick und geht über die eigene Welt hinaus. Um meine Leserinnen und Leser an dieser Erfahrung teilhaben zu lassen, möchte ich hier aus einigen Briefen zitieren, die mich besonders berührt haben:

9. Oktober 2003

Liebe Frau Juhnke
Ich habe in der Vergangenheit immer wieder die Schlagzeilen über die Alkohol-Exzesse und Zusammenbrüche ihres Mannes

gesehen. Allerdings haben mich weder die Artikel noch die ganze Geschichte interessiert. Ich dachte nur immer, schade ... wenn es denn überhaupt stimmt, was diese Sensationspresse schreibt. Ich habe mich ehrlich gesagt, auch nie besonders für Harald Juhnke interessiert. Das heißt, die Fernsehauftritte und Filme habe ich gesehen und war von seinem schauspielerischen Können überzeugt. Mehr jedoch nicht.

Dann sah ich vor einiger Zeit ein Interview mit Ihnen. Rein zufällig. Ich wollte schon weiterzappen, blieb jedoch hängen und wurde immer mehr gepackt, von Ihnen als Frau, als Mensch. Ich habe mir dann gestern Ihr Buch gekauft, eine Riesinvestition für mich (...) Ich habe das Buch gestern nacht gelesen, resp. verschlungen und möchte Ihnen einfach meine Sympathie und meinen Eindruck zum Ausdruck bringen.

Sie sind eine ganz besondere Frau. Das Buch strahlt unendlich viel Liebe zu Ihrem Mann, zu Ihrer Familie aus. So viel, dass ich mich dauernd fragte: und wo ist die Susanne Juhnke als eigener Mensch, mit eigenen Bedürfnissen, mit einem eigenen Leben? Trotz all dem Kampf und den Enttäuschungen wegen des Alkohols schreiben Sie mit großem Respekt und großer Liebe zu Ihrem Mann und stellen ihn nie bloß (...)

Was mich sehr beengt hat in Ihrem Buch und auch dazu führte, dass ich heute nacht von Ihnen und Ihrem Mann geträumt habe, ist Ihre Situation. Angegriffen von allen Seiten, sich selber völlig aufgegeben, voller Liebe und Mütterlichkeit zur Familie ... aber, wie gesagt, wo ist eigentlich die Susanne Juhnke, die Susanne Ilsiao. Wo ist Tien-Lo? In mir tauchte immer wieder ein Bild auf, das ich Ihnen gerne mitteilen möchte: Das Bild eines Schmetterling, der sich nicht entpuppen kann. Ein Schmetterling, der nie gelernt hat, seine Flügel zu entfalten und *sich* (und andere) mit seiner Farbenpracht zu erfreuen. Ich wünsche Ihnen von ganzem Herzen, dass es Ihnen gelingen wird. (...)

Sie sind eine wunderbare Frau ... entfalten Sie Ihre farbenprächtigen Flügel!

13. Oktober 2003

Sehr geehrte Frau Juhnke,
ich möchte mich bedanken für Ihr Buch »In guten und in schlechten Tagen«, dessen Lektüre mich nachdenklich, betroffen und zugleich ehrfürchtig gemacht hat vor der respektvollen menschlichen Art, wie Sie mit dem Schicksal einer Familie umgegangen sind. Alle die Menschen, die ähnlich schwere Situationen aus ihrem Leben kennen und sich auf ihre Weise redlich und entschieden aufgrund ihrer eigenen Wertvorstellungen und persönlichen Überzeugungen konsequent für ihren eigenen persönlichen Weg entscheiden, der oftmals eben nicht gesellschaftlich vorgeprägt und anerkannt oder auch nur verständlich ist, alle diese Leser werden von Ihrem Buch darin bestätigt, unbeirrbar an dem festzuhalten, was den eigenen Weg bestimmt. Die Basis für diese eigene feste Überzeugung ist die Liebe, die Liebe zu den eigenen Kindern, zu dem Lebenspartner, die Liebe zum Leben überhaupt, die die eigene Person mit einschließt.
Diese Basis habe ich in Ihrem Buch gefunden. Sie ist der Angelpunkt, an dem ich mich als Leser identifizieren kann mit Ihrer Lebenseinstellung und mit Ihrem Handeln. Diese Basis ist für mich auch die Rechtfertigung dafür, dass dieses Buch wichtig ist. Liebe darf und muss sich mitteilen, damit sie erkannt wird und diejenigen stärkt, ermutigt und bestätigt, die ebenfalls ihren eigenen persönlichen Weg auf dieser Basis gehen. Deshalb danke ich Ihnen sehr herzlich für Ihr Buch.
Menschen, die dieser Liebe nicht mehr trauen, sind arm dran. Es gibt wohl viele davon in unserer Gesellschaft. Einige schreien diese Armut in ihren Autobiographien sogar hinaus, nehmen ihre Machwerke zum Anlass, statt Liebe ihren Hass

auf Menschen zu kultivieren und zu vermarkten. Sie geben damit ihre eigene unersättliche »Liebe«-Bedürftigkeit preis. Und es ist traurig, dass sie es sind, die auch noch die höchsten Auflagen damit erzielen.

Insofern ist es schade, dass Ihr Buch gerade in dieser Zeit neben diesen trendigen Biographien erscheint, aber auch wiederum sinnvoll, um den qualitativen Kontrast deutlich zu machen. (...)

Ich wünsche Ihnen viele Leser – tausende mehr als Kritiker und Rezensenten – Leser, die mitfühlen können, weil vieles von dem, was Sie sehr persönlich beschreiben, so wahnsinnig verbreitet ist in unserer Gesellschaft: die Alkoholkrankheit und das Leiden der Kranken, ihrer Angehörigen und Freunde daran. Dass es zugleich das Buch einer großen Liebe ist zur eigenen Herkunftsfamilie, zu einem Partner, zu einem Sohn, zu einer Familie und zum eigenen Leben in seinen Verstrickungen, hat mich von der ersten Seite an gefesselt.

22. Oktober 2003

Sehr geehrte Frau Juhnke,

als in den Medien empörte Reaktionen auf Ihr Buch auftauchten, glaubte auch ich empört sein zu müssen über »die gnadenlose Vermarktung der Krankheit Harald Juhnkes« (Zitat). Ich wollte Ihnen einen bösen Brief schreiben (...)

Doch zunächst wollte ich selbst Ihr Buch lesen, um mir ein eigenes Urteil zu bilden. Ich kaufte es, ich las es – und ich machte eine völlige Meinungs-Kehrtwendung! Da war soviel Liebe und Verständnis für den Kranken, soviel Taktgefühl in den Schilderungen der schlimmsten Situationen. (...)

Ich bin jetzt 68 Jahre alt, seit 1955 verheiratet, also 48 Jahre lang. Es war eine glückliche, harmonische Ehe, bis die Demenz auch in unser Leben trat. Aus meinem hochintelligenten Ehemann (...) ist ein hilfloser Mensch ohne jede Kompetenz

geworden, der kaum noch seinen eigenen Namen weiß. Es ist so schwer, Tag für Tag ein Stückchen mehr von der Persönlichkeit des geliebten Partners schwinden zu sehen. Sie beschreiben diese Traurigkeit sehr gut in Ihrem Nachwort.
Auch die Situationen, in denen Ihr Mann fast »normal« erscheint, sind mir bekannt. Seltsam sind diese »flashs«, diese Geistesblitze, die auch die Ärztin Sylvia Zacharias, Tochter des großen »Zaubergeigers« und Alzheimer-Patienten in ihrem Buch »Diagnose Alzheimer: Helmut Zacharias« schildert. Außenstehende werten diese Lichtblicke fälschlicherweise als Beweis für eingetretene »Besserung« und unterstellen der Pflegeperson – meist der Ehefrau –, dass sie den Patienten unnötig bloßstellt und in ihren Schilderungen seinen Zustand dramatisiert. Diese Ahnungslosen ...

11. Januar 2004

Sehr geehrte Frau Juhnke,
ich bin Alkoholiker, heute trocken und zufrieden. Nach dem Lesen Ihres Buches möchte ich Sie zu dem Mut, dieses zu schreiben, beglückwünschen. (...)
Es gab verschiedene Situationen, in denen ich aufhören wollte, doch der Druck nach Alkohol war immer stärker.
Es gab zum Schluss nur noch zwei Möglichkeiten, entweder ich trinke weiter und bin früher oder später in einer geschlossenen Abteilung der Psychiatrie, und das für immer, oder auf dem Friedhof, oder ich greife nach dem ganz dünnen Lebensfaden, der ansatzweise noch vorhanden war. Ich schrie nach Leben, ich wollte nicht sterben, es war das erste Mal, dass ich ehrlich andere um Hilfe bat.
Diese Hilfe bekam ich in verschiedenen Selbsthilfegruppen, aber das war wichtig für mich, *ich* musste den ersten Schritt tun, *ich* musste das »erste Glas Alkohol« stehen lassen, das *»erste Glas«,* nicht das fünfte.

Fand den Weg zu den *Anonymen Alkoholikern,* die mir einen Weg zeigten, wie es möglich ist, heute nicht zu trinken und eben das erste Glas stehen zu lassen.

Dort bei den *Anonymen Alkoholikern* lernte ich auch Menschen kennen, die durch das Trinken eines Angehörigen psychisch und auch körperlich so fertig waren, dass sie daran dachten, ihrem Leben ein Ende zu setzen.

So, nun habe ich Ihnen von mir erzählt, ich möchte Sie unterstützen, als betroffene Angehörige nicht ruhig zu sein, sondern das, was Sie erlebt haben, rauszuschreien und mit anderen zu teilen.

15. Januar 2004

Liebe Frau Juhnke,

(…) Es gibt unzählige Frauen auf dieser Welt, die Ihr Schicksal teilen, doch durch das große Schweigen – der Scham – nie zusammenfinden, um sich gegenseitig zu unterstützen.

Man redet sich ja immer gerne ein, dass das eigene Problem nicht so schlimm wie bei den anderen ist.

Im Grunde aber liegt immer derselbe Leidensweg vor. Ein Glied greift ins andere, eine Kette von Geschehnissen, die auf den Abgrund zusteuert.

Dabei fragt man sich immer nach dem Grund und sucht den Fehler allzugern bei sich.

Bei Ihrem und meinem Lebenslauf gibt es viele Paralellen. Ich bin, genau wie Sie, eine Frau, der die Familie über alles geht. Meinen Beruf habe ich sofort aufgegeben und auf kleinere Tätigkeiten reduziert, die die Familie nicht beeinträchtigen. Ich wollte immer 100% für alle da sein und kann, genau wie Sie, über mich selbst hinauswachsen, wenn es sein muss.

Meinem Mann habe ich immer alles abgenommen. (…)

Manchmal habe ich mich gefragt, ob das der Grund ist, warum ein Mann trinkt. Wenn die Frau zu dominant und übermächtig

ist (obwohl sie selbst denkt, dass das Gegenteil der Fall ist). (…)
Ebenso wie Harald ist mein Mann im nüchternen Zustand der netteste Kerl, den man sich vorstellen kann. Auch ich habe oft gedacht, dass zwei Seelen in ihm wohnen und der Wodka die böse, abartige Seite zum Ausbruch bringt.
Wodka schaltet echt das Gehrin ab, es ist das Letzte überhaupt. Da erkennt man den Partner nicht mehr wieder – es ist furchtbar.
Jahrelang habe ich versucht mein Kind rauszuhalten. Dabei sind Kinder viel schlauer, als wir denken (oder wahrhaben wollen, weil es so weh tut). Meine Tochter hat weit vor mir realisiert, dass mein Mann ein Problem hat, und sie scheut sich nicht, konsequent zu handeln, wenn es nötig ist.
Ich habe mir oft Vorwürfe gemacht und auch an mir gezweifelt, ob es richtig ist, was ich tue. Zum Schluss komme ich immer auf denselben Nenner wie Sie am Schluss Ihres Buches: Was bleibt, ist die Liebe. (…)
Es hat so gutgetan, jemand wie Sie (Ihr Buch) zu finden, der es sich auch nicht so leicht macht, sondern wirklich bereit ist, zu kämpfen, und der einen Sinn darin sieht, alles bis zum Ende durchzustehen. Das ist die wahre Liebe, die nicht aufgibt beim kleinsten Widerstand, sondern an den Problemen wächst. Ich glaube, dass wir auf dem richtigen Weg sind, auch wenn es der steinige, weniger einfache ist. (…)
Ich weiß, dass ich noch einen schweren Weg gehen muss, und es hat bloß so gutgetan zu wissen, dass da noch jemand auf der Welt ist, der einen dabei versteht.

8. Juni 2004

Sehr verehrte Frau Juhnke,
(…) Ich wollte Ihnen eigentlich schon lange schreiben. Als ich zum ersten Mal in den Schlagzeilen las, dass man Sie auf

übelste Weise angriff, weil Sie Ihren Mann angeblich in ein Pflegeheim »abgeschoben« hätten. Sie taten mir so leid, weil ich aus eigener Erfahrung weiß, wie schwer einer Ehefrau so eine Entscheidung fällt. (…)
Letzten Freitag suchte ich für eine Freundin zum Geburtstag ein Buch. Ich fand auch eines und sah dann aber noch plötzlich direkt vor meiner Nase Ihr Buch. Irgendwie hatte ich das Gefühl, dass jetzt die Zeit gekommen war, es zu kaufen. Gleich am Abend fing ich an, darin zu lesen. In der Nacht um drei hatte ich 150 Seiten verschlungen. Am nächsten Tag hatte ich das Buch zu Ende gelesen und in meinem Kopf sah ich all die Situationen, die darin beschrieben waren, wie in einem Film ablaufen. Speziell ab der Zeit, in der sich der Geist Ihres Mannes in anderen Dimensionen bewegte, kamen alle meine Erlebnisse von 1983 – 1989 wieder zurück, als ob es gerade gestern gewesen wäre. (…)
Mein Mann war alkohol- und tablettenabhängig. Er hat deswegen keine sogenannten Abstürze gehabt, aber, da er »Spiegeltrinker« war, nahm er zum Schluss ca. 120 ml reinen Alkohol zu sich, ganz zu schweigen von seinem immensen Tablettenkonsum, angefangen von Psychopharmaka bis hin zu Betablockern etc. Dadurch haben sich sein Gehirn und seine Psyche schleichend aber ständig über Jahre verändert. (…)
Mein Mann hat ein halbes Jahr im Klinikum (…) zugebracht, mit 4-wöchigem Aufenthalt auf der Intensivstation, teilweisen Fortschritten, aber auch immer wieder großen Rückschlägen. Ich hatte vorgehabt, ihn danach zu Hause zu pflegen, doch riet mir der Professor dringend davon ab, da mein Mann in keiner Weise versuchte, mitzuarbeiten. Der Sohn meines Mannes war allerdings der Meinung, dass ich den Papa nach Hause holen solle, ich sei ja schließlich seine Frau. Und alles sei sowieso nur eine Sache der Organisation. Ich habe trotzdem nach intensivem Suchen einen Pflegeplatz (…) gefunden. Ich werde den

Tag nie vergessen, als ich ihn ins Heim brachte. Ich hatte das Gefühl, ein lebensunfähiges großes Kind in die Wüste zu schicken. Wir saßen, bevor ich ihn auf sein Zimmer brachte, zuerst noch zusammen im Heim-Café und mir liefen, ohne dass ich es verhindern konnte, die Tränen nur so im Gesicht herab. (…) vielleicht tröstet es Sie, dass es doch Menschen gibt, die Ähnliches wie Sie erlebt haben und mit Ihnen fühlen können und Sie verstehen. Man lebt zum Beispiel wie eine Witwe, ohne eine zu sein. Das war in der ganzen Zeit der Not für mich eigentlich das Schlimmste und auch das ständige Gefühl, dass man sich für alles, was nichts mit dem eigenen Mann zu tun hat, rechtfertigen muss. Es stimmt schon, man wird viel zu oft gefragt, »wie geht es Deinem Mann?«, aber selten, »wie geht es *Dir?*«. Natürlich haben wir preußischen Töchter es im Naturell, dass wir uns immer und für alles verantwortlich fühlen. Aber es ist wohl am schwierigsten, diese Eigenart abzulegen. Ich kann es heute manchmal noch nicht.

Ich wünsche Ihnen für die Gegenwart und für die kommende Zeit die Kraft, die Ihnen manchmal zu fehlen scheint, und dass Sie trotzdem auch öfter an sich selber denken.

11. Juni 2004

Sehr verehrte Frau Juhnke,
nachdem ich bereits vergangenes Jahr Ihr Buch regelrecht »verschlungen« habe und eigentlich schon zu diesem Zeitpunkt Ihnen schreiben wollte, hat mich nun der Anlass des 75. Geburtstags Ihres Mannes dazu bewogen, es endlich zu tun. Ich hoffe, er konnte aus einigen Ständchen der gestrigen ZDF-Gala die Liebe spüren, die ihm viele seiner Kollegen und Wegbegleiter noch immer oder gerade jetzt entgegenbringen. Besonders haben mich die Lieder von Peggy March und Paul Kuhn und von Katja Ebstein berührt. Und vielleicht haben sie einen Moment lang ja auch sein Herz getroffen. Ich wünsche

Harald Juhnke alles Gute, inneren Frieden und dass es ihm in seiner Welt gut gehen möge.

Ihnen aber wünsche ich weiterhin viel Kraft, sich immer wieder neu den Herausforderungen dieser schweren Last, die Sie zu tragen haben, stellen zu können. Und so, wie Sie sich selbst in Ihrem Buch beschreiben, werden Sie diese Kraft auch finden, da eines für Sie immer geblieben ist: Liebe.

Ich weiß, wovon ich spreche, und weiß auch, dass eine solche – vielleicht zwischen zwei Menschen sehr seltene, kostbare und unumstößliche – Liebe Kräfte hervorbringt, die sich Außenstehende nicht im Geringsten vorstellen können. Ich bin seit 20 Jahren verheiratet und lebe seit ca. 10 – 12 Jahren mit der Alkoholkrankheit meines Mannes, wobei ich vielleicht seit 2 Jahren erst zu der Erkenntnis gekommen bin, dass es sich wirklich um Alkoholismus handelt. Die vielen »Schlaumeier«, die glauben zu wissen, dass man das doch viel früher hätte erkennen müssen, haben das alles nicht am eigenen Leibe miterlebt, um wirklich urteilen zu können. Genau weiß ich nicht, wann es vom »normalen Trinken« zur Abhängigkeit übergegangen ist, da das eben ein sehr schleichender Prozess ist. Die letzten zwei Jahre waren am schlimmsten, wobei es bei meinem Mann nicht zu totalen Abstürzen mit Zwischenphasen der absoluten Abstinenz kam. Er entwickelte sich statt dessen zu einem klassischen »Spiegeltrinker«, der immer sein Pensum brauchte. Die Menge, die er nötig hatte, um »ruhig« zu sein, hat sich allerdings in den letzten Jahren enorm gesteigert.

Im Februar diesen Jahres waren wir zu einem einwöchigen Skiurlaub in Österreich. Hier hatte sich mein Mann anscheinend vorgenommen, auf Alkohol zu verzichten, was bei ihm beängstigende Entzugserscheinungen (schlimme Halluzinationen, Angstzustände, innere Unruhe, Schlaflosigkeit und natürlich Zittern und Schweißausbrüche) hervorrief. An Skifahren war kaum zu denken. Im Nachhinein wurde mir gesagt, es wäre lebensgefährlich gewesen und ich hätte eigentlich den Notarzt rufen müssen.

Diese – für ihn selbst bisher noch nie so extrem erlebte – Erfahrung, vor allem die der Halluzinationen, hat ihn dazu bewogen (auch auf mein Drängen hin), nun endlich sich einem Arzt und einer Suchtberatung anzuvertrauen. Zu einem Klinikaufenthalt konnte er sich bis jetzt nicht durchringen. Er hat glücklicherweise immer noch seinen Job im Außendienst einer großen Elektrofirma (wo er auch Auto fahren muss) und hat deshalb verständlicherweise Angst, dass er bei Inanspruchnahme einer längeren Kur seine Arbeit evtl. verliert. Mein Mann geht also zu einer ambulanten Suchtberatung der Caritas, allerdings leider manchmal in – meiner Ansicht nach – viel zu großen Abständen. Trotzdem bin ich froh, dass er diesen Schritt überhaupt gewagt hat, denn noch vor einem Jahr sagte er strikt: »Ich lasse mir mein Bier nicht verbieten.« Seit Februar ist er nun inzwischen trocken, hatte aber in dieser Zeit zwei kleinere Rückfälle von jeweils 2 – 3 Tagen. Die Therapeutin sagte mir, damit müsse man immer rechnen, vor allem am Anfang der Therapie. Wichtig sei nur, dass daraus nicht wieder kontinuierliches Trinken wird. Soweit ein – sicher nur sehr kurzer – Abriss meiner Situation.

Was ich Ihnen mitteilen möchte, ist in diesem Zusammenhang folgendes: In vielen von Ihnen geschilderten Situationen finde ich mich wieder, manchmal so erschreckend ähnlich – trotz völlig anderer Lebensumstände. So, wie Ihnen ihre Kritiker vorwerfen, Sie hätten sich doch konsequenter verhalten sollen; oder warum Sie sich nicht von so einem Mann getrennt haben; oder warum Sie anfangs oft gar nichts über sein Problem bemerkt haben – so habe ich das auch erfahren. Und ich kann Sie darum so besonders gut verstehen. Sich zu trennen, alles einfach hinzuschmeißen, ist vielleicht – trotz aller damit verbundenen Probleme – die einfachste, vielleicht auch bequemste Lösung für den betroffenen Partner. Aber ist nicht

der Kampf um die Ehe, um die Liebe und gegen den Teufel Alkohol die ehrlichere Sache, wenn man es wirklich ernst meint mit: »In guten wie in schlechten Tagen«? Genau diese Ansicht haben Sie in Ihrem Buch eindrucksvoll vermittelt, und ich kann mich 100-prozentig damit identifizieren.
Seit ich mich mit dem Thema »Alkoholismus« befasse und auch einige Bücher darüber gelesen habe, stelle ich fest, dass sehr viel über »Co-Alkoholiker« geschrieben wird, die wir – Sie und ich und sicher viele andere Frauen – ja sind. Diesen Begriff kannte ich bis dahin nicht. Man liest dann immer wieder den Ratschlag, man soll sich überhaupt nicht mehr um den Alkoholiker kümmern, seine eigenen Wege gehen, ihn möglicherweise »fallen lassen« (also Trennung), damit er so weit »unten« ist, dass er aus sich selbst heraus den Weg zur Therapie sucht. Sicher sind das Erfahrungswerte, Erkenntnisse aus Therapie usw. Aber wie soll man, wenn man wirklich ehrlich liebt, jemanden so im Stich lassen und zusehen, wie er immer tiefer sinkt? Geht man da nicht nach der Devise vor: »Du musst ein Schwein sein« (wie es in dem Lied heißt), also Egoist sein und das eigene Wohl über das des anderen stellen? Damit komme ich nicht klar und höre das auch aus Ihrem Buch heraus. Natürlich – auch Sie haben sich mal eine »Aus-Zeit« gegönnt (siehe Paris oder New York), und ich werde im Herbst zu einer Kur fahren, weil mein Nervenkostüm doch arg angegriffen ist, aber vordergründig möchte ich, dass es meinem Mann gut geht, und dafür werde ich alles Machbare tun. Die Liebe zu ihm ist größer als aller Egoismus. Und ich habe dieses Empfinden auch beim Lesen Ihres Buches gehabt. An keiner Stelle bekam ich den Eindruck, Sie hätten die Würde Ihres Mannes verletzt oder ihn schlecht gemacht, selbst nicht in den Szenen, in denen Sie seine Äußerungen in betrunkenem Zustand schildern. Im Gegenteil – es zieht sich wie ein roter Faden durch das Buch: Die unumstößliche Liebe zu Ihrem Mann! Und wenn man dann viele Tage voller Harmonie ohne Alkohol erlebt (in Ihrem Fall sogar mal drei komplette

Jahre), dann möchte man nicht immer an die negativen Erfahrungen denken, sondern den guten Vorsätzen des Partners wirklich vertrauen. (...)
Bleiben Sie gesund und weiter so stark. Ich wünsche Ihnen und Ihrem Mann alles erdenklich Gute und Ihnen beiden eventuell ab und zu ein paar kostbare Momente der Zweisamkeit.

Ob es der eigene Mann ist oder ein enger Angehöriger, der durch eine Demenzerkrankung zum Pflegefall wird – viele Menschen tragen schwer an der Sorge um einen lieben Menschen. Oft wagen sie sich mit ihrer Geschichte nicht an die Öffentlichkeit, wagen kaum, Freunden oder Nachbarn davon zu erzählen. Mit jedem neuen Tag stellt sich die Frage, ob und wie man ihn bewältigen kann. Woher die Kraft nehmen? Die Geduld? Woher die Hoffnung, wenn es keine Hoffnung mehr gibt?

Ich weiß selbst keine Antwort auf diese Fragen. Ich weiß nur, das Leben geht weiter. Ein Tag folgt auf den anderen wie eine Nacht auf die andere folgt. Vielleicht gibt es trotzdem etwas Schönes zu entdecken. Ein Lächeln ist ein Geschenk, jemand, der einem zuhört, gibt ein wenig Kraft. Eine Stunde, die uns ablenkt vom Alltag, kann einen spüren lassen, dass das Leben nicht nur dunkle Seiten hat. Es sind immer die kleinen Dinge, die einen glücklich machen.

»Uns gehört nur die Stunde.
Und eine Stunde, wenn sie glücklich ist, ist viel.
Nicht das Maß der Zeit entscheidet,
wohl aber das Maß des Glücks.«
Theodor Fontane

Dank

Von ganzem Herzen möchte ich allen danken, die meinen Lebensweg seit vielen Jahren begleiten und mir in guten und besonders in schweren Zeiten freundschaftlich mit Rat und Tat zur Seite gestanden haben. Sie haben mich viel Gutes und Menschliches erfahren lassen, das mein Leben reich gemacht hat.

Einige von ihnen möchte ich an dieser Stelle gern namentlich erwähnen: Dr. Djawad Moschiry, Professor Dr. Franz Müller-Spahn, Professor Dr. Burghard Klapp, Peter Gerlach, Christa und Herbert Grunsky, Nicolai Siddig, Doris, Axel Guttmann (†), Christine Schild und Jürgen Wölffer, Peter Wolf, Majka, Sabine Ponikau und das Pflegeteam. Last, not least Beate Wedekind, die mich auf der langen Reise zu diesem Buch begleitet hat.

Abbildungsnachweis

S. 7: Foto © Peterhofen
S. 20: privat
S. 23: privat
S. 24: privat
S. 28: privat
S. 34: Foto © Ludwig M. Pierau, Berlin
S. 35: Foto © Foto Taures, Berlin
S. 39: privat
S. 40: privat
S. 48: Foto © Harry Suchland
S. 49: Foto © Margot Suchland
S. 52: privat
S. 54: privat (Columbia/Bavaria)
S. 56: Foto © Harry Suchland
S. 60: Foto: Rialto/Constantin/Grimm
S. 61: privat
S. 64: Foto © dpa
S. 69: privat
S. 70: privat
S. 84: privat
S. 95: Foto © Rich Richter, Berlin
S. 96: Foto © Ludwig Binder, Berlin
S. 103: privat
S. 106: Foto © J. Barfknecht, Berlin
S. 111: Foto © Keystone
S. 119: Foto © Ludwig Binder, Berlin
S. 124: Foto © Rolf Kremming
S. 125: Foto © Roman Zach-Kiesling
S. 135: Foto © Otto Stark, Berlin
S. 137: Foto © Otto Stark, Berlin
S. 152: privat
S. 162: privat
S. 164: privat
S. 180: Foto © Peter Bischoff
S. 181: privat
S. 190: privat
S. 194: privat
S. 196: Foto © Peter Bischoff
S. 202: Foto © Peter Bischoff
S. 206: privat
S. 223: privat
S. 241: Foto © Peter Bischoff
S. 243: privat
S. 273: privat
S. 280: privat
S. 377: privat
S. 399: privat

Es konnten trotz gewissenhafter Recherchen nicht alle Urheber ermittelt werden. Wir empfehlen Rechteinhabern, die hier nicht aufgeführt sind, sich an den Verlag zu wenden.

Dona Kujacinski · Peter Kohl

Hannelore Kohl
Ihr Leben

382 Seiten

Hannelore Kohls Leben war geprägt von einer Kindheit im Krieg, von der Flucht in den Westen, der entbehrungsreichen Nachkriegszeit und dem zu frühen Tod des geliebten Vaters. 1960 heiratete sie Helmut Kohl, der später einer der bedeutendsten Politiker der Nachkriegszeit wurde. 41 Jahre war sie mit ihm verheiratet.

Ein friedliches Leben war ihr trotz aller äußeren Erfolge nicht vergönnt: Die politische Polarisierung, der Terrorismus und die erbarmungslose Neugier der Medien trafen die Familie Kohl in besonderem Maß. So war Hannelore Kohls Leben immer auch ein Leben im Ausnahmezustand, an dessen Ende die unheilbare Krankheit stand, die sie die letzte Kraft kostete und ihr die Hoffnung nahm.

Jetzt erzählen Peter Kohl, der jüngere Sohn von Hannelore und Helmut Kohl, und die Journalistin Dona Kujacinski vom Leben dieser charakterstarken und charmanten Frau. Ihr Buch basiert auf vielen Gesprächen mit den engsten Freunden und Wegbegleitern Hannelore Kohls und den ganz persönlichen Berichten der Familie Kohl.

»Eine spannende Lektüre.«
Süddeutsche Zeitung

»Ein Leben, in dem das Schicksal des Landes eng mit dem Privaten verknüpft war. Ein wichtiger Teil deutscher Geschichte.«
Welt am Sonntag

Knaur Taschenbuch Verlag